サー・ヒュー・コータッツィ 編著

歴代の駐日英国大使

1859－1972

日英文化交流研究会 訳

文眞堂

EMBASSIES OF ASIA SERIES

VOL. 1: BRITISH ENVOYS IN JAPAN, 1859–1972

Compiled and Edited by Hugh Cortazzi
with Ian Nish, Peter Lowe & J. E. Hoare

Japanese translation rights arranged
with Global Oriental Ltd., Folkestone, Kent, U.K.
through Tuttle-Mori Agency, Inc., Tokyo

日本語版刊行に寄せて

駐日英国大使　サー・グレアム・フライ

一八五九年にラザフォード・オールコック公使が横浜に到着して以来、英国の外交使節は日本に住み、日本で活動を行なっております。日本に滞在した多くの外交官は、日本の国民や文化に対する愛情と理解を深めたのです。初期には、英国の外交官は日本の明治維新で中心的な役割を果たしました。そして日本と英国は正式な同盟関係から第二次世界大戦までの紆余曲折を経て、現在は緊密で信頼の置ける友好関係に立ち戻っております。

私が最も興味深く読んだのは一人一人の外交官についてです。大使館本館の廊下には、歴代公使や大使の顔写真が掲げられています。前任者として、彼らは私の仕事ぶりを見ているかのようです。それを評価してくれていれば良いと希望しています。

一人一人の写真は現在の大使館に向けてのメッセージを送っているように思われます。例えば、アーネスト・サトウ公使は日本の友人をつくり、日本を真に理解する上で日本語と日本文化を勉強することが如何に重要であるかを思い出させてくれます。ハリー・パークス公使は、物事が常に容易には進まないということを改めて認識させてくれます。外交官は既得権益や排他性と闘わなくてはならない時もあります。公使館から大使館に昇格して初の大使であるクロード・マクドナルドは、今から百年前の日英両国の同盟と友好を推進しました。彼の肖像はずいぶんと過去のものに見えますが、その同盟から得られた温かな感情は今も生き続けています。この本に書かれている最後の大使であるジョン・ピルチャーは写真の中で微笑んでいます。彼は陽気な人格者だったそうです。それも大使にとっては大切なことなのです。

日本と英国の人口は世界全体のわずか三%しか占めていませんが、経済、政治、科学、文化における両国の影響力はこの数字をはるかに上回っています。私たちは民主主義、自由、そしてより良い世界をつくりたいという願いを共有していますが、違う出発点からまったく異なるルートを通ってこの地点に到達したのです。その結果として、現在でも基本的な文化の相違点はあります。ですから日本における英国人外交官の役割は大きく、あいかわらず興味や魅力がいっぱいあります。気候変動から貿易投資まで、科学研究から核拡散に対する行動まで、数多くの領域で緊密な協力体制を築くことが目的なのです。ビジネス、メディア、一般大衆との関わりは非常に大きくなっていますが、外交官の仕事の中心は変わっていません。それは状況の現実を理解し、肝心な相手と接触して、効果的な行動をとるということです。日英の場合は文化や考え方の違いを理解し、相手に説明しようと努めるのは今でも意義のあることです。

皆さんにこの本を楽しんでいただきたいと思います。〝歴史を学ばない者はそれを繰り返す運命にある。〟日英関係が友好的でなかった時は、両国にとって不幸なことでした。しかし、私たちは協力することによって、多くの成果を上げることができるのです。

（編者注　サー・グレアム・フライ大使筆述の日本語文章を掲載。）

まえがき

サー・ヒュー・コータッツィ
（日本協会名誉副会長、元駐日英国大使）

この本の目的は一八五九年から一九七二年の時代に、東京に駐在した英国の首席外交官の個性と行動を述べると共に、日本にたいする政策の組織立てと実行に当たった彼らの役割を記述することである。

最初の三部は一八五九年から一九七二年までの、日本における英国の在外公館の代表者の伝記的人物像から成り立っている。一八五九年は最初の英国代表ラザフォード・オルコックが全権公使として江戸に到着した年であり、一九七二年は駐日大使だったジョン・ピルチャーが退任した年である。このあとの在外公館の代表者を取り扱っている書類は、国立公文書館によって施行されている三〇年規制によってまだ公開できないので、我々はこの概説を一九七二年で故意に打ち切った。ピルチャーが大使だった期間の終わりは、ある時代の終わりを画している。彼は戦前の日本に勤務した経験を持つ在外公館の最後の代表者であり、同時に戦前の日本の領事部門で勤めた最後の一員であった。その上、英国の商業を支援することは、一九六〇年頃以来、日本においてその重要性を増しつつあった一方で、一九七二年までにそれは英国の日本における外交使節の最も重要な職務となって、日英関係は新しい局面を迎えたのである。

本書は日英両国間の関係を外交史として書いたものではない。それは両国間の関係を支配した問題点についてよりも、外交段階で関与した英国の諸氏に焦点を当てている。しかし当然のことながら、英国の外交使節の仕事をかなり増加させた条約改正、日英同盟、清国と満州をめぐる衝突などの題目は、人物紹介の中で大きな役割を果たしている。日英関係はその他の国、特にアメリカ、ヨーロッパ諸国、アジアの主要国と日本の関係において判断されなければならない。避けられないことだが、そのような国際的側面は本書ではごく表面的に触れられているに過ぎない。

この時期に日英関係の発展に寄与した人びとは、東京の外交使節の長とその幹部たちだけではない。初期の時代から実業家、銀行家、新聞記者、宣教師、そのほか文化交流に関係している人たちすべてが、日英関係に次々と異なった影響を与えたのであった。

この人物評論の中の幾つかは、一九九一年以降ジャパン・ソサイアティのために刊行された種々の本の中に出ている。しかし本書の中で取り扱っている百十三年間の外交使節の長のすべてを確実に紹介するために多数の新しい資料が含まれている。


本書をまとめるに当たり、ここに収録された何章かを執筆し、さらに一九〇〇年から一九四五年にかけての時代にわたる第Ⅱ部の序文を書いてくれたイアン・ニッシュ氏に多大の援助を賜った。彼からはこの本全体にわたって惜しみない支援と忠告を受けたので、ここに心から感謝の意を表明しておきたい。彼の激励と後援がなければ、この本はでき上がらなかったであろう。

私は寄稿者のすべてにたいし、彼らの論文をここに収録させて頂いたことについて感謝の意を述べたい。特に第Ⅲ部の序文を書いてくれたピーター・ロウ氏に謝意を表するものである。さらに東京の英国大使館にたいして、この本に使用したさまざまな大使の写真をご親切に貸して頂いたことについて深甚の謝意を表したい。


（長岡祥三　訳）

歴代の駐日英国大使　目次

BRITISH ENVOYS IN JAPAN

1859－1972

第 I 部

初期の先駆者たち

1859－1900 年

序文

サー・ヒュー・コータッツィ
（日本協会名誉副会長、元駐日英国大使）

十九世紀の半ば、国際貿易や勃興期の海運業がいちじるしく発展するにつれて、日本が世界の他の国々から隔絶された状態は異常であり、そのような傾向は持続されようもなかった。捕鯨船や商船は、新鮮な飲料水や糧食を求めたり、暴風から避難したりするために、日本の港に入る願望をますます強めるようになった。ヨーロッパ人、とりわけイギリス人は、北アメリカの貿易業者とおなじく清国に市場を開拓しはじめていた。ヨーロッパや北アメリカの消費者らは、極東諸国からもたらされる茶、生糸、その他の産物に購買意欲をそそられたのである。

イギリスの日本にたいする関心(1)の起源は、一六一三年（慶長十八）から二三年（元和九）までの、平戸に商館を置いた十年間にさかのぼる。しかし、一六二三年の商館閉鎖後は、英国東インド会社が日本との貿易再開に、刹那的の、気まぐれな関心を示したにすぎなかった。一六七三年（延宝一）、商船リターン号に搭乗したサイモン・デルボー（Simon Delboe）が長崎に来航し、英国東インド会社と通商関係を復活するよう日本当局に説得を試みはしたが、幕府が採択した鎖国政策は厳重に施行されていたし、それにまた長崎湾内の人工島出島に小さな商館の運営を認められていたオランダ人は、彼らの競争相手が日本と取引きすることを断固として許容しようとしなかったので、やむなくデルボーは退去せざるをえなかった。

十八世紀になって、新たな関心が示されたこともあったが、貿易再開をめざした実践的な手段が講じられたわけではない。東インド会社における大多数の一致した意見は、結果的に多少の貿易がおこなわれたにしても、日本は無理やりにその門戸を押し破るだけの努力をはらう価値がないだろうということであった。英国軍艦プロヴィデンス号の艦長ブロートン[2]（*Captain* Broughton, William Robert）は、一七九六年（寛政八）と一七九七年（寛政九）、水深測量を始めるため日本の北部沿岸に来航した。英国軍艦フェートン号が長崎湾に入港したのは、一八〇八年[3]（文化五）である。しかし、日本はこれらの特別な目的を持った来航を容認しなかった。一八一一年におけるジャワ島のオランダ人征服後、同島の副総督に任命されたトーマス・ラッフルズ（*Sir* Thomas Stamford Raffles）が、一八一三年（文化十）から一四年（文化十一）にかけて主導権をにぎり、一八一三年、イギリス船二隻を長崎に派遣した。しかしながら、またもやオランダの商館長ドゥーフ（*Opperhoofd* Hendrik Doeff）はラッフルズの指図を拒み、イギリス人の努力を阻害したのである。

一八二〇年代（文政三―十二）になると、イギリスの捕鯨船が日本近海に来航しはじめ、現地官憲とのあいだに小競り合いを起こした。しかしながら、イギリス人の関心はもっぱら清国に集中していた。イギリス人入植者の保護をめぐり小笠原諸島併合の可能性について議論が起こったのは、一八三〇年代（天保一―十）のことであった。しかし、一八三七年（天保八）英国軍艦ローリー号に搭乗して同諸島を訪れた艦長クイン（*Captain* Quin）は、なんら形式張った占領は必要ないと報告した。その間、アメリカ商人キング（King）の出資によって艤装されたモリソン号が、日本人漂流民らを乗せ、琉球でローリー号とすれちがった後、漂流民と書簡を引き渡すために浦賀沖に投錨した。しかし、大砲を装備していなかったモリソン号は、沿岸からの砲撃を受けて撤退せざるをえなかった。それ以後、率先して日本の鎖国の扉をひらくのはアメリカ人の肩にかかってきた。イギリス人は清国とのアヘン戦争に余念がなかったし、それにまた日本は英国政府や極東在留のイギリス商人らの関心の埒外にあったのだ。したがって、一八五〇年代（嘉永三―安政六）には甘んじてアメリカの後塵を拝したのである。

一八五二年（嘉永五）から五四年（安政一）にかけてのペリー提督（*Commodore* Perry, Matthew Calbraith）の日本遠征は、英国東インド艦隊司令長官スターリング（*Sir* James Stirling）が一八五四年から五五年に長崎へ入港する先鞭をつけた。一八五四年十月十四日に締結された日英協約[4]〔日英和親条約〕は、当の本人の司令長官以外はだれからも非常に不備の多い協定とみなされた。長崎・箱館両港がイギリス船の修繕および清水・食料の補給のために開港されることになったが、しかるに他の諸港は「難船」の場合だけ寄港することができた。その協定には、治外法権とか、貿易とか、領事の国家代表行為についてはなんら言及していない。また第七条には、「この協定が批准された時は、日本に来る他のいかなる高官〔使用された日本語では「船将」である〕もこれを変更しない」と書かれている。この条文はいくらよく見てもまぎらわしい。

海外貿易のために日本の門戸をひらく最も重要な措置は、一八五四年に締結され、翌五五年（安政二）に批准されたペリーの協定〔日米和親条約〕の条項に基づいて、伊豆下田に駐箚《ちゅうさつ》したアメリカ総領事タウンゼンド・ハリス（Townsend Harris）によって講じられた。

ロシア人もまた積極的であった。日露間の「親睦と友交の条約」〔日露和親条約〕が下田で調印され[5]、つづいて一八五七年（安政四）に日露追加条約が結ばれた。日本貿易の分け前争奪戦に遅れをとるのではないかと危惧したオランダは、一八五六年（安政三）に日本と条約〔日蘭和親条約〕を、翌一八五七年に追加条約を締結したが、その追加条約は日本との貿易の開始を示唆していた。

た。[6]

ハリスの忍耐強い取組みによって、ついに一八五八年（安政五）七月二十九日、日米間に条約〔日米修好通商条約・貿易章程〕が締結され、それは日本と西洋列強とのあいだに結ばれる他の通商条約に範例を示した。一八五八年八月二十六日、エルギン（James Bruce, *8th Earl of Elgin and 12th Earl* of Kincardine）[7]使節団によって締結された江戸条約と付属貿易章程〔日英修好通商条約・貿易章程〕は、多少の相違はあるにしてもハリスが取り結んだ条約に基づいていた。[8]特に英国の条約は「ハリスが奇妙なことに入れ忘れた」最恵国条款を含んでいたが、しかし、アメリカの条約第二条に記載された日本と西洋の一国間の紛争の調停や、日本船への友好的取り計らいの約款は除外している。

日本に駐箚する最初の英国外交代表は、総領事に任命されたラザフォード・オルコック（*Sir* Rutherford Alcock）であった。一八五九年（安政六）六月、日本に着任したオルコックは、この肩書が外交代表仲間のなかでそれ相当の地位にふさわしくないと考え、勝手に「全権」の官職名を称した。やがて外務省もこれを認め、彼を正式に「特命全権公使」に任命することになる。オルコックはタウンゼンド・ハリスと口論したり、実際に「砲火の洗礼」〔水戸浪士による英国仮公使館東禅寺襲撃事件のことか〕を受けたりした。しかし、ハリスが辞任し、オルコックが一八六四年（元治一）に賜暇から帰任後は、英国公使が日本との交渉において各国外交団の先頭に立った。それから後の十九世紀中、英国は日本との国際関係においてひきつづき主要な海外大国の地位を占めた。

オルコックや、おそらく彼ほどひどくはなかったが後任のハリー・パークス（*Sir* Harry Smith Parkes）は、たびたび重大な困難や危険に遭遇した。

英国公使館は日本に関して非常に限られた情報しか入手できなかった。将軍・大名・朝廷間の関係が解明されるまでにはかなりの時間を要したし、それに条約が朝廷によって確実に批准されることが何よりも重要であると認識したのは、やっと一八六四年になってからであった。日本沿岸の数カ所は測量がおこなわれたが、比較的正確な地図でさえ容易に購入できたわけではなかった。

英国外交使節団は非常に小人数で構成されていたの

で、団長たる公使はみずから大量の仕事をやりこなさねばならなかった。たとえだれかをあてがうことができたにしても、彼の代理となる者は、めったに日本での体験や日本語の知識を持ち合わせていない外交部門の一員の、公使館書記官であった。一人か二人の下級書記官もいただろうが、彼らがみな頼りにしていたのは、日本語の訓練を受け、日本の領事部門となる分野に所属する通訳生たちの援助や専門的知識であった。通訳生のなかの卓越した熟練者は公使館の日本語書記官となった。すべての公使館員は、公使館付きの医官を含めて、江戸・横浜から発する急送公文書や、諸記録、覚書、それに報告書類を、しばしば普通の手書きで書写することにたっぷりと酷使された。[9]

とりわけ一八六〇年代（万延一―明治二）において、言葉は大きな問題であった。最初のうちは英語と日本語で話し合う場合に有能な通訳がいなかったので、双方の言葉を訳して相手方に伝えるにはオランダ語を介さねばならなかった。そのような実情や、英語で一般によく使われる用語や概念の日本語相当語句がなかったために、どうしても日英両者の会談には長時間を要し、しかもひんぱんに誤解が生じたり、言葉の微妙な色合いが失われたりすることになった。

文書によって連絡をとることも、日本国内ばかりでなく、海のかなたのヨーロッパや北アメリカとも非常に時間がかかった。一八七〇年代（明治三―十二）まで、日本にはまだ鉄道や電信網がなかったのである。車で往来するにしても主要な街道でさえその用をなさず、大きな川は浅瀬を渡るか渡し舟を利用しなければならなかった。はじめのころは外国との定期航路がなく、英国公使がロンドンから返事を受け取るのに少なくとも四カ月以上かかった。このことは、外務大臣の訓令がもはや時期遅れの不適当な情報に基づいて発せられたり、到着した訓令がすでに時宜に合わないか、あるいは受け取るのがあまりに遅過ぎてしまったか、ということになりかねない。したがって、駐日英国公使の最初の二十年間においては、どうしても現場の状況を熟知する公使自身の判断に多くの問題が委ねられねばならなかった。

公使館用の基金もまた困った事態に翻弄された。開港当初は居留地に銀行がなく、そこで流通するメキシコドル銀貨の為替相場が変動した。英国政府は必然的に外交代表らが倹約するのを期待するばかりであったが、公使館設置初期の数年間、ロンドンでは日本の事情をまったく理解することができなかったのである。

しかし、最大の脅威は公使館とその職員らの安全が危険にさらされたことだ。条約は開港をしぶる幕府に強要されたものであった。やがて居留地在住の外国人や江戸滞在の少数の外交官らにたいし暴力的な脅迫行為が頻発するにつれて、攘夷の風潮が燎原の火のように燃えさかった[10]。そのような危機的状態は、外国の外交代表らが着任して最初の十年間にとりわけ深刻であった。「江戸品川近くの東禅寺に仮住まい中の英国公使館は、一八六一年（文久一）と一八六二年（文久二）の二度、攘夷派の志士らの襲撃を受けた」。しかも外国人排斥の言動は、十九世紀最後の十年間まで断続的にみられた。英国公使が身の危険を感じたのもまれなことではない。

十九世紀後半の日本は健康に適した土地ではなかった。コレラや他の伝染病が流行した。家庭の給水は汚染し、衛生設備はいくらよくみても不適当であった。医療施設も数が限られ、もちろん冷蔵庫や冷暖房装置などはなかった。箱根や軽井沢のような高原避暑地は開発されたが、サトウ（*Sir* Ernest Mason Satow）が中禅寺に別荘を建てたのは、ようやく一八九〇年代（明治二十三―三十二）の後半になってからであり、彼は夏の一番ひどい酷暑のころをそこに逃れ住んだ。一八八九年（明治二十二）から九四年（明治二十七）まで駐日英国公使を務めたヒュー・フレイザー（Hugh Fraser）は、在任中に死去した。彼の後継に任命されたプア・トレンチ（Power Henry Le Poer Trench）は、一八九五年（明治二十八）に突然病気にかかり、病弱者として本国に送還された。

ほとんどが木造建築の家屋はたやすく引火したために、火災はもう一つの危険の要因であった。横浜に大火が発生した時、公使館のアーネスト・サトウ[11]やA・B・ミットフォード[12][1]（Algernon Bertram Freeman-Mitford, *1st Baron* Redesdale）は、彼らの家財・所持品のほとんどをみな灰燼《かいじん》に帰してしまった。

英国公使の特別な任務の一つに、横浜居留地の商人社会の問題処理がある。居留地には非常にいかがわしい人物が数人滞在し、すれちがった日本人にたいしてよく憤激を買うような態度をとった。英国外交官と商人らとの関係にも、とりわけ初期の数年のあいだは、しばしば険悪な敵意をはらむことがあった。

開港初期における英国の対日政策は、一八六三年（文久三）の英国艦隊の鹿児島砲撃や、一八六四年（元治一）の四カ国連合艦隊による下関砲撃に示されたように、強引なパーマストン的国権拡張主義であったようにみえる。［パーマストン卿 Henry John Temple Palmerston, *3rd Viscount*は、ごくまれにしか直接に関与しなかったが］。しかし、英国公使らは対日貿易の発展やイギリス人の権利を断固として擁護したけれども、それが可能と思われる場合にはいつも平和的な解決策を追求した。十九世紀後半はしばしばイギリス帝国主義の全盛期とみなされている。しかし、英国の対日政策が現代人の目には無思慮にみえたにしても、その動機が人種的偏見に起因したわけではなく、ましてや日本のいかなる場所をも植民地化したり、あるいは占領したりする企てを示唆したことはまったくなかった。

条約の治外法権条項は、今日では容認し難く、いちじるしく差別的にみえるだろう。しかし、われわれが心に留めなければならないのは、一八五八年の条約締結当時、日本には近代的な民法典も刑法典もなかったことだ。自白を強要する手段としての拷問は広くおこなわれ、その言葉通りに納得されるような正義は通用していなかった。しかし、日本人がその条項に憤慨したのはもっともなことであった。一八六八年（慶応四＝明治一）の明治維新後、条約改正は日本の政治家ばかりでなく、欧米の駐日外交官にとっても、なによりも先に片付けなければならぬ重大な仕事となった。日本人は条約締結国のうちの少なくとも一国と、別個に改正の協議を始めようとした。しかし、他の締約国や英国は、もしも改正される条約が全体として取り決められることになるならば、二国間での条約改正は緊急の必要性があることをようやく認めた。一八九四年（明治二十七）に調印され、一八九九年（明治三十二）に施行された日英条約［日英通商航海条約］において、開港場に居留するイギリス人がいらだったのは、英国がかなりの譲歩をしたことである。しかしながら、日本側としても、関税自主権に関して不当に譲歩を強いられたと考えた。

英国は明治維新後の新しい日本の発展に重要な役割を演じた。なるほど日本人はかたくなにどの外国にも援助や専門的な知識・技術を依存しようとはしなかったが、それでも日本政府に招聘された海外の専門家[13]（お雇い外国人）のうちの四〇パーセント以上はイギリス人であったと推定される。英国公使館はどうしても彼らの多くと密接にかかわった。とりわけパークスは、明治政府にたいして、イギリス人の専門家の雇用やイギリスの機械類・工業技術の導入を強く働きかけていた。

オルコックにはじまる駐日英国外交官は、日本の美術や文化に興味をいだくようになった。オルコックは日本の美術・工芸品を英国へ紹介することに多大な貢献をしたばかりでなく、彼の趣味が限られていたにしても、日本美術のまじめな研究者でもあった。パークスは日本アジア協会の設立者の一人である。領事部門の若い通訳生の中から、特にアーネスト・サトウや、W・G・アストン[2]（William George Aston）、J・H・ガビンズ[3]（John Harrington Gubbins）らは、日本歴史や日本文化の一流の学者になっていった。

＊＊＊

一八五九年から六四年までの期間を扱う第I部の初めの数章は、不釣合いなほど長くみえるだろう。しかし、ラザフォード・オルコックは対日外交の草分けであり、彼と、彼の賜暇帰国中の代理公使ニール（Edward St. John Neale）は、居留地や条約上の制度の確立に関与したばかりでなく、二度にわたる江戸の英国公使館襲撃事件や、横浜近郊でのイギリス商人殺害［生麦事件］、それに下関海峡の外国船通航阻害問題などを含めて、英国の権益を侵す重大な脅威に対処しなければならなかった。それらの事件は、一八六三年（文久三）における英国艦隊の鹿児島砲撃や、翌六四年（元治一）の四カ国連合艦隊の下関砲撃［付録IおよびIIに記載］を惹起せしめた。この二つの極地的戦争は、十九世紀後半の日英関係における特筆すべき事件であった。

オルコックは、彼が書く文章が冗漫であったために、日本社会に内在する複雑怪奇な情勢をロンドンの外務省にはっきりと説明できなかったが、しかし、概して好意的にものごとを見た人であり、あの横柄にふるまった後継者のパークスと同様に記憶にとどめる価値があるだろう。オルコックが一八六二年から六四年まで賜暇帰国中に代理公使を務めたニールは、彼の能力に限界があったにもかかわらず、優柔不断で気がきかない前陸軍将校として忘れ去られてはならない。一八六二年の生麦事件に際して、彼は慎重に良識を働かせた。彼はまた断固たる決意をもって粘り強く事件解決の糸口を探った。鹿児島砲撃の際に、もしもニールとキューパー提督（*Admiral* Kuper, Augustus Leopold）が、あの薩摩側の背信的な策略にたいして適切な対策を講じなかったならば、英国艦隊は大惨事を招いただろう。

　サー・ハリー・パークスは、一八六五年から八三年までの最長記録を持つ駐日公使であった。彼は覇気に富んでいたが傍若無人の外交使節であり、彼の下で働くには辟易《へきえき》するような人物であったにちがいない。無思慮で粗野な彼の挙動は、しばしば日本人の顰蹙《ひんしゅく》を買ったものである。しかし、彼は明治維新への移行過程において、英国の対日政策のかじを取り、その結果として英国は新政府にたいする威信と影響力を獲得したのであった。もし属僚であるアーネスト・サトウ[14]やA・B・ミットフォード[15]らの才気煥発な加勢がなかったならば、たぶんパークスはそれほどの業績をあげることができなかっただろう。彼とサトウの仲はうまくいかなかった。それでもサトウが後に出世したのは、多少はパークスが彼について本国に提出した好意的な報告書のおかげであったと思われる。パークスはオルコック以上に研究の対象となってきた。したがって、私が彼に関して書いた第四章は、オルコックを題目とする章より短い。

　フランシス・プランケット（*Sir* Francis Plunkett）やヒュー・フレイザー、ル・プア・トレンチに関する後続の各章について、ここではほとんど言及する必要はない。三人ともみな生粋の有能な外交官であったし、立派な縁故関係と個人的財産にめぐまれ、正規の大学教育を経ずに大・公使館員として外交任務についたが、十九世紀の英国対日交渉史において特にきわ立った存在ではない。在任中に死去した唯一の公使であるヒュー・フレイザーは、彼の妻メアリー（Mary Fraser）が一八九〇年代の日本体験に基づいて書いた随想録[16]の、今日でもなお読む価値のある高い評判の影にかくれている。（以下、原書第四部の学者外交官・領事について述べた末尾の箇所は、編集方針により割愛）

（中須賀哲朗　訳）

主要参考文献

Beasley, W. G.: *Great Britain and the Opening of Japan,* London, 1951. *Select Documents on Japanese Foreign Policy 1853-68,* London, 1955.

——*The Meiji Restoration,* Stanford, 1972.

——*Japan Encounters the Barbarians,* Yale, 1995.

Cortazzi, Hugh: *Dr Willis in Japan, British Medical Pioneer 1862-1877,* London, 1985.

——*Mitford's Japan, Memoirs and Recollections 1866-1906,* 2nd edition, Japan Library, 2002.

——*Victorians in Japan,* London, 1987.

——(ed.): Mrs Fraser, *A Diplomat's Wife in Japan,* Tokyo and New York, 1982.

Daniels, Gordon: *Sir Harry Parkes, British Representative in Japan 1865-1883,* Japan Library, 1996.

Dickins, F. V. and Lane Poole, S.: *The Life of Sir Harry Parkes,* 2 volumes, London, 1894.

Fox, Grace: *Britain and Japan, 1858-1883,* Oxford, 1969.

Hoare, J. E.: *Japan's Treaty Ports and Foreign Settlements: The Uninvited Guests 1858-1899,* Japan Library, 1994.

——*Embassies in the East: The Story of the British and their Embassies in China, Japan and Korea from 1859 to the Present,* Curzon Press, 1999.

Jones, H. J.: *Live Machines, Hired Foreigners and Meiji Japan,* Paul Norbury Publications, 1980.

Jones, F. C.: *Extra-Territoriality in Japan,* London, 1931.

Nish, Ian and Kibata, Yoichi: *History of Anglo-Japanese Relations, The Political and Diplomatic Dimension,* 2 volumes, London, 2000.

Satow, Sir Ernest: *A Diplomat in Japan,* London, 1921.

Ian C. Ruxton (ed.): *The Diaries and Letters of Sir Ernest Mason Satow (1843-1929), A Scholar Diplomat in East Asia,* Lampeter, 1998.

[原注]

（1） W・G・ビーズリー教授は、彼の論考『英国と日本の開国』（ロンドン、一九五一年）において、イギリスの平戸商館当時から一八五八年のエルギン遣日使節までの、英国の対日関係史を概説している。

（2） J. E. Hoare, 'Captain Broughton, HMS *Providence* and her Tender and Japan, 1794-98', in *Biographical Portraits Volume III,* Japan Library, 1999. を参照のこと。

（3） W. G. Aston, 'HMS *Phaeton* at Nagasaki' in *Transactions of the Asiatic Society of Japan First Series Volume VII,* 1879, pp. 323-36. を参照のこと。

（4） 日英協定原文はW・G・ビーズリーの前掲書付録Aに収録されている。

(5) G. A. Lensen, *The Russian Push towards Japan*, Princeton, 1959. の付録を参照のこと。

(6) W. G. Beasley, *Select Documents on Japanese Foreign Policy 1853-1868*, London, 1955. を参照のこと。

(7) 詳細なエルギン卿遣日使節の記述は、ローレンス・オリファントの二巻本 *Narrative of the Earl of Elgin's Mission to China and Japan in the years, 1857, '58, '59*, Edinburgh and London, 1859. に収録されている。〔邦訳に岡田章雄訳『エルギン卿遣日使節録』雄松堂、一九六八年、がある。〕

(8) W. G. Beasley, *Britain and the Opening of Japan*, page 190.

(9) Hugh Cortazzi, *Dr Willis in Japan, British Medical Pioneer*, London, 1985, page 28.

(10) 江戸・横浜に駐箚する外交団はごくわずかであった。最初の頃はアメリカ、イギリス、オランダ、フランス、それにロシア〔同国は江戸・横浜に外交使節を派遣せず、外交を代表する領事ゴスケヴィチ (Iosif Antonovich Goshkevich) を箱館に駐箚せしめた〕の駐日使節団だけである。十九世紀の終わりでさえも、二十世紀の使節団に比較すれば少数にとどまっていた。

(11) Ernest Satow, *A Diplomat in Japan*, London, 1921, page 156 et seq.〔邦訳に坂田精一訳『一外交官の見た明治維新』岩波書店、一九六〇年、がある。〕

(12) *Mitford's Japan*, edited by Hugh Cortazzi, 2nd edition, Japan Library, 2002, page 31.〔一九八五年の同書初版の邦訳に中須賀哲朗訳『ある英国外交官の明治維新』中央公論社、一九八六年、がある。〕

(13) H. J. Jones, *Live Machines, Hired Foreigners and Meiji Japan*, Tenterden, 1980.

(14) アーネスト・サトウ前掲書。

(15) ヒュー・コータッツィ編前掲書。

(16) Mrs Fraser, *A Diplomat's Wife in Japan*, edited by Hugh Cortazzi, Weatherhill, 1982.〔邦訳に横山俊夫訳『英国公使夫人の見た明治日本』淡交社、一九八八年、がある。〕

[訳注]

[1] A・B・ミットフォード（一八三七―一九一六） イギリスの外交官、著作家。一八五八年オックスフォード大学卒業後、書記官として外務省アフリカ局、セント・ペテルスブルグ、北京に勤務、ついで一八六六年（慶応二）十月日本に赴任し、ハリー・パークス公使の下で三年余の波瀾に満ちた生活を送る。一八七〇年（明治三）一月、健康を損ねて帰国。一八七三年外交官を辞職し、翌年から八六年まで工務省に勤める。同年、父親の従兄弟リーズデイル伯爵の死去にともなってその名跡と遺産を継ぎ、一九〇二年初代のリーズデイル男爵、上院議員となる。一九〇六年（明治三十九）二月、コノート公アーサー殿下（Prince Arthur Patrick Albert of

Connaught）が国王エドワード七世の名代として明治天皇にガーター勲章を奉呈するため来日した時、その首席随員を勤め、わが国の勲一等旭日大綬章を授与された。その時の、急激に近代化の変貌を遂げた三十五年ぶりの日本体験記 *The Garter Mission to Japan*, 1906. と、八百十六ページにおよぶ大著 *Memories*, 1915. の、幕府の崩壊から新政府誕生当時の滞日生活にかかわる第十八章から第二十六章までの邦訳に、それぞれ長岡祥三訳『ミットフォード日本日記』（講談社学術文庫、二〇〇一年）と、『英国外交官の見た幕末維新』（講談社学術文庫、一九九八年）がある。ミットフォードのその他の著書は次のとおりである。

Tales of Old Japan, 1871.

The Bamboo Garden, 1896.

The Attaché at Peking, 1900.

A Tragedy in Stone and Other Papers, 1912.

Further Memories, 1917.

［2］ W・G・アストン（一八四一―一九一一） イギリスの外交官、日本学者。北アイルランドの首都ベルファストのクィーンズ大学卒業後、一八六四年（元治一）江戸の英国公使館通訳生として来日し、八〇年（明治十三）兵庫領事代理、八二年長崎領事、八四年朝鮮総領事、八六年東京の英国公使館日本語書記官となり、八九年（明治二十二）四十八歳にして辞任、イギリス海峡に臨むイングランド南西部の小村ビアー（Beer）に隠棲して日本の言語、神道、歴史の研究に没頭した。アーネスト・サトウやチェンバリン（Basil Hall Chamberlain 一八五〇―一九三五）と共に近代西洋日本学の三大学者と称され、『日本書紀』の完全英訳 *NIHONGI, Chronicles of Japan from the Earliest Times to A.D. 697*, 1896. は今日もなお評価が高い。九〇年にクィーンズ大学から名誉博士号を授与された。彼は日本アジア協会（the Asiatic Society of Japan）や英国アジア協会（the Royal Asiatic Society）などの紀要に多くの論文を発表したが、前記以外の著作につぎのものがある。

A Short Grammar of the Japanese Spoken Language, 1869, 1871, 1873, 1888.

Grammar of the Japanese Written Language with a Short Chrestomathy, 1872, 1877, 1904.

A History of Japanese Literature, 1899.

Shinto (*The Way of the Gods*), 1905.

［3］ J・H・ガビンズ（一八五二―一九二九） イギリスの外交官、近代日本政治学者。インドに生まれ、英国の名門ハロー校に学び、一八七一年（明治四）東京の英国公使館通訳生として来日。八九年日本語書記官、一九〇〇年漢城（ソウル）駐箚代理公使、〇三年駐日英国公使館書記官、〇八年（明治四十一）帰国、翌〇九年外務省を退職した。同年オックスフォード大学より名誉修士号を授与され、一九一二年まで同大学で日本語専任講師として教鞭をとった後、アーネスト・サトウやチェンバリンとの交友を通して、終生日本研究をつづけた。

ガビンズ在任中の最大の功績は、明治新政府成立以来の懸案となった不平等条約の、領事裁判権と低関税率を改訂し、日英通商航海条約を締結する過程で、事実上英国側の中心的役割を演じたことである。その功労により、一八九八年、聖マイケル・聖ジョージ勲章を授けられた。主著として次のものが挙げられる。

A Dictionary of Chinese-Japanese Words in the Japanese Language, 1889.

The Progress of Japan 1853-71, 1911.

Japan, 1920.

The Making of Modern Japan, 1922.

第1章

サー・ラザフォード・オルコック

駐日公使　一八五九—六二年

サー・ヒュー・コータッツィ
（日本協会名誉副会長、元駐日英国大使）

Sir Rutherford Alcock

サー・ラザフォード・オルコック（*Sir* Rutherford Alcock, 1809–97）は、一八五九年（安政六）から一八六四年（元治一）までの、初代の駐日英国公使であった。

彼は一八〇九年にロンドンの医者の家に生まれ、十五歳の時から医療を学んだ。若くして美術に興味を持ちはじめ、イタリア語とフランス語を修得し、一年間のパリ留学後、外科医の資格免許状を得たのは二十一歳の時である。その翌年、内乱のポルトガル女王マリア二世を支援する英国派遣軍に加わり、ついでスペインの内乱に際して英国スペイン軍団に従軍した。一八三八年、帰国すると同時にふたたび医業を始めたが、サンセバスティアンの包囲攻撃中にリューマチ熱にかかってから、手の親指が使えなくなり、外科医としての職業を諦めざるをえなかった。

オルコックが清国駐箚領事に選任されたのは、一八四四年である。厦門《アモイ》・福州・上海・広東などを歴任したが、在任中の若い部下のなかに、のちに駐日公使として彼の後継者となるハリー・パークスがいた。二人は良好な関係を保ち、ともに強硬政策の信奉者だった。オルコックは断言している、「イギリス国民に加えられた暴行の当面のなりゆきに効果的な恐怖心を起こさせることが……この国ではわが同胞を保護する上での最善かつ唯一の手段であるかにみえる」(1)と。しかし、彼は現下の問題をあまり極端に騒ぎ立てるのがよいと確信していたわけではない。極東の諸国民とかかわる場合の彼の心構えは、断固たる決意と、忍耐心や粘り強さとを併せ持つことであった。彼はまた道徳上の信念が強く、清国を訪れるいかさま師的なイギリス人貿易業者らの、多くの始末に負えない無法行為を黙認することができなかった。このことが日本では面倒なもめごとの原因になる。清国在任中も無意識に露呈したことだが、日本でも問題を生じさせた彼の欠点の一つは、言葉数が多すぎ、彼が発した急送公文書の長ったらしい文章に明快さを欠いたことであった。

オルコック日本に着任する

一八五八年(安政五)、エルギン卿によって締結された日英条約〔日英修好通商条約〕の条項に基づいて、オルコックは日本駐箚英国総領事に任命された。彼が英国海軍の軍艦サンプスン号に搭乗して日本に到着したのは翌一八五九年(安政六)六月であるが、事実上の外交代表としてさらに高い地位が必要不可欠であると判断し、みずから「全権」の肩書を称した。この自己宣伝を是認した外務省は、やがて彼を「特命全権公使」に任じることになった。数日間の長崎滞在後、彼はサンプスン号で江戸に向かい、一八五八年の条約に規定された七月一日(安政六年六月二日)の開港に間に合わせて、到着したのは一八五九年六月二十六日であった。幕府当局は彼の江戸居住を妨害したが、それにもかかわらず彼は自説を主張し、品川郊外の東禅寺に公使館を置いたのである。まず果たさねばならぬ役目の一つとして、一八五八年の条約の批准書交換を、それにふさわしい華麗な儀礼をもって挙行することを幕府と取り決めなければならなかった。

条約はまず長崎、神奈川、箱館三港を貿易港として開港すると規定した。しかるに幕府当局は、東海道沿いの神奈川開港に不本意であった。当時の日本でもっとも重要な幹線道路たる東海道を折りにふれて大名行列が往来していたので、その供廻りに潜在する攘夷派分子が外国人と紛争を起こすのを危惧したのである。それで、はやくも神奈川の対岸にある漁村の横浜に貿易商人用の地所を造成しはじめていた。その周囲に掘割をめぐらせた横浜に居留する外国人は、過去二百年にわたってオランダ人が長崎湾の出島に隔離されたように、ほとんど孤立した生活を余儀なくされるだろう。この条約の条項を曲解する意図的な企てにたいして、オルコックは強硬に抗議をくりかえした。しかし、彼の意向に反して、イギリスの貿易商人らは横浜の造成地が気に入ったのである。最初に横浜で開業したイギリス商人の一人は、英一番として有名な地所に設立されたジャーディン・マセソン商会のウィリアム・ケズィック(2)（William Keswick）であった。

オルコックは他にイギリス商人に影響をあたえる問題も取り扱わねばならなかった。それらの一つに、貿易商人らが使用する通貨の問題があった。条約の規定によれば、貿易開始後一年間、外国貨幣はすべて「日本で通用することができる」。幕府は銀貨と金貨の同種同量の交換によって日本の貨幣を支給することになっていた。しかし、不運にも幕府が日本の貨幣の需要をひどく少なめに見積もっていたために、それの不足をきたし、日本の銀貨は額面以上の超過購買力を持つこととなった。もう一つの大きな問題は、日本における金銀の比価は五倍であったが、日本以外の国ではおよそ十五倍であったことだ。外国人居留地の商人たち、とりわけイギリス商人らは、供給を受ける日本貨幣にたいして法外な要求額を提出した。そしてついにはSnooks（あかんべえ氏）だとか、Doodeledo（コケコッコー氏）だとか、Nonsense（馬鹿野郎氏）だとか、Is-it-not（ほんまかいな氏）というような、まったく実在しない人間の名前をはじめ、しばしば明白に仮想の人物になりかわって提出する要求額は、果てしなく増大するばかりであった。オルコックはこれに激怒した。そのような日本貨幣にたいする要求は、「イギリス人の名前を持つ者全体にたいしてまったくのつらよごし」だと考えたのである。オルコックが商人らを批判したことによって、公使館職員らの外国人官吏だけは給料の日本貨幣への両替に有利な交換率が適用された結果、特に四〇パーセント以上も給料が増加するという恩典に浴していたために、商人らの憤激を買ってしまった。

もう一つの商人社会との軋轢《あつれき》の原因は、横浜から江戸見物に行くのを制限されていたことだ。江戸は条約で定められた外国人の自由遊歩の範囲外にあった。その上、江戸の公使館にはごく限られた宿泊施設しかなく、市内にも商人らが滞在できるホテルがなかった。しかも江戸見物に出かけたい時は、かならず外交代表からの招待状のほかに、江戸訪問の特別許可証を入手しなければならなかった。

商人たちのあいだに強い忿懣の念を起こさせたのは、一八六〇年（万延一）十一月に日本の役人が逮捕したイギリス商人マイケル・モス（Michael Moss）の事件である。彼は銃猟に出かけて、その夜は条約で定められた自由遊歩の範囲外にある農家に宿をとり、翌日一羽の雁をかついだ下男と一緒に東海道を歩いて帰る途中、その下男が拘束された。モスは銃を引き寄せ、下男の釈放を役人らに要求した。それから起こった小ぜりあいの最中に、役人の一人がモスの鉄砲で片腕をなかば吹き飛ばされてしまった。その結果、モスは手足を束縛されて連行の憂き目をみたのである。最初、モスの所在について言を左右していた神奈川奉行所当局も、結局彼の身柄を英国の横浜領事に引き渡し、領事は条約の治外法権条項に基づき領事裁判所を開廷してモスを糾弾した。領事および二人の裁判補佐人は、モスの罪状を究明して、国外追放と科料一千ドルの量刑を下すこととなった。その判決を付託された公使のオルコックは、モスの刑罰があまりに軽すぎると考え、さらに追加して香港での禁錮刑三カ月を言い渡したのである。商人社会の人びとが激昂したのは、オルコックの判決があまりに苛酷かつ不当だと考えたからだ。香港に送られたモスは、ただちに拘禁の理由を聴取するための人身保護令状を取り、オルコックを相手どって不当収監にたいする損害賠償の訴訟を起こした。結局、モスは裁判に勝ち、損害賠償金二千ドルの裁定を獲得したのである。もちろん、イギリスの公使館員らも鉄砲で鳥獣を撃つなどの娯楽を享受していた。しかし、モスのような行為が「もし繰り返されたならば」、日本人との関係をはなはだしく険悪化させかねないと憂慮し、オルコックが居留民へのみせしめとなる判決も必要だと判断したことには、それなりの正当性があっただろう。しかし、彼が領事裁判権の範囲を逸脱した行為を犯し、商人社会の感情にたいしてそれ相応の配慮をはらわなかったのもまた事実である。

他の証拠文献からみても、当時の横浜に居留するイギリス商人社会の人びとは、日本人にたいして明らかにひどい仕打ちをしたり、鼻持ちならぬほど横柄にふるまったりした。彼らの性行為もまた、ヴィクトリア朝時代の品行方正な紳士に比べれば目にあまるほど堕落していた。オルコックはとりわけ横浜に新規開業した外国人相手の、売春宿の岩亀楼が気に入らなかった。そこでは梅毒やその他の性病がおびただしくはびこっていた。

公使館付き医官のウィリアム・ウィリス[1]（*Dr* William Willis）は、外国人社会のあいだに性病が蔓延するのを手きびしく警告したが、また彼らの全般的な行状にも非難を浴びせた。一八六三年（文久三）二月十五日付けの本国あて私信で彼は言う。

> イギリス人は……他のいかなる外国人よりもひどく嫌われています。われわれにはみな、たとえそれが傲慢でなくとも、支配的民族の態度が身についているからです。われわれは手足を上手に動かして、自分が言い張る言葉を補いますが、それは関心を引いても、尊敬の対象とはなりません。思うがままにその身振りでもってごまかすからでしょう。……東洋の土地に一歩足を踏み入れた瞬間から、われわれは暴君の一派になるのです。(3)

のちのリーズデイル卿のA・B・ミットフォードは、パークスの属僚の一人であったが、イギリス商人らにたいする公使の非難がきびしかったにしても、それは「せいぜい是認される事柄にすぎない(4)」と思った。

はじめのころ、オルコックと商人らとのあいだに対立感情があったにもかかわらず、彼が一八六四年をもって最終的に日本を去る頃には、商人らは彼が商人社会のために尽力したことにたいして相当な讃辞を呈した。たしかに、オルコックの急送公文書から判断して、英国の対日貿易の発展が彼の任務の主要目的ではなかったにしても、大きな達成目標であるという事実に、彼が絶えず留意していたことは明らかである。

オルコックが江戸に着任した時、日本当局との公的な相互通信はオランダ語を介して二度翻訳しなければならなかった。このことは誤解を招く可能性を無限にはらみ、うんざりするほどの時間の遅れを余儀なくさせる原因となった。やがてオルコックは、日本語に精通した属僚を持たねばならぬことを痛感し、領事部門に所属する通訳生の訓練を非常に重要視することになった。こうして日本の領事部門が始まったのである。オルコック自身もまたかなりの年輩であったが「日本に着任当時、彼は五十歳だった」。それでも日本語を修得するために猛烈な努力をはらった。毎朝、彼と属僚たちは一室に集合し、「まん中にすわった不幸な日本人教師にたいして、ある英語の品詞の日本語相当語を聞き出そうと鋭い質問の十字砲火を浴びせかけ、彼をうろたえさせたり、まったく途方に暮れさせたりした」(5)。オルコックは日本語の文語がとりわけ難解に思えた。その当時、英語で書かれた日本語辞典や文法書・入門書はほとんど皆無であったことから、オルコックは発奮して日本語学習用の参考書二冊の出版計画を立てた。これらは一八六一年に上海で出版された『初心者用日本語文法入門』(*Elements of Japanese Grammar for the Use of Beginners*)と、一八六三年にロンドンとパリで出版された『学生用英語・仏語対訳付き日本語日常会話』(*Familiar Dialogues in Japanese with English and French Translations for the Use of Students*)である。どちらの本も今日の学生用としてはまったく推奨することができない！　しかし、オルコックがみずから学習した成果には低い得点しか与えられないにしても、彼の努力は高く評価されてしかるべきだろう。

オルコックの日本国内旅行

オルコックはたびたび長崎を訪れている。開港直後の一八五九年（安政六）九月、〔彼は英国軍艦ハイフライヤー号に搭乗して〕箱館に行ったが、主たる用件はペンバートン・ホジスン（Pemberton Hodgson）を初代の箱館領事につかせ、領事の宿泊施設を首尾よく確保することであった。すでにロシア人〔ゴスケヴィチ Iosif Antonovich Goshkevich〕が箱館領事館を設けていた。結局、日本の箱館奉行〔津田正路〕は、新たに赴任してくる奉行のために準備していた寺院を、英国領事用に割りあてることを約束した。

すでに登山シーズンが終わった後の、一八六〇年（万延一）九月十一日、幕府の役人らがきびしく諫止したにもかかわらず、オルコックは数人のイギリス人一行とともに富士登山を敢行した。彼らは富士山頂に登った最初の外国人であった。江戸への帰途、オルコックは数日間熱海に逗留した。しかし、彼が見たところ、「熱海は住む場所としては快適な土地でなく、日本の村落生活の研究にともなう興味以外に、そこには楽しみを与えてくれたり暇つぶしになったりするようなものはまったくなかった」。

一八六一年（文久一）五月、オルコックは同僚のオランダ総領事デ・ヴィット（J. K. de Wit）と一緒に長崎から海・陸の経路で江戸への旅をした。瀬戸内海の島影にたたずむ小さな集落に、彼はなんら感興を催しなかった。大坂では、少なくとも今日では穏やかならぬ表現で、こう書いている、「日本の寺院を見学することはもう長い間やめていた。というのは、一つか二つを見てしまうと、それは引きつづいて現われる黒人を見るようなものだからだ。ただただ見覚えのある似かよった印象を受けるだけで、それらのあいだの多少の相違を見分けられることなど、だれ一人として望みはしないだろう」。

幕府と外国人・外国使節団の安全

幕府当局との折衝では、オルコックはいつも挫折感を味わうばかりであった。最悪の場合、相手の高官らは欺瞞に充ちた虚言を弄して人の意図を妨害するばかりか、時には侮辱的かつ脅迫的な応待をすることもあった。はやくも一八五九年（安政六）八月九日、彼は外務大臣〔老中兼外国御用取扱、『通信全覧』には外国事務宰相とある〕あてに外交文書を送って訴えた。彼の属僚が公使館の外を出歩けば、「かならず無礼な態度や、いやがらせや、それに頑迷きわまりない理不尽な類《たぐい》の暴行を受けることになる。……そのような人権侵害行為は、非難叱責される恥ずべき所業としか言いようがない」と。しかし、オルコックの抗議はなんら効き目がなかった。それから頻発した外国人殺害事件のうちで最初のものは、外交文書を発して半月後の同月二十五日、横浜で起こった。ロシアの〔シベリア総督ムラヴィヨフ（Nikolai Nikolaevich Muraviyov）が率いて品川沖に来航した〕艦隊の士官と水兵が、路上で惨殺されたのである。

同年十一月には、オルコックの召使が彼の目前で暴漢に襲われた。彼はふたたび老中あての十一月八日付け覚書で、大小二本の鋭利な刀で武装した酔っぱらいの侍数名に遭遇した時の模様を、ありのままに通報しなければならなかった。憂鬱な欲求不満におちいり、彼は十二月十四日付けの覚書で軍事力による威嚇の必要性を示唆して、その筋に送った。それにたいして、外務大臣ラッセル卿（John Russell, *1st Earl*）からオルコックあての書簡は、譴責するように言う、「貴下が訴える困難の原因の多くは、時間と忍耐によって取り除かれるだろう。……貴下は決定的な要求を突きつけて、相手にそれを強いるよりも、相互の争いを鎮静化するために努力すべきである。わが国の対日貿易はとどこおりなく開始されたところだ。通商は戦争によって始めるべきものではない」と。ロンドンという安全な場所から見たラッセル卿の考えが、生命の危険にさらされた当時の駐日公使のそれとかけ離れていたことは、やむをえないだろう。

一八六一年（万延一）一月十四日、アメリカ公使タウンゼンド・ハリス（Townsend Harris）のオランダ語通訳官ヒュースケン（Hendrik C. J. Heusken）が、プロイセン使節〔オイレンブルク（Friedrich Albert Eulenburg）〕の宿舎〔芝赤羽接遇所〕への訪問から帰る途中、浪士の要撃を受けて殺害された。この事件後の対応をめぐり、オルコックとハリスとのあいだに深刻な仲違いが発生した。それは幕府当局の警告を無視して外交団全員が参列した葬儀後に始まる。オルコックが同僚たる諸国の外交代表を招き、どのような共同措置を講ずるかを協議した時、主催者のオルコックは、幕府が外交団の安全確保に万全を期すことができない以上、この際比較的安全な横浜へ撤退すべきだと言って出席者を説得した。他の外交代表らはこれに同意したが、ハリスだけは、ヒュースケンが与えられた忠告に反して夜間外出をしたためにみずから闇討ちの餌食となったと述べ、異議を唱えたのである。ハリスはその次にオルコックが招集した会合に出席しなかった。しかし、書面をもって、もし横浜へ退去すれば幕府は「配慮や責任や出費」を免れることになり、かくして外交団は当局の思うつぼにはまり、二度と江戸へ復帰することができなくなるだろう、と彼の意見を伝えた。この二人の論争に由来する長文の辛辣な往復書簡が、しかるべき時にロンドンとワシントンで公表された。両公使とも穏やかならぬ態度をとったようだが、どちらも非難されるところがない。さまざまな場所や機会において、あわやの瞬間に身をさらしたオルコックを、この件で臆病風に吹かれたと言って難詰すべきでないことは当然である。

事実、外国公使らは横浜で幕府高官〔若年寄酒井忠毗《ただます》〕との談判後、一八六一年（万延二）三月二日、江戸へ帰ることができた。しかしながら、彼らの安全は決して保証されたわけではなかった。オルコックがオランダ総領事デ・ヴィットと一緒に長崎から陸路の旅を終えて帰還した直後、芝高輪の公使館東禅寺は真夜中に浪士らの襲撃を受けたのである。公使館警固の任にあたる幕府の別手組の負傷者は十名〔正しくは十一名〕、死者二名であった。[2]翌朝、公使館は「激闘の余燼で荒廃しつくしたかのようにみえた」。[6]オルコックは事件後、見舞に訪れた幕府の外国奉行の言動に激昂した。奉行はオルコックが難を免れたことにお祝いの言葉を述べ、「友好の贈物として、どうか家鴨一籠と砂糖一壺を納めていただきたい」と言ったのだ。オルコックはこの親善の見舞品を拒絶し、「家鴨や砂糖などではなく、犯人の処罰と被害者の救済措置」を要求したのである。

その当時のオルコックの職務遂行が困難をきわめたのは、ロンドンから回訓がとどくのにほぼ四カ月もかかったという不便さだけでなく、本国の外務大臣が現地の状況を正しく把握しきれなかったことにもよる。その責任の一端はオルコックにあっただろう。なぜならば、彼が言わんとする要件の趣旨は、彼の感情移入や饒舌な文体によって、論旨の明確さを欠いたからだ。オルコックはまた極東海域に遊弋《ゆうよく》する英国艦船の支援を簡単に要請することができなかった。艦船の数が限られていたし、それらと連絡をとるにもうんざりするほど手間取らねばならなかったのである。

管理官としてのオルコック

オルコックは、全権公使兼総領事として、日本におけるすべての英国在外公館常勤職員の管理責任を負っていた。そしてロンドンとの文書連絡の遅延が避けられなかったために、本国近くに勤務部署があるならば、ロンドンの外務省にゆだねられたような多くの決裁を、みずからの権限で下さねばならなかった。

対日政策やイギリス居留民の保護、貿易の増進などは、疑いもなく彼の職責のなかで最も重要なものであった。彼はまた条約の治外法権条項を考慮して、半ば裁判官の資格でその職務を執行しなければならぬ場合も生じた。モス事件でみたように、法律にしかるべき注意を払ってこの役割を果たしたわけではない。それらの重要な任務以外に、たとえばその土地では一般文房具のように些細な日常必需品でさえ入手することができず、まだ銀行や電信も普及していなかったところで、一つの組織を運営することは容易でなかっただろう。

彼が直面した管理上の問題は、一八六〇年七月十三日付けの急送公文書で述べられている。その中で、彼は「これまでみずからの責任で支出せざるをえなかった主要な消費品目」について報告した。年次支出金総計は英貨七千六百七十九ポンドであったが、この金額は当時の物価水準からみても控え目なほうであったようだ。

着任初年度に彼がまず留意したことは、属僚らが取り組まねばならぬ仕事の量に相応するだけの、公使館・領事館の常勤職員数を確保することであった。まず、自分の留守中の代理として、任務を委託することのできる公使館書記官を任命する必要がある。日本側との言葉による相互理解には大きな障害が立ちふさがるので、彼はオランダ語通訳官の常駐人数を少なくとも五人に増員しなければならぬと主張した。彼はまた領事補助官と公使館付き医務官の任命も求めた。それらの新たに要請した職員の人件費を合計して、一年につき英貨四千ポンドの追加支出を申請したのである。その結論として彼は言う、「これ以上少数の常勤職員をもってすれば、当地における任務は効果的かつ十分に遂行されえない」と。

オルコックの管理業務が複雑になった原因の一つに、「現在、ここには為替制度が全然ない。横浜でも他のどの開港場でも、手形によって所持すべき金銭を手に入れることは不可能だ」という事実があった。日本に赴任して一年後のこの急送公文書を見れば、彼がほどほどに倹約家の有能な管理者であり、手もとにかかえた管理運営上の問題にうまく対処したことがわかるだろう。

英国の対日貿易

一八六〇年七月十一日付けの急送公文書において、オルコックは開港後最初の一年間の貿易額がほとんど英貨百万ポンドに達し、「大きな利益を得た」と記録した。彼は茶と生糸の取引きが始まったことに言及し、彼が了解したところによれば、およそ一万五千箱の茶と、三千梱《こり》ほどもの多量な生糸が輸出された。貿易商人らは一万五千梱から一万八千梱の生糸が供給され、一方、何百という茶箱が江戸で製造中であると見込んでいる。他の有望な輸出品に、木蠟や植物性油、真珠層のある貝殻、樟脳、付子《ふし》〔タンニン材〕などがある。彼はまた日本の有名な鉱物資源について記述しているが、しかし「国内鉱業生産物の海外輸出にたいする幕府の拒絶反応を克服することには、ほとんど進展がみられなかった」。「輸入品についてはなにも言うことがない。日本人はわが国の工業製品を買おうとする傾向を見せはじめたばかりである。輸入はこれから始められる貿易であり、そのためにはまず土地の人びとの心の中にその欲求を醸成しなければならない」。

貿易を発展させる前に、彼はとりあえず幕府関係者の妨害的な干渉を排除し、外交使節団の自由安全な生活を確保しなければならなかった。彼がその必要条件の解決を優先したのは当然のことである。しかし、公使在任中、彼は対日貿易の発展の重要性を片時も忘れはしなかった。

オルコックとロシアの脅威

一八六〇年（万延一）十一月十八日、ペテルブルク駐箚英国大使サー・ジョン・ラッセル卿あてに急送公文書を発し、その中でロシアの極東領土から日本方面への南進について警鐘を鳴らした。「松前島[7]〔北海道〕を奪取することが太平洋におけるロシアの勢力拡張計画の一部をなしている」と彼は断言し、さらに付け加えて言う、「サハリンも松前もロシアの貪欲な領土獲得熱の対象になっているとの情報を得れば、日本政府もうれしく思うだろう」と。

※原文では「外務大臣ジョン・クランプトン（*Sir John Crampton*）は、」が「駐箚英国大使サー・ジョン・」の後に続く。

オルコックは一八六一年（文久一）八月二日付けでラッセル卿あてに急送公文書を発し、極東方面におけるロシアの政策に関して、ロシア人の進出状況の概略を述べた後、ロシアは「清国ならびに日本の領土にたいして、ましてや太平洋の大規模な貿易については言うまでもなく、いまや支配的な立場を獲得した」と明言している。ペテルブルクの英国大使が引用した文章のロシア人執筆者の一人は、「絶えず侵略と征服をつづける国策を率直に表明したものだ」とオルコックは思った。彼はみずからの見解を披瀝して、日本の北方地域における新たな状勢には「ヨーロッパの臨海諸国における厳重な監視が必要であり、危険にさらされた権益の大きさから考えれば、英国ほどその監視を緊急に強めねばならぬ国はない」と言う。

オルコックがとりわけ懸念をいだいたのは、ロシア人が朝鮮半島沿岸や対馬に駐留することである。バリレフ艦長（*Captain* Barileff）指揮下のロシアのコルベット艦〔平甲板一段砲装の木造帆走軽巡洋艦〕ポサドニック号が、対馬の上島・下島間をへだてる湾内に繋留され、「まったく艤装を解かれて、明らかに改装中であった。陸上には作業場や兵舎が立っていた」。ここでオルコックの急送公文書は論調が乱れ、わき道へそれる。彼が得た情報によれば、対馬の大名〔対馬国府中藩主宗義和《そうよしより》〕は「大君」に書状を送り、ロシア人の攻撃を受けたがなんら援助を必要としない、と述べた。その後に江戸の英国公使館東禅寺の襲撃事件が起こったのだが、それは「対馬の大名が、領内でロシア人の攻撃に惨敗の憂き目をみたことにたいする復讐であったと、巷間の俗説は確信をもって言いふらされていた」。さらにオルコックは、彼の感情がほとばしるがままにつづける。「長官たる公使はもとより公使館員のすべてを、外国人に蹂躙された誇り高い大名の恥辱をそそぐために誰彼となく無差別に犠牲にするということは、日本の伝統的なしきたりに完全に合致した行為とみなされるようであった」。しかしながら、オルコックは「訴訟を起こすだけの、換言すれば疑う余地のない証拠は、まったく得られなかった」と、忿懣やる方ない思いで言わざるをえなかった。事実、対馬の大名が英国公使館襲撃事件に関与したという話は、まったく偽りの風評だったのである。

彼はロシアの脅威論に立ちかえって、「領土拡張欲を満たすための下ごしらえの一杯として、対馬がロシア人の手中に落ちたという情報がいつ届いても」おどろきはしないだろう、と断言する。そのように言った後、英国の権益への暗黙の脅威に対処するために、彼は如何なる手段を講ずるべきかという議論を展開する。ひとつの選択肢は、英国極東派遣艦隊司令官サー・ジョン・ホープ(*Sir* John Hope)が、厳密に調査した上で、ロシア人が「ただちに対馬獲得の口実を得ようとする意図がある」と判断したならば、「ロシア海軍の現地指揮官あてに、それが英国の条約上の権利を侵害するという理由により、容認しえないとの通牒を発する」ことであろう。もう一つの選択肢は、日本人が英国に放棄してほしいと切望しているある種の条約上の権利と対馬とを両国間の協定によって交換するか、「あるいは公使館襲撃犯らの条約違反行為による公使館員傷害の補償、またはその損害賠償として、それ以外の手段によっても達成されない場合には軍事力を行使するかによって」、イギリス人が対馬を占領することである。

オルコックはその計画をホープ提督と話し合ってみた。彼が対馬を領有すれば、「英国は海峡の制海権を掌握するか、そうでなくとも有益な領地になると考えても間違いない」と主張したのにたいし、提督は同意しなかった。しかしながら、提督はそれとなく対馬の状況を視察した上で、それが必要だと判断した場合には、そこに駐留するロシア人にたいして適切に警告を発するとの意向を示した。ホープ提督は別の海軍省あて覚書の中で、みずからの見解を述べている。

〔賠償支払いを〕強制する手段として日本領土の一部を臨時的に占領することでさえ、私は非常に不都合なことだと考えたい。なぜならば、これまで英国公使が遭遇した数多くの難局の大半は、海外との通商にたいする日本人の抜き差しならぬ怨恨に起因したものであり、占領政策はその怨恨を強化するばかりでなく、外国人襲撃に正当な根拠を与えるであろうからだ。――まったく公明正大に思い起こしてみるならば、外国との通商関係は、われわれが日本に強要したものであった。

明らかにオルコックの大英帝国主義的な心情は、提督[8]

のそれを凌駕していたが、彼は自己の判断を正当化しようと試みながら、華麗な修辞を駆使して急送公文書に結末をつける。彼は言う。

そして猶予すべき日はほとんど過ぎ去ったかにみえる。ロシアの鷲は嘴と爪を鋭く曲げた。しかし日本は、攻撃するにも防御するにも、そのような敵と戦うのに必要な戦力を提供する同盟国がないばかりか、かたくなに自国の危機を見ようともしない。日本の為政者らはロシア以外の海外列強が最善の防衛手段たるべきことを考えてみようともせず、日本の岸辺からそれら列強を追い払うための方策をひねもす思いめぐらせているのだが、やがてこうして盲目的に破滅にむかって突き進んでいくだろう。

最後に、彼は言明する。

たしかに英国には、ある計画全体の概略が公表されるや、すぐにも破廉恥だと言って大声をあげて騒ぎ立て、非難する人が大勢いる。しかし、私はそのような人すべてにたいして言いたい。もし解決すべき問題が私の手にゆだねられているならば、個人生活と同様に国民生活にとっても、自己防衛のためには必要欠くべからざるものがあり、それを失ったならば、必ずやわれわれの国民生活は滅びるであろう、と。現在、ロシアの脅威にさらされているのは、その国益にとって必要不可欠のものである。われわれの国民生活が危殆に瀕しないために、もし他になにも解決策がなく、あるいは穏便な処置が講じられないならば、無数の他の場合と同様にこの場合も、緊急に実施せねばならぬ対策がおのずからその正当たるべき証拠を明らかにするだろう。

ローレンス・オリファント[9][3] (Laurence Oliphant)〔代理公使を務めるため来日した公使館書記官〕は、英国公使館襲撃事件で重傷を負って帰国する途中、対馬偵察の任務を帯びた郵便送達用艦リングダヴ号の艦長クレイギー中佐 (*Commander* Craigie) に随行し、その調査結果を一八六一年九月二日付け書簡で上海から外務省の事務次官ハモンド (Edmund Hammond) に報じた。クレイギーの偵察派遣隊につづいて、一八六一年八月二十八日、ホープ提督が軍艦エンカウンター号に搭乗して対馬に赴いた。海軍省あての報告書の中で、提督はロシア人の動向や、バリレフ艦長との書状交換にふれているが、彼は八月二十八日付け書状でもって、バリレフにたいし、日露条約を勘案すれば日本の承認もなく陸上に営造物を建設したり、沿岸測量を実施したりすることは許されない点を指摘し、バリレフがさきに述べたように十月になれば撤退するか、そしてまた営造物の建設命令を受けているのかと訊ねた。バリレフのフランス語の返書には、潔白さを傷つけられたような語調があった。しかし、彼はまったく対馬の占領命令を受けていないと断言した。いつ彼が対馬から撤収したかは、定かでない[4]。ある程度はイギリス人が圧力を加え、そして日本人もまた精力的に抗議をつづけた結果、一八六一年の秋にロシア人は対馬を去ったのである。

日本当局との折衝者として

彼が饒舌であったり、また事のなりゆきに敏感な情緒的性格であったりしたために、相手との交渉や、本国へ送る報告文作成の際に、オルコックはしばしばその能力を損なう場合があった。しかしながら、英国が一八六二年六月、追加条約港の開港延期〔江戸・大坂開市と兵庫・新潟開港の五年間延期〕を応諾するまでの折衝では、それが正しいと思われた時には即座に譲歩する決断力を発揮した。と同時に、以前には認識することさえできなかった日本の危機的情況に鋭い洞察力を働かせもした。そして一方では、下関事件〔第三章を参照〕をめぐる折衝において、存分に手堅い手腕をふるい、日本側の始末に負えない頑迷固陋《ころう》な態度に直面しながらも、動じることのない毅然たる姿勢を貫いたのである。

追加条約港の開港延期問題に関して、オルコックが外務大臣ラッセルに譲歩を勧告するにいたった老中兼外国御用取扱らとの重要会談は、一八六一年八月十四・十五日、江戸でおこなわれた。オルコックのラッセルあて急送公文書には、この万事を決するほどの影響を持つ折衝の経緯が、長たらしくも冗漫な筆致で描かれている。われわれはまた外務省に提出されたオリファントの報告書の、はるかに簡潔な記録を見ることもできる。実際、オルコックの急送公文書の文章は非常にまわりくどく書かれていたので、ラッセルはその文章から推察した情況を要約せざるをえないと考え、このように書き留めた。「まだ海外貿易のために未開放の二港を、条約の条項どおりに開港させることを、オルコックは明らかに主張する気持ちがない。問題は、われわれがその条項の実施を当分見送るべきか、もし見送るとすれば、その譲歩の代償として如何なる条件を要求すべきか、ということである」。

老中との会談翌日の、八月十六日付け急送公文書でオルコックは言う、「この現地にいれば、諸外国の対日交渉の歴史において、われわれは今まさに転換期に差しかかったと考えざるをえない」。この危機的な局面に際して失態を演じたならば、「この国を内乱状態におとしいれるだろう」。しかしまた、あまり慎重に手控えすぎたならば、「活発に策動する攘夷勢力を一層増長させ、その結果、条約によって新たに展開した情勢は混迷の極に達し、もはや平和的手段をもってしては絶対に回復することができないだろう」と。

幕府が開港延期の同意を取りつけたいと切望し、それに英国公使館襲撃事件で面目を失墜した今こそ、老中らと秘密会談を試みる好機だと、オルコックは判断した。たまたま英国東インド艦隊司令長官ホープと香港総督サー・ハーキュリーズ・ロビンスン（*Sir* Hercules Robinson）が横浜に来航したので、幕府にたいし、それ相当の会談を要求する口実もできた。

幕府の老中は結局秘密会談の開催に応じた。〔儀礼的な挨拶後〕、三名の外国奉行が〔退席し〕、大目付〔オルコックは彼のことを最高位のスパイと言っている〕も配下の吏僚・従者らと共に席をはずした。あとには〔老中兼外国御用取扱の磐城平藩主安藤信正、若年寄の敦賀藩主酒井忠毗〕、それに通訳の森山〔多吉郎〕だけが残った。オルコックも同様にホープ提督とオリファント〔公使館書記官〕、オランダ語通訳官マイバーグ（Francis Gerhard Myburgh）だけを手もとに残した。「森山がテーブルのあいだに坐し、のこりの者はみな肩を寄せ合うように着席した。両者の話し合いは非常に低い声で始まったので、たとえだれかが近くの襖《ふすま》の影にかくれていても、立ち聞きすることはできなかっただろうと、老中らは思ったにちがいない」。二重の通訳を必要とする非公式会談は三時間におよび、さらに翌日にわたって続行され、全部でほぼ十時間を要した。それによって、オルコックはようやく幕府の朝廷との関係や、老中らがさしあたって処理しなければならぬ複雑な内情を、かなりはっきりと把握することができたのである。

浪士らの公使館襲撃に遭遇後、「多少の危険を覚えなくもなかったが」、粘り強く公使館にふみとどまった結果、オルコックは幾分か有利な地歩を占めることができ、江戸駐箚外交代表らをとりまく環境も「今やずいぶんと安定してきた」と思った。老中らがすすんで幕府の窮状を弁明したことに彼は気分の高揚をおぼえ、彼らの「感情が好転したことには理由があるのではないか」と考えた。外国公使同僚らと検討後、オルコックは、「外国にたいする幕府の凝り固まった不信感や、在日外国人警固を不本意とする心情には……十分な根拠がない。それどころか、彼らは実際にわれわれ外国人の守備に熱意さえいだいている」という結論に達した。しかし、幕府の外国人防衛態勢だけでは十分とはかぎらなかったので、彼は「品川沖に碇泊中の通報艦リングダヴ号に」水兵隊の配置を要請せざるをえなかった。

しかしながら、オルコックはこの文章の二、三の段落後、ふたたび主題を集約することに立ちもどり、「一連の政治的暴徒の陰謀にさらされた江戸が、外国人の居住地として愉快な土地でなくとも、せめて安全な場所となるには」今後まだかなりの時間がかかるだろう、と言った。「というのは、浪士らは愛国心を吐露するために外国人の暗殺や殺戮に熱中し、そのような目的を遂行することを最高の功徳と思い込んでいるために、これほど危険な連中は他にいないからである」。

これにつづいて、オルコックは同僚の公使らが示した対応の傾向や、イギリス人の商取引きについて長い考察を試み、ようやく条約港の追加開港延期の提案に論及して言う、「この国の事実上の政権に関しては、さらに詳細かつ信頼できる情報が歎かわしいほど不足しているのだ」と。大君《タイクーン》と彼の閣僚たる老中らの背後には、「文字どおり影のようにおぼろげな輪郭を描いて、神秘のかすみに包まれ、世間で承認された唯一の国家元首たる天皇《ミカド》が実在する。……しかし、天皇には依然として日本人全体の深い敬意と忠誠心が払われているが、彼は外界や世俗との利害に没交渉と考えられているので、彼が幕府にたいして要求することはほとんどないにちがいない。……それにもかかわらず、女性の廷臣を通じて、天皇はときどき世間で起こる事件の情報を得ている、と老中は私に語った」。「かくして、天皇は必ずしも伝説上の人物ではない」とオルコックは結論づける。

このようにとりとめもなく日本の歴史や現状について自説を展開した後、彼は論考する。すなわち「日本人は極東での……われわれイギリス人の過去の所業について……なにかを承知している。――すべて懇願することから貿易を始め、大虐殺と征服をもって万事を解決した経緯を。……日本人がイギリス人にたいして不信感をいだくことに、われわれはおどろいたり、我慢ならずに憤慨したりするだろうか」と。最後に彼は言う、「それならば、われわれは耐え忍ばねばならない。そして、彼らの好きなようにさせるか――それが彼らが心から感謝する唯一の恩恵なのであるが――あるいは、われわれが貿易を口実としてあらゆる戦争の災害を与えたり、その国を征服したりしてきたことが、日本人に恐怖心や憎しみを起こさせる根拠になったと考える覚悟がないならば、今やわれわれの力をもってしては如何ともしがたい過去の当然の報いに耐えることを容認せねばならない」。オルコックは、このうちの後者の選択肢を、英国政府はきっと受け入れないだろうと考えた。その場合、英国にとって幕府の提議を受諾する以外に事実上の選択肢はないのである。残念なことには、条約港の追加開港延期中、対馬を開港するとの提案に応じるよう英国政府を説得したために、オルコックはさきの勧告の趣旨を曖昧にしてしまった。[この対馬開港案は採択されなかった。]

オルコックは「大君が追加開港延期によってあらゆる危険の発生源たる社会的不満を鎮静化することに期待し、同時に貿易がなんら妨害もなく自由におこなわれるという確実な保証に基づいて」、日本の要請が承認されたことを明記する議定書か、あるいは協約かを締結するよう強く進言した。ラッセル卿はオルコックが発した急送公文書の文面を理解するのに大変苦労したようである。

老中らとの会談の席上、オルコックは、「英国は自己の見解を貫徹することができる。今後の日本との交渉において、条約上保証された権利のいずれかを放棄してもよいと判断したならば、たぶん他のどの列強もそれを強要することはないだろう」と、かなり傲慢な口調で言っている。

彼はまた、これまで一人も大名を訪問できなかった理由を訊ねた。老中が答えて言うには、「日本ではいかなる親戚縁者といえども、相互に訪ね合うことは慣例上の行為ではない。たとえば、われわれは二人とも大名であるが、一度もお互いを訪問したことがない。もしあなたが当地に永住されても、絶対に大名を訪ねることはできないだろう」と。

二日目の会談に、老中首座、したがって日本の宰相〔下総国関宿藩主久世広周《くぜひろちか》〕が出席した。しかし、「彼は決して談判に加わることがなく、話し合われている事柄にたいして、めったに興味の片鱗さえも表わすことがない人である。しかしながら今回は、一度も口を挟むことはなかったが、ときどき非常な関心をもって話を傾聴しているようにみえた」。

老中らは日本の統治形態について説明し、それは西洋諸国と大いに異なると言った。

われわれには精神上の皇帝がいる。実際には、彼が日本の皇帝である。……もちろん、大君は彼が叙任を受けた天皇《ミカド》を礼遇している。……天皇は京都の御所で幽閉生活を送り、だれも彼に会うことができない。あたかも祭壇上に祀られているかのように、不可侵の神とみなされているのだ。天皇は俗界との交際がなく、下賤の者たちが置かれている現実社会の状況を知らない。しかし、折りにふれて海外貿易から発生した悲憤慷慨の風評を耳にはさむことがある。……われわれはありのままの事態を天皇に知らせようと考えているが、非常に多くの儀礼を払わねばならないので、しばらく時間を要するだろう。……大坂と兵庫は京都に近いため、天皇はそれらの開市開港に事のほか抵抗感が強い。（これは内密の話であるが）天皇には始末に負えない廷臣らが扈従《こしょう》し、万一大坂・兵庫が海外貿易に開かれたならば、天皇と大君とのあいだに如何なる衝突が惹起されるかわからない。……天皇は大勢の女官らにかしずかれているが、彼女らは仄聞した情報を天皇の耳に入れるので、天皇は時折大君に書状を下し、大君もまた時には国情について書簡を送ったり、天皇の意向を問い合わせたりする。

〔日本側から〕要請された譲歩〔開市開港延期問題〕が受諾された場合、〔外国人殺傷の〕危険の起因となる社会的不満の解消をどのように保証するのかと、オルコックが強く返答を迫った時、老中らは、「そのうちに民衆の不満は和らげられるだろう」と言い張るだけであった。しかしながら、彼らはこれ以上の譲歩を要求するつもりはないと、自信たっぷりに言った。〔もちろん、幕府は交渉使節派遣後も新たな要求をおこなったのである。〕

オルコックが条約港の追加開港延期に同意すべきだと英国政府に進言したことは、彼の勧告のよりどころとなる論拠がかなり乱れていたにしても、当時の日本社会に充満した支配的風潮からみれば賢明であった。それにもかかわらず、老中らが保証したことが実際に全然役立たなかったのは、彼らの立場が日本の世論にまったく影響を与えなかったからである。秘密会談に寄せられた主たる関心は、どのような相互の内情がオルコックや老中らから吐露されるかということであり、オルコックは明らかに会談の共同謀議的な性質を満喫したが、一方、老中らが漏らしたことはほとんどそのような「秘密性」を帯びてはいなかっただろう。

『大君の都』にみるオルコックの日本観

日本は本質的に逆説と変則の国である。そこではすべてが――よく知られた物でさえ――その様子を変え、奇妙なほどあべこべになっている。人びとが足の代わりに頭で歩きはしないこと以外は、ある魔術的な法則によって、ほとんどすべてがまったく反対の方向や逆転した状態に押しやられたかのようにみえる。

この評言は、短期間の滞在後に日本について執筆する著述家らが、いつも賛同の念をもって引用文に使う場合が多い。当然のことながら、それは日本に関する根拠のない作り話の一つであるにすぎない。

それにもかかわらず、オルコックは概して日本の生活や自然を注意深く観察した人であり、彼が対処しなければならなかった幕府当局との交渉以外の場合、めったに反日的感情をいだくことがなかった。ヴィクトリア朝時代の中産階級の道徳主義者らが持つような偏見によって、彼の日本評の多くはおのずから彩られたのである。彼はとりわけ日本人にキリスト教倫理が欠けているのを残念に思った。

オルコックは幕府をののしりたいという誘惑に打ち克つことができなかった。一八六〇年七月十一日付けの急送公文書において、彼はお気に入りの題材の一つ、すなわちあらゆる外国人の行動を制限する組織的な隔離政策をとりあげ、「生命の危険や、生命か財産が犠牲にされた場合に裁判を拒絶されることと並んで、今やそれは日本で遭遇する最大の逆境である」と書いた。彼が言及するところによれば、対日交渉は常に「時の幕府の恣意に翻弄され、大君の扇子が裏返しになっただけで中断されるだろう」と。この点に関するオルコックの心情は、しばしば彼が落ち込んだ強い挫折感を考えれば理解できるのである。

これまで見てきたように、オルコックは日本の寺院にたいしてまったく興味がなく、建築様式などを考察することは少しもなかった。しかし、彼は日本の美術品には趣味を持ち、たとえば彼が一八六二年のロンドン万国博覧会のために蒐集した出品物によって、日本の美術作品の輸出振興を図ろうとした。必ずしも審美的な識別力を働かせたわけではなかったが、それでも彼は相当の関心を払って日本美術を研究したようである。彼の著作『日本の美術と美術産業』(*Art and Art Industries in Japan*, London, 1878.)は、彼が利用できた範囲の日本美術をかなり十分に概説したものである。この本の中で彼は、「暗黒時代〔西ローマ帝国が滅亡した四七六年から紀元一〇〇〇年頃までの、西ヨーロッパでの知識・芸術が衰退したと考えられる時代〕以来、ヨーロッパでその発達を促されてきたような高度の芸術作品について、日本人はなにも知らない。しかし、日本には産業目的にあてられる真に芸術的な製品の領域は非常にひろく、ヨーロッパのどの国よりも変化に富んでいる。あらゆる製品には、日常生活のありふれた台所用具でさえ、その趣向も制作手法も特有の優美な繊細さがある……」と書いている。オルコックの見解では、「どの分野の日本の芸術作品でも、大衆向きの絵草子はさておき、その主たる趣向は装飾的である」。しかし、彼は「装飾芸術が低級であるとか、または下品だとか言って、早急に結論を下すこと」は避けたいと考えた。彼の最終的な判断は妥当性のあるものだが、それは日本美術の研究から得られた教訓がいたるところに適用されること、すなわち「自分の作品に愛着心を持ち、その秀逸性を確信する者だけが、なにごとにかけてもやり始めた仕事に真の喜びをおぼえるだろう(10)」ということであった。

一八六二―三年の賜暇帰国

オルコックは幕府の遣欧使節〔正使竹内保徳《やすのり》・副使松平康直〕を英国海軍のフリゲート艦〔オーディン号〕に搭乗させる手はずを整えた後、一八六二年三月、賜暇を英本国で過ごすために出発した[5]。彼はこの時までに確たる結論に達していた。すなわち、英国は条約の規定どおりに一八六三年一月一日（文久二年十一月十二日）からの追加開港を主張すべきでなく、それを一八六八年一月一日まで延期したいという幕府の提議を受諾しなければならぬ、と。その提議を拒否したならば、日本は内乱が勃発し、無政府状態の混乱に陥るだろうということを納得したのである。そのような理由で彼は英国政府に譲歩を進言したのだが、ロンドン滞在中の幕府使節がさらにそれ以上の譲歩を引き出そうとした結果、ジョン・ラッセル卿がひどく立腹して態度を硬化させたように、彼もまたその後の対日外交に強硬姿勢を貫くようになった。一八六四年一月、日本へ帰任するまでには、オルコックは幕府にたいして条約の厳正な履行を主張し、もし必要となれば軍事力の行使も辞さない決意を固めていた。彼の一八六二年から六四年におよぶ賜暇帰国中、セントジョン・ニール中佐が、公使館書記官として彼の不在中の代理公使となった[6]。（第二章参照のこと）

（中須賀哲朗　訳）

[原注]

（1） Alexander Michie, *The Englishman in China during the Victorian Era as Demonstrated in the Career of Sir Rutherford Alcock KCB DCL, Many Years Consul and Minister in China*, Edinburgh and London, 1900, Vol. I, p. 135.

（2） 'William Keswick, 1835–1912, Jardine's Pioneer in Japan' by J. E. Hoare *Biographical Portraits Volume IV* (pp. 111-117), Japan Library, 2002. を参照のこと。

（3） Hugh Cortazzi, *Dr Willis in Japan, British Medical Pioneer, 1862–1877*, London, 1985, p. 33.

〔邦訳に中須賀哲朗訳『ある英人医師の幕末維新――W・ウィリスの生涯』中央公論社、一九八五年、がある。〕

(4) *Mitford's Japan*, edited by Hugh Cortazzi, London, 1985, p. 11.

(5) Sir Rutherford Alcock, *The Capital of the Tycoon: A Narrative of Three Years' Residence in Japan*, London, 1863, Vol. I, pp. 166–81.〔邦訳に山口光朔訳『大君の都――幕末日本滞在記』岩波書店、一九六二年、がある。〕

(6) W・ウィリス医師は、やがて江戸の英国公使館付き医務官兼補助官に任命されたが、彼が着任したのは第一次東禅寺事件後である。もしオルコック自身に外科医としての経験がなかったならば、公使館は一八六一年の襲撃事件において実際以上の被害者が出ただろう。

(7) 松前は〔北海道渡島《おしま》半島南端の松前に拠って〕蝦夷地全域、すなわち現在の北海道を統治した藩名〔藩主松前崇廣《たかひろ》〕である。

(8) オルコックの「帝国主義的な」心情は北京駐箚公使を辞任後もつづいた。一八八一年、彼は英国北ボルネオ会社の会長となり、一八九三年に辞任するまで十二年間その地位を保持した。K. G. Tregonning, *Under Chartered Rule (North Borneo 1881-1946)*, Singapore, 1958.

(9) オリファントの第一次東禅寺事件遭難の詳細な記述については、*Episodes in a Life of Adventure*, New York, 1887, pp. 174-86. を参照のこと。〔邦訳に中須賀哲朗訳『英国公使館員の維新戦争見聞記』校倉書房、一九七四年、がある。〕

ジョージ・アレグザンダー・レンセン (George Alexander Lensen) は著書 *The Russian Push toward Japan, Russo-Japanese Relations, 1697-1875*, New York, 1971 の中で、別の観点からみた挿話を書いている（四四八ページ）。すなわち、「一八六一年に英国軍艦が対馬の沿岸測量をおこなったために、〔アムール川北岸をロシア領とした〕一八五八年の露・清間の愛《あい》琿《ぐん》条約、ならびに〔ウスリー川以東をロシアに割譲した〕一八六〇年の北京条約によって、アムール川から朝鮮までのアジア大陸沿岸に海軍基地を獲得できなくなった英国が、対馬を併合し、ついにはこの方面へのロシアの拡張を封じ込めようとしているのだというロシアの確信を強めた。ゴスケヴィチ領事 (*Consul* Goshkevich, Iosif Antonovich) は、英国人が対馬に関して陰謀をめぐらせていることを幕府に知らせるとともに、適切な防衛対策をとるよう説得し、相当な砲台を構築した時には大砲を供与するというロシアの援助を申し出た。日本は彼の大砲提供案を謝絶した。それにもかかわらず、まもなくロシアの軍艦が対馬に来航し、まさに同島を乗っ取ろうとするかにみえた」。

(10) Alcock, *Art and Art Industries in Japan*, London, 1878, pp. 15, 237 and 292.

[訳注]

［1］　ウィリアム・ウィリス（William Willis, 1837–94）

北アイルランドの貧農の家に生まれ、長兄の援助でグラスゴー医科大学予科に学び、エディンバラ大学医学部を卒業。ロンドンのミドルセックス病院で研修中の一八六二年五月、駐日英国公使館医務官として赴任する。着任早々第二次東禅寺事件や生麦事件に遭遇し、薩英戦争の英国艦隊に同行。戊辰戦争が勃発するや、乞われて京都相国寺に収容された薩摩藩傷病兵百人余の治療にあたり、ついで北越の高田、柏崎、新潟、新発田、および会津若松に従軍し、会津藩兵約七百人を含めて一千六百人の負傷兵に外科手術や治療をほどこした。一八六九年（明治二）三月二日より東京医学校兼大病院〔東京大学医学部の前身〕を主宰することになるが、新政府内にドイツ医学採用の方針が固まる過程で自発的に辞任して鹿児島医学校〔鹿児島大学医学部の前身〕とその病院長に転じ、一八七七年（明治十）三月、西南戦争の風雲急を告げる中で鹿児島を退去、同年七月帰国した。一八八四年九月、旧友のアーネスト・サトウが総領事〔のち公使〕として在任中のバンコック駐箚英国総領事館医務官に就任、王立医学校や個人病院を設立して医学の普及に貢献したが、健康を損ねて一八九三年に帰国し、翌年二月生地の北アイルランドに没した。

［2］　第一次東禅寺事件の被害者数　オルコックの『大君の都』（*The Capital of the Tycoon*, 1863, Vol. II, pp. 157-8.）によれば、「日本政府が送ってきた死傷者と捕虜に関する正式の報告書は下記のとおりであるが、それに料理人と夜警との、ひどい重傷を負った私自身の召使二名と、公使館の同宿者二名〔来日したばかりの一等書記官オリファント、および長崎領事モリスン（George S. Morrison）〕を付け加えなければならない。一人〔オリファント〕は局部的に生涯不具になるほどの深手を負い、左手首の腱《けん》が骨に達するほど切断された」と記録され、「現場の死傷者総数二十三人」としている。

　これにたいしてオリファントの『冒険生活におけるエピソード』（*Episodes in a Life of Adventure*, 1896.）の第十章「一八六一年の駐日英国公使館襲撃事件」に記載された死傷者一覧は、事件後に逮捕されるのを忌避して自殺したり処刑されたりした襲撃犯の水戸浪士を含めて、次のとおりである。

〔防御側〕

死亡者　将軍派遣の護衛兵一名　門番一名　馬丁一名

重傷者　公使館書記官一名　門番一名　将軍派遣の護衛兵一名　公使館雇員二名　大名派遣の護衛兵一名

軽傷者　領事一名　大名派遣の護衛兵二名　将軍派遣の護衛兵七名　寺院の僧一名

〔襲撃側〕

死亡者　その場で二名　翌日跡を追って捜し出された自殺者三名　その後探知された自殺者二名　負傷して逮捕処刑された者一名

死亡者計十一名　負傷者計十七名　合計二十八名

［3］ローレンス・オリファント（Laurence Oliphant, 1829-88）イギリスの旅行家、著述家。ケープタウンに生まれ、インドやヨーロッパ各地を旅行し、一八五七年アロー号事件処理のためエルギン伯が清国に派遣された時、その秘書として随行、ついで翌五八年七月、エルギン伯が遣日使節として日英修好通商条約を締結する際、これに参加し、翌年帰国して『清国・日本へのエルギン伯使節録』（*Narrative of the Earl of Elgin's Mission to China and Japan*, 1859.）を上梓した。その幕末日本の風景や社会状勢を描いた流麗な筆致は、当時十八歳の学生であったアーネスト・サトウに日本渡行の動機をあたえた。一八六一年六月末、賜暇帰国予定のオルコック公使の代理を務めるために再度来日するが、第一次東禅寺事件に遭遇して重傷を負う。本国へ送還される途中、対馬藩当局や同島芋崎を占拠する露艦ポサドニック号艦長ビリレフとの外交折衝に当たり、それらの記録が『冒険生活におけるエピソード』（*Episodes in a Life of Adventure*, 1896.）の第十章および第十一章である。帰国後は下院議員（一八六五—六七）を務めたり、世界各地を旅行するなどしてロンドンに没した。その他の主要著書につぎのものがある。

The Russian Shores of the Black Sea, in the Autumn of 1852 and a Tour through the Country of the Don Cossack, 1853.

［4］外務省編『日本外交年表竝主要文書』（原書房、昭和四十年）には、一八六一年九月十九日（文久一年八月十五日）「露艦ポサドニック対馬を去り箱館に向う」とある。なお、同年九月二十九日、露艦オプリチニック・アプリャークも対馬を退去した。

［5］帰国を目前に控えたオルコックは、一八六二年三月十二・十六日の両日にわたり、老中首座久世広周と最後の重要会談をおこない（安藤は坂下門の変で負傷し欠席）、三月二十三日帰国の途についた。彼が外国奉行支配通弁頭取森山多吉郎と同調役淵辺徳蔵を同伴したのは、遣欧使節竹内保徳らの英外相ラッセルとの談判に立ち合うためであった。同年六月六日、オルコックの斡旋によって締結されたロンドン覚書は、新潟・兵庫の開港と江戸・大坂の開市を一八六三年一月一日より五カ年延期すること、幕府はその代償として、現在の開港場においては修好通商条約の規定を励行すること、諸大名に自由貿易を保証すること、外国人と日本人との交際の制限を撤廃することなどを約定し、また使節は帰国後、大君・老中にたいし対馬の開港や保税倉庫の設置などを勧告すべきことも付記された。このロンドン覚書にならい、他の締約列強も同様の文書に調印した。

［6］オルコックは賜暇を得て一八六二年三月二十三日に一時帰国した。しかし、代理公使となる駐清公使館書記官ニールが着任したのは同年五月二十七日であり、その間二カ月余、箱館領事ウィンチェスター（Charles Alexander Winchester）が代理公使を務めた。

第2章

エドワード・セントジョン・ニール中佐

駐日代理公使　一八六二―六四年

サー・ヒュー・コータッツィ
（日本協会名誉副会長、元駐日英国大使）

Lt Colonel Edward St John Neale

はじめに

ニール中佐（*Lt Colonel* Edward St John Neale, ?–1866）[1]は、サー・ラザフォード・オルコック[2]が賜暇帰国中の危機的な時期に、英国公使館の管理責任を委ねられた。それは日本にかかわりを持つイギリス人にとって物騒きわまりない多難な年月であった。

一八六二年六月、江戸高輪の英国公使館は二度目の襲撃にみまわれた。同年九月には、いわゆる生麦事件が発生し、これの解決をめぐって翌一八六三年（文久三）の夏、ついに英国艦隊の鹿児島砲撃［薩英戦争］を惹起せしめた。江戸の品川御殿山に新築された英国公使館は、その年のはじめに焼討ちに遭っている。下関海峡では、同年半ばから外国船の通航が妨害された。公使館のニールの部下は少人数で、しかも未熟であった。横浜在住のイギリス商人らは、強硬手段の行使を要求してやまなかった。

彼が発揮した「堅忍不抜の精神、すぐれた平常心、そして断固たる気構え」を認められて、一八六三年十一月、ニールは代理公使にとって異例ともいえるバース勲爵士[3]（CB）に叙された。

ニールの経歴

ニールは領事や外交官になる前は軍人であった。父親のダニエル・ニール（Daniel Neale）は、マドラス〔インド南東部の州都〕の最高裁判所判事をしていた人である。彼の家系は、祖父が牧師として過ごしたハートフォード州に起こる[4]。一八六七年度版外務省職員録[5]記載の彼の略歴によれば、ニールは一八三二年九月二十日、ポルトガル「解放軍」に入隊し、スコットランド歩兵連隊に配属された。そして、長期にわたるオポルト〔ポルトガル北西部の港市〕の包囲攻撃に従軍して、「その戦争の終わりまで英国軍隊が参戦したあらゆる作戦において中隊の指揮をとっていた」。一八三五年、スペイン派遣英軍補助部隊参謀に任命され、ついで軽装旅団長としてスペイン北部のさまざまな合戦に出陣、一八三六年陸軍少佐に、翌一八三七年陸軍中佐に昇進した。一八三六年五月五日、サンセバスティアン〔スペイン北部の港市〕正面の「敵軍陣地攻撃において勇敢であった」との理由により、スペイン陸軍の聖フェルディナンド勲章（the Spanish Royal Military Order of St Ferdinand）（第一級）を受けた。一八三七年、スペイン派遣軍を除隊、英国総領事ホッジス大佐（*Colonel* Hodges）に随行してセルビア〔現ユーゴスラビア〕へおもむき、ベオグラード〔セルビアの首都〕で二年間を過ごしたのち、一八四一年、アレクサンドレッタ〔トルコ南部の港市、現イスケンデルン〕の副領事となり、それから一八四七年にヴァルナ〔ブルガリア北東部の港市〕の領事に任命された。その後、ギリシャ、ついでボスニアに勤務し、一八六〇年、在清国公使館書記官を拝命、一八六一年にはじめて英国公使館が北京に開設された時、北京駐箚《ちゅうさつ》公使サー・フレデリック・ブルース（*Sir* Frederick Bruce）に随行して同地に赴任した。一八六二年〔五月二十七日〕、江戸の公使館書記官として日本に転任、一八六四年〔三月〕に離任後は健康を害したので、同年十二月オルコックを本国に召還した時、外務省は再度彼を代理公使として派遣することを断念せざるをえなかった。しかしながら、翌一八六五年四月、彼は在アテネ公使館書記官の辞令を受け、ついで同年八月、南米エクアドルのグアヤキル〔同国西部の港市〕の総領事に任命された。一八六六年十二月十一日、彼はエクアドルの首都キトに没した。

その当時の彼の部署は、まったく困難をきわめ、おそらく身を危険にさらした任務であったと言えるだろう。国立公文書館所蔵の外務省記録文書には、彼の妻子についてはなんの記載もない。しかし、一八五七年にヴァルナで署名され、一八六七年四月、遺言執行人の検証を認められた彼の遺言[6]は、妻のアデレード（Adelaide）と、娘、それに二人の息子にふれている。彼がキトで死去した際、付き添っていたのは息子のヘンリー（Henry St John Neale）であった。

時代背景

一八五八年（安政五）の海外列強との条約締結に功績があった幕府の大老井伊直弼（一八一五―六〇）は、一八六〇年（万延一）三月二十四日、薩摩・水戸の浪士らの手にかかり、江戸城桜田門外で暗殺された。彼の殺害を契機として「尊王攘夷」の氣運はにわかに高揚する。直弼死後の幕政を主導した老中安藤信正（一八一九―七一）は、皇女和宮（一八四六―七七）と将軍徳川家茂《いえもち》（一八四六―六六）の結婚をとり結ぶことによって、狂気のような条約破棄論の渦中にある朝廷と幕府との関係を固く連繋させようと図った。しかし、和宮の降嫁は尊攘派が激しく非難するところとなり、安藤は江戸城坂下門で水戸浪士らに襲われて負傷し、失脚せざるをえなかった。薩摩の名目的な藩主島津忠義（一八四〇―九七）の父・島津久光（一八一七―八七）が、幕政改革の勅命を奉じて江戸に下向し、政局の安定と朝幕間の断絶解消策を執らせようとした動機は、この坂下門の変に誘発されたと言えるだろう。生麦事件〔後続の別項参照〕が起こったのは、彼が江戸から京都へ帰る途中であった。この事件の処理をめぐる幕府の対応は、その統治権の弱体ぶりと、なかば独立国を形成した雄藩の問題に介入する力の限界をさらけだしてしまった。

開港以来諸外国との貿易がさかんになるにつれて、国内の諸物価が高騰し、その結果、財政難にあえぐ諸藩の下級武士階級や一般庶民の生活は困窮した。徳川家の世襲の封建家臣ではない外様大名のなかには、幕府が海外貿易から生じる利益を独占していることに強い憤りをおぼえる者がいた。

薩摩・長州攻撃［付録Ⅰの英国艦隊の鹿児島砲撃、および付録Ⅱの四カ国陸海軍の下関作戦を参照］は、激しい攘夷運動の震源であったこれら二藩が、やがてその政策を転換し、自藩の軍事力増強に邁進する契機となった。これが薩長同盟と、いわゆる薩長閥政権の基盤である。

第二次東禅寺事件

オルコックは北京からニールが到着する前の一八六二年［三月二十三日］、賜暇を得て帰国した。ニールが同年五月二十七日に着任するまで、箱館領事チャールズ・ウィンチェスター[7]（Charles Winchester）が公使館の管理責任を託されていた。ニールは着任するとただちに、前年七月の第一次東禅寺事件[8]以来横浜に退去していた公使館を、もとの東禅寺に復帰させる決心をしたが、病気のために移転することができたのは同年六月十二日[9]になってからであった。公使館を江戸にもどすことには、一つにはみずからに自制心があり、不慮の闇討ちなどにおびえたりはしないことを、内外にはっきり示そうとするねらいがあったことは明らかである。たとえ彼が軍艦レナード号から派遣された三十名の海兵隊に護衛されていたとはいえ、自分が今まさに危機に遭遇しようとは夢にも思わなかっただろう。

しかしニールは、同年七月三日付けのラッセル卿あて急送公文書で、六月二十六日（文久二年五月二十九日）の真夜中過ぎ、公使館が日本人「刺客」[10]の「残忍な襲撃」を受け、その結果海兵隊の護衛兵二名が殺害された、と報じなければならなかった。日本暦によれば、その襲撃は一八六一年の第一次東禅寺事件から、ちょうど一周年にあたる日に勃発したのである。

幕府は信州松本藩主松平丹波守[11]らに英国公使館防備の任を命じ、その一部は松本藩兵からなる警固隊約五百三十五名が、公使館周辺の独立した木造仮兵舎に宿営していた。深夜の十二時三十分頃、ニールの部屋の戸口に立つイギリス人歩哨兵が不意に侵入者に襲われ、大声で誰《すい》何《か》するのが聞こえた。とっさにニールが飛び出してみると、歩哨兵のチャールズ・スイート（Charles Sweet）が数カ所の刀傷を負い、息絶えだえの状態で倒れているではないか。海兵隊員や公使館員が非常呼集された時、クランプ伍長（*Corporal* Crump）の姿が見えなかった。彼の屍体はすぐに発見されたが、無慚にも「十六カ所ばかり槍や刀の致命傷を浴びていた」。日本人警固兵の集団が落ち着きはらって現われ、護衛を支援しようと申し出たのは、それから二十分もたってからだ。彼らの中には「酒に酔っぱらった」連中がいた。そのうちの一人は警固隊の指揮官であったが、ニールが「強制的に彼を部屋から退去せしめた」のはもちろんである。公使館員らは夜明けまでまんじりともせず「臨戦態勢」をとりつづけた。(12)

ニールの緊急の要請に応え、ビンガム艦長（*Captain* Bingham）が即座に軍艦レナード号を品川沖に回航し、「できるかぎりの士官・水兵を上陸させた」ので、イギリス人護衛隊は五十一名に増加した。「おそらく居留地発行の新聞に誇張された報道記事が載るのを避けるために」、ニールはただちに同僚の各国外交代表や横浜領事ヴァイス大尉（*Captain* Vyse, Francis Howard）に事件発生を伝えた。そのような闇討ちを防ぎえなかったことにたいして、彼はまた幕府あてに強硬な抗議文を発した。とりわけニールが激昂したのは、その夜襲前日、外国奉行(13)の一人が公使館に来訪し、去年の襲撃事件から一周年目の日に「なんら異変も厄介な騒動も起こらなかった」と、彼に慶祝の言葉を述べたからである。

外国御用取扱の老中らは、「われわれのみならず、大君陛下もまた哀悼の念を禁じえないでいる。イギリス人護衛兵二名が非業の死を遂げたと知って、大いに驚愕し、かつまた悲嘆にくれた」と言い、「下手人がすでに自害した」ことを明らかにした。ニールがその屍体の検視を要求すると、紆余曲折の末に、屍体は公使館警固の仲間の藩士らが大勢付き添って運ばれてくると言うので、当然のことながら、ニールはこの申し出を拒絶した。「公使館の安全に関する今後の見通し」について、彼は「いかなるたぐいの保証」も得られなかった。その後、オランダ総領事〔デ・ヴィット〕を訪ねた老中らは、「この敵意を持った悪辣きわまりない計画を頓挫させることができず、外交代表各位には大変ご心配をおかけして真に面目ない。このような事件は、古来の慣習を墨守するわが国の、騒ぎ乱れた国民感情から発生するので、外国人の気持を安んずるために、われわれはこの社会風潮を徐々に矯正し、民衆を今日の変化に順応させたいと考えている」と言った。

同年六月三十日、ニールは海軍少将サー・ジョン・ホープあての書簡で江戸公使館に海軍護衛隊を配置する必要性があることを伝え、「ほどほどの身の安全が公使館員らにゆきわたるかぎり」、この江戸公使館に踏みとどまる決意である、と書いた。

ロンドンの外務省は公使館襲撃の通報に接するや、同年九月二十二日付けで急送公文書を発し、彼が講じた処置と江戸にとどまる決意を承認した上で、日本政府の対応は「きわめて不満足」だと言い、ホープ提督や香港駐屯軍司令官らがニールの身辺を防衛するために万全を期すはずであり、「貴下が居住する公使館付近の適当な高台に、三門か四門の小型カノン砲を据えつけ、その防備を固める必要があるだろう」と付言した。ニールが受けた訓令は、襲撃の際に公使館警固の責任者であった大名たる身分の者から、殺害された海兵隊員二名の遺族にたいする補償として、英貨一万ポンドを要求することであった。

この急送公文書を落掌するまでの間に、公使館に配置された海兵隊員らが「疲労困憊し」、それに使用中の東禅寺のまとまりなく建てられた家屋(14)を警備することが困難をきわめたため、ニールは横浜に撤退せざるをえないと判断した。そうするには、さきに放棄した横浜の家屋敷を再度借り受けることになる。やがて品川御殿山の丘に建築中の新しい公使館が竣工するまで、彼はときどき江戸に出向くつもりであった。

同年八月一日、ニールは横浜から急送公文書を送り、公使館襲撃事件をめぐる彼の抗議にたいして、幕府はさらに進んだ回答を寄せる責任を一切黙殺している、と報告した。彼が下した結論によれば、「この不法行為の発生後、幕府がとりつづける態度から考えれば、たとえ事のなりゆきが如何なる結末を迎えようとも、彼らは手をこまぬいたまま、明らかにひたすら忍従する姿勢をとるようである」。同年八月二十七日の急送公文書で、ニールは第六十七歩兵連隊から派遣された士官一名、下士官二名、兵卒二十五名からなる公使館の歩兵護衛隊が横浜に到着、(15)隊員らの兵舎の準備万端をととのえた、と報じた。

生麦事件

一八六二年九月十四日（文久二年八月二十一日）、横浜を訪れていた上海の商人チャールズ・レノックス・リチャードスン（Charles Lennox Richardson）は、横浜在住のウィリアム・マーシャル（William Marshall）、ウッドソープ・クラーク（Woodthorpe Clarke）、およびマーシャルの義妹のボロデール夫人（*Mrs* Margaret Borrodaile）らと一緒に、東海道での騎乗遊歩を楽しんでいた時、神奈川を過ぎたばかりの生麦村で薩摩[16]の大名行列に遭遇した。彼らは道路脇へ馬を寄せるように命じられた。先頭を行く供ぞろいの隊伍が通過した後、「そのあとにつづく侍らが、リチャードスンらイギリス人一行に向かって突然暴虐無尽に襲いかかった[17]」。マーシャルとクラークは重傷を負い、リチャードスンは「ほとんど全身を斬り裂かれて落馬し、倒れたまま瀕死の状態であえいでいた時、行列中の駕籠に乗った高位の武士の一人が、この不運な男の首を刎ねよと家来に命じたそうである」。無傷で難を逃れたボロデール夫人は、狂気のように馬を疾駆させ、「焦燥のあまりに失神しかけた状態で」横浜にたどりついた。

ニールは刀傷を浴びた二人の者が神奈川のアメリカ領事館で治療中との情報を得るや、公使館護衛兵七、八名を東海道に急派して負傷者を探させようとの最初の考えを捨て、彼らを引きとるために神奈川へ武装した大型手漕ぎボートを出発させた。それにもかかわらず、事件の第一報がとどいた際に留守であった横浜の英国領事ヴァイス大尉は、もどってくるとただちに公使館護衛兵を引き連れ、ニールに無断で神奈川への道を急行した。

九月十六日付けのニールの急送公文書によれば、「横浜居留地は、日本人に関するかぎりまったく平静で、少しのざわめきもみられなかった」。しかし、「イギリス人や外国人居留地社会の中の少数の者は、たとえ真夜中であっても当然集会をひらき、対策を協議すべきだと考えた」。ヴァイス大尉が司会したこの居留民集会は、「身の毛もよだつような陰惨きわまりない暴行にたいし、早急に補償を獲得する手段として、できることならば殺害犯人の主人たる大名の身柄か、あるいは身分の高い代理者数人を捕捉する緊急措置を講じるために」、横浜沖に碇泊中の「外国艦隊司令官ら」との話合いの場を求める決議を採択した。

イギリス居留民社会の代表団がニールを訪ねたのは午前三時である。彼らはすでに香港から到着したばかりのキューパー海軍少将（*Rear Admiral Sir* Augustus Leopold Kuper）に会い、午前六時にフランス公使館でひらかれる会議に出席の同意を得た、と伝えた。ニールは来航早々のキューパー提督とまだ面会する機会がなかったが、予定の会議に出席することをしぶしぶ引き受けざるをえなかった。彼は「殺戮」がもっぱらイギリス国民にたいしておこなわれながら、その対策会議をフランス公使館で開催すると決めたのは、「儀礼に反する」と考えた。彼はまた、会議での「実行不可能なドン・キホーテ流の、高圧的な手段をとるべしという提案には、慎重な配慮や妥当性」があるとは全然思われなかった。この見解を彼はフランス公使館での会議の冒頭で述べ、さらに付け加えて言った、「いやしくもその手段の成功を見込んで強行したならば、それは幹線街道を行進中の数百人におよぶ武装藩兵らと実際の武力戦争を起こすことにほかならず、ましてや藩主の身柄を拘束することは、ほとんど予想だにしない日本政府との戦端を開くのと変わりないだろう。……そのように早まった手段は、日本との貿易を頓挫させるばかりか、実戦に伴うさまざまな災害や、今後のなりゆきに重大な危機を胚胎するので、まったく容認できない」と。フランス公使〔ベルクール（Gustave Duchesne de Bellecourt)〕はそれに同意したが、「……軍隊が巡回するなどの、横浜および外国人居留地の強力な防衛対策を立てるように」と要求した。〔その結果、イギリス、フランス、オランダの海軍司令官は、「居留地を国籍によって区割りし、各国軍艦から派遣する守備兵が、その同胞の居住地域周辺を巡視する」と決定した。〕

ニールは論評を加える。

居留民社会が興奮し、怒り狂った結果、きわめて危機的な状況が突発したのである。その大きな災害を惹起しかねない激流に、私は一人で立ち向かい、これを阻止した。そうしたことによって、私は紛紛《ふんぷん》たる悪評を浴びせられた。私を挫折させるために、多くの難題が提起された。しかし、私は思慮のない無謀な戦闘計画を食い止めることが急務であるという強い義務感に駆り立てられていた。……そのような計画を実行したならば、……この国の趨勢の表面下に蠢動する内乱を、ただちに勃発させただろう。

ヴァイス大尉やイギリス居留民社会の性急な人たちは納得せず、集会の議事録とその関連文書をロンドンの外務省に送付せよと要求した。ニールは「事件の処置をめぐって、横浜の英国領事がとった非常に不適切な行動」について彼らの注意を促しながら、この要求を承諾した。ヴァイス大尉はまたもやニールの許可を得ることなく、「即刻強圧的な手段を講じるように」、キューパー提督にたいして強く要請したのである。

ラッセル卿はこの事件の報告を受けると、ニールがとった処置を承認し[18]、「貴下が対処した行為は、手きびしく、しかも不当に非難されたようにみえる[19]。提出された決議案が採択されたならば、締約国にたいする不法な侵略行為となっただろう。外交使節は戦争をおこなう権限を付与されていない」と評した。ついでラッセル卿は、賠償を要求しなければならぬと述べている。この要求については、やがてラッセル卿が一八六二年十二月二十四日付けでニールあてに発した急送公文書の訓令に[20]、やや手加減を加えて明示された。それによれば、ニールは日本政府からの十分かつ正式な謝罪と、英貨十万ポンドの賠償金支払いを要求しなければならない。彼はまた薩摩の大名にたいし、殺害犯人[21]の迅速な裁判と死刑、およびリチャードスンの遺族や逃げのびて命拾いをした者らに配分すべき賠償金二万五千ポンドの支払いを要求することになった。もし彼が満足のいく回答を得ることができなかった場合、彼は横浜港に碇泊中の艦隊司令官に通報し、「その目的達成のために司令官が最適と判断するような、報復的な船舶拿捕か、港湾の封鎖か、またはそれら両方の手段を講じるよう依頼すべきこと」を指示された。

ニールは幕府の老中らに抗議を唱え、公使館と居留地の防衛にたいする十分な対策を厳しく問詰しつづけた。さきの公使館襲撃事件や生麦事件の、補償金要求の訓令はまだ届かなかったが、ニールはキューパー提督とともに旗艦ユーリアラス号に搭乗し、横浜に碇泊中の僚艦三隻を伴って江戸を訪れた。老中兼外国御用取扱ら〔板倉勝静《かつきよ》・松平信義〕と会談したのは、一八六二年九月二十三日である。ニールは同年十月一日付けの急送公文書で、「今回、幕府老中らが示した話しぶりや、熱意、それに態度は、すこぶる申し分のないものであった」と報告した。ニールが「威圧的な報復手段に訴える」居留民社会の主張を阻止したことに、老中らは大いに安堵していた。老中らには「外国人の保護に万全を期す」責任があることを、ニールは重ねて強調した。しかし、老中のニールあて十月九日（閏八月十六日）付けの通信文書が、相変わらず一時しのぎのものであったため、彼は同月十二日付けで返書を送り、「……非常に遠隔の地にあるという薩摩藩領に殺傷犯人らを帰国させた後になっては、事件解決が遅延するのは避け難いとの口実を弄する貴下の書簡は、一切の損害補償を拒否するのも同然である」と批判した。彼はさらにつづけて、「……その国民に加えられた暴虐行為を座視しえない大国の外交代表たる私が、この事件の解決に無益な徒労を要する真の原因に関して、理解し容認できるほどの満足すべき、腹蔵のない、かつ詳細な情報を」十日以内に提供されたいと要求した。

このように妥協を許さない通告を発しても、納得すべき回答は引き出されなかった。ニールの立場は、とりわけ訓令がない場合には、きわめて厄介なものだったろう。一八六二年十一月十八日付けの急送公文書に、代理公使ニール一行が江戸に出向いた時の様子が記録されている。公式通告が幕府当局に提出されていたので、「公使館員や護衛隊員を乗せた汽艇は、垣根のように立ちならぶ役人らの列に迎えられた。それらの役人らは、このように特殊な場合に集まってくる物見高い群衆を、一定の境界線の外側へ排除するのである」。それからニールの一行は、公使館東禅寺まで徒歩ですすんで行く。日本人の公使館警固兵は二百人か三百人に達するが、「それほど多数の警固兵がいても、ほとんど信頼感を起こさせない。彼らは公使館周辺の高台や、公使館に通じる境内の並木道沿いに立つ、木造仮兵舎のまわりにたむろしている」。その夜の支度として、前庭の広い芝生に篝火《かがりび》用の薪が積み重ねられたり、無数の提灯《ちょうちん》を吊り下げて飾りつけたりしていた。警備の見廻りは絶えずおこなわれた。そして公使館付き護衛隊の歩哨らは、「幕府の承認と同意のもとに、彼らの巡回区域に近づく日本人はすべて射殺するように命じられていた」。騎乗しておよそ二時間かかる幕府老中の邸宅を訪問する場合、二十人から三十人の馬に乗った日本人警固兵と同様に、「十名からなるイギリス人騎馬護衛兵が外交代表の行列に随行した」。さらにニールは書き添える。

このように用心しているにもかかわらず……びっくりするような事件が起こるのはめずらしいことではない。……ごく最近私が老中を訪問した場合には、……巷間の民衆が大騒ぎをする中で、私の乗った馬が突然に後足を蹴って飛びあがり、つづいて前足をあげて棒立ちになった。その瞬間、二人の騎馬侍が私のそばを走り抜けたのである。彼らは背後から全速力でやって来て、日本人警固兵の馬を大きな棒で叩きつけながら、われわれの行列の中を突進し、そのあとを警固兵がいっせいに追撃して行った。

いまやニールらは少数のイギリス人護衛兵とともに取り残されてしまった。追跡した日本人警固兵が戻ってきて行列を組みなおした時、彼らは「あの連中は薩摩侯の家来だ」と言った。公使館員が外出する場合、規定どおりにその周囲を日本人警固兵らがとりかこんで行くのであるが、大名行列に出会うと集団隊形を解いて一列側面縦隊となるので、「彼らが護衛する外国人を、通過する大名家臣団の、一人ひとりを目がけた不意打ちにさらすことになるのだ」。

一八六二年十二月十二日(22)〔この日、幕議は攘夷勅旨の遵奉を決める〕、ニールはすでに落掌した公使館襲撃事件の補償に関する訓令を遂行するために、江戸の幕府老中を訪問したと報じた。日本側の回答はきわめて納得のいかぬものであった。老中らはその襲撃が公使館警固の任を帯びた松平丹波守の家臣の一人によってなされたことを認めながらも、下手人は他人に知られることなく単独で犯行におよんだとの理由で、丹波守の無罪を弁明したのである。老中らは賠償金一万ポンドの要求はひどすぎると考えたようだが、それでも殺害された海兵隊員二名の遺族にたいして銀貨三千ドル〔四ドルがおよそ英貨一ポンドに相当〕(23)の支払いを申し出た。ニールがその後に報告したところによれば、松平丹波守は「非常な困窮状態にあり、彼の資産はすべて大坂商人の抵当に入れられていた」。

一八六三年二月一日（文久二年十二月十三日）、品川御殿山に新築された英国公使館[24]が放火犯らによって焼き落とされ、その結果ニールの立場は一層面倒なものとなった。幸運なことには、まだその使用が開始されていなかったので、人命の被害はなかった。しかし、ニールをはじめ公使館員はときどき江戸に出向きはするが、あいかわらず遠隔の横浜を根拠地として幕府との折衝をおこなう不便を甘受しなければならない。そういうわけで、ニールは東インド艦隊のキューパー提督に書簡を送り、横浜に回航して対策を協議してくれるようにと依頼する。すなわち、同年二月[25]、「大君の政府は締約国との外交関係を決裂させようとする重大な陰謀[26]をたくらんでいる」と報じ、つづいて遠慮気味に提案する、「強い影響力を持つ艦隊がその偉容を誇示することは、われわれ外交官の懐柔的な交渉手段と合わせて、この日本に英国の足場を固めるには……概して最も適切な方策だと思われる」と。彼はまた日本の現状と、彼が勤務した経験のあるトルコを含めた他の「アジア」諸国の状況とを比較しながら、大君の国政支配権は天皇《ミカド》の排外的態度によっておびやかされている、と書いた。彼はさらに、日本は「政治的な興奮状態にある現在の試練を無事に切り抜けるだろう。というのは、日本人は鋭敏で、かつ知性的な国民であり、攘夷のように達成不可能な問題にいつまでも固執することはないだろうから」と期待を表明し、このように付言する、「われわれ日本駐箚公使館員の主たる唯一の目的、すなわち貿易発展のために、日本が提供した新たな分野を、忍耐と寛容の精神をもって最も安全に確保することを忘れてはならない」と。

それから数カ月にわたって、第二次東禅寺事件と生麦事件にたいする英国の賠償問題解決をめぐり、ニールは幕府当局と数知れぬ主張の応酬をおこなった。一八六三年三月[27]、彼は幕府との予備交渉において、「要求した賠償金が入手されるというかなりの見通しがついたかぎりでは、彼らの非常に協調的な意図に好感をおぼえるだろう」と述べた。彼の考えでは、「最も強烈な打撃を加えなければならないのは、薩摩侯にである」。日本の港湾を封鎖することは、「事実上、その開港場の外国居留民だけが被害をこうむることになるので」、あえて実施する必要はない、と示唆した。
一八六三年四月六日付けの幕府老中にあてた外交文書で、ニールは彼らが英国の要求にたいし「返事を遅滞させ、回避しようとしている」ことに激しく抗議して、二十日以内に納得できる回答をするようにと強い要求を突きつけた。もしその回答がとどこおりなく受領されなかったならば、英国艦隊提督［キューパー］は、横浜に集結した軍勢をもって「要求した賠償金を獲得するために必要とされる手段を行使するであろう」と。これは軍事力を背景とした最後通牒も同然であった。[1]
実際には、同年六月（文久三年五月）になって賠償金要求額が全額支払われ、ようやくその問題は決着がついた。幕府はできるだけ支払いを遅らせ、最後の瞬間まで問題の解決をながびかせたのである。その間、ニールは決して気力を喪失しなかった。しかし、一つには軍事力を行使すれば英国の権益を損なうために、もう一つにはその軍事力が効果をあげるかどうかに疑念があったために、ニールは賠償金支払いの要求を貫徹する手段として艦隊の出動をためらっていた。彼がかりそめにも〔尊王攘夷をめぐる〕当時の日本国内の〔錯綜した〕政争を十分に把握していたかどうかは怪しいが、幕府が京都の朝廷から無理難題を押しつけられ、幕閣の見解も分裂状態であることは察知していた。[28] 幕府にとって、英国の要求は対朝廷関係を紛糾させる大きな原因であったにちがいない。しかし、幕府の政局運営の中核をなす問題は、〔尊攘派の牙城となった〕朝廷が、海外列強との修好通商条約を否認し、外国人を排除するよう頑迷に要求していることであった。[2]
一八六三年（文久三）六月十四日、故意に長引かされた折衝も、幕府が四十四万メキシコドル、［一ドルが英貨五シリングの相場で］十一万ポンドとなる賠償金を七回分割払い、すなわち第一回目支払いを同年六月十八日におこない、そして最終支払いを同年七月三十日をもって完了することで、ニールと合意に達した。しかしながら、六月十七日、最初の支払い予定時刻の数時間前になって、神奈川奉行が江戸幕府の支払い停止命令を伝えてきた。[3]
ニールが烈火のごとく激昂したのはもっともなことだろう。同年六月十九日、彼はキューパー提督にたいし、「大君政府がはなはだしく信義違反を犯したので、貴下がまず第一にその政府を懲戒するのに適当と考えるような、そしてまた債務契約を果たさねばならぬことを彼らにはっきりと気付かせるような、強圧的な報復手段やその他の措置を、早急に実施するように」と要請した。しかし、提督が作戦を開始する以前に、幕府は考えなおしたのである。ニールは分割払いの合意が廃棄されたことが明らかになると、全額一括払いだけを容認すると主張した。同年六月二十四日の深夜午前一時、賠償金を当日引き渡すとの通知があり、午前五時、「二輪の荷車数台がドル銀貨を積載して到着し」[29]、強圧的手段を行使することは中止となった。

しかしながら、またもやそれ以上の紛糾の種が即座に起こった。外国御用取扱の老中[30]〔老中格小笠原図書頭長行《ずしょのかみながみち》〕が、ニールをはじめ外国外交代表らにたいし、「目下上洛中の大君陛下が天皇《ミカド》からこの命令を受けたのだが、自分はその大君陛下から、わが国は締約列強といかなる国交をも持つことを望まないので、開港場を閉鎖し、それら列強の国民を退去せしめよとの訓令を受けた」[31]と通告したのである。ニールはただちにこれに応え、[32]「そのような声明は、文明国であろうと未開の国であろうと、あらゆる国の歴史上に類例のない傍若無人ぶり」だと言って、彼の驚きを表明した。それは「事実上、全締約国にたいする日本自身からの宣戦布告」であった。他の外交代表らもまた日本の声明を拒否した。一八六三年九月五日、ラッセル卿はニールに答えて、「そのような傲慢無礼な通告」にたいし、ニールは「適切に反駁した」と評し、さらに付言した、「うわべだけの虚言だといわれながら、文字どおりの本物と判明するような日本の陰謀とか、敵対行為の謎は、当地のように遠距離にある場所では推測することができない。したがって英国政府は、必要でもなく妥当でもない訓令でもって、貴下の自発的行動を束縛するようなことはしないだろう」[33]と。

やがて幕府には、天皇の勅令に基づいて実質的な措置を講じる意図が全然ないことが明らかになった。一八六三年七月三日[34]（文久三年五月十八日）付けの老中書簡は、英国公使館で発生した目にあまる暴行と東海道の殺害事件に哀悼の意を表し、「そのような事件が再発して日英両国政府間の親善関係を損なうことがないよう切望する」と述べていた。「大君の使者〔神奈川奉行浅野氏《うじ》祐《すけ》・同山口直毅〕」はまた、ニールや他の外国代表らにたいし、天皇の〔三港閉鎖と外国人追放の〕勅令は「空文」だと、自信をもって保証した(35)。

しかし、このように強く請け合いながら、同年十月になっても、彼らがこの攘夷政策に立ち戻ろうとする試みを断念したわけではなかった[4]。その時、ニール(36)が江戸に出向くことを拒否したのは、老中の通告の趣旨〔横浜鎖港の提議〕が「条約上の権利を完全に破棄するに等しい」と、同僚の外交代表から聞いていたからである。結局、幕府はなんら勅令履行の手段を講じることもなく、一八六三年十一月十二日、各国の外交代表らにたいして、「日本政府は以前の政策を転換したので」、さきに在任中の小笠原図書頭[5]が署名した各国外交代表あての通告状の返還を求める、と伝達してきたのである(37)。

この新たな状勢についての報告がロンドンの外務省にとどくと、一八六四年一月十一日付けのニールあて急送公文書で、ラッセル卿は「これらの問題全般において、貴下がとった宥和的かつ賢明な態度を全面的に承認する」と言い、このように付言した。「平和裡に営まれる貿易を阻害するような事件が発生しないことは、わが政府の衷心より願望するところであり、われわれは日本政府の特殊な性格を十分に酌量する用意がある。英国政府の見解では、要するに強圧的な報復手段に訴えることは、日本政府や有力な大名側から理不尽な攻撃を受けた時、イギリス国民の生命財産を防衛し、また英国国旗の名誉を擁護しなければならぬような、緊急介入の必要性がある場合にのみ是認されるだろう」。

しかしながら、一八六四年一月(38)（文久三年十二月）、幕府はまたもや条約港閉鎖問題にたちもどり、締約列強と神奈川〔横浜〕の鎖港を談判する使節団〔正使池田長《なが》発《おき》〕の派遣を決定したのである。彼らは諸外国の好意的な応待を期待したはずもないが、朝廷から無理難題を押しつけられ、やむなく攘夷の姿勢を見せざるをえなかったのだ。

薩摩への報復

一八六三年七月末（文久三年六月半ば）、アメリカ、オランダ、それにフランスの艦船が、下関海峡で砲撃を受けたとの知らせによって、それら三国に英国を加えた四カ国代表は急きょ会合をひらき、同年七月二十八日、問題の処理に関して合意をみるにいたった。ニールはそれを幕府の老中に伝達したが、各国代表は声明を出して言う、「海外列強の艦船に加えられた暴虐な砲撃[39]は、やがて予測しえぬ規模の艦隊が出動してこれを阻止するであろう」と。しかし、この紛争が解決したのは、一八六四年（文久四）三月二日、オルコックが賜暇を終えて帰任した後になってからである。

このように新たな局面が展開しても、ニールは「薩摩侯にかかわる訓令に着手」[40]するのをためらいはしなかった。ニールからみれば、幕府が謝罪したり、「大君の党派と天皇の党派とが、それぞれ敵対抗争に狂奔したりしている」状況だからこそ、対鹿児島作戦の道がひらけていた。たぶんキューパー提督もまた、いままでのところ、イギリス船舶はなんら下関海峡問題と関係がないので、現段階ではアメリカ人、フランス人、それにオランダ人ら当事者に、その問題をゆだねられるとの見通しを持ったのだろう。したがって提督は、横浜には軍艦エンカウンター号と二隻の小型軍艦だけを残し、その他麾下の艦隊をもって鹿児島へ発進しても、横浜のイギリス居留民社会は安全だと判断したのである。

英国艦隊の鹿児島砲撃は日英関係に大きな転機をもたらしたが、その概観については巻末の付録Ｉに収めた。戦後処理をめぐる薩摩藩代表〔正使岩下方平《みちひら》、副使重野安繹《やすつぐ》〕との折衝においても、ニールは例のねばり強さを発揮してこれを解決したのである。

横浜に帰還後、ニールはただちに急送公文書を発し[41]、あらゆる政治的激動の危機に際しても、対日貿易は驚異的な発展を遂げたと報告した。一八六三年前半の六カ月間における英国から日本への輸入額は、前年同期の約三十三万一千メキシコドルから、五十三万五千メキシコドル以上に達し、一方、イギリス船舶による日本産品輸出額[42]をおなじ期間の比較でみれば、約百二十万ドルから二百七十万ドルへと、二倍以上に増加したのである。しかしながら同年十月[43]、ニールが思い悩んだのは、「主要産物である生糸の取引きが、〔幕府が外国貿易による江戸市中の急激な消費物価の高騰と流通機構の破綻傾向を抑制するため、一八六〇年五月（万延一年閏三月）に発した雑穀・水油・蠟・呉服・生糸の五品江戸廻し令によって〕制限され、しだいに消滅するのではないか」という印象を受けたことだ。彼は老中との会談でこの問題を組上に載せねばならぬと考えた。

ニールの任務終了

不幸なことながら、外国人殺害事件はあいかわらず断続的に発生した。一八六三年十月十四日には、横浜の公道からはずれた田舎道で、フランスの陸軍中尉ド・カミュー（*Lt* de Camus）〔正しくはアフリカ第三大隊の少尉J・J・アンリ・カミュー（Camus, J. J. Henri, S. *Lieutenant* 3B=D'Afrique）〕が斬殺された。それにもかかわらず、オルコックが公使として日本に帰任する直前の一八六四年（文久四）三月一日、ニールは「貿易は着実に繁栄している」とラッセル卿に報じた。[44]大きな懸案として残るのは、瀬戸内海の自由通航問題であった。彼は、「将来に備えた防衛対策」が「強力な艦隊」と「清国駐屯軍から適度な規模の陸軍分遣隊を招致すること」によって強化されなければならぬ、と進言した。オルコックが帰任したのは、その翌日である。オルコックはラッセル卿あての急送公文書で、二年にわたる留守中、代理公使ニールが演じた役割に直接的な批判を加えることはなかったが、またニールを賞讃することもなかった。しかし、一八六四年三月三十一日付けの急送公文書で、彼が「現行の条約の精神と趣旨に反して譲歩を重ねた結果、とりかえしがつかぬほど」時間が過ぎてしまったと強調する時、そこには故意にニールに当てこすった批判が含まれているのではないか。

終わりに

横浜居留民社会の人びとは、日本人の威嚇や敵対行為に接した場合のニールの対応ぶりが、果断さに欠けると考えていた。生麦事件にかかわるサトウの記録[45]には、「ニール大佐は、そのような状況下では絶対に必要とみなされるような、強力な対策を講じてくれるとは思われないという考えが、外国居留民社会の中にひろまっていた。事実、さすがに大佐は実戦を経験した男だけあって、冷静な態度をとっていたので、彼らはそれを誹謗したのである」と述べられている。それから何年かたって書いた体験記〔"*A Diplomat in Japan*," 1921〕の中で、サトウは「ほぼ四分の一世紀が過ぎ去った今からふり返ってみれば、ニール大佐は……最善の策を講じたと、強く信じるようになってきた」と言う。一八六二年十二月、サトウはニールに随行して横浜から江戸に向かった時の模様を書き留めている。[46] 川崎の渡し場で彼らは「頑固な」船頭に出くわし、英国の代理公使だとも察知されずに向う岸へ渡るのを拒まれたのである。ニールは「怒り心頭に発して」息巻いた。外国御用取扱の老中らとの会談にサトウも出席したが、[47] 日本側が例のように異議や苦情を唱えたので、ニールは「とうとうかんしゃくを起こしてしまったのだ。それは疑いもなく老中らの思う壺であった。彼はかなり強い口調でののしるように腹の内を吐き出したのである」。会談はおよそ三時間もかけながら、なに一つ決着もみずに終わった。この会談の折に、サトウはひょうきんなことを言ったのをニールに聞きつけられ、「恐ろしい忿怒の形相に変わったこの老紳士」[48]から、行儀の悪さをこっぴどく叱られてしまった。ニールは、今後二度とサトウを「このように厳粛な場所」へ出席させない、と申し渡したのである。

公使館付き医務官の一人であったウィリアム・ウィリス医師[49]は、最初は横浜居留民社会の激昂した人びとと同じ考えをいだく傾向があった。「ニール大佐にはほとんど取り柄がない。彼が肉体的にも精神的にも勇敢だとはとても思えない。……当地では、彼はひどく嫌われ、まるで老婆のようにみなされている」。しかし、その後になってウィリスは、ニールが「強い忍耐心をもってふるまった」ことを認めた。

その他の評言や性格描写がないところでは、ニールがとった行動や公文書の記述から彼の人物像を描いてみる以外に方法はない。ひたすら職務に専念した良心的な外交官であったというのが、私が受けた彼の印象である。さきに引用したようにウィリスは言ったけれども、ニールが精神的にも肉体的にも勇敢でないとの批判は誤解である。[彼の軍務経歴を考えれば当然のことながら]、彼はかなり規律遵守に厳格な軍人であり、短気で、しばしば我慢できずに乱暴な言葉を吐くことがあった。彼が送った急送公文書の中の、自己正当化するように自分一人で戦争勃発を食い止めたと述べた言葉から、彼がずいぶん社交嫌いで孤立していたことがうかがえる。これは筋が通らない言葉ではなかった。彼はいちじるしく洞察力が鋭かったとは言えないだろうが、しかし常識豊かで、行動は常に慎重かつ節度があった。赴任するまで日本に関する予備知識がなく、日本語も知らなかったので、曖昧な表現法を用いる傾向がある日本語を、オランダ語を介して英語に翻訳するというような、まったく複雑きわまりない対話の仕組みには、ひどく難渋したことも多かっただろう。部下たちでさえまだ日本語や政治状況に精通する時間がなかった頃である。

彼が急送公文書に書いた報告文は、外交文書様式のすぐれた典型ではない。しかし、少なくともそれは、オルコックが意識の流れるがままに書いた饒舌な文体よりは要領を得て、明晰であり、かつ短い。したがって、彼の判断はかなり手堅いものだったと言えよう。外務大臣ラッセル卿は、いかなる場合でもニールが講じた措置を承認したし、また英国が日本との有害無益な戦争に巻き込まれなかったことに安堵したのである。ラッセル卿の一般的な心構えとしては、当時の英国首相のパーマストン卿ほど好戦的ではなかったが、英国の権利を擁護することにかけてはパーマストンと同様に確固たる信念を持ち、極東においてある程度の「砲艦外交」はこれを容認する覚悟であった。ラッセル卿やニールがとった外交手段は、ほとんど現代の国際的行動基準に合致しない。しかし、彼らの外交手段は、その時代の基準に照らしてみなければ正当に評価されないだろう。

（中須賀哲朗　訳）

[原注]

主要参考文献は、国立公文書館収蔵の、議会用に印刷された一般対日外交文書 FO 46 である。特に攘夷の策謀と生麦事件をとりあつかった日本側の関係文書からの抜粋は、W・G・ビーズリー著、*Select Documents on Japanese Foreign Policy 1853–1868*, Section V, pp. 222–256. にみることができる。

（1）　十九世紀の英国外務省名簿には、生没年月日や学歴は記載されていない。ニールが生誕の義務登録法施行前に誕生したことは明らかである。私は彼の出生年月日を探し出そうとして、さまざまな関係資料にあたってみたが、発見できなかった。ロンドンの生誕登録本署の海外記録では、死亡証明を探し出せない。『バーク地主階級名鑑』には、いろいろなニール名が出てくるが、しかしエドワード・セントジョン・ニールの名は載っていなかった。彼がインド南東部の州都マドラスで生まれたのではないかと考えて、そこの洗礼記録を調べてみたが、この調査はなんの役にも立たなかった。彼は一八三二年に英国のポルトガル派遣軍に入隊しているので、少なくとも当時は二十歳になっていたと考えられる。これによって示唆されるのは、彼が一八〇五年から一八一二年の間にどこかで出生し、そして死去した時は六十歳くらいになっていたことだ。国立公文書館収蔵の外務省文書(FO 45, 47, 48)の記録によれば、グアヤキル［エクアドル西部の港湾都市］の副領事C・スミス(C. Smith)が、一八六六年十二月二十三日付けの公信書で、ニールが「病気状態となってわずか四十八時間後に」死亡したと報じている。スミスはキト［エクアドルの首都］で父親のニールに付き添っていた息子のヘンリー(Henry St John Neale)にたいし、総領事館の公文書類を安全に保管するためアメリカかフランスの公使館に預けるように指示した。ニールが一八六六年一月四日付けの公信書で報じたところによれば、彼は一八六五年十二月四日グアヤキルに着任した。グアヤキルからキトへの道路は、その季節には「通行できぬほどの状態で、原住民のインディオらでさえも、しばらくは通行をやめていた」。しかしながら、長いあいだ待っていたのではキトに行くことができないと考えて、十一日間の骨の折れる旅行をおこなった後、一八六六年一月四日、キトに到着したのであった。前任者のファガンという人はすでにキトを発ち、別の道路からグアヤキルに向かっていたので、二人が邂逅することはなかった。ファガンは総領事館の公文書類をフランス代理公使に託していた。一八六六年十二月五日付けの公信書で、ニールはエクアドル［そこは赤道地帯という意味のエクエイターとして知られていた］の状況を報じた。それから十日後の十二月十五日付けで、外務大臣スタンリー卿(Edward George Geoffrey Smith Stanley, 14th Earl of Derby)にあてた息子のヘンリー・セントジョン・ニール署名の公信書は、父親の死亡を伝えるとともに、総領事館の公文書類を安全に保管するためにフランス代理公使のもとへ寄託したと書き添えていた。彼は父親の遺体に防腐処置をほどこし、それをヨーロッパへ運んで埋葬すると言っている。外務省の保管文書には、キトの同僚外交官らが表わした儀礼慣行上の追悼文と、「カトリック教会の意向のもとに、教会当局が遺体の教会構内通過に反対したことから生じた痛ましい印象」を伝えた文書がある。外務省保管文書にはまた、エクアドルの大臣がキトからスタンリー卿にあてた一八六六年十二月十五日付けの書簡が保存されているが、それは哀悼の意を表するとともに、ニールが「医学的な看護をはらってもその甲斐がなかったほどの重い病気で亡くなった」と述べている。

(2) ヒュー・コータッツィがオルコックの伝記的人物像を著わした本書第一部第一章・第三章を参照のこと。

(3) Foreign Office despatch to Lt. Col. Neale, 10 November 1863.

(4) *The Illustrated London News*, 27 February 1864.

(5) Page 133 of The Foreign Office List for 1867. 一八三二年から一八三八年までの陸軍省名簿に、私はニールが英国軍隊に勤務したという確かな証拠を見出すことができなかった。

（6） ニールがブルガリアのヴァルナ駐箚英国領事であった時の一八五七年十一月九日付け遺言書には、彼の妻アデレード（Adelaide）と娘アデレード・ハリエット・エライザ（Adelaide Harriet Eliza）、二人の息子ヘンリー・セントジョン・ダドリー・ニール（Henry St John Dudley Neale）とウィリアム・ブキャナン・ニール（William Buchanan Neale）、および兄弟のウィリアム・トレヴァ・ニール（William Trevor Neale）の名が記載されている。一八六七年に彼の遺言書を検証した遺言執行人は、従兄弟のヘンリー・クラリンボールド・パウエル少佐（Major Henry Clarinbold Powell）であった。一八六七年四月二十日に遺言検証が認められた時、故人の個人資産は一万ポンド以下であると申告された。この資産は「一八六九年七月、英国印紙局で九千ポンド以下と再申告がおこなわれた」との記録がある。遺言に基づいて、遺産相続人たる子供らの誰かがローマカトリック教徒になったり、あるいは修道院に入ったりした場合には、遺産相続権を喪失することになっていた。

（7） Hugh Cortazzi, *Dr Willis in Japan, British Medical Pioneer 1862-1877,* 1985, (page 48). ウィリスの記述によれば、代理公使のウィンチェスターは「豚肉屋のように肥満していた。高慢心やばかげた言動もなく、付き合いやすい立派な人物である。彼はまたかなり利発なほうで、上から命令されたことはやっても、それ以外のことはなにもしない」。ウィリスによれば、ウィンチェスター夫人は騒動起こしであった。彼女は途方もなく巨大な体軀の女で、身長が六フィート〔約百八十三センチ〕、体重が十九ストーン〔約百二十キロ〕ほどもある。何事も自分の思うがままにしたがり、事実、いまでは彼女が代理公使であるといっても過言ではない」。その肥満体のために、彼女は鎌倉の大仏にちなんで「ダイブーツ」というあだ名をつけられていた。

（8） 東禅寺の英国仮公使館、および第一次・第二次東禅寺事件の詳細については、Hugh Cortazzi, 'The First British Legation in Japan 1859-1874', in Japan Society *Proceedings* No. 102, page 25 et seq. を参照のこと。

（9） 一八六二年六月七日付けの外務省あて書簡で、彼は転居経費について異議を唱えた。

（10） 実際に、「刺客」は一人だけであった。松本藩士の伊藤軍兵衛（一八四〇―六二）という者である。彼は外国人らの横暴なふるまいに憤慨し、財政難に悩む松本藩が、さらに英国公使館東禅寺警固のために出費を余儀なくされることを憂慮していた。もし自分が英国人護衛兵を殺害すれば、松本藩は公使館警固の任を解かれると考えたらしい。英国人護衛兵二名を殺害後、彼は江戸の松本藩屋敷にかえり、同輩に自分の犯行を告白後、ただちに切腹を遂げた。

（11） 松平光則《みつひさ》（一八三二―九二）は信州（現長野県）の松本藩主である。一八六一年の第一次東禅寺事件後、彼の藩は大垣藩や岸和田藩とともに公使館警固を命じられていた。〔幕府直属の別手組を加えると〕、その総数はおよそ五百三十五人に達した。

(12) ウィリアム・ウィリス医師が目撃したこの事件の写実的な記録については、Hugh Cortazzi, *Dr Willis in Japan, British Medical Pioneer in Jappan 1862–1877,* 1985, pp. 23–27. を参照のこと。

(13) 当時の幕府の上級職制は、最高位の老中四~五人、ついで若年寄三~五人からなる。一八五八年に海外列強との条約締結後、十人以下の外国奉行と、神奈川をはじめ開港場に二、三人の奉行が任命された。また、老中のなかには外務大臣〔外国御用取扱・外国事務専掌〕として幕府の外交を統轄する者がいた。

(14) ホープ提督は上海発一八六二年八月二日付けの海軍省あて公信書で、「現在の英国公使館の建物は、樹木が生い繁る急斜面の丘にかこまれた小さな谷間に位置するので、その守備上の配置は非常に悪く、適切な防衛策を講ずるのは困難である」と述べている。

(15) 一八六二年八月二十七日付けの海軍省あて公信書で、ホープ提督は好戦的な方策を披瀝し、いったん御殿山に新公使館が竣工したならば、東禅寺の旧公使館を倒壊せしめて更地とし、さきの襲撃事件が与えた「憎悪の念を永遠に忘れないために」記念碑を建立すべきである、と言う。また、万一幕府がその事件の当該藩主にたいして「重い罰金」の支払いを含めた適切な処分を課さない場合、江戸、長崎、および瀬戸内海の港湾の、海上封鎖断行を請訓した。そのような要請は、ロンドンで支持を得られなかった。

(16) 島津忠義(一八四〇―九七)は名目的な薩摩藩主であり、その父島津久光(一八一七―八七)が藩の実権者であった。彼は勅使大原重徳《しげとみ》(一八〇一―七九)を擁し、藩兵およそ千人を率いて江戸にむかい、将軍徳川家茂《いえもち》(一八四六―六六)と会見した。彼は参勤交代〔原則として諸大名は隔年ごとに出府し、帰国する際は人質として妻子を江戸の藩邸に残すことを義務づけられていた。〕の制度の緩和を含めて幕府の組織変革を要求した。一外様大名が幕政に容喙したのは江戸幕府の歴史上前例のないことであり、それだけ幕府の弱体ぶりを印象づけたのである。

(17) Neale to Russell, 15 September 1862.

(18) Memorandum dated 28 November 1862.

(19) 横浜領事ハワード・ヴァイス (Howard Vyse) は、彼の長官たるニールの命令違反を犯したにもかかわらず、幸運にも即刻本国送還に処されなかった。ニールは属僚が不足していたのである。ヴァイスは一八六二年十二月、箱館領事館へ配転、一八六五年五月長崎領事に転じ、一八六六年に辞職した。〔箱館領事在任中、またもやアイヌ墳墓発掘事件に関与し、激しい非難を浴びた〕。

(20) このような訓令を発するにいたったロンドンでの議論に関し、その概略の記述は付録I「英国艦隊の鹿児島砲撃」の最終カ所を参照のこと。

(21) 日本の記録によれば、リチャードスンを斬りつけたのは、剣術の達人奈良原喜左衛門(一八三一―六五)であり、そのとどめを刺したのは海江田信義（一八三二—一九〇六）であったという。

(22) Neale to Russell, 12 December 1862.

(23) Neale to Russell, 15 January 1863.

(24) 日本の記録によれば、品川御殿山に落成間際のイギリス公使館が焼打ちに遭ったのは、一八六三年一月三十一日（文久二年十二月十二日）の深夜であったという。放火犯は長州藩士十二名であり、そのなかには高杉晋作（一八三九—六七）、久坂玄瑞（一八四〇—六四）、伊藤俊輔（のち博文、一八四一—一九〇九）、井上聞多（のち馨、一八三五—一九一五）らがいた。彼らはもともと横浜居留地を襲う計画であった。

(25) Neale to Russell, 10 February 1863.

(26) ニールがこの急送公文書を発する三週間前の一八六三年一月十六日（文久二年十一月二十七日）、さきの勅使大原重徳につづいて、土佐藩主山内豊範《とよのり》（一八四六—八六）を伴った勅使三条実美《さねとみ》（一八三九—九一）は、攘夷督促の勅諚を将軍家茂に授けた。幕府は海外列強と国交を断絶することに同意し、その実施期限については将軍上洛の際にはっきりさせると答えた。将軍家茂は同年四月二十一日、老中以下旗本・御家人ら約三千人を伴って京都に着いた。これは三代将軍家光（一六〇四—五一）が一六三四年に上洛して以来、実に二百二十九年ぶりのことであったが、往時の幕府の権勢はもはや見る影もなかった。

(27) Neale to Russell, 29 March 1863.

(28) 一八六三年（文久三）六月六日、将軍後見職徳川慶喜（一八三七—一九一三）は、将軍家茂の名をもって、孝明天皇（一八三一—六六）に攘夷期限を六月二十五日と奉答し、即日この決定を諸大名に布告した。しかし、慶喜自身、とうてい攘夷は実行できないと考えていた。

(29) Neale to Kuper, 24 June 1863.

(30) 彼は老中格小笠原図書頭長行《ながみち》（一八二二—九一）であるという。「一八六三年六月二十四日（文久三年五月九日）」、彼は生麦事件の賠償金を支払うと同時に、同日付でもって横浜・長崎・箱館三港の閉鎖と外国人退去の通牒を外国代表らに送った。これは攘夷の実行を要求する朝廷の意志に応えるために発せられたものだが、「また慶喜が孝明天皇に奉答した攘夷期限の六月二十五日に符合する」。

(31) 日本文をオランダ語に翻訳し、それをまた英語に翻訳したものである。ニールはまたフォン・ジーボルトとサトウが日本文から直接英訳したものも同封したが、両者の趣旨は本質的に異ならない。

〔訳註〕 日本語原文は左記のとおり。

今本邦ノ外国ト交通スルハ頗ル国内ノ輿情ニ戻ルヲ以テ更ニ諸港ヲ鎖ザシ居留ノ外人ヲ引上シメントス。此旨朝廷ヨリ将軍へ命ゼラレ将軍余ニ命ジテ之ヲ貴下等ニ告ゲシム。請フ之ヲ領セヨ。何レ後刻面晤ノ上委曲可申述候也。

小笠原図書頭

文久三亥年五月九日

各国公使宛

（『続通信全覧』）

(32) Letter from Neale to the Minister dated 24 June 1863.

(33) 今日の大使は、これと同じような趣旨の公信書を受け取ることを、決して期待することができない。その当時、ロンドンからの回訓が届くのに四カ月もかかったことを忘れてはならないだろう。

(34) この一八六三年七月三日（文久三年五月十八日）付け書簡と同一の日付けでもって、若年寄酒井忠毗《ただます》（一八一六―七六）は、横浜の防衛権を委譲するという書簡を、英・仏代理公使、ならびに両国艦隊司令官にあたえた。

(35) Neale to Russell, 29 July 1863.

(36) Neale to Russell, 31 October 1863.

(37) Neale to Russell, 16 November 1863.

(38) Neale to Russell, 29 January 1864.

(39) 下関海峡を通航する外国艦船への砲撃は、久坂玄瑞や高杉晋作らの長州藩攘夷派に扇動され、幕府が攘夷の勅諚実施日と定めた一八六三年六月二十五日（文久三年五月十日）を期して開始された。

(40) Neale to Russell, 13 July 1863.

(41) Neale to Russell, 11 September 1863, enclosing reports by Mr Consul Winchester.

(42) 日本の輸出品は、生糸、茶、海産物、銅器、漆器などのような家内工業的製品であった。これらの輸出品にたいする需要が急増したことによって、日本経済は諸物価高騰の圧迫が強まり、それがまた幕府の土台を浸蝕したのである。

(43) Neale to Russell, 14 October 1863.

(44) Neale to Russell, 1 March 1864.

(45) Ernest Satow, *A Diplomat in Japan*, London, 1921, pages 53 and 54.

(46) Ernest Satow, pages 61-62.

(47) Ernest Satow, pages 69-71.

(48) 「老紳士」という表現は、ニールが少なくとも五十歳台後半であったことを暗示するだろう。

(49) Hugh Cortazzi, *Dr Willis in Japan*, pp. 30 and 36.

[訳注]

［1］八隻からなる英国艦隊が順次横浜に入港したのは、一八六三年（文久三）三月二十一日から三十日にかけてである。そのために幕府軍艦で上洛予定の将軍家茂一行は、急きょ予定を繰り上げ、同年四月八日、陸路江戸を発進した。四月二十一日、幕府は万一のため関八州の諸大名・旗本に英国艦隊との戦争準備の命令を下し、江戸市内の老幼婦女らを近郊に避難せしめた。「さらぬだに戦々兢々として其堵《と》に安んぜざる江戸の府民は、周章狼狽して近郷に遁るゝ者引きもきらず、殊に芝高輪の辺は、家財・道具を売払ふなど、猛火の今にも燃え来らんが如し。横浜にても十六日（西暦五月三日）、神奈川奉行浅野伊賀守（氏祐）は市民に諭して避難せしめ、翌日奉行支配一同へも家族の立退を命じたれば、其動揺は江戸に譲らず、貿易も商業も皆活気を失ひ、内外人共に危

懼を抱きたり」。（渋沢栄一著『徳川慶喜公伝２』東洋文庫、昭和四十二年）。

［２］将軍家茂、将軍後見職徳川慶喜以下主要幕閣が上洛中の京都と、江戸留守居の老中が重要な連絡をとるには、そのたびに外国奉行ら高官派遣の旅程に想像以上の日数を要した。また、賠償金問題の処理をめぐり、幕府内部にも主張が錯綜し、紛糾の原因となった。在京の慶喜自身は賠償金の早期支払いを決意していたというが、攘夷の勅旨を遵奉せねばならぬ立場上、あくまでも支払い拒絶の態度を堅持せざるをえなかった。老中格小笠原図書頭を江戸に帰還せしめたのは、来航した英国艦隊の威力を背景に強硬姿勢に転じたニールとの交渉を指揮させるためである。慶喜との黙契に基づき、小笠原は名目上慶喜の意志に反して、六月二十四日、独断的に賠償金四十四万ドルを支払い、同時に自己一人の署名をもって横浜・長崎・箱館三港の閉鎖と外国人退去の通告を各国公使あてに発したのである。

［３］生麦事件の賠償金交付時刻が切迫した時、意外にも将軍後見職徳川慶喜から、自分が江戸に帰着するまで交付を中止せよとの書簡が届き、江戸幕府内は大騒ぎとなった。第一回支払い日の六月十八日払暁、とりあえず神奈川奉行浅野氏祐《うじすけ》（伊賀守、外国奉行兼帯）に「小笠原図書頭夜来にわかに発病」との老中書簡を持たせ、ニールのもとへ急派した。ニールはひどく激昂し、席を蹴立てて去った。これを見て大いに怒った浅野は、同席の公使館通訳官に向かい、ニールの不敬な態度を難詰する。再度現われたニールは、なおも興奮醒めやらぬ口調で、「三日の猶予をもって戦書を送るから、この旨をすみやかに政府に伝達せよ」と言い放った。（渋沢栄一、前掲書）

［４］朝廷の性急な攘夷実行の催促を回避する対策として、幕府の方針は全面攘夷から横浜鎖港へと収斂した。これには開港以来の急激な物価高騰や生糸の払底を抑制する貿易統制の意図もあった。一八六三年十月二十六日、幕府は築地の軍艦操練所において、まずアメリカ・オランダ両公使と横浜鎖港の談判を開始した。やがて鎖港談判使節派遣の問題が起こり、使節には下関海峡通過の外国船にたいする砲撃事件の謝罪の任も兼務せしめ、一八六四年二月四日、外国奉行池田長発《ながおき》を正使とする使節団を最初の交渉国フランスへ派遣することになる。

［５］小笠原図書頭は、一八六三年六月二十四日、獨断的に生麦事件の賠償金を支払って締約国側を満足させ、同時に三港閉鎖と外国人退去の通牒を各国代表に発して朝廷の意向に応じた。しかし、彼はこの逼塞《ひっそく》した局面を打開せんとして、幕府艦船以外にも英国軍艦をチャーターし、同年七月十五日（旧暦五月三十日）、新編成の幕軍精鋭約千六百人を率いて大坂に上陸、ただちに上京を図ったが、滞京中の将軍家茂はこれを淀に阻止し、朝廷の命令により図書頭の職を免じた。

オルコック、日本へ復帰する

サー・ヒュー・コータッツィ
（日本協会名誉副会長、元駐日英国大使）

第3章

Sir Rutherford Alcock

下関海峡

一八六四年（文久四）三月二日、オルコックが日本へ帰任してからの主たる関心は、前年六月以来の長州藩士らによる下関海峡封鎖と外国艦船への通航妨害行為にたいして、如何なる懲戒措置を講じるかということであった。あいつぐ外国船舶砲撃事件発生の際、ニール中佐とキューパー提督が、まず薩摩とその城下町鹿児島への報復作戦断行を決定したのは、特に薩摩が一八六二年に上海のイギリス商人リチャードスンを殺害した生麦事件の当事者であったからだ。薩摩膺懲作戦が終わると、厳しい視線は長州に注がれた。薩摩と長州はともに徳川幕府に対峙する、いわゆる外様大名のなかの雄藩であり、とりわけ幕府の対外譲歩を厳しく難詰する攘夷派の揺籃であった。英国艦隊の鹿児島砲撃後、薩摩は西洋列強との和解の必要性を考慮するようになったが、しかし一八六四年に至っても、長州はまだ日本が攘夷を実現できる立場にないことを認識していなかった。

オルコックや横浜滞在中の同僚公使らが、懸案の下関海峡通航の障害除去問題で思い悩んだのは、幕府と、条約港の閉鎖や外国人排除を要求する朝廷との、対外政策をめぐる熾烈な争いによって事態が極度に紛糾していたからである。長州の城下町は萩にあり、武士道と国粋主義の強い伝統を受けついでいた。徳川家が敵対諸藩を打ち破った一六〇〇年（慶長五年）の関が原の合戦以来、藩主毛利家は薩摩藩主の島津家とおなじく、徳川将軍家にたいして強い敵愾心を持ちつづけてきたのである。明治維新後、この薩長二藩出身の侍らが新政府を牛耳るようになった。

オルコックあての訓令

日本への帰任を目前にひかえた彼がまだロンドンに滞在中、一八六三年十二月十七日付けの公信書でもって、ラッセル卿はオルコックにたいし「大君と大名らに条約の取決めを履行するよう要求すべきこと」を指示した。その訓令にはまた、次のように、海軍が限定的な作戦行動をとることの認可権限をも彼に委任するという、はっきりとした文言が含まれていた。すなわち、「海軍提督は、海兵隊員を上陸させ、大砲の火門をふさぎ砲台を破壊することが得策だと判断したならば、貴下の同意をもってそれを実施する権限を認められるだろう。その砲台とは、わが国の商船の通航を妨害するという明瞭な目的を有して構築・装備され、ある程度の敵対行為をおこなって彼らの非友好的意図を顕示したものである」。この最後の要点は、その後につづく段落にも再度述べられている、「しかしながら、彼らの非友好的意図が敵対的性質を帯びた行為によって明白に証明された場合以外は、貴下はそのような砲台の破壊を提言すべきでなく、提督もまたその実施命令を下すことは認められない」と。それから、疑いもなく鹿児島砲撃［付録Ⅰを参照］にたいする英国議会の反発を考慮して、ラッセル卿は付言する、「英国政府は、提督が非武装の平穏な町に砲撃を加えないよう注意することを期待する」。しかしながら、その文末に「英国軍艦が砲火を浴びせられた時は、これにたいし激烈かつ迅速に反撃すべきである」と、武力行使の権限を付与する文章が付け加えられたのは、たぶん海軍省の強い主張によるものだろう。

それにつづく一八六三年十二月二十四日付けのオル

コックあて公信書で、ラッセル卿が、駐日公使たる彼は公共政策問題において指揮権を有するが、「そのような軍事作戦を遂行する場合の戦術は、全面的に陸海軍司令官の判断にかかっている。貴下には、彼らのいずれか［陸軍か海軍かの司令官］を指図して、軍事行動を起こしたり、またはある作戦をおこなうべき戦術に関して、彼らの指揮に介入したりする権限はない」と言って、軍事指揮権についてオルコックの注意を促したのは、さきの鹿児島砲撃中ニール中佐がなにかと干渉したために、キューパー提督から後で苦情の申し立てがあったことを考慮したものだろう。一方で、陸海軍司令官らは、「英国軍隊の名誉や、在留英国民の生命財産がおびやかされたり、または予期せぬ緊急事態が発生したりして、即刻軍事行動を起こす必要にせまられた場合以外には、事前に貴下と意見をとり交わした上で貴下の同意がなければ、特殊な陸海軍の軍事行動を開始する権限はない(1)」。

いつものように英国政府は、日本海域に艦隊を配備し、陸海軍が戦闘に従事する際に要する出費を怖れていたのである(2)。オルコック自身は、他の江戸駐箚外交代表らと協議の上で、下関海峡の通航を妨げ、さらに貿易上の権益を侵害する下関砲台にたいし、キューパー提督に軍事行動を起こす権限を与えることを、さきに引用した訓令は正当化するものとみなした。

しかし、一八六四年（元治一）七月二十六日付けでオルコックあてに発せられた急送公文書は、「多少なりとも日本国内における軍事行動の発動を」明確に禁じ、「まったく自己防衛の必要がなければ、たとえそれが限定的な海軍の作戦であろうとも、日本政府や大名らにたいして敵対手段を講じたならば、英国政府は遺憾に思うだろう」と伝えた。しかし、その訓令には黙認事項とみなされる但し書がついていたが、それが届いた時にはオルコックはすでにキューパー提督にたいして作戦行動の開始を認可した後であり、その経緯を外務省はまだ知るところではなかった。その訓令の但し書は言う、「日本における英国陸海軍の作戦は、居留するイギリス国民とその財産を警備すること、ならびに条約上の権利を擁護することに限られなければならない」と。しかし、オルコックはまた、「イギリス人所有の船舶が日本の海峡か海域を通航して妨害や暴力行為を誘発したり、あるいはイギリス国民と日本の大君の臣民との平和的な関係や交渉を維持継続することが危険にさらされそうな場合」、そのような通航を禁止したり制限したりする権限を彼に付与した枢密院令にも注意するよう要請された。

その訓令は、下関海峡での軍事作戦完了後になってはじめてオルコックの手もとに届いたのだが、それからすぐに、「実情を説明し、今後とるべき措置について英国政府と協議するために」、彼を本国へ召還する急送公文書[3]が送られてきたのである。ラッセル卿はそれほど日本の状況に精通していたとは言えなかった。ヨーロッパの環境で生育し、極東へ旅行したことのない者が、その当時は非常に遠隔の地にあり、英国ではほとんど未知の国とも言える日本での事態の変転を把握することは、きわめて困難であった。オルコックが送る急送公文書の饒舌な文章もまた、外務省の認識を混乱させる要因となったことは否めないだろう。

外務省は海軍省や大蔵省の強硬な見解にも考慮を払わねばならなかった。したがって、オルコックにたいする訓令が時に首尾一貫性を欠いたことは、特におどろくべきことではない。さらに通信の伝達に時間がかかったことは、事態を一層混迷させる原因であった。まだ電信機導入以前の一八六四年には、発送した急送公文書の回訓がとどくのに、四カ月以上もかかったのである。

オルコックは下関海峡の封鎖を解除する方策をめぐり、もっぱら主導権を掌握しながらも、フランス、オランダ、アメリカ各国の同僚公使らと協調することに心がけた。また、ニールは鹿児島砲撃に参戦したが、オルコックは下関に向かう艦隊に同行せず、それ故に直接作戦に容喙することはなかった。彼に課せられた任務は決して容易であったとは言えない。一八六四年五月ラッセル卿あてに書いたように[4]、「最も情勢に通じた駐日外交代表でさえ、判断を固める際は常に不完全な矛盾の多い資料に依存しなければならないのである。他の国では外国公使らに開かれた普通の情報経路が、この日本には一切なく、しかも在地住民との交際が遮断されているために、切羽詰まって狼狽することが、ゆゆしい不祥事の原因になりかねない」と言っている。彼はしばしば「大君政府に率直さと誠意がないこと」を歎いたものだ。

オルコックは二つの大きな問題の解決に同時に取組む必要に迫られていた。長州藩による下関海峡封鎖に加えて、京都の天皇の攘夷督促に応えて幕府が出した横浜鎖港という脅迫的な提議にたいし、まず居留地の防衛に万全を期さねばならなかった。ラッセル卿はその二つの問題が裏面で複雑にからみ合っている実態を正確に理解することができなかったのだ。それ故にオルコックにたいし、「貴下は長門《ながと》［長州］侯を相手に軍事行動を起こすようキューパー提督に要請してはならない。そして……貴下と英国陸海軍司令官のすべての注意を、横浜の防衛に集中すべきだ」と命じたのである。(5)

オルコックからキューパーあての訓令

オルコックの要請に応えてキューパーが講じた最初の措置(6)は、一八六四年七月二十一日、二名の長州藩士［ヨーロッパから急きょ帰国した伊藤俊輔〔博文〕と井上聞多〔馨〕］を長州藩領に送りとどけ、西洋列強と長州藩当局とのあいだを調停させることであった。キューパー提督はこれを機会に最新の敵情を探ろうと考え、「あまり沿岸に接近せずに、海峡の防衛陣地を構成する砲台の種類、位置、範囲」をできるだけ確認するために、英国工兵隊のレイ陸軍少佐（*Major* Wray）を軍艦バロッサ号で派遣した。来たるべき軍事行動が連合国艦隊の共同作戦となることに留意し、キューパーはフランスとオランダの海軍士官各一名もバロッサ号に搭乗させ、これに軍艦コーモラント号が随伴した。バロッサ号の艦長ダウエル（*Captain* Dowell）は、「実施可能なところはどこでも必ず帆走し、貴官の指揮のもとに、可能なかぎり軍艦の燃料節約に心がけよ」と命じられた。

オルコックは同年七月末、英国が日本に持つ権益におよんだ二重の脅威について要約した彼の所見のなかで、大君の政府自身が長州膺懲《ようちょう》の効果的措置を講じえなかったのは、実に奇妙なことだ、と書いた。(7) 彼はまたキューパーにたいして言う。

それ故、自由に行使できる手段でもって、横浜の安全にも備え、首尾よく阻止できないような襲撃をも回避するための最も費用のかからぬ最善の方策は、たぶんわれわれ自身が先手を打ち、一番急進的かつ好戦的な攘夷派大名を、彼の本拠地たる藩領において攻撃することだろう。

古参公使のオルコックを指導的立場に置いて、英国、フランス〔レオン・ロッシュ（Léon Roches）〕、アメリカ〔ロバート・H・プリューイン（Robert Hewson Pruyn）〕、オランダ〔ファン・ポルスブルック（Dirk de Graeff van Polsbroek）〕らの外交代表間で合意した作戦行動が延期されたのは、たまたま大君の使節〔横浜鎖港談判使節の正使池田長発《ながおき》、副使河津祐邦ら〕がパリ約定[1]に調印してヨーロッパから帰国したからだ。そのパリ約定によって、三カ月以内に大君は「下関海峡の封鎖を解く」義務を負うこととなった。しかし、幕府の老中兼外国事務専掌らは、ただちにその約定の廃棄を決定したのだが、その理由として、もし彼らがその約定を実施したならば、「即座に内乱が勃発し」、「海外列強との友好関係が……破壊されるのは疑いない」ということであった。フランス公使のレオン・ロッシュは最近着任したばかりであり、のちにオルコックの後任ハリー・パークスとずいぶん悶着を引き起こすことになるが、この幕府の態度の豹変ぶりに迷惑をこうむった様子はみえない。イギリス、フランス、アメリカ三国公使、ならびにオランダ総領事が一八六四年（元治一）八月十六日に署名した覚書によって、キューパー提督は長州藩にたいして作戦行動を起こす認可を与えられた。各国外交代表らが協定した主な要点はつぎのとおりであった。

1．四カ国外交代表は、各国海軍指揮官の横浜居留地防衛と警備の責務を免除したこと。

2．各国海軍指揮官は「できるだけ速やかに下関海峡の開放に着手し、長州侯の砲台の破壊と武装解除をおこない……その他、同侯の攻撃手段の戦闘力を失わしめること」。

3．長州侯の砲台が艦隊に向けて発砲を差し控えた場合でも、それにもかかわらず指揮官らは「砲台を破壊し、ついで実行可能と判断される手段を講じて、将来同方面から敵対行為が発生しないよう実質的保障を獲得すべきこと」。

4．指揮官らは「将来の問題の解決はすべて大君政府と外国代表との共同措置にゆだね、長州侯とのいかなる折衝にも」着手しないこと。

5．「大坂近海では艦隊のいかなる示威行動もおこなわないこと」。

6．「……下関における作戦計画の完了次第、艦隊の中で自由航行保全のために残留する必要のない艦船はすべて横浜に帰還すべきこと」。

成功裡に終わった四カ国連合艦隊の下関作戦や、キューパー提督が与えられた訓令をどのように実施したかを説明した文章は、巻末の付録Ⅱに収めている。

下関砲撃の余波

オルコックが一八六四年九月二十六日付けで報じたところによれば[8]、大君の政府は、「これまで長州侯側が犯した不法な外国艦船砲撃にたいする條約締結諸国のすべての要求を、大君政府みずから引き受け、最終的に合意に達する賠償金額を支払うか、あるいは下関か、下関海峡付近の適当な他の港かのいずれか一港を、その選択は締約諸国の随意として開港する、と申し出た」。オルコックはそれについて本国の訓令を仰ぎながらも、このように示唆したのである。すなわち、損害賠償に関する折衝の結果、「もし列強が天皇による条約の批准を獲得し、天皇や諸大名が条約を容認したならば、それは英国をはじめ條約締結諸国にとっては何百万ドル以上の、換言すれば大君から強引に取りたてうる如何なる金額よりも価値があるだろう」と。しかし、同年十月二十八日、オルコックは協定を結び、その協定のもとで大君政府は賠償金三百万ドルの支払い義務を負うことになった、と報告した[9]。

オルコックと同僚公使らは同年十月五日と六日、艦隊が横浜沖に碇泊している機会をとらえ、天皇の早期条約批准を要求するために、「軍艦数隻を伴って」江戸に出向いた[10]。オルコックが記録したところによれば、彼は老中らにたいし、「外国関係に関するすべての不祥事の根源は、天皇と大君とのあいだに協調関係がないことである。しかも、今や天皇による現行条約の批准は、これ以上引き延ばしえない時期に達した」と言った。

オルコックは、ラッセル卿から送られてきた「本国への召還の」文書に「非難と譴責」の意味合いが込められているのを感じて憤慨し、みずから講じた措置について激しく抗弁した[11]。「下関砲撃は、われわれ外国人の横浜からの排除と、その必然的な結果としての戦争の勃発を防ぐためには、やむをえない方策であった。その動機と目的、および実施した手段に関するかぎり、私の弁明やその理由づけは、さきの言葉に尽きるだろう。もはや悲劇的な破局は回避された。戦争勃発の危険は、まったく阻止されたわけではないにしても、かぎりなく遠退いた。われわれの横浜における立場から、差し迫った受難の恐れはすべて消滅したのである」。彼はさらに付け加えて言う、「わが国自身の強大さを見せつけ、天皇や大君をして現行条約の廃棄とすべての外国人排除の意図を断念せしめる唯一の方法は、彼らが絶望的なまでに劣勢であることを戦場において証明することにより――すなわち、大小二本の刀を差した全武士階級が確信せざるをえないまでに英国陸海軍の軍隊の絶対優勢な戦力を証明することにより、攘夷派の首領に打撃を与え、横浜にたいする一切の陰謀を放棄させることであった」と。

オルコックの主張は功を奏した。査問を受けるために帰国した時、彼は譴責されるどころか逆に賞讃の言葉を浴び、やがて北京駐箚公使に栄転したのであった。その当時、英国にとって清国は日本より一層重要視されていたのだ。

結語

たぶんオルコックはかなり柔軟に本国からの訓令を解釈しただろうが、下関砲撃をめぐる訓令に反して行動したとは思えない。彼は現場の人間であり、ロンドンからはっきりした見解も即座に入手することができなかった。万一事態が悪化したならば、まっ先に非難されるのは彼であっただろう。

ラッセル卿が発した訓令は一貫性がなく、説得力に欠けていた。彼や外務省は日本の実情を知らなかった。当時の基準から判断すれば、オルコックは領事職の全権公使として成果を挙げたが、今日の基準によって考えれば、見解の狭い帝国主義者とみなされるだろう。彼が饒舌であったり、本国への進言に明快さを欠いたり、あるいは人物や事のなりゆきを情緒的に評価したりすることも、同様に欠点であった。しかし、初代の日本駐箚英国特命全権公使として、彼が果たした業績は注目に値するのである。

（中須賀哲朗　訳）

[原注]

引用した急送公文書の文章は、議会用に提出された一八六四年と六五年の一般対日外交文書からのもので、国立公文書館収蔵のFO 46を参照のこと。なお *Select Documents on Japanese Foreign Policy 1853–1868*, W. G. Beasley, Oxford University Press, 1955, Section VI, pp. 257–289. も参照のこと。

（1）この長たらしい訓令は、外務省と海軍省の高官が各方面の見解を考慮して妥協したことを示唆する。

（2）一八六四年（元治一）七月二十六日付けのオルコックあて公信書で、ラッセル卿は艦隊の配備が「相当の負担」であることに言及し、「戦争によってどれほど英国の現在の支出が減少させられるか予測することは容易でない。日本の陸上に駐屯すること自体が非常に出費のかさむ事業であり、締結したばかりの条約を強制するために、日本に要塞を設営して守備隊を置くことは、非常に大きな永続的負担となるだろう」と言っている。

（3）Russell to Alcock, 8 August 1864.

（4）Alcock to Russell, 25 May 1864, received in London on 2 August 1864.

（5）Russell to Alcock, 18 August 1864.

（6）Kuper to the Secretary of the Admiralty, 23 July 1864.

（7）Alcock to Kuper, 22 July 1864, Yokohama.

（8）Alcock to Russell, 28 September 1864.

（9）Alcock to Russell, Yokohama, 28 October 1864. フランスが一八六四年六月に〔横浜鎖港談判使節池田長発らと〕締結したパリ約定は、幕府によって批准されなかったが、下関海峡で砲撃された通報艦キャンシャン号の賠償金として十四万ドルを受取ることに同意していた。これは他の海外列強が攻撃を受けた場合、その賠償金を支払う前例となった。一八七二年の岩倉遣外使節団の欧米巡訪当時においても、損害賠償金支払い問題はなおも日英間の懸案であった。

（10）Alcock to Russell, 15 October 1864.

（11）Alcock to Russell, 19 November 1864.

[訳注]

［1］高まりゆく攘夷の風潮に対処するため、一八六四年（文久四）二月四日、幕府は横浜鎖港談判使節池田長発・河津祐邦らを最初の交渉国フランスへ派遣したが、池田らは折衝過程で横浜鎖港を断念し、同年六月二十日（旧暦五月十七日）、仏外相ドルアン・ド・リュイ（Drouyn de Lhuys, Edouard）とのあいだで、前文および四カ条のパリ約定に調印した。その要旨は、下関海峡で長州藩の砲撃を受けたフランス通報艦キャンシャン号（the Kienchang）の損害賠償金十四万メキシコドル（そのうち十万ドルは日本政府、四万ドルは長州負担）の弁済、下関海峡通航の安全保障、輸入税率の軽減である。

第4章

Sir Harry Parkes

サー・ハリー・パークス

駐日公使　一八六五─八三年

サー・ヒュー・コータッツィ
（日本協会名誉副会長、元駐日英国大使）

サー・ハリー・パークス（Sir Harry Smith Parkes, 1828-85）は一八六五年から一八八三年にかけて十八年間に亙り日本駐箚英国公使を勤めた。彼は日本に駐在した英国外交使節の長の中で、最も長くその職にあった。その任期は一八六八年（明治元）の明治維新の時期と一致し、前代未聞の革命的な変革をもたらした時代を包含していた。サー・ハリー・パークスはどのような人物であったのだろうか？　彼の長い任期の過程で、果たして日本における英国の代表として「成功を収めた」のであろうか？

経　歴

サー・ハリー・スミス・パークス〔聖マイケル・聖ジョージ一等勲章およびバース二等勲章帯勲者〕はスタッフォードシャーに生まれ、幼少の頃に孤児となった。彼は一八四一年にマカオに住む親戚の許に送られ、そこで中国語を学んだ。当時香港は一八四一年に英国に占領されて、翌年に英国の植民地となっていたが、その年、一八四二年に彼は香港の通商監督官の事務所に職を得た。英国の中国駐箚特命全権使節サー・ヘンリー・ポティンジャー（*Sir* Henry Pottinger）が一八四二年六月に香港を発って揚子江と南京に向かったとき、パークスはその一員として参加した。次いで一八四四年に厦門《アモイ》の領事として赴任してきたサー・ラザフォード・オルコック[1]（*Sir* Rutherford Alcock）の通訳を勤めた。その後、順当に出世した厦門、広東、上海の領事となり、中国各地を広く旅行した。さらに、一八六〇年に北京へ向かったエルギン卿（*Lord* Elgin）使節団の一員として参加した。このときの遠征で中国官憲に捕らえられて三週間も投獄された。そのとき十一日間も鎖につながれて、処刑すると脅かされた。エルギン卿[2]は彼のことをこう書いている(1)。「パークスは私が今まで会った最も勝れた人物の一人である。彼のように精力と勇気と才能が一体となった人間に匹敵し得る者を見つけることは不可能だ。それに加えて彼の中国語を喋る能力を合わせると、……現在の情勢に正に適した人物である。」パークスは一八六〇年にバース三等勲章を授けられ、一八六二年に三十四歳の若さでバース二等勲章を授与された。そして一八六五年、まだ三十七歳という年令で、以前に仕えたサー・ラザフォード・オルコックの後を継いで日本駐箚公使に任命された。

性格と行動

パークスが日本に到着したとき、公使館の医官であったウィリアム・ウィリス[3]（William Willis）は彼の風貌を次のように描写している(2)。「細身で背は中背よりもやや低く、赤褐色の髪と赤い頬髭をしていました。表情は快活で容貌は整っていましたが、手足が大きすぎて良家の出には見えませんでした。頭の前の部分は禿げ上がって、天辺は高くなっていました。容貌全体から受ける感じは、考えをすぐ実行に移すタイプであることを示していますが、種々の欲求はそれほど強くないと思われます。」グレイス・フォックス[4](3)（Grace Fox）は「大きな頭、印象的な眉、機敏な青い目は、彼のほっそりした小柄な体を威圧している感があった。」と書いている。一八七八年にイザベラ・バード[5](4)（Isabella Bird）は彼のことをこう書いている。「まだ若々しく見える……中年になるかならないかの細身で活発な人だった。彼は色白で目の青い典型的なサクソン人で、明るい髪の毛をしてにこやかな笑みを浮かべ、その態度は陽気で愛想が良かった。彼の外観からは、極東で三十年間勤務し北京の牢獄で辛苦をなめ、日本で何度も暗殺の危機にさらされた痕跡をまったく見いだすことはできなかった。」(「手紙の中で」ウィリスは「もし彼が微笑むのを見れば『サー・スマイルズ』(Sir Smiles) のあだ名にふさわしい愛すべき人物だと思うかもしれません」と書いているが[5]、実はその当時(一八七四年)パークスは「痛風に罹り肝臓病で、彼の支配下にある人びとにみじめな思いをさせる昔ながらのやり方をする元気がなかっただけだ」とうわさされているのを知っていた。)

実は「陽気で愛想の良い態度」は公使館員やおそらく彼の家族が受けた印象とは異なるものだった。パークス夫人は「何度も叱責を受け、けんつくを食わせられて、それに堪え忍ばねばなりませんでした。[6]」とウィリスは述べているし、彼はそれ以前の手紙の中でもこう書いている。[7]

パークス夫人は憂鬱症に陥りやすい傾向にあり、サー・ハリーの性質は家庭的幸福を重んじないように思われます。彼は忙しそうに動き回る押しの強い男で、家庭や家族よりも、自分にはもっと大切なやりたいことがあるのだと思っているに違いありません。彼は決してきまった時間に食事をとりません。驚いたことに［一八六六年の］クリスマスにサー・ハリーは江戸で食事をし、パークス夫人は一人横浜で食事をしたのです。彼の家にほんの少しでも家庭的幸福があるということを私は聞き及んだことがありません。私は彼のことを人を突き飛ばし押しのける連中の一人で、自分の利益にならない限り何もしようとしない男だと信じています。私は確信していますが、もし地震がきて夫人と家族がそれに巻き込まれたとしても、自分自身のことに熱中していて、何の感動も示さないでしょう。おぞましい夫の中でも、特に彼は決して他の人たちと同じ時間に食事をしたり、飲み物を飲んだり何かをしたりしない男なのです。

もっともウィリスの見方は公平なものとは言えない。他の人たちの意見によれば、パークスが適度に社交的な人物であったことは明らかである。時にはダンスを楽しみ、しばしば客を招待した。S・レイン・プール（S. Lane Poole）と共著で、一八九四年に二巻本のパークス伝を執筆したF・V・ディキンズ[6]（F. V. Dickins）[8]は以下のように記述している。「日曜日の晩には公使館員の中から数人を晩餐に招くのがパークス夫妻の習慣であった。こういう晩餐の席こそ、中国にいた頃の生活について彼から話を聞くのが最も容易な機会であった。彼は聴き手を前にして描写する事件の場面を、驚くほどはっきりと再現できる才能があったので、聴き手は彼が語っているその瞬間の興奮をほとんどそのまま感じるほどであった。」バジル・ホール・チェンバリン[7]（Basil Hall Chamberlain）[9]は横浜到着後のことをこう記している。「サー・ハリーとパークス夫人は熱病で衰弱し切った私を、その当時の居心地の悪かった横浜のホテルから動かせるようになるや否や、山手の英国公使館へ親切にも泊めてくれたのである。」

パークス自身の手紙を見れば、実際に彼が妻や子供たちに愛着を持っていたことは明白である。一八七九年十一月に夫人がロンドンで亡くなったとき、彼は妻に会うために外務省から賜暇を貰って帰国の途上であった。彼はF・V・ディキンズあてに十一月三十日付けで次のように手紙を書いている。[10]

妻の病気が危険を伴っているという警告を早期に受けてから、最初の機会をとらえて日本を出発した。アメリカ大陸を横断した時も一時間の無駄もしなかった。にもかかわらず私の到着は遅すぎて、彼女の最後の希望や指図を聞くことができず、枕を直してやることも目を閉じてやることもできなかった。……私には今や世話しなければならない子供が六人もいるが、彼女に代わってその仕事をするにはまったく無力であると感じている。同時に公使館の魅力と言えば、全面的にその源であった明るく善良な精神も、もはや失われて見ることができない。

ウィリスはまたパークスの真意について厳し過ぎる判断を下している。パークスは彼に与えられた名誉を喜んだという意味では、疑いなく野心家であったし、彼の地位によって得た権力を歓迎したことも疑いない。しかしその当時の標準からみて彼の給与は決して低くなかったにもかかわらず（日本に赴任してきたときの給料は年三千ポンドで、支度金として別に千ポンド支給されていた）、彼にやる気を起こさせたのは金銭的利益ではなかった。一八七二年、パークスは賜暇でロンドンに戻ってきており、渡英した岩倉使節団の世話をしたのであるが、〔同年四月に〕英国下院の委員会に呼ばれて外交官の給料について質問を受けた。彼は日本に駐在するすべての階級の官吏は給料が低すぎると意見を述べた。彼自身の場合は「やっと収支を合わせることができただけです。日本に六年間勤務して、赴任したときより貧乏になって戻ってきました。」と答えている。彼が北京へ転任したとき、下院の委員会が北京公使館にたいして突然とりきめた節約令に基づいて、年間五百ポンドの俸給削減を受けることになった。パークスは他の日本駐在外交官たちとは異なり、商取引で利益を得たという噂はない。同様に彼を非難する人びとでさえ、彼が収賄をおこなったという話をしていない。彼の主な動機は、おそらく自分の仕事をできる限り効果的にかつ良心的にやりとげようとする昔ながらの使命感にあったのであろう。

パークスが信仰の篤い人であったことは例証できないが、ヴィクトリア時代の伝統に従って家庭では礼拝のしきたりを維持していた。同時に彼は思索的な人でもなかった。しかしディキンズはこう言っている。「活動家は思索的な人ではない。活動家は哲学者でもなければ、学識深い人でもない。彼らの特質は洞察力と決断力と精神肉体双方の勇気である。そしてサー・ハリー・パークスはこれらの特質に十分恵まれていた。彼は学校教育をほとんど受けていなかったが、世間の実際的知識には通暁していた。一方、彼はある種の子供っぽい熱心で単純な一面を失っていなかった。晩年の彼は研究家ではなかったが、大の読書好きで詩を好み、暇があれば近代文学を数多くむさぼるように読んでいた。彼の素晴らしい勤勉さは自分の仕事に関係あるすべてのものに及んでいた。」彼はフランス語を熱心に勉強した。さらに「日本アジア協会の会長として、協会に多くの示唆と刺激を与えた」のである。当時、公使館の幹部の一人でのちリーズデイル卿となったA・B・ミットフォード〔9〕（A. B. Mitford）も同様のことを言っている。[15]「彼は忙しい生活を送っていたが、むさぼるように読書をした。そしてときどき思いがけないことで私を驚かすことがあった。」（しかし、ウィリスはこの意見に反対である。[16]「サー・ハリーは決して本を読まず何の勉強もしません。彼はあらゆる問題について、かなり皮相的な見方をします。」）パークスは中国語の熟練した通訳であったという事実にもかかわらず、日本語の勉強はしなかったように見える。しかしこのことは容易に理解できる。彼は日本にきたときすでに三十八歳であり、非常に多忙であった。それに彼の下には有能な通訳が何人もいたのである。

　彼が勇敢であったことは争う余地がない事実である。彼の日本滞在中に何度も生命を狙った襲撃を受けた。その中でも最も劇的であったのは、一八六八年三月二十二日、若き天皇の謁見を受けるため、京都御所に向かう途中の英国公使一行を浪人が襲った事件である。[17]浪人の一人がパークス目がけて突進してきて「……あたり構わず切りつけたが、運よく公使は危難を逃れたのである。サトウ[10]（Ernest Satow）も間一髪のところで助かった。実はサトウの乗っていた馬は彼の膝のすぐ近くを切られて、そのうえ哀れにも鼻先の一部を切り落とされたのである。」ミットフォードが何が起こったのか確かめようと駆け出していくと、パークスは「泰然と馬に跨がっていた。……彼らと一緒に歩いてきて何かにつまずいたので、見るとそれは男の首であった。」英国公使館が臨時に置かれていた知恩院へ戻ってくる途中、ミットフォードはパークスの馬の横を歩いていたが、パークスは彼のほうを振り向いてこう言った。「ミットフォード君、これは外交上の大騒動だね。」サトウは彼のことをこう書いている。[18]「危機に直面したときの彼の冷静不屈の精神力は軍人教育を受けた者以外の誰にも負けなかった。」

　パークスはほかの点でも勇敢であった。彼は話相手の地位にとらわれず、自分が正しいと信じたことを堂々と主張した。その当時東洋へ旅することは、帆船時代に比べればずっと早く安全であったが、やはり長期の苦労の多い旅であった。東洋の条約港では天然痘、コレラ、チフスといった風土病が蔓延していた。一八八五年に過労と重なってパークスの死の原因となったのは、まさにチフスであった。パークスは彼の生命を脅かすこれらの不快な状況に直面しても、決して尻込みすることはなかった。

　パークスが倦《う》むことなく意欲的に仕事に精を出したこ

とは紛れもない事実である。彼は飽くことを知らぬ好奇心を持ち、自分の部下が彼と同様に長時間働くことを期待した。したがって彼は厳しい親方であった。ミットフォードとウィリスは共にパークスのことを何かと仕事を作り出す人間だと思った。ミットフォードは彼のことを「ひどく騒々しい男で、気紛れが多く、わざと危険を冒して不快な気分を作り出している」と書いている。[19]ウィリスはパークスのことをこう評している。[20]「……少し厄介なほど活動的です。毎朝五時に起き、何か人騒せなことを起こすことを企んで一日中働いています。」「彼はいつも物事に干渉し、かきまぜてしまうのです。……彼は仕事を無秩序にしてしまう特殊な才能があります。[21]」「我々の上司は想像し得る限りの落ち着きのない厄介な男で、我々が自分自身のために何かする暇をほとんど与えてくれません。」ウィリスはパークスの下で働くよりも、もっと静かな生活ができることを望んでいた。サトウはパークスをこう評している。[22]「……その職務にまったく没頭し、周囲の状況を正しく理解しようと倦むことない努力を続けていた。自ら骨身を惜しまなかったのみならず、部下にも自分と同じく熱心に仕事に精を出すことを要求した。」

サトウは一八六七年、新潟におけるパークスのことをこうも書いている。[23]

彼は何でも詮索したがる気質の持主で、あたりの景色を眺めようと、建造中の舟を蔽っている大きな小屋の天辺に登って、村民たちに自分の存在を誇示した。これにはミットフォードと私はひどく嫌悪の念を抱いた。その頃までに私たちはかなり考え方が東洋的になっていたので、我々の上司が日本の紳士のように泰然として威厳を保った行動をすることを切に望んでいたのである。

もしパークスが威厳のことをほとんど気にかけていなかったとしても、彼は他国の外交官に引けをとるまいと決意していた。明治維新以前の時代、外交団の中でパークスが一番嫌っていたのはフランス公使レオン・ロッシュ[11]（Leon Roches）であった。ミットフォードはロッシュのことをこう書いている。[24]「……顔立ちは立派だが、から威張りする男で、以前はアルジェリアのフランス軍の通訳であった。彼は外交団よりもアフリカの現地の部隊の士官のほうがずっと似合っていた。」続けてこう書いた。

パークスとロッシュはお互いに憎み合い、二人の女のように嫉妬し合っていたと言っても過言ではあるまい。……ある日パークスは、突然私の部屋に旋風のようにやってきたが、いつもの興奮した時の癖で、彼の明るい髪の毛は根元から逆立っていた。『サー・ハリー、いったい何が起こったのです？』と私が聞くと、『何があったかだって？』と彼が答えた。『ロッシュのやつめが、私に何と言ったと思う？　将軍の軍隊の訓練のためフランス本国から陸軍教官団を呼ぶつもりだと言うんだ。構うことはない。絶対に彼に対抗してみせる。こちらは海軍教官団を呼ぼう。』そして彼はその言葉通りにした。

パークスと他国の外交官たちとの関係はかなり友好的であった。特にプロシアの公使フォン・ブラント[12]（Von Brandt）とは仲が良かったようである。しかし彼はアメリカの外交官の何人かは、言動に表裏があると言って好意を持たなかった。

パークスの態度が傲慢であったことは疑う余地がない。彼はきわめて短気で、その言葉は往々にして外交官らしい婉曲さをまったく欠いていた。一八六六年にウィリスは日本の役人にたいするパークスの態度をこう書いている。[25]「……かなり荒っぽく……彼らを叱りつけます。この前の会見は今まで見た中でも最も厳しいものでした。パークスは日本人にたいして礼儀を守ることを毫《ごう》も気にかけなかったと断言できます。彼が日本人を余りにも刺激し過ぎるのではないかと恐れています。」多くの会見でパークスの通訳を勤めたサトウは一八六七年の徳島での様子をこう書いている。「[サトウが三挺の駕籠を雇うのに手間取っている間、待たされていた]サー・ハリーは癇癪を起こして、日本のどこの大名であろうが、こんなに待たせるのはけしからんと罵った。[26]」一八六八年二月にサトウはサー・ハリーのことを次のように喜んで記している。[27]「そのとき彼は意気揚揚として上機嫌であった。彼が日本の役人との会見で強い言葉を使う場面がもはやなくなったので、今まで通訳するのは辛い仕事だったが、それも今や好ましい仕事となった。」不幸なことに、この状態は長く続かず、サトウは一八六八年十二月にこう書いている。[28]「パークスは木戸と「明治政府のキリスト教徒の処遇について」の議論の席上、癇癪を起こして私がここに繰り返して述べるには忍びないようなひどく烈しい言葉を使った。」

ディキンズでさえ、パークスと日本政府の代表者との関係は、往々にして厳しく波乱に満ちたものだったと述べている。[29]

一八六〇年代における日本の大臣たちにたいする彼の態度は、必ずしも誉められるべきものではなかった。彼を最も良く知る人びとの確信していたところによれば、彼は往々にして目の前にいる大臣の姿がまったく目に入らず、頭にあったのはある行動や提案だけだったのであり、彼の意見では、――それは早急に作り出されたものではなく、十分に根拠のある事実に裏付けされたものであったが――それらの行動や提案は英国の権益や日本自体の繁栄に不利な影響を及ぼすものであったのだ。彼が年取ってくるにつれて、怒りっぽさは次第に薄れてきて、最後にはまったく消えてしまった。

サトウはこの点について反対している。[30]グレイス・フォックスはこう結論づけている。[31]「仮に彼の癇癪の爆発や傲慢な態度が、敏感で益々自信を深めてきた日本人を怒らせたにせよ、明治期の大臣たちは新政府樹立の当初から彼の忠告を求め、それを尊重してきた。」バジル・ホール・チェンバリンは彼についてこう書いている。[32]「彼の無遠慮な脅かしと時折みせる発作的な激情は、彼が日本滞在中に接した日本の人びとに恐怖の念と嫌悪感を強く感じさせた。しかし彼が東京を去ると間もなく、彼らはパークスの高圧的な政策はそれなりの理由に基づいたものであったと初めて理解したのだ。……ある日本の高官は筆者の友人にこう語った。『サー・ハリー・パークスは我々が懐柔できなかった唯一の外国人だった。』」

パークスの行動は往々にして彼の言葉ほど荒っぽいものではなかった。一八六八年二月四日、大坂での騒擾《そうじょう》を避けて大坂から兵庫（神戸）へ移ってきた外国人と備前藩士との間に起きた備前事件のあとで、事件の責任者と目された日本の士官滝善三郎が切腹を命じられた。パークスは事件の起きたあとで、かなり強硬な態度を示したが、外交団の各代表が日本側の助命の嘆願について討議したとき、オランダの同僚外交官〔ファン・ポルスブルック総領事〕の同調を得て助命を強力に主張したのはパークスであった。[33] しかし彼らの主張は処刑は実行されるべきだという他国の外交官によって否決された。その年の三月京都で襲撃を受けたあと、パークスは新政府の大臣たちの謝罪を快くすぐに受け入れたのである。彼は極端に腹を立てることがあったけれども、逆に寛大な態度をとることがしばしばあった。

同様に彼と公使館幹部との関係は、彼が癇癪を起こすわりには結構良好な状態を保っていた。彼はうまくいった仕事を文書で本国外務省に推賞する配慮を怠らず、すべての功績は公使館に帰すべきで、自分ではないと主張した。パークスに終始好意を持っていなかったサトウはこう書いている。[34]

仕事の上では厳格でやかましかったが、私的な関係では助力を求めてきた人びとを親切に遇し、彼の好意をかち得た人びとにとっては、常に誠実な友人であった。私は不幸にしてこうした人びとの一人ではなかったので、パークスとは最初から最後まで親密な友人という仲ではなかった。しかし私の仕事について、怠けているとかのろいとか、苦情を言われる理由は絶対になかった。

パークスがサトウの私生活に不満を持っていたことは推測できる。(サトウは日本人の内妻を持ち、二人の間には子供が二人いた。) パークスはそれに加えてサトウの自尊心の強い考え方に腹を立てていたのかもしれない。

サトウはごく初期の段階でパークスと衝突した。一八六六年八月[35]にパークスはサトウとジーボルト[13] (Alexander von Siebold) に沢山の政治上の文書を渡し、それを翻訳するように命じた。彼らはパークスに手紙を書き、年額百ポンドの増給を外務省に頼んでくれるように要求した。「この結果、彼の激怒が雷のように私たちの頭上に落ちた。」そこでサトウは父にあてて、こんな勤務は続ける価値がないと手紙を書いた。彼は父からすぐ帰国するようにとの電報を受け取った。それでサトウはパークスの許に出頭して、辞職を願い出た。「パークスはしばらくの間、えーとか言って口籠もっていたが、数日間入れたままになっていたクラレンドン卿（*Lord* Clarendon）［当時の外務大臣］からの公文書を引き出しから取り出した。それにはジーボルトと私の申請を認可すると書いてあったので、私は辞職を思いとどまった。」一八六八年三月パークスは、サトウは英国の宮廷での謁見の経験がないという奇妙な理由で、天皇への訪問に同行させないことに決定した。パークスはミットフォードだけを謁見に同行させ、サトウは他の者と一緒に外で待っていた。その年の五月、パークスが大坂で天皇に信任状を奉呈した際は、この決まりは適用されずにサトウは謁見を受けたのである。これは俗物根性かあるいは悪意に基づいたものだろうか？

ウィリスはこう言っている。[36]「パークスはマクドナルド（John MacDonald）という哀れな男を死ぬほど苦しめて殺したのです。彼は毎日のようにパークスとやり合わねばならないという深刻な不運のもたらした脳軟化症が原因で死んだのだと私は確信しています。」公使館の一等副書記官ジョン・マクドナルドは一八六六年五月に卒中と脳軟化症で亡くなった。ディキンズは次のように書いている。[37]「彼は部下にたいしてできるだけ仕事をさせるようにしたが、自分を甘やかすことは決してしなかった。部下たちとの関係は（ときには言葉や行動に厳しさがあったが）きわめて誠意がこもっていた。……彼は部下たちが援助を必要とするときは、あからさまではないが率直で寛大なやり方でいつも財布の口を開いた。……公務上の問題では彼はただちに要点をつき、特にのろまで頭が混乱しているような部下にたいして、ぞんざいで苛々した態度をとることがあったが、私的な関係では、彼は辛抱強く親身で丁寧な人だった。彼はわざとらしく威厳を装うことは決してなかったが、彼を一目見れば、この熱心で多忙な公使は軽々しく扱うべき人物ではないと分かるし、敢えてそのようなことをした人は今まで誰もいない。」

以上に記した意見のすべてはパークスが勇気、精力、気力、集中力などの傑出した特性を備えていた人物であることを示している。部下として仕える者にとっては、彼は難しい存在であり、その癇癪のせいで人びとは彼を我慢できない場合が多かった。しかし外交使節の長としては明らかに傑出した人物であった。彼は一体どういう功績を残したのであろうか?

一八六五—九年における業績

パークスを正しく評価するためには次のことを考慮に入れる必要がある。それは彼の生い立ち、ヴィクトリア時代の英国の姿勢、十九世紀後半における英国勢力の特質、それと同時に外国人にたいする日本の態度と、仕事のために来日した初期の外国人にたいする日本人の行動である。

パークスは主に独学で勉強した。彼は三十七歳の若さでめでたく駐日公使として任命されるまで精励刻苦した。そして当然のことだが、彼が働いたほど熱心に働く気構えがなく、彼ほど理解力がすばやくない人間を軽蔑していた。彼は愚か者を容赦しなかった。彼は中国で苦い経験を味わい、官僚の欺瞞の例を数多く見てきた。これらの事実が、彼をして東洋の官僚に極度の猜疑心を抱かせる結果となったのである。

十九世紀後半の英国はその勢力の絶頂期にあった。ヴィクトリア朝の英国人は彼らの繁栄は自分自身の努力の賜物であり、発展途上国に教えることが数多くあると信じていた。それらの国の一つが日本であった。英国の産業は輸出市場と原材料の供給源を求めていた。ヴィクトリア朝の英国人にとって、相手国の外国人嫌いや鎖国政策によって、彼らの仕事が挫折するのを我慢できるような風潮はなかった。

パークスの前任駐日公使ラザフォード・オルコックは、彼が接した幕府の役人たちはうそ偽りが多く無能で、しばしば無力であると思っていた。当時、日本では刑法や民法が整備されていなかった。拷問は罪人にたいする通常の習慣であり、処刑は日常的におこなわれていた。官憲が何ら抑制措置をとらなかった攘夷思想は、外国人にたいする襲撃となって現われ、一八六〇年代の条約港はきわめて不穏な状態にあった。商人を最下層においている日本の階級制度は外国人の目にはあべこべに見えた。しかし彼らが実際に接触した商人たちは概して不正直だった。したがって英国からやってきた商人たちにも多くの不正直者が含まれていたのも不思議ではなかった。その頃の初期の時代の条約港における生活は、不潔で野卑で期間も短く、いち早く一財産を築く機会をねらって荒くれ者や山師が集まる傾向があった。

当時の外務大臣ラッセル卿（*Lord* Russell）からパークスへあてた指示は、前任者オルコックへの指示に即しておこなわれ[38]、彼には日本の政治情勢の許す限り行動の自由を与えられた。彼は次のような指示を受けた。「天皇または大君の側において、条約に違反したり日本から外国人を追放したりする口実を放棄させること。諸条約を忠実に実行させること。天皇が条約を承認するか、または大君が［条約締結に当たり］勅許を必要としないと公式に認めること。」さらに次のようなことも要求するように指示された。「英国臣民を殺害した罪に問われた者全員の裁判と、有罪を宣告された場合の処刑。」

パークスはこれらの指示を忠実に実行した。アメリカの宣教師で日本に関する著作のあるW・E・グリフィス[14][39]（W. E. Griffis）はこう述べている。

> 英国の学識者[15]が最初に権力の根源を見いだして、江戸の政府は偽りであることを暴露した。そして長年の謎を解き明かし、真実を蔽い隠していたヴェールを引き裂いたのである。真実を発見するために生命を賭した英国公使ハリー・パークスは、将軍から「陛下」という虚偽の肩書きを剝脱して、新政府を承認した。そして日本において本当の外交関係を樹立する基礎を作った。

この言い方の誇張を無視すれば、天皇の条約承認が確固たるものになったのは、主としてパークスの功績によるという説は妥当であろう。この事実は続いて将軍の地位を土台から侵食し、将軍制度の崩壊をもたらす結果となったのである。

一八六六年、外務大臣クラレンドンはパークスに次のように指示した[40]。「……近づきつつある権力闘争において、一方に味方したり、どちらかの側に賛成または反対の意味を述べないこと。日本における英国の目的は政治的な影響力を及ぼすことではなく、通商を促進することにある。」一八六七年、クラレンドンの後継者スタンリー卿（*Lord* Stanley）はパークスに中立政策をとるように念を押したが[41]、同時にこうも言っている。「……日本の貿易で大名側にも公平な持分を確保することによって、諸外国への共感の気持ちを持たせて、貿易の促進に寄与するように、でき得る限りの方策につとめること。」パークスは一八六七—九年の内戦〔戊辰戦争〕の際[42]、英国の局外中立を宣言し、在留英国人全部に「厳正にして公平無私の中立」を要求した。この宣言は英国人の何人かには不評判であったが、パークスは宣言が守られるように最大の努力をした。しかしグレイス・フォックスはこう述べている[43]。「パークスの同意の下に一八六九年二月におこなわれた六カ国の局外中立撤廃は、その年六月日本北部における政府の反乱軍鎮圧を早めた。」

W・G・ビーズリー教授[16]（W. G. Beasley）は彼の論文の中で次のように結論づけている[44]。「パークスは外国人の利益が損なわれない限り、日本の内乱で誰が勝利を収めるかについて、大して関心を持っていなかった。その意味で彼は政治的に中立の態度をとっていた。……実際問題として彼が介入したと言い得る唯一の点は、より一層政治的安定に寄与すると思われる計画には、必ずそれも公に賛成したことである。」ビーズリーはさらに強調する[45]。「パークスが強い関心を抱いていたのは、日本に法と秩序が確立して外国貿易が栄える環境が整うことであり、国内で抗争している各派のどれがそれを達成するかという問題は二の次であった。」「パークスが英国の権益の擁護という言葉に限定された純粋に外交上の指示を越えたとしても、それは薩摩と長州の勢力を助けるためではなく、文明開化に役立つとしてとった行動であった[46]。」パークスは一八六七年における自分自身の目標を次のように定義している。「それは日本人の注意を軍国的な栄光からそらして、工業中心の事業へと向けることである[47]。」同様に彼は絶えず日本の指導者たちに次のように注意を喚起した。「日本を小さくても実質的で確固たる国、すなわち一定した公正な法律が施行される国家にする必要がある[48]。」

たとえパークス自身が中立の立場であったとしても、彼の部下であるサトウとミットフォードが中立的でなかったのは確かである。彼らはパークスの許可を得て外様大名の要人たちとの交際を深めていた[49]。パークスが心の中では、この事実を情報収集のための必要不可欠の手段として正当化したことは間違いない。しかしパークスは自分自身の中立的立場を妥協させせなければ、一八八六年にジャパン・タイムズ紙に公表されたサトウの有名な論文[50]〔英国策論〕を容認することはできなかったはずである。サトウはこう述べている。[51]「私の知る限りでは、このことが公使の耳に達したことはなかったようだが、その後一八六八年の初めに樹立された新政府と英国公使館との関係に、この影響がなかったとは言えないことは十分想像されよう。」実際、あらゆる情報を集めていたパークスが、サトウがこの論文を書いた事実を知らなかったとは信じがたい。おそらく彼はその論文が英国に有利に働くことを期待して、見て見ぬふりをしたのであろう。しかしサトウがロンドンからの明確な指示に従わなかったことが、彼とパークスとの間に冷ややかな関係を生じた原因の一つであったかも知れない。[52]

パークスと、幕府を強く支持するフランス公使ロッシュとの間に生じた英仏両国間の敵愾心と嫉妬心が、パークスの気持ちを王政復古の支持者の方向へと導いたのであろうか？ これは潜在意識の問題かも知れないが、はっきりしたことを示す証拠は何一つない。

結論として言えば、パークスがその勤務の初期の数年間に達成した業績は卓越したものであった。彼が英国の権益を保護し促進したことは確かであり、彼としては中立的立場を維持したのである。

一八六九―八三年における業績

長期に亙るパークスの勤務期間のうち、維新以後の一八六九年から一八八三年までのいわば第二部において、彼が時間を費やした重要な問題は、明治新政府によって引き続き迫害を受けていた昔ながらの隠れキリシタンの問題であった。これは西洋各国の政府と世論にとってまったく受け入れがたい事実であった。

パークスは[53]「欧米諸国の抗議は、『思慮分別』をもって引き続き促進されるべきであると助言した。彼は日本政府の立場を理解していた。〔九州の〕浦上におけるローマ・カトリック教徒の改宗問題は政府の威信を脅かしていたのである。現地の改宗者に激しくその矛先が向けられた感のある世論を満足させるためだけであっても、政府は行動を起こさざるをえなかった。……やがて事件によって日本の中枢閣僚にたいするパークスの個人的影響力への自信はさらに強くなった。」迫害はその後も続いたが、「パークスは日本側の説明を引き続き忍耐強く検討した。[54] 彼は日本の国家としての強い誇り、カトリック教徒の改宗にたいする十分な根拠のある不安、天皇の新政府の不安定な立場などをよく理解していた。」英国とアメリカはフランス公使ウトレー氏[55]（Outrey）の意見に反対した。その意見は「ヨーロッパの列強諸国の強力で一致団結した力を見せつけることこそ、かかる事件の再発防止と日本政府の狭量を抑制するための、唯一の効果的な手段である。」というものであった。

ゴードン・ダニエルズ博士[17]（Gordon Daniels）はこう主張している。[56]「……この問題にたいするパークスの取り組み方は、主としてローマ・カトリック教義、特にイエズス会宣教師にたいする彼の敵意に基づいたものであった。」これはグレイス・フォックスの説明と相容れない見解である。本当のところは、パークスが政治的に鋭敏で実務的であったということであろうか。ダニエルズはさらに続けて、一八七二年二月九日にパークスが福音主義同盟の代表者たちと会って、その人たちの批判を一つひとつ反駁したときのことを、こう記している。

感情的になり易いこの機会に、パークスは彼の東アジア的外交術とはほとんど関連ない資質、すなわち繊細さ、感受性、最高の礼儀正しさを示した。彼は多くの批判にたいして、単純な事実を主体とした陳述で対抗して、複雑極まりない日本の宗教上の難解さを説明した。彼は結論として、開化されかつ善意を持った新政府と交渉するには、忍耐が必要であると説いた。

明治政府が国の近代化のために力を注いだ際に、パークスは惜しみない努力を傾注して、それを援助し助言を与えた。それと同時に、彼が英国のために長期に亙って利益を確保したいというかなり強い欲望に駆られたことは疑いの余地がない。しかし彼は日本の発展を援助したいという気持ちを同じく持っていた。ヘイズル・ジョーンズ[18]（Hazel Jones）が指摘しているように、[57] 英国は最大人数のお雇い外国人を供給したのである。一八六八年から一九〇〇年に至る間、英国系の雇用者の数は延べ四、三五三人にのぼった。次いでその人数が多かったのはフランスの延べ一、五七八人、その次がドイツの一、二二三人とアメリカの一、二一三人であった。パークスはこの過程において重要な役割を演じた。一例を挙げれば、明治政府によるお雇い外国人の最初の人で、日本各地に灯台を建設したリチャード・ヘンリー・ブラントン[19](Richard Henry Brunton)が、一八六八年に任命されたのは主としてパークスがかかわっていたのである。これは一八六六年の補足条約に基づくものであった。ブラントンは日本政府の燈明台局の主任技師として任命された。

日本で勤務していた間、ブラントンはパークスの庇護の下にあった。(58) 彼は他の外国人雇用者や日本人の同僚および助手との間に生じた難しい事態を次のように要約している。「日本で良心的な能率の良い仕事をおこなうことは、きわめて厄介な事態を引き起こす結果となる。……日本政府に雇われた西洋人の間に、辞職、不従順、欠勤、酩酊その他の常軌を逸した行為がしばしば見られるのは悲しむべきことである。一方、天皇に仕える日本の役人たちは半ば無知であり、そのうえ日本人の下役は自尊心が強く、悪賢く、堕落しているので、品性高い外国人には彼らとの協力が甚だ苛立たしく感じられた。」この後半の問題については、しばしばパークスが関与せざるをえなくなり、必然的に彼と日本の大臣たちとの論争を招く結果となった。パークスや辛い目に遭った尊敬すべき外国人は確かに同情に値する。もちろん、彼らはさらに自制力や機転を働かせるために、もっとうまく立ち回ることもできたかも知れないが、それらの非難については、後になってから歴史的な判断を下すのは容易なことである。

パークスが英国の利益のために活発に運動した多くの分野の一つに電信事業がある。グレイス・フォックスの記述によれば、(59) それはパークスがスイスとオーストリアの政府を「出し抜いて」幕府から免許を受けたものである。パークスは同時に改良された交通手段特に道路建設の擁護者であったが、鉄道を建設したいという日本側の要望をも支持した。その問題には彼の旧友で昔の中国時代の仲間H・N・レイ(H. N. Lay)も関与していたが、グレイス・フォックスが指摘しているように、(60)「日本政府が彼への委託を取り消したとき、パークスや英国政府が彼を擁護しようとした形跡はなかったようだ。」

しかしヘイズル・ジョーンズによると、(61) パークスは時々お雇い英国人のために度を過ぎた介入をおこなった。一例を挙げれば、一八七四年に航海長として契約を結んだ函館港長アレグザンダー・ポープ・ポーター[20](Alexander Pope Porter)の場合である。

荒っぽいパークスは彼の調停を拒否する条項に立腹して、甚だしく不当な陰謀だと日本の官憲を非難した。納得出来る回答が得られなかったので、外務大臣寺島宗則に直談判をおこない［彼ら二人の関係は往々にして緊張する場面があった］、それは不当に長々しく続いた。

しかしパークスがこの時代に直面せざるをえなかった問題は、最も重大で議論の多い条約改正の問題と、それに付随した自由貿易対保護貿易の論争であった。ダニエルズ博士はこう述べている。(62)「パークスにとって条約改正の過程は漸進的かつ有機的な速度で進行すべきものであった。こういう取り組み方は彼の基本的な哲学から生じた発想によるだけでなく、横浜の英国商人社会の意見と一致していたのであって、彼はその社会の利益を代表すべく努めていたのである。」実際問題として、パークスの意見は重要であったが、パークスは英国政府に仕える身であって、英国政府はパークスが提起した議論を前もって知らされてはいたが、条約改正を急ぐ必要を認めていなかった。事実ロンドンでは治外法権を撤廃する前に、日本政府は「文明的な」刑法と刑事訴訟法を制定すべきのみならず、それらの法律が有効かつ公正に作用すると証明することが必須条件と見做されていた。同様に通商貿易をおこなうに当たって、民法と商法の完備が必要条件であると考えられていた。一八八二年に東京で開催された条約改正の予備会議[21]において、日本側の代表井上馨は六月一日に次のような案を提示した。(63)「まったく新しい体系の裁判権を規定し、それに伴って治外法権は完全に消滅する。」アメリカ公使は賛同の意を表したが、パークスはこれにたいして以下のような覚書を提出した。「領事裁判権の全廃を許容できるような状態まで、日本の法律を整備しようとの努力にたいして、英国政府は共感を抱いているが、……新しい刑法は施行されてまだ一年経ったばかりであり、……民法も商法もまだ制定されていない。一八七九年末という最近のことだが、日本のある有能な国際法学者は、現在の法律では日本人自身の生命、自由、財産を正当に守ることができないので、日本人に広く受け入れられるためには、大幅な改革が必要であると声明した。」

一八八二年に終了した予備会議において、関税率の問題に関して基本的な意見の相違はなかったが[64]、議長は「国内の正貨準備」を増やす目的で、従価税率を総体的に七パーセントから一〇パーセントに引き上げることを提唱した。しかし日本の指導者の多くは、英国が提唱する自由貿易原則よりもアメリカの保護貿易制度のほうを望んでいた。彼らはさらにパークスが一八六六年当時に大変な努力によって実現した関税協定によって、日本の関税が固定されたままになっている事実に憤慨していた。

いわゆる「不平等」条約の改訂は、当時の日本にとって国としての重要な目標であり、このため日本人の外国人嫌いと国粋主義は高度の感情的興奮状態に達していた。その結果、大隈重信のように妥協案を提出しようとした日本人は、誰でも襲撃の対象となった。パークスの条約改訂にたいする反対論は、その時代としては十分に論拠があったとはいえ、日本人の敵愾心を煽りたてる結果となったのは避けられないことだった。

しかしパークスは英国臣民が治外法権の特権を乱用することを許さなかった[22]。一八七六年にJ・R・ブラック(J. R. Black)が日本政府の許可(当時日本の新聞検閲は厳しかった)を得ずに、万国新聞という邦字新聞を発行した。この新聞は日本の当局によって禁止され、当局はブラックに罰金を課し、パークスに英国臣民による邦字新聞の発行を禁止するよう要請した[65]。「サー・ハリーには治外法権の特権を、現地の新聞を外国の権力の保護下におくという単純な方法によって、その国の法律を逃れることができると解釈することは、愚かなことだと分かっていた。」したがって、彼はそのような法律逃れを禁止すべく枢密院令によって与えられている権限を行使した。彼の行動は日本の指導者層の称賛を博したが、一方若干の外国人からは非難を受けた[66]。

ダニエルズ博士が指摘しているように、明治政府の政策に影響を与えようとしたパークスの努力は、往々にして失敗に終わった。特に一八七四年に起きた日本の台湾出兵を阻止しようとした彼の努力は失敗に帰したが、一方で北京駐在英国公使サー・トーマス・ウェイド[23](*Sir*

Thomas Wade) は、事件解決を側面から援助して日本政府から感謝された。

妻を失ってますます機嫌が悪くなったパークスは、一八八〇年代の初期の頃、日本人との公的折衝に際して、なお一層尊大で怒りっぽくなっていたようだ。サトウは一八八一年にディキンズにあてた手紙[67]の中で次のように書いている。

> 日本国民全体から、どれほど彼が一種の化物のように思われているか、あなたにはきっと信じられないことでしょう。一般の評価では彼は五十年前の悪名高きナポレオンとまったく同じ存在と見做されています。過去十年の間、こういう状態が続いています。彼の優れた素質と重大な危機に直面したときの彼の適性を否定できる者は誰もいません。しかし彼の才能はここでは発揮できません。彼が外交術を会得した中国に比して日本ではまったく状況が違います。……「円い穴に四角の栓をする」の譬えのように、彼はここでは完全に不適任者です。

サトウは、パークスは日本人の態度に現われる微妙な差異に適応できる「タレーラン式の外交官」ではないと結論づけている。サトウはパークスの友人とは言えなかったが、彼のこの意見は、他の人びとの言うことと一致しているという点だけでも、単純な偏見として片付けるわけにはいかない。

もし日本がパークスの召還を要求したとすれば、英国政府がそれに応じざるをえなかったことは疑いない。しかし、おそらく日本の公職者のある者は、そういう手段をとることによってその他の日本の権益を危険に陥れることを恐れたであろうし、一方日本政府の中にパークスの才能と支援に感謝していた有力者もいたのである。その代わりパークスの反対派は彼の転勤を確実にするために、巧妙で間接的な手段を講じた。[68] 反英の宣伝記事を書くために雇われたアメリカの新聞記者E・H・ハウス[24][69](E. H. House) は、英国公使館に驚愕を引き起こすように意図されたパンフレットを、一八七五年の一年だけで二冊も書いた。一八七七年と一八八〇年の間に、ハウスはきわめて反英的な新聞トウキョウ・タイムズの刊行を支援するための追加補助金を受け取った。この新聞の中でハウスは[70]「英国の経済政策を攻撃し、パークスを強く批判して、さらに治外法権の撤廃を求めて強硬な論説を掲げた。」

香港総督のサー・ジョン・ポープ・ヘネシー[71]（*Sir* John Pope Hennessy）は日本訪問に際して、多くの厄介事を引き起こした。パークスは一八七九年の〔夫人への〕手紙の中で[72]、ヘネシーとその夫人を招待したことを書いている。「私は、彼が当地の日本人や外国人の間を動き回って話をしたやり方について釈明を求めねばならなかった。私は彼にこう言ってやった。もし私が香港を訪問したとしても、私としては、彼がここで私にたいしてしたようなやり方で、彼の仕事の邪魔をするつもりはない。そして私の意見がよく分かるように、もっとはっきりした言葉で言ってやった。彼は弱々しく弁明して、自分のことが誤り伝えられているようだと言ったが、そんなはずがないことは明らかだった。彼は人からやり込められるのに慣れていないようだったが、私は彼の鼻をへし折ってやった。それにもかかわらず、我々は見かけの上では何とか友達らしく別れた。しかし私は彼のことを全く信用していないので、あのような男とは決してうまくやっていけないだろう。」

パークスにとって、もう一人の厄介な人物はバス勲章帯勲者で国会議員のサー・エドワード・リード[25]（*Sir* Edward Reed）であった。一八七九年一月の手紙でパークスは次のように書いている。[73]「日本のために新しく三隻の軍艦を造った元英国海軍造船技師のリードが日本政府の客として当地にきているが、政府は彼のことで大袈裟に騒ぎ立てている。お互いに何を求めているかは、これから分かることだが、日本の財政状態がリード氏〔当時はまだサーではなかった〕にそれ以上の軍艦を注文する余裕があるかどうか疑問に思っている。」リードの三カ月に及ぶ滞在の終わりに当たって、パークスはリードとはあまり会う機会がなかったと記し、そのあとこう書いている。「彼は日本にとって必要な支出は頭脳だけだと言っていた」。リードが一八七九年の英国の海軍軍事教官団の残存者二十三名の契約を終了させるよう日本政府に働きかけ、リード自身が選んだ者の採用を政府に申し出たと、パークスは信じていた。[74]

リードとヘネシーはハウスと接触を保っていたようだ。ハウス[75]は一八八一年に日本側の費用で英国に旅行したが、その目的は新聞編集者、政治家、有力者と接触して、パークスの地位を秘かに脅かすためであった。

パークスの健康は衰えつつあったが、一八八三年に北京に転任したとき、まだ五十五歳に過ぎなかった。さらにもう一度公使を勤めるのは当然のことであったし、彼の人格形成の時期を過ごした中国へ戻る資格を十分に備えていた。それに北京はその当時、東京よりも重要な在外公館と見做されていたのである。

結び

長年の間、パークスと日本の指導者層との間にどれだけの軋轢があったにせよ、彼の出発の際には多大の感謝と好意の言葉が表明された。それは建前にすぎなかったのか、あるいは日本人の本音を表わしていたのであろうか？　そのことがあってから長い年月が経っているので、最終的判断を下すのは不可能だが、それらの言辞が少なくともある程度は本心から出た言葉であったと信じられる。

一八八三年八月二十二日、パークスの送別のため天皇陛下主催の昼食会が催され、閣僚全員が出席したが、その席で陛下から優渥《ゆうあく》なるお言葉[76]を賜った。その主旨は、もし英国の規則で許可されるなら、貴殿に旭日大授章を授与したいと思ったが、英国王室の規則でそれができないので、その代わりに「貴殿にたいする敬意の印として、私の所蔵していた」香炉と花瓶を贈呈したいというものであった。八月二十七日の晩にサー・ハリーにたいし、横浜在住の英国人その他の外国人を代表して送別の辞が述べられた。それは居留地の発展に尽くした彼の努力にたいして感謝の意を表明したものであった。パークスの死去に際し、当時の外務大臣井上馨[77]は次のような電文を送った。「日本帝国政府は、我が国の改善と進歩に多大の貢献をなし、長期の駐在によって日本政府官僚の間に多くの友人を持っていたパークス前公使に深く哀悼の意を表する。」

ダニエルズ博士[78]は次のように述べている。「パークスの見解の基本をなすものは日本にたいする厳しい批判であって、それは日本の達成した少なからぬ業績への配慮がまったく欠けていた。」さらに彼はこのような意見に同調する人びとは、一九六〇年代まで英国では多く見られたと主張している。日本に革命的な変革が起こり、日本の攘夷思想が最高潮に達した時代に駐在していたパークスに、前述のような批判を下すのは、まず公平とは言えない。その当時に日本の挙げた業績は主として文化的な分野に限定されており、パークスは日本文化を勉強する暇がほとんどなかったのである。さらに自分の勤務する相手国について厳しい意見を持つのは外交官としての義務であった。日本の外交官が英国について厳しい意見を抱いているのは確かであろう。しかし厳しい意見というものは、十分な観察に基づくものでなければならず、またできる限り公平でなければならない。パークスは情報収集に熱心で、彼の判断はビーズリー教授が指摘しているように概して平均がとれていた。もっともその判断が、ある程度彼が生きていた時代そして育った時代の特徴を帯びていたのは、避けられないことである。

パークスの業績は軽々しく片付けることはできない。その業績は彼がもっと自制心を働かせて如才なく振る舞うことができたら、おそらくさらに偉大なものになったであろう。彼は日本に長く駐在しすぎたのであって、もし彼が一八七〇年代前半に転勤していれば、英国の権益の保全はさらに好転していたであろう。しかしパークスは三十七歳の若さで〔日本公使の〕任命をうけたのであり、明らかにそれに代わる地位としては北京公使しかなかった。北京公使の地位はその当時空いていなかったし、またパークスは候補者の筆頭とは見做されていなかった。かといって、パークスのような優れた官吏に早々と引退を強いることは不公平だったであろう。そして長期に亙った彼の日本勤務が、長い目で見ればサトウが明らかに思っているほど英国の権益にとって害があったかどうかは少なくとも議論の余地があるだろう。

パークスが勤勉さに欠けていたとして非難することはできないし、彼は英国の通商上の利益を決しておろそかにしたことはなかった。彼は十九世紀の一連の偉大な英国外交官の中でも、特に高い評価を得ている。その時代は、単に本国との通信に時間がかかったせいだとしても、大使館または公使館の長は現代の大使・公使に比べて、自主的に行動する自由が遙かに多く与えられていたのである。

私はサー・ハリー・パークスの下で働きたかったと思ったことはない。(彼がユーモアのセンスや、自分自身の欠点を笑えるだけの度量を備えていたという証拠を残念ながら発見できないでいる。）しかし彼の不屈の精神と仕事への専心を讃えるのに吝かではない。

（長岡祥三　訳）

[原注]

（1）'The Pestilently Active Minister' by Sir Hugh Cortazzi. *Monumenta Nipponica*, Vol. XXXIX, No. 2 (1984), p. 148.

（2）H. Cortazzi, *Dr Willis in Japan: British Medical Pioneer 1862-1877*, London: The Athlone Press, 1985, p. 67.（以下 *Willis* と略記する）〔邦訳　中須賀哲朗訳『ある英人医師の幕末維新』中央公論社、昭和六十年。〕

（3）Grace Fox, *Britain and Japan 1858-1883*, Oxford: Clarendon press, 1969, p. 160.（以下 Fox と略記する）

（4）Isabella Bird, *Unbeaten Tracks in Japan*, London, 1880, p. 22.〔邦訳　高梨健吉訳『日本奥地紀行』平凡社、一九七八年。〕

（5）*Willis*, p. 206.

（6）*Willis*, p. 206.

（7）*Willis*, p. 80.

（8）S. Lane Poole and F. V. Dickins (eds.) *The Life of Sir Harry Parkes*, 2 volumes, London, 1894, Volume II, p. 357. この第二巻は日本駐在当時のパークスを取り扱っている。（以下 Dickins と略記する）〔邦訳　高梨健吉訳『パークス伝』平凡社、一九八四年。〕

（9）Dickins, p. 358.

（10）Dickins, p. 169.

（11）Fox, p. 160.

（12）Dickins, p. 169

（13）Dickins, p. 337.

（14）Dickins, p. 355.

（15）H. Cortazzi (ed.), *Mitford's Japan, The Memoirs and Recollections of Algernon Bertram Mitford, the first Lord Redesdale*, London: The Athlone Press, 1985, p. 22.（以下 *Mitford* と略記する）〔邦訳　中須賀哲朗訳『ある英国外交官の明治維新』中央公論社、昭和六十一年。（回想録の部分のみ）〕

（16）*Willis*, p. 77.

（17）*Mitford*, pp. 110-12.

（18）Sir Ernest Satow, *A Diplomat in Japan*, London, 1921, p. 141.（以下 Satow と略記する）〔邦訳　坂田精一訳『一外交官の見た明治維新』岩波文庫、一九六〇年。〕

（19）*Mitford*, p. 30.

（20）*Willis*, p. 68.

（21）*Willis*, p. 79.

（22）Satow, p. 141.

(23) Satow, p. 233.
(24) *Mitford,* p. 22.
(25) *Willis,* pp. 71–2
(26) Satow, p. 260.
(27) Satow, p. 332.
(28) Satow, p. 398.
(29) Dickins, p. 354.
(30) 原注（67）を参照。
(31) Fox, p. 596.
(32) Basil Hall Chamberlain, *Things Japanese,* London and Tokyo, 1890, p. 267.〔邦訳　高梨健吉訳『日本事物誌』平凡社、一九六九年。〕
(33) *Mitford,* pp. 82–4.
(34) Satow, p. 141.
(35) Satow, p. 158.
(36) *Willis,* p. 123.
(37) Dickins, p. 354.
(38) Fox, p. 161.
(39) W. E. Griffis, *The Mikado's Empire,* New York, 1876, p. 577.〔邦訳　山下英一訳『明治日本体験記』平凡社、一九八四年。〕
(40) Fox, p. 176.
(41) Fox, p. 214.
(42) Fox, pp. 224–5.
(43) Fox, p. 543.
(44) W. G. Beasley, 'Sir Harry Parkes and the Meiji Restoration', *Transactions of the Asiatic Society of Japan,* Third Series, Vol. 12, December 1975, p. 33.
(45) Ibid, p. 35.
(46) Ibid, p. 36.
(47) W. G. Beasley, *The Meiji Restoration,* Stanford: U. P., 1972, p. 310.
(48) Ibid, p. 344.
(49) 外様大名。徳川将軍家の親戚か、または密接な支持者である譜代大名との対比でこう称される。
(50) Fox, pp. 179, 423–4.
(51) Satow, p. 160.
(52) Fox, pp. 248–9.
(53) Fox, p. 487.
(54) Fox, p. 493.
(55) Fox, p. 494.
(56) G. Daniels, 'Sir Harry Parkes and the Meiji Government, 1868–83', in *Proceedings of the Japan Society,* 115 (March 1990), p. 20.（以下 Daniels と略記する）
(57) Hazel Jones, *Live Machines: Hired Foreigners and Meiji Japan,* Tenterden: Paul Norbury Publications, 1980, pp. 148–9.（以下 Jones と略記する）
(58) R. H. Brunton, *Building Japan, 1868–76* (edited by Sir Hugh Cortazzi), Folkestone: Japan Library, p. 9.
(59) Fox, p. 375.

(60) Fox, p. 544.
(61) Jones, p. 61.
(62) Daniels, p. 24.
(63) Dickins, p. 319.
(64) Dickins, p. 322.
(65) Fox, p. 477.
(66) Daniels, pp. 22-3.
(67) Daniels, p. 24.
(68) Jones, p. 182. 大隈重信からの手紙を次のように引用している。「日本人がいつも責任を英国人に、特に前公使パークスに負わせる傾向があるのは嘆かわしいことです。パークスの貢献は早くも忘れ去られています。」
(69) Daniels, p. 25.
(70) Fox, p. 435.
(71) Dickins, p. 278.
(72) Dickins, p. 279.
(73) Dickins, p. 273.
(74) Fox, p. 267.
(75) Daniels, p. 25.
(76) Dickins, p. 343.
(77) Basil Hall Chamberlain, *Things Japanese*, London and Tokyo, 1890, p. 267.
(78) Daniels, p. 26.

[訳注]

[1] サー・ラザフォード・オルコック (Sir John Rutherford Alcock, 1809-97) 第一章参照。
[2] エルギン卿 (James Bruce, Earl of Elgin, 1811-63) 英国の外交官。一八五八年に中国と天津条約を締結した。同年、アメリカが対日通商条約締結に成功したのを知った英国政府は彼を遣日使節に任命、七月に来日して幕府との間で日英修交通商条約に調印した。一八六〇年、特派大使として中国に赴き、英仏連合軍をもって天津、北京等を占領し、清朝を屈伏させて北京条約を締結した。
[3] ウィリアム・ウィリス (William Willis, 1837-94) 第一章の訳注［1］を参照。
[4] グレイス・フォックス (Grace Estelle Fox, 1899-?) 米国人。ヨーロッパ近代史研究家。一九二五年コロンビア大学卒。一九四〇年ヨーロッパ史で博士号取得。学校や政府機関に奉職後、ガウチャー・カレッジ、アメリカン大学の講師を勤める。『国連の教授・リハビリテイション管理』『英国と日本 1858-1883』など、著書・研究論文多数。
[5] イザベラ・バード (Isabella Lucy Bird, 1831-1904) 英国の旅行家、作家。アメリカ、ハワイ、日本、マレー半島、チベット、ペルシャ、朝鮮、中国、モロッコなど世界各地を訪れ、多数の旅行記を著した。一八七八年の

最初の日本訪問の際、日光から東北を通り北海道まで旅して、その記録を *Unbeaten Tracks in Japan*, 1880（邦訳名『日本奥地紀行』）として著した。一八八一年に医師のビショップ博士と結婚したが、同氏は一八八六年に死亡した。

［6］ F・V・ディキンズ（Frederick Victor Dickins, 1838–1915） 英国海軍軍医将校として、一八六一年から六六年まで中国と日本で勤務。一八七〇年に弁護士となって横浜で活躍し、八〇年代初期に帰国。パークス伝の日本編を執筆したほか、日本文学の翻訳が多数ある。

［7］ バジル・ホール・チェンバリン（Basil Hall Chamberlain, 1850–1935） 明治六年から明治四十四年まで四十年近く日本に住んだ英国人で日本研究の大家。帝国大学文科大学で日本語学と博言学を教えた。*Things Japanese*, 1890（邦訳名『日本事物誌』）ほか多数の著書がある。

［8］ 英国下院の委員会。賜暇で帰国中だったパークスは、一八七二年四月十一日と十八日の両日、英国議会の「外交官・領事官制度審査特別委員会」に呼ばれて、生活費の高い日本では公使館職員特に若い館員の給料が低すぎると答えた。（萩原延寿『遠い崖』一一一八回〜一一二五回）

［9］ A・B・ミットフォード（Algernon Bertram Freeman-Mitford, 1837–1916） 第一部序文の訳注［1］を参照。

［10］ サー・アーネスト・サトウ（Sir Ernest Mason Satow, 1843–1929） 一八九五年から一九〇〇年まで駐日英国公使。第八章を参照。

［11］ レオン・ロッシュ（Leon Roches, 1809–1901） フランスの外交官。一八三二年アルジェリアの軍隊に入り、通訳官として活躍し、アルジェリア全土に勢力を有したアブデル・カデルの軍事顧問に就任。タンジェ総領事、チュニス総領事を歴任して、一八六四年四月に駐日フランス公使として来日。将軍徳川慶喜を支援し、軍事教官団の招聘、横須賀製鉄所設立、横浜仏語伝習所設立などに力を尽くしたが、フランス本国の対日政策の転換により、やむなく一八六八年六月に帰国した。

［12］ マックス・フォン・ブラント（Max August Scipio von Brandt, 1835–1920） ドイツの外交官。一八六二年十二月、プロイセンの初代駐日領事となって横浜に着任。一八六八年にプロイセン代理公使となり、一八七二年に駐日ドイツ全権公使となった。一八七五年、中国公使となって離日。英語、フランス語にも堪能であった。著書として *Drei und dreissig Yahre in Ost-Asien*（『東アジアにおける三三年』）がある。

［13］ アレクサンダー・フォン・ジーボルト（Alexander Georg Gustav von Siebold, 1846–1911） ドイツ人。フランツ・ジーボルトの長男。一八五九年に来日して、六一年から七〇年まで英国公使館の通訳を勤め、七〇年から八七年まで日本政府に奉職して、重要な交渉や使節団の通訳として日本の外交交渉に貢献した。八七年に帰国。

[14] W・E・グリフィス（William Elliot Griffis, 1843–1928） アメリカの教師。一八七〇年に来日。福井藩の藩校明新館および大学南校で理化学、地理学、生物学等を教授し、開成学校化学科の創設に尽力した。七四年帰国後、牧師となり著述や講演によって、日本および東洋をアメリカに紹介した。著書として *The Mikado's Empire*, 1887（邦訳名『明治日本体験記』）その他がある。

[15] ここでいう英国の学識者とは、『英国策論』を書いたアーネスト・サトウのことであろう。

[16] W・G・ビーズリー（William Gerald Beasley） 一九一九年生まれ。ロンドンのユニヴァーシティー・カレッジ卒業。日本研究の大家で、ロンドン大学極東史教授（一九五四―八三年）、同東洋学部日本研究センター所長（一九七八―八三年）、を勤めた。一九八三年、日本政府から勲三等旭日章を授与された。日本に関する著書多数。

[17] ゴードン・ダニエルズ（Gordon Daniels） オックスフォード大学卒。シェフィールド大学の歴史学部上級講師。英国日本研究協会、日本関係専門家のヨーロッパ協会の会長を勤めた。一九八四年から八五年まで、京都大学人文科学研究所の客員特別研究員であった。日本に関する著書が多くある。

[18] ヘイズル・ジョーンズ（Hazel J. Jones） カナダの法律学者。専門は社会法制史。主として明治期の民法と婦人、明治政府とお雇い外国人等の研究をしている。一九六七年ミシガン大で博士号取得。アルバータ大史学科教授。主著 *Live Machines*（1980）の他、日本の婦人運動史に関する論文多数。

[19] リチャード・ヘンリー・ブラントン（Richard Henry Brunton, 1841–1901） 英国の技術者。一八六八年、パークス公使の斡旋により日本政府に招かれて来日。灯明台築造方首長として各地の灯台建設に従事した。一八七六年に帰国。

[20] アレグザンダー・P・ポーター（Alexander Pope Porter, 1823–91） 英国人。幕末頃来日して箱館で貿易に従事。一八七一年に函館港長に就任。七四年に北海道開拓使に雇用されて、付属船の航海長を勤めた。一八九一年死去。

[21] 条約改正予備会議。井上外務卿の主催する条約改正予備会議は、明治十五年一月二十五日を第一回として数回開催され、日本政府は治外法権の撤廃と外国人にたいする内地開放を提案した。しかし各国は英仏公使を中心として、日本の法制の完備していない現状では、領事裁判権を撤廃して条約国民を日本の裁判権に服従させるのは、裁判の公正を期しがたいと危惧を表明し、結局、予備会議は七月に閉会した。

[22] J・R・ブラック（John Reddie Black, 1827–80） 英国のジャーナリスト。一八六一年横浜で英字紙ジャパン・ヘラルドの編集長となり、六七年独立してジャパン・ガゼットの刊行者となったが、七〇年にこれを他に譲ってファー・イーストを発刊する。一方、七二年東京

で日本語の新聞の日新真事誌を創立したが、日本政府の弾圧により廃刊となった。ファー・イーストも間もなく廃刊となる。七六年一月、再び日本語新聞の万国新聞を出したが、政府の干渉で中止を余儀なくされた。のち一八八〇年 *Young Japan,* 1880（邦訳名『ヤング・ジャパン』）を執筆した。

[23] サー・トーマス・ウェイド（Sir Thomas Francis Wade, 1818-95） 英国の外交官、シナ学者。一八四二年阿片戦争に参加、五二年上海副領事、五四年上海海関税務司。アロー号事件後の英清紛争の際、全権大使エルギン卿の下で、北京政府と条約交渉に当たる。次いで同大使に随行して北京条約締結に努力する。七一年公使となり、八三年引退して帰国。この公使時代の一八七四年（明治七）に日本の台湾出兵（征台の役）があり、現地の平定後、九月に大久保利通が全権となって北京で外交交渉を開始したが、会談は順調に進まなかった。そこで本文にあるように英国公使ウェイドが斡旋に乗り出し、清国が五十万テールを支払って、日本が撤兵することで決着した。

[24] E・H・ハウス（Edward Howard House, 1836-1901） アメリカのジャーナリスト。一八六九年来日して大学南校英語教師、七三年帰国、翌七四年来日して台湾出兵に従軍、七七年日本政府の資金援助を受けて *The Tokio Times* を創刊、治外法権の撤廃と条約改正の正当性を強く主張した。八〇年同紙は廃刊となり、帰国。翌八二年来日して、東京大学文学部英文学講師となる。翌年帰国。九三年、四度目の来日後西洋音楽の普及に努めた。一九〇一年、東京で死亡。本文にはハウスが一八七五年に反英的なパンフレットを二冊も書いたとあるが、実際には同年に出版されたパンフレットは次の三冊である。Japanese Expedition to Formosa. The Kagoshima Affair. The Shimonoseki Affair.

[25] サー・エドワード・リード（Sir Edward James Reed, 1830-1906） 英国の造船技術者。造船技師として海軍に入り、海軍造船長官（一八六〇―七〇年）、下院議員（一八七四―九五年、一九〇〇―〇六年）、国家財政委員（一八八六年）を歴任した。我が国が英国に発注した軍艦扶桑、比叡、金剛の三艦の製造をリードが担当して、これに尽力した。一八七九年一月観光のため来日、四月まで滞在し、到着後および出発前に陛下の拝謁を受け、勅語を賜った。『明治天皇記』（吉川弘文館）には、当時政府は条約改正の一障害である英国公使パークスの力を殺ぐため、これに拮抗する一勢力を作ろうとして、大いにリード優遇に努めたと記されている。

（『英国と日本　日英交流人物列伝』（博文館新社）より転載）

第5章

サー・フランシス・プランケット

駐日公使　一八八四―八七年

サー・ヒュー・コータッツィ
（日本協会名誉副会長、元駐日英国大使）

Sir Francis Plunkett

十九世紀後半の日英関係の歴史において、フランシス・プランケット（Francis Richard Plunkett, 1835-1907）は前任者の気力旺盛で人を苛々させるサー・ハリー・パークスの映像によって、影が薄くなっている。しかし日本を去ったあとにヨーロッパのもっと重要な地位に就き、一連の高い栄誉を受けたプランケットは、日本滞在中に西洋諸国と日本の間の「不平等条約」の改訂問題解決の手がかりを求めて重要な役割を演じた。これらの努力は結果として不成功であったが、失敗は彼の責任ではなく、日英関係にたいする彼の貢献は記録に留める価値がある。

フランシス・リチャード・プランケットはフィンゴール伯爵（アイルランドの貴族）の六男として生まれ、その結果「閣下《オナラブル》」の優遇爵位を受けている。彼は一八三五年二月三日にミース州のコーバルトン・ホールで生まれた。オスコットのセント・メアリー・ローマン・カトリック・カレッジで教育を受けた。彼は二十歳になる前の一八五五年一月にミュンヘンの公使館員に任命された。ミュンヘンからナポリへ転勤となり、次いでハーグとマドリッドへ移動した。一八五九年七月に彼はペテルブルグの有給館員に任命された。一八六三年にコペンハーゲンの二等書記官に任命された。ウィーン、ベルリン、フィレンツェで勤務したのち、一八七三年に東京のサー・ハリー・パークスの下で、一等書記官に任命された。東京を一八七六年に去り、ペテルブルグ、コンスタンチンノープル、パリで外交書記官を勤め、次いで北京に転勤したサー・ハリー・パークスのあとを継いで、東京の公使に任命された。彼は一八八六年東京にいるときにKCMG〔聖マイケル・聖ジョージ二等勲章〕を授与された。（ソールズベリー卿からこの授与を伝える告知の電報は、ちょうど彼の誕生日に間に合った。）東京での任を終えたあと、彼はスウェーデンとベルギーで外交使節の長を勤めたが、そこでGCMG〔聖マイケル・聖ジョージ一等勲章〕を授与された。一九〇〇年にウィーン大使に任命され、同時に枢密顧問官になった。ウィーンに勤務中、GCB〔バース一等勲章〕とGCVO〔ヴィクトリア一等勲章〕を授与された。彼は一九〇七年にパリで没して、ブーローニュに埋葬された。一八七〇年にメイ・テヴィスと結婚し、娘二人を儲けた。(1)

彼の死を報じた一九〇七年三月二日の『タイムズ』紙は、ウィーンでプランケットは社交界や各国の同僚外交官に好まれていたと報道している。「皇帝は常に彼に尊敬の表れを示し、プランケットとその夫人の出発に際して並々ならぬご好意のこもった記念品を贈った。」彼の「優しく丁寧な物腰は彼の人気を高め、一方で彼がオーストリア・ハンガリー問題にたいして強い関心を抱き、また二重帝国の協和にたいして憂慮したので、彼はオーストリア人がまったくよそ者と見做さなくなった外交官の範疇に受け入れられた。」

サー・ハリー・パークスの下で東京の一等書記官に初めて任命されたとき、彼は夫人と二人の娘と婦人家庭教師を伴ってきた。彼は公使館の敷地内に一等書記官のために建てた家に住むことになっていた。それは一階建てで、客間、食堂、三つの寝室（一つは非常に小さい）、台所、さまざまな召使の宿舎から成っており、裏側には広々とした庭が付いていた。水道は庭の井戸から引かれていた。プランケットは、この家にもう一つの寝室と葡萄酒貯蔵庫、納戸、ヨーロッパ生まれの召使の宿舎を備えるように改造するのでなければ、受け入れを拒否すると言った。彼の望みはどうやら受諾されたようだ。[2]

プランケットは有能な外交官だったようで、要求の多い上司にたいして満足できる部下ではないと公文書の中で示唆されたことはない。しかし同じように外交官で領事部門に属さず、同様に貴族的背景を備えていたA・B・ミットフォードと違って、彼が日本語について何らかの能力を習得したと指し示すものはない。一八七五年八月に朝鮮と対馬に使節として派遣されたとき、彼は通訳をさせるために、日本領事部門の一員である副領事のロングフォード[1](Joseph Henry Longford)を連れていく必要があった。

朝鮮沿岸の港のある島、巨文島の状況を調査させるため、パークスはプランケットを派遣した。ゴードン・ダニエルズが記述しているように、[3]プランケットは三十年も前に書かれた巨文島の人口は希薄であるという記録は、現在三千人以上の朝鮮人が住んでいることから見て、[4]まったく不正確であることを発見した。一行は巨文島に到着すると、宇宙空間から飛来した生物であるかのように歓迎されたらしく、「馬鹿げて不愉快な試練」を耐えねばならなかった。そのとき土地の住民たちは「ポケットに手を突っ込み、衣服を調べ、帽子を試してみたり、袖口やズボンの下から手を入れて探った。」色々な種類の魚を盛った皿が出され、酸っぱい酒のような「恐ろしい飲み物」「多分どぶろくではないか」を飲むように勧められた。対馬でプランケットはロシア人の人影を見なかったし、ウラジオストクからロシア兵やロシア船が進駐してきたというニュースも聞かなかった。この旅行の費用は外務省に報告されている通り、三五五・四一「メキシコ」ドルであった。

まだ五十歳になっていなかったプランケットは、一八八三年に東京駐在の特命全権公使に任命されたが、一八八四年三月十五日になってようやく来日した。彼は家族と共にP&O汽船のカシュガル号に乗って、香港経由で長崎に寄港し、そこで暖かい歓迎を受けた。東京に到着すると外務大臣の井上〔馨〕伯爵を表敬訪問した。東京に到着する三月二十一日に天皇の謁見を受け、そのとき信任状を提出した。ヴィクトリア女王からの親書は日本のミカドである天皇陛下にあてたものであった。謁見は通常の作法に従っておこなわれた。その後、彼は閣僚全員に表敬訪問をした。

プランケットは活動的な外交官であったようだ。[5] 彼は時々日本国内を旅行したが、広範囲には亙らなかった。最初の旅行の一つとして、一八八四年の晩夏に青森、函館、札幌を訪れている。彼は覚書に、立ち寄ったあらゆる場所に郵便局があり、そこから英語でも日本語でも電報を送ることができると書いている。彼は相応な敬意をもって取り扱われ、何の危険にも遭わなかった。

治外法権が継続中であったので、彼は領事法廷を監督しなければならなかった。この当時、領事館が取り扱った日常的な出来事の中には、次のような問題があった。多数の難破船の発生や、灯台船や浮標の変更、コレラの警戒、居留地以外の旅行を希望する英国人からの旅券の申請についての問題、火薬の販売に関する日本政府の規制などである。同じく彼には公使館の土地建物（現在の大使館）の賃貸借を結ぶ責任があった。

一八八六年にノルマントン号が難破して二十三人の日本人乗客が死んだ事件では、船員たちが船のボートで逃げるのに懸命で、日本人乗客をまったく救おうとしなかったため、日本で悪感情を引き起こした。船長だったドレイクは、結果として神戸の領事裁判法廷で審理を受け、故殺罪として有罪になり、三カ月間の禁固刑に処せられた。

プランケットとその夫人は客をもてなすのが好きだったようだ。プランケットは公使館の公邸の中に舞踏室を作りたかったのだが、これは認可されなかった。[6] それにもかかわらず、プランケット夫人はレイディと呼ばれるようになったとき、[2]『ジャパン・ウィークリー・メイル』の報道によれば、一カ月に二度の宴会を催したということである。女王のお誕生日のお祝いに（たとえば一八八六年には）、親王や内親王をはじめ、内閣の大臣たちが臨席する一大晩餐会が催された。一八八七年の女王の即位五十周年記念の祝典は、横浜で盛大なお祭りがおこなわれる機会であった。横浜の祭典委員会はヴィクトリア・スクールと称する学校の設立基金を募集することに決定した。お祭りに関して報道した『ジャパン・ウィークリー・メイル』は、一八八七年七月二十五日号に次のような記事をのせた。「二十一日は横浜と東京の居留者に満足の念をもって記憶されるべき日であった。もし祝典に先立って本質的に英国的な不平があったとしても、祝典はそれを上回る本質的に英国的な完璧さをもって実

行された。」横浜のクライスト・チャーチでおこなわれた朝の礼拝にプランケット公使夫妻が参列した。午後は六月末の日本としては驚くほど天気が良かったので、綱引きやフェンシングその他の練習試合を含むスポーツがクリケット場でおこなわれた。プランケット嬢が賞品を授与した。英国領事館やその他の建物は旗で飾られた。「横浜の英国系住民のすべてが自分たちの家を開放して、東京からきた日本人、アメリカ人、ヨーロッパ系の友人を歓迎した。」「牛肉とパンはプレミアムがつくほどで、ご馳走はそれほど実のあるものでなくとも、調達することが不可能であった。」夜になると芝居やダンスがおこなわれた。港内にいた英国小艦隊の軍艦全部が照らし出され、「リアンダー号から発した巨大な電気の光線が港全体に流れていた。」五百人分もの夕食が海軍本部の敷地内に作られた巨大なテントの中で、真夜中を少し過ぎたころ始まった。著名な来客や外交団のために特に用意されたテーブルに座ったプランケットは、適当にもったいぶった言葉で女王のご健康を祈って祝辞を述べた。

一八八七年四月に伊藤伯爵によって催された有名な仮装舞踏会にプランケット一家が出席した。『ジャパン・ウィークリー・メイル』はプランケット嬢(おそらく長女)が「ロシアの田舎娘の華やかに彩られた衣装を着て現れ、公使館員の一人がロシアの農夫となり、黒いビロードの胴衣と赤い絹の袖の服を着ていた」と報じている。「王家の王冠を被り、衣装をまとったジョン王が打ち解けた様子で歩いていた。」「恰幅の良いヘンリー八世がそこにいた。」プランケットがジョン王かヘンリー八世に扮していたのであろうか?

プランケットは英国の貴族社会について通常の興味を持っていたようだ。彼と他の公使館員は狩猟免許を申請して許可された。ある時点で公使館が皇居の吹上御苑を毎日昼間だけスケートをするために開放してほしいと申し出たのにたいして、許可するという通知があった。プランケット一家が横浜競馬の集まりに参加したとき、公使の出席は天皇の来場を促すという効果があり、また東京から集会の出席者を連れてくるのに役立ったようだ。プランケットは一八八六年に二年間勤めた日本レースクラブの会長の職を辞した。その職は「完全に英国的な名物的存在」と考えられていた。しかし彼はクラブの常任委員会にはそのまま留まっていた。

プランケットはもっと重要な施設である東京の英吉利《いぎりす》法律学校〔現在の中央大学〕にも関係していた。一八八七年一月の年次晩餐会は、日本の判事たちや東京市長、帝国大学の学長の参加する盛大な催しであった。十品の料理が出たあとで、プランケットが天皇陛下のご健康を祝して乾杯した。その後に続いた日本人はすべて英語で話した。

　プランケットの仕事のさらに重要な部分は、極東の発展について、特に日本人が清国人と衝突を起こしている朝鮮について、日本の当局と連絡をとることであった。これは北京のサー・ハリー・パークスとやりとりをおこなうことにつながった。一八八五年一月十七日付けのアストン[3]（William George Aston）にあてた手紙[7]で、パークスはこう書いている。

　プランケットは数回私に電報を寄越し、内閣は憂慮しながら平和維持の方針を唱えているが、行動派の連中は戦闘開始を叫んでいると伝えてきた。しかし何のための、何の理由に基づく戦いなのか？　またプランケットは昨日、日本は三十日以内に五万人の兵士を上陸させる用意があると伝えてきた。私はそれに答えて、そのような種類のことをする能力が日本にあるのか、日本は清国と急いで戦争しないように警告を受けたほうがよい、さらにフランスは清国を急いで軍事国家に仕立て上げようとしていると言った。

　疑いなくこれはパークスの経験から生み出された確実な根拠のある忠告であった。

　プランケットの滞在期間中の最も重要な問題は、ロンドンを発つときの彼への指示の中で明らかなように、一八五八年の「不平等条約」の改訂であった。それに関する彼の努力のせいで、居住している英国人の実業家社会と摩擦が生じたのは、おそらく避けられなかったことであろう。また彼は実業家連中が日本で仕事をするときの態度について、非難したために彼らと衝突した。彼らの側としては、ドイツの競争にたいして英国の貿易を支持するために、プランケットが十分に力を尽くしていないと痛烈に批判したのである。事実はこれに反して、プランケットはあらゆる機会を捉えて、ドイツにたいしてえこひいきを示さないように日本人を説いていたのであっ

た。

条約の改訂

プランケットの日本勤務中の条約改訂に関する国立公文書館の膨大な書類は、彼が自分の受けた指示を弾力的に解釈して、もしそれが改訂問題の決着を保証するならば、ロンドンに受け入れられるような適当な譲歩をしたいという彼の意向を示している。しかし日本の意見は、彼や彼が交渉していた日本の官僚たちが予想したよりも早く硬化して、西洋の列強諸国の代表者の間で一致した態度を維持するという仕事は、もはや不可能になった。

プランケットが日本に到着するとほとんどすぐに、横浜の英国商人と英国の宣教師から条約改正について抗議を受けた。商人たちは特に領事裁判権に関して、基本的に彼らの特権を維持することを望んでいたが、それと同時に国全体の開放を求めていた。宣教師は日本側の観点に商人たちより同感を抱いていた。

プランケットは英国商人たちの意向に沿った方針をとる気がなく、初めから柔軟な姿勢をとる意志を示した。彼は一八八四年四月十日に覚書の変更をおこなったと外務省に報告した。その覚書は〔日本の〕外務大臣にあてたもので、彼の受けた訓令の「趣旨にそれを近づけるためであった。」「私は元の覚書の中で、試験期間に置いた重点をかなり緩和したのである。」その試験期間中、日本側は彼らの法律や裁判が受け入れ可能だと証明することを期待されていた。これが日本側にとっての同意の限界点であり、この点についての譲歩が必要だという彼の判断は正しかった。日本の外務大臣井上伯爵との会話において、プランケットは「英国臣民がそれを受ける権利があると私が思っている保証を、もし日本側が別の方法で事実上私に与えてくれるのなら」、試験期間への要求をまったく放棄する責任をとると言明した。この申し入れは井上および吉田〔清成〕次官との間におこなわれた長々しく骨の折れる、しかも非生産的な議論として展開した。

一八八四年五月十四日、プランケットはこう報告した。「日本人も外国人も条約改正のことを気にしていない。必要とされているのは、寛大で実践的な『一時的妥協』である。大抵の人たちは、私も個人的にはその見解

にまったく賛成だが、重大な結果を招く最初の小さなきっかけを許容する時代がきたことを認めているようだ。私は確信するが、英国商人自身は漸進的で慎重な破壊の端緒を作る勇気のある者であれば、誰にでも感謝するるだろう。そしてこのことは外国人が最も恐れている領事裁判権の全体構造の突然の破壊を阻止するだろう。」プランケットがロンドンと居留地の双方の意見を考慮して、慎重であったのは当然であるが、彼はかなり早く変化が起きるに違いないと理解していた。

もし日本全体が開放されれば生ずるであろう貿易の増加について彼はまた気付いていた。一八八四年七月二十二日に彼は次のように報告している。「英国の総体的な関心は、外国人にたいして日本を早期に開放する際に、貿易のための新しい捌け口を作り出すこと、そして出来る限りの援助をすることであると私は言明することに躊躇しない。」またこう書いている。「国内の製造業者と一般的な英国商人には、出来るだけ多くの貿易上の販路が開かれることによって、期待することがたくさんある。海運業者は接岸できる港の開港を切望している。」しかし日本には「自国の完全な開放を他の誰よりも望む本当の理由があった。」譲歩が必要だろうという彼の持論の上に立って、「日本が毎日のように西洋文明の中で成し遂げている進歩」に彼は注意を惹き、そしてこれは「日本と西洋の列強諸国との関係を変化させるだけでなく、日本にかかわる列強諸国自体の関係に影響を及ぼすものである。」と言った。列強諸国の利害関係はもはやまったく同じではなく、このことは交渉に当たって結束が必要とされるので、問題になっていた。

彼の直面した難問は西洋諸国の代表者たちと同意に達することだけでなく、指示を受け取る際の遅延であった。彼は一八八四年六月二十二日に次のように報告している。「日本では諸事が非常に敏速に動いているので、本国に絶えず照会しなければならないのは大いに不都合である。というのは英国政府の色々な部門から返事を受け取るまでに、九カ月から一年はかかるようだが、当地の事情はすっかり変わってしまって、指示がきたときにはもはやそれを適用できないからである。」彼は「[これまで討論されてきた]単なる関税率の協定という考え方には誰も喜ばない」と強調した。彼はこう記している。「英国は日本に課せられた義務を免除するために、十分

な配慮をおこなった唯一の国であった。[8]」彼は「きわめて遠くない未来において、重大な複雑化を阻止するために、今すぐあるいはできるだけ早期に何らかの譲歩をすることが、賢明であるという意見を強く持っていた。」

議論は一八八五年を通じて継続した。一八八六年一月三十日のプランケットの報告によれば、彼は井上伯爵と当時の外務次官青木周蔵に会って話をし、十二年間続く通商条約と五年後に改訂予定の裁判権協定に同意するよう強く求めた。もし日本が継続してこの期間中にそれだけの進歩をするならば、海外の列強は一層の裁判権の譲歩をする用意があるだろうと彼は示唆した。驚くことではないが、日本側は列強諸国が五年の間に変更に同意するという保証は何もないと指摘して、この申し出を断った。

一八八六年三月二十一日、プランケットは「我々外国人の居留地の重要性が衰退することは間違いない」と警告した。彼は横浜と東京築地の外国人居留地における衰退を記し、「日本人はできればヨーロッパの製造業者と直接取引するほうを好むようだ」と指摘した。彼らは外国人の中間業者を排除して、居留地の外国商人を通じて取引する際に支払わねばならない手数料を避けたいと思っているのだ。日本人は居留地の外国人居住者を、「日本の自主権の承認を目指す彼らの希望の実現に、大きな障害である」と見做していた。

プランケットは一八八六年半ばから一八八七年半ばにかけて、東京でおこなわれた日本と西洋列強諸国の条約改正会議の英国代表首席に任命された。この会議はプランケットと同僚のドイツ公使フォン・ホルレーベン男爵(*Baron von Hollebe*n)が作成した英独の合同覚書の提出によって開始された。この覚書は一八八二年の日本の提案に基づいたものであり、外国人判事を含む混合法廷の設置を規定していた。日本側はこの発議を有用なものと解したようだ。彼らは二人の公使が解決に達した努力を表彰するため、天皇がそれぞれに旭日大授章を授与されるご意向であることを告げた。フォン・ホルレーベンは拝受したが、プランケットは外国の勲章の受領に関する英国の規則を知っていたので、断らざるをえなかった。しかし二人の公使は一八八六年七月十六日に拝謁を賜った。天皇は彼に座るようにお勧めになって、高く賞賛するお言葉を日本語でお述べになったとプランケット

は報告している。天皇はプランケットに、菊花大授賞をプリンス・オブ・ウェールズに贈りたいので、小松宮親王を英国に派遣したいと仰しゃった。

条約改正会議は西洋の代表者たちとの間で数多くの不一致が生じ、しばしば些細な点まで話が及んで何カ月もだらだらと続いた。最初と二番目のドイツ代表の間には、しばしばお互いにむき出しの不一致があった。一八八六年十一月十日にフランス代表は、東京の法廷で英語を唯一の公用語として認めることを拒否した。結果としてロシア代表から妥協案が提出され、それによって法廷での公用語は日本語とし、同時に英語を唯一の外国の裁判用語とする案が受け入れられたようだ。しかし、こういう時間のかかる論議はすべて、意見の一致が日本の内閣に報告されるとすぐに却下されたので、何の役にも立たなかった。日本の世論は海外の列強にたいして、国内の裁判権の行使を制限することを、もはや容認する気持ちがなかったのである。

プランケットが余りにも譲歩しすぎたのではないかと恐れた英国の商人社会は彼に批判的であったが、『タイムズ』紙の特派員(おそらくH・S・パーマー H. S. Palmer)は一八八七年八月十二日の日付で九月十七日の紙面にのった記事の中で、プランケットは「自由で役に立つ精神を発揮して、終始目立った存在として知られていた。」と記している。[9] 日本側の統率者であった、「少しの疲れも見せずに素晴らしかった」井上伯爵にも同じく賞賛が惜しみなく与えられた。

プランケットと英国商人

当時外務大臣であったグランヴィル伯爵(George Leveson-Gower Granville, *2nd Earl* of)にあてた一八八五年五月二十五日の公文書が一八八六年九月二十日に『ジャパン・デイリー・メイル』に掲載されたが、その中でプランケットはこう書いている。

私は「外国人居留地」と「強制的な関税率」の時代は急速に消えつつあること、および貿易によってやっと得られる利益の少ないことは、その場で現地人と競争する英国商人にとって毎日をさらに一層難しくしていると感じざるをえない。毎日、教育と電信によって

原地人たちは彼らに匹敵する状態になりつつある。それ故、もし我が国の国内製造業者がこれら東方の民族に我々の商品の販売促進を望むのなら、彼らは現地商社にそれを頼らねばならない。さもなければ彼らはドイツ人たちや我々より安く売る他の外国商人によって、現場から叩きだされる憂き目に遭うだろう。

一八八六年七月二十六日、プランケットが夏の暑さを避けて滞在していた日光から、英国から日本への輸入貿易に関して、副領事のロングフォードが書いた覚書を同封して公文書が英国に送られた。プランケットは英国商人について［以下を培う］必要性に関するロングフォードの意見に注意を引いたのである。

〔即ち〕日本の顧客との友好的で親しい関係である。現在では現地の買い手が何を必要としているか、尋ねる手間をほとんどかけない英国商人が多すぎて、彼らは毎年毎年同じ経路を通じて、同じ品物を几帳面に取引しているのだ。

日本がさらに開放されたとき、英国商人は

……英国商人だけが現地にいるのではない事実に目覚めなければならない。そしてもし彼らが立ち上がって活動しないと、新しい機会はヨーロッパ大陸かアメリカからきたもっと行動的な競争者に利用されてしまうだろうと気付くべきだ。

これらの論評が商人たちを激怒させたのは、驚くべきことではない。彼らは激しく抗議した。プランケットにあてた手紙で、彼らは彼の論評を「不当である」と拒否した。彼らは「商人というものは、自分自身で地方の小さい業者との取引を求めるよりも、日本各地から注文を集める日本の商人と仕事をすることによって、彼自身の利益を考慮するのが通例である」と主張した。英国商人たちは、獲得するのが早すぎた貿易上の覇権を今や失いつつあるというプランケットの見解をはねつけた。英国からの輸入に加えて、商人たちは他国からの輸入の大きな部分に責任を負っていたので、大量の輸入貿易が彼らの手に残った。プランケットは商人たちの手紙にたいし

て、短い感謝の返事を書いた。

一八八六年五月、新任の外務大臣ローズベリー卿(Archibald Philip Primrose Rosebery, *5th Earl of*)が、英国の商業上の利益を支援するために、極東の英国の外交使節にあてて出した指示の中に、英国商人たちは何がしかの激励の言葉を見いだした。その指示の中には実際に目新しいものはなく、それによって起きた論争は不自然なものだった。プランケットは、この指示は彼に個々の商人を支援することを要求しているのではなく、全体として英国の貿易上の利益を支持せよという意味に解釈した。彼が、公使館は英国商人たちの間で、中立的な立場を維持すべきだと信じていたのは尤もなことであった。商人たちは個々にプランケットを非難して、ドイツ公使館の支持を得ているドイツ人たちに、浸蝕されつつある彼らの利益を擁護するために、彼が十分なことをしてくれないと言った。

日本における英独の競争

実際問題として、プランケットはドイツの品物にたいする日本人の誤った偏向と見做される事実について、あらゆる手段でそれに対抗してきた。一八八六年三月の報告によれば、彼は「伊藤伯爵と親しく会話を交わす機会を得て、伊藤のドイツにたいする顕著な好みと間違った政策が、必然的に日本に及ぼす弊害について、長々と語った。」「私は、新任のドイツ公使フォン・ホルレーベン男爵がすでに香港を通過しているので、このように突然伊藤閣下を襲うのが賢明だと思った。伊藤は親切にも、私が日本に滞在したこの二年間に日本にたいする好意の証拠を示したが、それは親しい発言の機会を確保するのに十分な期間であったと言った。しかし彼は言葉を続けて、自分の立場として同じような答弁の自由を主張しなければならない、と言った。」プランケットはフォン・ホルレーベンをよく知っていると言い、彼の来日を歓迎するとともに、前任のドイツ公使デンホフ(von Döhoff)は「日本で英国の利益に反する働きを着実におこなった」と述べた。プランケットは条約改正交渉の中で、日本が英国にたいしてドイツを張り合わせるようにしている危険性について指摘した。彼はドイツ製品を買うように鉄道部門に圧力をかけていることについて、

特に苦情を述べた。
伊藤は日本人の態度には二つの理由があると言った。一つは「サー・ハリー・パークスがとった政策が適合しなくなったあとも、数年間それを継続したことである。……その当時、彼らが英国公使に荒々しく不公平に取り扱われたと考えた一方で、ドイツ公使の絶え間ない甘言にある程度従わなかったのは、人間の特質によるものであろうか。英国公使が批判と勧告を浴びせて日本人をはねつけたのと異なり、ドイツ公使は自分のところへ支援と慰めを求めにくるよう、着実に日本人を招いたのだ。伊藤は「この点において英国政府の政策は過去二年間にまったく変わったが、前に蒔かれた種は必ず根を生やし、すぐには根こそぎにできない」と認めた。第二の理由は「十分に注意深く思考し調査した結果、プロシアの憲法とドイツの法典を手本として、日本の新しい憲法と諸法典を作ることに決定した」ことであった。「英国の憲法を手本とする案は放棄された。何故なら、それは何世紀もかかって発展したものであり、東方の地へ集約的に移植することは不可能で、それを学んだり、日本のまったく異なった事情に合わせて変えたりできるような、統合された形を持っていないからである。」プランケットは伊藤に、英語は東洋の共通言語だからと主張して、英語の勉強を奨励するように強く求めた。[10]
プランケットは一年後に（一八八七年三月八日の彼の報告書で）同じ問題について強い口調で伊藤に話した。「独立した日本にたいして私以上に友好的な人間はいないが、ベルリンから陰で操られている日本をこれ以上援助するのは、断固として拒否すると伊藤伯爵に注意した。」プランケットの不満を聞いたドイツ公使のフォン・ホルレーベンは、彼に抗議した。フォン・ホルレーベンは日本人が雇っているドイツ人に、英語を話すように要求していることを強く嫌悪していた。
英国商人からドイツ人の活動について不平を聞いていたプランケットは、鉄道局長の井上勝の訪問を受けた。井上は一八六〇年代初期の英国への留学生であって、ドイツ人たちからドイツの設備を買うように、彼に圧力がかけられているのと同時に、青木周蔵が外務次官として、ドイツびいきの政策を大いに発展させようとしていることを憤慨していた。プランケットは青木をドイツびいきで反英的だと思って強く嫌っていたらしい。

出　発

プランケットと英国商人たちが喧嘩していたにもかかわらず、一八八七年八月上旬にプランケットがストックホルムに転任するため、カナダ太平洋汽船のパーシア号に一家が乗船したとき、大勢の横浜の住民が見送りにきた。同様に多数の高官や同僚公使たちも参加していた。『ジャパン・ウィークリー・メイル』はこう評している。「これは出発する公使が、自分の公式の資格で勝ち得た高い評価に値するという証拠であり、幸運にもサー・フランシスとレイディ・プランケットと知合うことができた人びとが、彼らにたいして抱いた敬意の表われである。」おそらくこの新聞は丁寧に書いたにすぎないが、同時にこの新聞は報知新聞の記事にたいして異義を唱えたのである。報知は、サー・フランシスは「その政策が寛大であったこと、そしてその方法が親切で丁重であったことによって」、日本人の間で特に人気が高かったために、「自国民に嫌われて、その結果日本を去ることを余儀なくされた」と示唆したのだ。この示唆には何ら真実性がない。ロンドンの政府が横浜の英国商人の不平を考慮したというのは有り得ないことである。それに彼はより上席の地位に就く予定だった。レイディ・プランケットは健康状態が良くなく、転地療養が彼女にとって好ましいと考えられていた。いずれにせよ、彼は賜暇をとる時期になっていた。

プランケットとサトウ

一八八二年末に日本を去ったアーネスト・サトウは、一八八四年初期にバンコクの総領事として新しい任務に就いた。[11] 彼は一八八四年十月と十一月に賜暇をとって日本を訪れ、一八八六年六月から八月まで病後療養のため来日した。この二度目の訪問の際、彼はプランケットと八月上旬におそらく日光から足尾銅山を訪れた。鉱山会社は最大の力を尽くして彼ら著名な訪問者を歓迎した。東京の精養軒からテーブルや椅子が料理人と共に持ち込まれ、丘の斜面は提灯で照明された。余興の呼び物は「鉱夫たちの奇妙な踊りで、それはサトウにも目新しいものだったそうだ。サー・フランシスはあらゆる仕掛けを見て回り、地下深く掘り込んだ立坑まで調べた。[12]」

サトウはプランケット一家と非常に親しい関係にあった。[4] 一八八四年三月二十一日、友人のW・G・アストンにあててこう書いている。「条約改正の席に加われないのは、とても残念だ。私はプランケット一家を非常に好きなので、彼の在任中に東京にいることができないのは、本当に悲しいことだ。」一八八三年にサトウは治外法権の廃止の必要性について、プランケットに長い覚書を書いている。[13] この覚書が交渉中のプランケットの考え方に影響を及ぼしたのは十分有り得ることである。一八九五年に東京に公使として赴任したあと、大隈〔重信〕伯爵が彼に言った言葉を日記に書いている。「サー・ハリー〔パークス〕が日本を去ってから、英国は日本に有力な人物を一人も派遣していない。F・R・プランケットにしても、ヒュー・フレイザーにしても、R・H・ル・プア・トレンチ〔サトウの前の三人の英国公使〕にしても、東洋の問題を理解していない。非常に友好的であったが、ただそれだけのことだ。[14]」サトウはプランケットのあとを継いで東京へ派遣されることを希望しており、一八八五年という早い時期に東京へ行くことになったかも知れない。しかしパークスのあとを継いで北京の公使の地位を提供されたプランケットは、清国へ行くことを断った。[15] サトウの日本語の専門的知識と熟練は、条約改正交渉において貴重なものとなり得たであろうが、改訂条約はサトウが東京へ赴任する前の一八九四年に締結された。外務省は外交部門の職員と領事部門の職員に同等の地位を与えることを好まなかった。サトウは以前領事部門に属していたのである。それに外務省は日本語の十分な知識を持った外交使節の長を、東京に配置することの重要性をまだ認識するに至っていなかったのである。事実上サトウはサー・エスラー・デニング（*Sir* Esler Dening）が任命されるまで、日本語を効果的に駆使できる唯一の外交使節の長だったのだ。プランケットとその後継者ヒュー・フレイザーは、公使館の日本語書記官J・H・ガビンズ[16][5]からの助言に大きく頼らざるをえなかったのである。

プランケットの評価

プランケットが日本の言語と文化について無知だった

ことを心に留め置いて彼の記録を見ると、それは彼が有能で総じて感じの良い公使館の長だったことを示している。彼の判断は公正で合理的であったようだ。彼はパークスの下に仕えたが、同じように空威張りをする態度はとらなかった。[17] 会議において彼は適応するように務め、日本で起きている変化についての彼の発言は、日本の要望にたいして概して同情的であった。プランケットは古いスタイルの貴族であったかも知れないが、彼の紳士らしい態度は、彼と接触した日本人たちを間違いなく喜ばせた。

（長岡祥三　訳）

[原注]

主要情報源。日本におけるプランケットの時代が含まれている国立公文書館の FO files（FO 46 and FO 262 series), Foreign Office lists, *Dictionary of National Biography,* 引用した *The Times, the Japan Weekly Mail* for 1886 and 1887.

（1） DNB entry for Francis Plunkett by Thomas Henry Sanderson.

（2） *Embassies in the East* by J. E. Hoare, Richmond: Curzon Press, 1999, page 115.

（3） *Sir Harry Parkes, British Representative in Japan, 1865–83* by Gordon Daniels, Richmond: Japan Library, 1996, pages 160/1.

（4） Plunkett's account of his journey in August 1875 in HMS *Frolic* has been preserved at the PRO (FO 46 193).

（5） 国立公文書館に所蔵されている文書はきわめて膨大である。

（6） *Embassies in the Far East* by J. E. Hoare, Richmond: Curzon Press, 1999, page 117.

（7） *The Life of Sir Harry Parkes* by F. V. Dickins and Lane Poole, Volume II, London: 1894, page 221 から引用。

（8） 一八五八年の条約に規定された領事裁判権と関連がある。

（9） Page 5 of a paper by Ian Ruxton of the Kyushu Institute of Technology on 'The Ending of Extra-territoriality in Japan' for The History, Political and International Relations section of the 9th tri-ennial conference of European Association of Japanese Studies at Lahti, Finland in August 2000 を参照のこと。この論文は条約改正交渉について有益な付加的背景を提供してくれる。

（10）この会話のより詳しい説明については、次の論文を参照のこと。Ian Nish's paper entitled 'Japan's Modernization and Anglo-Japanese Rivalry in the 1880s' in *Bruno Lewin zu Ehren: Festschrift aus Anlass seines 65. Geburtstages* Band II Japan. Universitaetsverlag Dr. N. Brockmeyer. Bochum. 1989.

(11) *Japan Weekly Mail*, Aug. 7, 1886.

(12) Satow Papers (PRO 30/33 1/2)

(13) 原文には（13）の注がなく、（14）以下一つづつずれている。

(14) *The Diaries and Letters of Sir Ernest Mason Satow, 1843-1929, a Scholar Diplomat in East Asia*, edited by Ian Ruxton, 1998, Lampeter: Edwin Mellen Press, page 214.〔長岡祥三、関口英男共訳『アーネスト・サトウの生涯』雄松堂出版、二〇〇三年。〕

(15) 特にバンコク駐在時代のサトウについて詳細な研究をしたNigel Brailey of the University of Bristolがこの情報の基である。

(16) この本に再掲載されている次の文章を参照のこと。Ian Nish's biographical portrait of Gubbins in *Biographical Portraits*, vol. II, Richmond: Japan Library, 1997.

(17) 'The Era of Unequal Treaties' in *The Political-Diplomatic Dimention 1600-1930*, edited by Ian Nish and Yoichi Kibata（木畑洋一）, Palgrave, 2000〔日本語版『日英交流史一六〇〇―二〇〇〇』について の論文の中で、Jim Hoareはプランケットのことを「あくせくしない男で、どなりつけたりすることは少なかった。しかし彼は一八七〇年代にパークスの公使館の一等書記官だったから、当然それに近い態度が残っていた。」と書いている。私はDr Hoareの評言を真っ向から支持する証拠を見ていない。

[訳注]

[1] J・H・ロングフォード（Joseph Henry Longford, 1845-1925）東京駐在英国副領事。一八六九年から一九〇二年まで三十三年間にわたって日本各地に駐在し、帰国後ロンドン大学の日本語教授となった。*"The Story of Old Japan"*その他日本に関する著書が多数ある。

[2] 夫人がレイディと呼ばれるようになるのは、夫が男爵以上の爵位、準男爵、ナイト爵を授与されたときからである。また伯爵以上の令嬢もレイディと呼ばれる。

[3] W・G・アストン（William George Aston, 1841-1911）第一部序文の訳注［2］を参照。一八六四年に英国公使館日本語通訳生として来日以来、一八八九年に帰国するまで各地の領事を勤めたのち、公使館書記官を勤めた。日本文化特に日本語と神道についての研究者として名高い。

[4] サトウが賜暇で帰国中の一八八三年秋に、東京へ公使として赴任が決まったプランケットに会って、条約改正について色々話したことが、萩原延寿氏の『遠い崖』最終巻「離日」（二八二―二九三頁）に記載されている。

バンコクへ赴任することになったサトウが、東京へ行くプランケット一家と途中で合流するため、ロンドンを発ったのは翌年一月であった。

［5］ J・H・ガビンズ（John Harrington Gubbins, 1852-1929） 第一部序文の訳注［3］を参照。一八七一年来日し、一九〇八年まで三十七年間日本公使館に勤務した。日本語書記官となったのち、外交部門に転じて一等書記官となった。日本文化、日本語、日本歴史などに関して多数の著作がある。

第6章

ヒュー・フレイザー

駐日公使　一八八九―九四年

サー・ヒュー・コータッツィ
（日本協会名誉副会長、元駐日英国大使）

Hugh Fraser

ヒュー・フレイザー（Hugh Fraser, 1837–94）は、一八九四年六月十六日に日英間の改正条約の署名に至った一連の交渉の最終段階において、「特命全権公使」として東京の英国公使館の長を勤めた。この条約は一八五八年にエルギン卿が締結したいわゆる「不平等条約」に代わるもので、日本における治外法権の撤廃へとつながった。これは十九世紀における日本と西洋諸国との間の最も重要な発展の一つであり、英国が主導的な役割を演じた出来事である。彼が日本に勤務した時代は、このように二国間の関係に関して、きわめて重要な時期であった。ヒュー・フレイザーは夫人のメアリー・クロフォード・フレイザー（Mary Crawford Fraser, 1851–1922）に比べるとずっと知名度が低い。フレイザー夫人の『日本における一外交官の妻。故郷から故郷への手紙』[1]と題する本が、日本の事物を繊細に描写しているので、人気を高めたのは当然のことである。

家族

ヒュー・フレイザーはフレイザー氏族の分家のバルネ

イン（インヴァネス）支族の出身である。父親のジョン・フレイザーは若い頃決闘を好み、かなりの向こう見ずだったらしいが、インドの近衛軽騎兵連隊の将校であった。彼は将校の地位を辞して、当時の植民地相で従兄弟のグレネルグ卿の斡旋により、コルフ島を含むイオニア諸島の高等弁務官の秘書官に任命された。この資格において彼は聖マイケル・聖ジョージ一等勲章を授与された。この勲章は特にイオニア諸島（のちに海外勤務全般に及ぶようになった）での勤務を表彰するために創設されたものである。

経歴

ヒュー・フレイザーは一八三七年二月二十二日に生まれて、一八四九年一月に十一歳でイートン校に送られた。そこで一八五四年四月十二日まで在学した。(2) 彼は休暇の何日かを両親と共にイオニア諸島で過ごし、そこでチャールズ・ゴードン将軍（*General* Charles Gordon「中国のゴードン」と言われて、太平天国の乱を鎮圧する役割を果したことで有名になったカリスマ的人物で、一八八五年にハルトゥームで戦死した）に会って、その個性に魅了された。イートン校を卒業するとほとんどすぐに、フレイザーは一八五五年一月（十八歳の誕生日より前）にハーグの無給公使館員に任命されたが、翌月ドレスデンに転勤となった。ここで明らかに賭けのために、彼はエルベ川をドレスデンからピルナまで泳ぎ切った。彼は一八五七年十一月にコペンハーゲンに移動して、一八五九年八月に有給の公使館員になるための試験に合格した。一八六二年九月、中央アメリカの英国公使館に配属された。

メアリー・フレイザーの本(3)によると、ヒューはグアテマラを本拠地として、「現地人の書記」がいるだけの独り暮らしであった。「彼の唯一の旅の手段はラバであった。」「彼は制服を着て三角帽子その他を身に着けて、首都から首都へ森林を抜けて旅するのが常であったが、三角帽子は隠れ家を求めて道をうろうろしている盗賊たちのために被っていたのだ。彼らは平服の人間は間違えて首を切ったりするかも知れないが、三角帽子を被って金モールをつけた外国の代表者を襲うようなことはしなかった。その当時、イングランド［換言すればグレイト・ブリテン」は重要な影響力のある言葉であった。ヒューがホンジュラスを訪れて大統領に英国代理公使と書かれた名刺を渡したとき、その高位の人物は名刺をじっと見て、こう怒鳴った。『一体全体お前は何なんだ。私はそんな人間のことを聞いたことがない。』ヒューは自分自身のことを説明するのにちょっと時間がかかった。」ヒュー・フレイザーは、指示を仰いだ彼の依頼に答えてくれなかったロンドンの外務省に、忘れられているのではないかと不思議に思った。「彼はその問題を深く考えこんでしまい、遂に現地人の書記官を時に平手でなぐったりした。」結局彼は「公使館を閉鎖して、ドアの下に鍵を差し込み、英国に向けて船出した。」彼が外務省に報告したとき、当局［すなわち人事問題を管掌する部門］は大いに面白がった。そしてこう言った。「ねえ君、一体どうしたわけだ。ずっと前から君が帰ると思っていたんだが、君がそんなに長く保つなんて考えもしなかったよ。」

ヒュー・フレイザーはその後、ストックホルム、北京、ローマに駐在した。一八七四年にイタリアでメアリー・クロフォード(4)と結婚した。彼らは六週間の短い婚約期間を経て北京に出発した。そこでヒュー・フレイザーは公使館の一等書記官に任命され、当時の清国公使だったウェイドが賜暇で不在の間、二年以上代理公使を勤めた。一八七九年にウィーンに転勤となり、続いて一八八二年にローマに転勤した。一八八五年に彼はチリのサンチアゴの公使に任命された。そこでの彼の主な仕事は、チリ、ペルー、ボリヴィアの三国間の戦争に由来する補償要求の調停であった。彼はブラジルとチリの同僚と一緒に三人委員会で仕事をしなければならなかった。ブラジル人が彼を激怒させたので、結局フレイザーは妥協を強いることによって、事態を決着させることに決定した。一八八八年四月に東京勤務を任命されたので、喜んでチリを去ったが、フレイザー一家が東京に到着したのは一八八九年五月であった。

性格と特質

メアリー・フレイザーはヒュー・フレイザーを熱愛していたようだが、彼の性質についてのメアリーの短い批評(5)は彼が寛大な、あるいは敏感な夫ではなかったことを示している。彼の明らかに陰気なスコットランド気質は、メアリー・フレイザーの地中海的で敏感な気性とまったく対照的であった。

ヒュー・フレイザーは勇敢な男で、脅かされても冷静でいたことは疑いの余地がない。若い頃彼は実際に無鉄砲な男だったようだ。メアリー・フレイザーは当時の東京で外国人を脅かしていた攘夷派の壮士のことに言及して、ヒュー・フレイザーは「人の心を苛立たせる行為にたいして一瞬たりとも気を留めることをせずに、独りだけで町中を歩き回っていたので、私にとって恐怖の種だった。[6]」それとは別のときに、公使館の日本語書記官でヒュー・フレイザーの右腕であったガビンズが、彼女に次のような一つの出来事を語った。「彼らは公使館の門のすぐ近くで、お気にいりの仕込み杖で武装した壮士の一団に囲まれた。その一人が公使の注意を逸らすため、彼を後からぐっと押した。彼が首を回そうとしたとき、正面の男が切ろうと刀を抜いた。しかし彼は後を見ることを止めて、正面の男の顔をじっと見据えたので、男は刀を下に向けた。ヒューは少し笑って歩き続け、散歩を終えた。[7]」

勇気の外に彼は義務について厳格な意識を持っていた。これについてメアリーはこう言っている。「もしヒューが人気があったら、彼は決して幸福に感じたとは思えません。そのとき彼は義務についていくつかの点で失敗したと思ったことでしょう。」彼は横浜の英国人社会でまったく人気がなかった。彼らとの接触は最小限ではないにしても、非常に限られたものだったようだ。

彼は強い義務感によって、自分の仕事に主たる精力を傾注することを確実におこなった。その仕事にたいし、彼は完璧を期すと共に良心的に取り組んだらしい。メアリーはこう書いている。日本で「ヒューは気の毒にも大変急がしそうにしていました。それは難しい仕事は大抵一番の繁忙期に集中してやってくるからです。」彼はしばしば「暗号電報に喘ぎながら取り組まざるをえませんでした。」

個々の事例の判断の際に、彼は断固とした態度で感情に動かされなかった。

彼は尊大さを非難されたことがなく、外交儀礼の上で必要なことはしたが、儀礼的なことが彼の態度を支配することは許さなかった。彼らがウィーンへ行く前に、メアリーはヴィクトリア女王に拝謁しなければならなかったが、ヒューは家紋を登録していたにもかかわらず、謁見の儀に参列しなかった。

ヒュー・フレイザーは嫉妬深い傾向があったようだ。ともかくメアリーは「結婚後三、四年しか経っていない」ように振る舞うのは諦めたほうが、賢明だと思った。そして「舞台の上で見かけのよい男たちと演じる猛烈な恋愛場面は、家庭での調和をもたらす役には立たない」と書いている。

メアリーは敬虔《けいけん》なカトリック教徒であった。ヒューは反カトリック的な偏見をいくらか持っていたらしい。「ひとたびヒューがその話題に転じても、彼と言い争ったり説得したりするのは、とても難しかった。彼の見解は『食後にくるみを食べたり、髪油よけの椅子カバーを用いはじめた時代』［おそらく初期のヴィクトリア時代］の土壌に深く根ざしていた。そして彼はこの世の他のあらゆる係わり合いにおいて、親切と理性の権化のような人であったが、その話題が何かの会話の中に紛れ込んできたならば、彼は一瞬の内に別人のように人が変わった。」

彼は他の場合に思いやりのないことがあった。メアリーはリューマチをひどく患っていた。それなのに、サンチアゴでメアリーが行方不明の召使のことで警察へ行ってほしいと彼に頼んだとき、彼は町の中途まで二人で歩いて行くことを主張し、馬車を呼ぶことを断った。

ヒュー・フレイザーは機知に富んでいたが、皮肉屋と言われることもあった。メアリーは一八九四年に東京の皇居で催された招宴のことを記録している。彼女は「一面に苺の模様が散らしてある金襴を見付けた。ヒューが『紋章の上に座るのはいまどき流行らないよ』と皮肉を言ったが、勇敢にもそれを着て行った。[8]」

メアリー・フレイザーはヒューのことを「哲学的気質」を持っていたと書いている。「彼は不平を言っても役に立たない場合は、不平のために時間や努力を浪費することをしませんでした。晩年になって、彼は通常の不愉快なことや不便なことには、気が付かないように見えました。あるとき日本で、私が公使館から二日ほど離れていたときのことですが、前夜彼にどんな夕食をだしたのか英国人の執事に聞くと、執事は自信ありげな口調で『閣下には素晴らしい夕食を差し上げました。本当の古い英国式の夕食で、ベーコンとキャベツの煮物でございます。』と答えた。それなのにヒューは一言もそれについて言いませんでした。」しかし彼はサンチアゴで現地人の召使は信用できないという理由で、英国人の料理人を雇うことを主張した。「彼の言い方によれば、現地産の雑多なもので毒殺されるのは嫌だと言うのです。」毎食大きなステーキを食べるチリ式の習慣は、ヒューにもメアリーにも受け入れられなかった。

メアリーは彼の金銭にたいする態度に言及していないが、おそらくそれは紳士に関する問題としては相応しくなかったからであろう。しかし彼女は時として彼らの海の彼方にある家屋敷の管理費について触れている。ヒュー・フレイザーは先祖伝来のスコットランド人であったから、金銭的な問題については用心深かったことは有り得るが、個人的な収入なくしてはそれも不可能であった。十九世紀には英国の外交官は個人的な収入が必要だったが、ヒューは四年間も無給の公使館員であった。彼の母親と妹はバースに住んでいて、たとえメアリーの目には「おそろしく憂欝で退屈な環境」と写ったにせよ、見た目には快適そうな生活を送っていた。東京の公使としてヒューは年収四千ポンドの俸給を受けていた。それは当時の水準としては優遇とは言えないまでも、適正な金額であった。

メアリーは「親愛なるヒュー」のことを「素晴らしい旅行家」と書いている。ヒューは「清国での以前の滞在について数多くの奇妙な話」をして、彼らの北京への困難だった初めての旅行の際に、彼女を楽しませてくれた。フレイザー家には二人の息子（ヒューとジョン）がいた。メアリーは献身的な母親で、ボーア戦争の際に腹部を負傷した次男のことをひどく心配した。ヒューが父親として適任でなかったことを示すものは何もないが、子供たちを連れて旅行するのは確かに苦労であった。メアリーはあるところで、こう書いている。「ヒューの神経はいつも緊張しすぎで、今すぐに休ませることが絶対に必要です。」

彼のどちらかと言えば複雑な性格を評して、メアリーはこう書いている。「ヒューは非常に辛抱強く、高地人の祖先からユーモアの感覚を受け継いでいました。それは苦しめられた者の剣で、毅然として鋭く、その刃に向かっていかに嵐が荒れ狂っても無駄でした。」「ヒューはある点で奇妙な人物でした。彼が機嫌を悪くしそうになり、またそれが当然の場合でも、急に笑いだす気配を見せるか、まったく他人事のような優しさを見せるかするのです。しかもそれがきわめて物分かりがよく、同情的な態度なので、人びとはこの世のものとは思われないほど、ある種の畏敬の念を以て彼を尊敬するのでした。他の場合でも、誰も気が付かないような些細なことが、彼のスコットランド気質を動揺させると見えて、何日間も口を利かないで考え込むのでした。人びとにはそれが何のことだったか推測を任せられても、偶然でない限り決して発見できません。」メアリーがチリから自分の費用で連れてきた女中と、サンチアゴの英国系の店のマネジャーが結婚したいと言ったとき、ヒューは癇癪の爆発をやっとのことで抑えながら応対した。メアリーは彼を宥めなければならなかった。「それは長くかかりました。というのはヒューが自分の高地人気質の深みに嵌まり込んでいたので、私がそれに追随して話し合うことができなかったからです。」

メアリーは自分の夫の趣味や文化的興味について、多くを語っていない。ある箇所で彼女は清国にいたとき、夫が陶磁器について知識があると書いている。また他の箇所で、中央アメリカにいたとき、彼がグアテマラのコパン〔ホンジュラスのグアテマラに近い場所〕にある石の記念碑の製作者について論じた研究論文を発表したと書いている。それは「北から南へ海峡を越えて流浪してきたモンゴル人でした。」「彼がギターを手に入れたのも中央アメリカにいるときでした。そのギターはのちに彼の生活の大きな楽しみの一つになり、ケルト族の憂鬱に落ち込んだとき、必ず彼の心を和らげてくれました。この曲の素晴らしかったこと！　今では思い出せません。……しかし時々夕方にギターをつま弾きながら、彼が口笛で吹いていた曲よりも甘美な音楽を、いまだに聞いたことがありません。」

彼がどれほど語学に達者だったのか、はっきりしない。その当時にイートン校で、彼が近代語の実用的な教育を十分に受けたことは有り得ない。しかし彼は有給の公使館員となる前に、ヨーロッパの言語、特にフランス語をある程度勉強しなければならなかったであろう。もし彼がドイツ語とイタリア語に関して不十分な知識しか持っていなかったら、ウィーンやローマの公使館における彼の価値は非常に限られたものになっただろう。メアリーはチリ駐在中のことを書いたものの中で、彼は「完全に」スペイン語を知っていたが、それを使うのは嫌々であったと言っている。二度にわたる清国滞在中に、彼は中国語の大学者サー・トーマス・ウェイドの下で働き、清国税関の長を勤めたロバート・ハート（Robert Hart）の友人であったから、彼がある程度中国語を勉強したのは確かだが、少しも流暢になったわけではなかったようだ。彼は日本で日本語書記官のJ・H・ガビンズや日本公使館の他の館員を大いに頼りにしていたらしい。大体においてヒュー・フレイザーは強い刺激を受けない限り、英語の場合でもどちらかと言えば無口であったようだ。

日本において

ヒュー・フレイザーが公使として日本にいた時代の『ジャパン・ウィークリー・メイル』は、彼自身や彼の活動について著しく少ない報道しかしていない。同紙は一八八九年五月一日に、フレイザー夫妻がヴェローナ号に乗船して香港から横浜に到着したこと、そして五月十七日に東京の皇居で謁見を受けたことを報じている。同紙は彼がアジア協会の会員に選ばれたことを報じているが、『ジャパン・ウィークリー・メイル』にのった同協会の紀要によれば、彼は熱心な会員ではなかったらしい。一八九〇年十一月、フレイザー夫妻が聖アンデレ教会の舞踏会に出席したことが報じられている。一八九三年六月末、賜暇のためアメリカ経由で離日した。そして一八九四年二月二十四日にアンコーナ号で横浜に戻ってきた。しかし『メイル』紙はヒュー・フレイザーが亡くなるまで（後記を見よ）、彼に関する実体のある記事をのせていない。

条約改正

フレイザーの時代において、『ジャパン・ウィークリー・メイル』にとって最重要な題材は、条約改正の問題であった。[9] この問題は一八八九年から九四年までの東京公使館に関する書類の中で優位を占め、それは国立公文書館に保管されている。これらの書類やメアリー・フレイザーの日本での生活の記述から判断すると、条約改正がヒュー・フレイザーの日本勤務期間を通じて最大の問題であったことは明白である。

条約改正交渉の実体に加えて、ヒュー・フレイザーが東京に在任中に、日本の外務大臣たちとの間や、ロンドンの外務省との間に交わした無数の連絡書類を、彼の短い略伝の中に包含することは難しい。しかし日本におけるフレイザーの評価をする上で、答えなければならない一つの重要な疑問がある。一体、彼の行動と発言が交渉の結果に重要な影響を与えたのか？　この疑問に決定的な返事をするのは易しいことではないが、国立公文書館の書類を見ると、ヒュー・フレイザーは彼の右腕であり大の日本通であったＪ・Ｈ・ガビンズの忠告を無論考慮して、英国の利益のためにどれだけのことが達成できるか、現実的な見解を表明したことは明白である。彼は横浜の英国人社会の感情的で反動的な見解を断固として拒否し、ロンドンに常識的な取り組みを要請した。

『ジャパン・ウィークリー・メイル』の報道によれば、一八九〇年九月九日の横浜在住者の集会で、条約改正の動きに批判的な三つの決議案が通過した。その中で、最も重要な案は、「権利に関する問題が、財産の場合でも個人の場合でも、……日本の法廷の裁判権に安心して従える時期がまだきていない。」と主張するものであった。決議案はさらに「日本における治外法権の無条件撤廃を間違いなく約束できる時期」を推定することは不可能だと述べていた。決議案の主唱者はＪ・Ａ・フレイザー(John A. Fraser　明らかに公使の親戚ではない)という名の在住者であった。

これらの決議案が承認される一年以上前に、ヒュー・フレイザーは一八八九年八月十六日の報告書[10]で、ロンドンの外務大臣に次のような意見を述べ、あとでそれを変えるようなことはなかった。「英国政府が司法権に関して日本側の追加保証［おそらく裁判についての］を得られる可能性があるとは私は思わない。」彼は日本では「彼らがすでにおこなった譲歩の問題について、重大な動揺が起きている」と記している。そのような動揺は「今すぐにももっと深刻で危険な形をとるかも知れない。」そして「それはこの国ですぐにも政治的暗殺に発展する傾向がある。[2]「我々の現在の弱さの原因の中には、過大な要求をしすぎるという欠点があると思わなければならない。」というのが彼の考えであった。彼はアメリカもドイツも日本の条件を受け入れたことに留意して次のように言った。「単独で、あるいは列強諸国からほんの僅かな支援を受けて、英国政府が裁判の追加保証を得ることができるとは思わない。」これは強い言葉であって、英国居留民の間で彼が評判を良くすることは有り得なかった。

一八九一年六月二十五日に日本の外務大臣榎本〔武揚〕子爵を訪問したあとで、フレイザーは日本政府が条約改正について直面している障害に関し、日本の大臣たちの「支配的な懸念」、すなわち「国内での反対または海外での紛糾」が何であるか知るのは難しいとロンドンにあてて報告した。彼は日本が実際に求めているのは、次の通りだと推測した。「それは改正条項が、条約諸国側の過失によって実行不可能になったという口実で、条約をまったく拒否する権限である。私は実際の情況においてそういう機能を主張できるとは思わない。……英国が条約改正の邪魔をしていると断言するのは、いま不可能なことだ。」フレイザーは「日本帝国の対外関係は現在ほとんど満足できる状態ではない。日本はロシアを別として、どこへも友好国を求めようとしない。彼らがロシアに同調しているのは、絶対に不安に基づくもので、換言すれば主として瞬間的な危機感だと言ってもよい。」と論評した。

これとは別に、フレイザーはピゴット氏[11]（おそらくサー・フランシス・テイラー・ピゴット *Sir* Francis Taylor Piggott, 1852–1925）の介入を拒否した。彼は外務省にピゴット氏は「彼が書いている問題について、近年の歴史の知識がまったくない」と書いて、「ピゴット氏は日本の法律家に良い評価を与えている点で間違っている」と主張し、フレイザーが日本の裁判に批判的であることを説明した。

日本におけるその他の活動

ヒュー・フレイザーの時代においては、公使館はその他の仕事に商業上の仕事を担当していなかったように見えるが、現在それは海外の大部分の英国外交使節の抱える主要な仕事となっている。ヒュー・フレイザーが唯一それにかかわったのは、日本各地の英国領事職が支援した貿易上の収益の促進であったようだ。

ヒュー・フレイザーは一八九〇年四月のコノート殿下と同妃殿下（*Duke and Duchess* of Connaught）の非公式訪問に対処しなければならなかった。私はこのご訪問のことを、「明治時代の日本への王族の訪問」[13]と題する私の論文の中に書いた。両殿下は明らかに楽しいときをお過ごしになるためにお出でになったので、容易く扱えるお客ではなかった。ご夫妻は横浜の英国人社会から申し出た舞踏会をお断わりになったので、横浜の連中には評判がよくなかった。

ヒュー・フレイザーは、一八九一年に日本を訪問なさって、大津から京都へ行かれる途中で襲われて怪我をなさったロシア皇太子と、直接の関係はなかったが、その事件は当時大きな恐慌を引き起こした。

特に日本に在住する英国臣民は、まだ改正されていない条約の下に英国の領事裁判権に従わなければならなかったので、ヒュー・フレイザーは領事館の問題に関与せざるをえなかった。これらの問題の中に、一八九〇年四月に築地で悲劇的な死を遂げた英国宣教師のT・A・ラージ師（*Rev.* T. A. Large）の問題がある。『ジャパン・ウィークリー・メイル』の一八九〇年四月十二日号に詳しく書かれているこの事件は、不法侵入者によって犯されたと思われ、反キリスト教的動機はなかった。『メイル』紙は「過去二十年間、日本において外国人があらゆる個人的な暴行からまったく免れていた事実は、この悲しむべき事件に異状な興味を与えるものである。」と述べている。一八六七年に明治維新が起こるまでと、それに続く数年間にしばしば起きた暴行と不穏の時期を経て、日本に住む外国人の生活は比較的平和であったが、この時代にヒュー・フレイザーやその他が壮士から受けた暴力の脅威を考慮すると、前記のような評言は不適当に思える。

一八九〇年四月十二日の『タイムズ』紙は、ある事件に注意を惹いているが、その事件は公明正大な裁判に関し、英国の評判を高めることにはならなかった。一八八九年七月に一人のスペイン国籍者が逮捕を免れようと日本に逃げてきた。彼はスペイン領事館の当局者に逮捕されて、「横浜にある英国の刑務所に投獄され、そのまま如何なる形の裁判もなしに、一八九〇年三月一日まで放置された。」スペインの当局者がマニラ行きの船に乗せるため、彼を独房から出そうとやってきたときに、「彼らは刑務所が一団の強力な日本の巡査たちによって守られているのを発見した。巡査たちは日本の土地からその男を連れ出すことに反対した。」しかし『タイムズ』紙はヒュー・フレイザーの正義感を論証する別な事件を報じている。香港に住んでいたカンポスというポルトガル人が日本に逃げてきて、神戸の英国領事館の当局者によって逮捕され、彼らはそのポルトガル人を香港へ送り戻そうと拘束した。このことは日本の外務省から英国公使館にたいして抗議する結果となった。「フレイザー氏は非常に勇気のある細心の行動をとった。彼は前任者がおこなった先例と枢密院令に規定された手続きを無視してカンポスを釈放させ、改めて日本政府による逮捕と犯人引渡しを確保した。公使自身の責任においてすべて実行されたこの行為は、最高に満足すべき結果を生み、もし英国が自分たちの言い分を傾聴してくれれば、英国の正義を常に当てにすることができると日本人に教えることに成功した。

ヒュー・フレイザーと日本の大臣たちとの接触は、主として条約改正に関係したものであったが、無論彼はそれを政治的報告のために利用したのである。しかし国立公文書館に保管されている報告書は、ヒュー・フレイザーが日本の政治的情勢について、何らかの深い洞察をおこなったことを示していない。一八八九年十月三十日の報告書[14]で彼はこう書いている。「明確な見解と同一の政策を表明する本当の内閣を設立することは、ほとんど不可能に近いと危惧されている。そのためには、名の知られた指導者が頼りたくない方法、すなわち重大な紛争と具体的な力の行使が不可欠だからである。」彼は一八八九年十一月十四日の報告書に、薩長連合の継続について「薩摩の連中は固い徒党を組み、お互いに理解し合っているが、長州藩閥では終わりのない議論や陰謀や利己主義がはびこっていて、全体的な管理にほとんど結束が見られない。」と評している。

一八九三年六月、賜暇で故郷へ帰る直前に、彼は日本における思想の混乱を評して「どんなときにも感情の極端なことと気性の激しさが著しい」と述べている。

ヒュー・フレイザーはJ・H・ガビンズを非常に頼りにしていて、彼のために公使館の日本語書記官への任命を世話してやった。しかしフレイザーの厳格な性格と気紛れな気性のために、公使館の外交任務についている書記官たちとの関係が難しくなったようだ。一八九〇年十二月二十七日の『ジャパン・ウィークリー・メイル』にのった記事の中に、一等書記官W・G・ネイピア[3]（W. G. Napier）との間に問題があったかも知れないというヒントがある。『メイル』紙は日本語に熟達していないもう一人の外交官M・W・E・ド・バンスン（Maurice William Ernest de Bunsen）がネイピアのあとを継いだこと、そしてネイピアの勤務期限がまだ終わっていなかったので、彼の出発は「どちらかと言えば突然であった」と報じている。

死亡と葬儀

一八九四年三月に賜暇から東京に戻ったばかりのヒュー・フレイザーは、五月上旬に病気になった。彼は腹部の痛みを訴え、ベルツ博士（*Dr* Erwin von Baelz）の診断を受けた。ベルツ博士はドイツ人の医者で、当時の外国人社会における主要な開業医であった。ヒュー・フレイザーの死後、臨時代理公使となったR・S・パジェット[4]（Ralph Spencer Paget）が外務省に送ったベルツ博士の報告書によると、腸閉塞の疑いがあった。ひまし油と浣腸は効き目が見られず、ベルツ博士は日本の外科医に診察を頼んだ。彼らは小腸を切開したが、手術によっても閉塞は除去できなかった。そこで患者の容体が許せば、二度目の手術が必要だと考えられた。しかしフレイザーは衰弱して、一八九四年六月四日に亡くなった。ベルツ博士は腹膜炎があったにもかかわらず、熱が出なかったのは不思議だったと評した。彼は腸の中に悪いものが発生していたとは考えなかった。ヒュー・フレイザーの病気は、開腹手術がほとんど進歩していなかった頃では、苦痛がきわめてひどかったに違いない。おそらく現代医学をもってすれば、彼は長らえることができたであろう。

ヒュー・フレイザーの葬儀は一八九四年六月六日におこなわれた。六月九日の『ジャパン・ウィークリー・メイル』によれば、五日の午前の間ずっと「遺体は正装安置され、大勢の弔問客が集まった。その中には日本政府の大臣たちや外国公使たちの姿が見えた。贈られた花束は数多く美しかった。」葬儀は英国人建築家のジョサイア・コンダー[15]（Josiah Conder）の手配によるものであったのは、明らかだった。午後三時に公使館を出棺して、聖アンデレ教会に四時に着いた。「入口の急坂と狭い道のせいで、霊柩車に続いた多数の馬車は、きわめて困難な状況を呈した。」小さな教会は満員だった。ビカステス主教（*Bishop* Bickersteth）が一同の聖歌を指揮した。そのすぐあとに青山墓地で埋葬がおこなわれたが、そこには前夜に煉瓦造りの地下埋葬所が作られていた。「フレイザー夫人は最初から最後まで参列し、不屈の勇気を保ってこの最後の別れの恐るべき悲痛に耐えていた。」

『ジャパン・ウィークリー・メイル』は追悼記事の中で彼のことを次のように書いている。

フレイザー氏は、最高級の能力と完全に均衡のとれた判断力を兼ね備えた稀有の人物の一人で、常に控え目な日常を送り、義務を忠実に実行するときの良心的な意識に、最高の報奨を見出だすという人物であった。彼の異常に遠慮深い性質は、彼の真価を理解する人たちの輪を狭め、彼の能力にたいする一般大衆の評価を損なった。……もし彼が人を眩惑する力を欠いていたとしても、信念を吹き込む能力を最大限に持っていた。……今までの英国外交使節の中で、彼ほどこの国で大きな影響を持った者はいないし、彼ほど良心的に影響を及ぼした者もいない。日本人はすばやく、フレイザー氏はほんの僅かでも不正に汚染された主張には、決して支援を与えないということを、十分信頼できることを知った。運命の定めにより、彼は条約改正の複雑な問題を最終的に解決するには至らなかったが、彼の洞察の明敏性と、彼のとった方法の品格のある堅実性によって、解決を大いに容易くしたことは、まったく疑いの余地がない。……

日本の新聞は以上のような感情に共鳴しているように見える。『東京日々新聞』は次のような記事をのせている。

あらゆる場合に彼がとった稀に見る公平不偏の見解は、これら偏狭な人びととしては、日本にたいして不当に親切だと誤って思われたのである。……彼は故国の権利を守ることに揺るぎなく忠実であり、自分の義務を遂行するときは、外部の者が彼のことを何と言おうとまったく頓着しなかった。……私生活においては、日本人であろうと外国人であろうと、あらゆる者に親切で謙虚な態度で、皆の尊敬と愛情を勝ち得た。彼は固い決意を持った人物で、居留地の同国人の不平の声に、決して義務と信じた道を踏み外すことはなかった。

〔『東京日々新聞』の明治二十七年六月六日号第一面にフレイザー氏の追悼記事がのっているが、昔の言葉できわめて読みにくいので、英文をそのまま訳した。〕

亡くなったとき五十七歳であったヒュー・フレイザーは、日本における英国の外交使節の長として在職中に亡くなった唯一の人であった。また彼はナイト爵も聖マイケル・聖ジョージ勲章も授与されていなかった。もし彼が活気と鋭い洞察力に欠けていたとしても、明らかに良心的で公正な官吏であったので、もう少し生きていれば勲章を授与されたであろう。

（長岡祥三　訳）

［原注］

資料は次の通り。PRO Records in FO 46 for 1889–1894, *The Japan Weekly Mail*, 1889–1894, Mary Fraser: *A Diplomatist's Wife in Japan; Letters from Home to Home* (first published in 1899 by Hutchinson and Co and re-published as *A Diplomat's Wife in Japan; Sketches at the Turn of the Century* (edited by Hugh Cortazzi Weatherhill, Tokyo and New York, 1982); Mary Fraser: *Reminiscences of a Diplomatist's Wife in Many Lands*, 1911; Mary Fraser: *Further Reminiscences*, 1912.

（1）*A Diplomat's Wife in Japan: Sketches at the Turn of the Century* は私が一九八二年に製作し、東京のウェザーヒルが出版した本の題名である。〔横山俊夫訳『英国公使夫人の見た明治日本』淡交社、一九八八年。〕

（2）Eton College Records.

（3）一九一二年に出版された *Further Reminiscences* にはメアリー・フレイザーの他の本に比べて、ヒュー・フレイザーの経歴や性格に関する評言がより多く含まれている。

（4）メアリー・フレイザーの生い立ちについては、私の本 *A Diplomat's Wife in Japan* の序文をご覧下さい。

（5）前記のメアリーの三冊の本の中にある。

（6）*A Diplomat's Wife* page 89.

（7）*A Diplomat's Wife* page 224.

(8) *A Diplomat's Wife* page 334. 三つの苺はフレイザー家の家紋の一部である。

(9) 外国人居住者の治外法権および彼らの貿易条件を含む一八五八年に締結された条約は、自分の国を近代化しようと奮闘的な努力をしていた日本人の怒りを増大していた。条約は日本の主権を制限し、治外法権は侮辱的と見做されるに至った。一八七〇年代から一八八〇年代にかけて、列強諸国から条約を改訂する同意を得ようと、さまざまな試みがなされた。提案の一つは混合法廷の設置であったが、これは怒りの抗議を引き起こし、日本の姿勢は次第に硬化した。日本側は十九世紀のこの段階で英国と協定することは、他国との条約改訂の鍵であることは認めたが、同時に他の諸国、たとえばアメリカやドイツとの間で最初に協定を結ぼうとすることによって、英国に妥協を迫る役に立つかも知れないと予想していた。

英国人が飛び抜けて多い外国人社会は、条約港以外の場所に自由に旅行できることを望み、また貿易の自由に関する日本政府の規制に憤慨する一方で、同時に彼らの特権的立場（領事権、賃貸借権など）を維持することを望んでいた。彼らは日本の裁判にきわめて批判的で、譲歩に強く反対し、日本における外国人の「権利」を擁護しない交渉に関与した人たちをしばしば非難した。

条約改正の背景とその他何人かの人物の履歴は、イアン・ニッシュの青木周蔵とJ・H・ガビンズについての、次の人物列伝に含まれている。*Biographical Portraits*, Vols II and III (Japan Library for the Japan Society, 1997 and 1999).

さらに次の論文を参照されたい。James Hoare 'The Era of the Unequal Treaties 1858–99' and Inouye Yuichi（井上勇一）'From Unequal Treaty to the Anglo-Japanese Alliance, 1867–1902' in the Volume I of *The Political-Diplomatic Dimension, 1600–1930*, edited by Ian Nish and Yoichi Kibata（木畑洋一）, 2000.〔本書は英語版と日本語版が同時刊行され、日本語版は細谷千博、イアン・ニッシュ監修『日英交流史一六〇〇—二〇〇〇』という題名で東京大学出版会から刊行されている。〕

(10) Despatch No 97.

(11) カーメン・ブラッカー博士の次の論文を参照されたい。'Two Piggotts...' in *Britain and Japan, 1859–1991, Themes and Personalities*, edited by Hugh Cortazzi and Gordon Daniels and published for the Japan Society in 1991.〔本書は次のような邦訳があり、その中にサー・フランシス・テイラー・ピゴットとF・S・G・ピゴット陸軍少将の略伝が出ている。大山瑞代訳『英国と日本—架橋の人びと』思文閣出版、一九九八年。〕

(13) *Biographical Portraits*, Volume II, 1997.

(14) *Despatch* No 144.

(15) ジョサイア・コンダーについては次の略伝を参照。'Josiah Conder (1852–1920) and Meiji Architecture' by Dallas Finn in *Britain and Japan, 1859–1991*,

Themes and Personalities, edited by Hugh Cortazzi and Gordon Daniels, London 1991.〔邦訳前掲〕

〔注の順序に間違いがあったので、本文上で訂正した。そのため（12）が抜けている。〕

[訳注]

［1］　日本アジア協会（The Asiatic Society of Japan）日本および他のアジア諸国に関する題目についての知識の収集と調査を目的として一八七二年に創立された。パークスは二度会長を務めたが、その後サトウがくるまで歴代の公使は会長を務めていない。現在も活発に運営されている。

［2］　一八八九年十月十八日、外相大隈重信は条約改正に反たいする玄洋社の来島恒喜によって爆弾を投げ付けられ、片足を失った。

［3］　ネイピア（William John George Napier）　一八八八年、東京公使館の一等書記官。一八八九年、短期間代理公使を勤める。一八九一年、帰休を命じられる。一八九八年、十一代目の男爵となる。

［4］　R・S・パジェット（Sir Ralph Spencer Paget, 1864-1940 KCMG, GVO）　一八九三年、東京公使館の三等書記官。一八九四年六月―八月、代理公使を勤める。一八九九年、カイロに転勤。一九一六―一八年デンマーク公使、一九一八―二〇年ブラジル大使を勤めた。

第7章

パワー・ヘンリー・ル・プア・トレンチ

駐日公使　一八九四―九五年

サー・ヒュー・コータッツィ
（日本協会名誉副会長、元駐日英国大使）

Power Henry Le Poer Trench

パワー・ヘンリー・ル・プア・トレンチ閣下（*The Hon.* Power Henry Le Poer Trench, 1841–99）は、三代目クランカーティ伯爵の四男として一八四一年に生まれた。彼が日本公使を勤めた期間は、東京駐在の歴代の英国外交使節としては最も短かったが、一八八二年から八九年まで東京の公使館で一等書記官を勤めている。

トレンチは十八歳の若さでパリの大使館職員として任命された。一八六〇年一月にコンスタンチノープルに転任し、一八七一年十二月にミュンヘンに転任となった。一八六三年七月に第二次試験に合格し[1]同年の十一月に三等書記官に任命された。一八六五年八月にリオ・デ・ジャネイロに転任となり、一八六八年にサー・エドワード・ソーントンの私設秘書としてワシントンに転任した。一八七〇年に二等書記官に昇進して、フィレンツェへの転勤を命じられた。しかし彼はそこへ転任せず、ワシントンに留まった。一八七九年から一八八一年まで外務省に勤務した。一八八一年十月、ローマへ転任した。一八八二年五月に一等書記官を命じられ、東京へ転任した。一八八九年に東京を去り、ベルリンに駐在した一八九三年までの記官に昇進した。ベルリンに駐在した一八九三年までの間に、短期間ではあったが十一回も代理大使を勤めた。一八九三年七月一日にメキシコ公使を命じられた。一八九四年六月二十五日、東京に駐在中に客死したヒュー・フレイザーの後任として、「日本帝国駐在の特命全権公使兼総領事」に任命された。一八九九年五月二日付けの『タイムズ』紙の追悼録によれば、当時の外相ローズベリー卿が特に彼の前回の東京駐在中の仕事ぶりを評価して、「益々重要性を増しつつあるこの地位のために、特に彼を選んだのだ」ということである。

ほとんど七年の間、日本に一等書記官として勤務していたときに、トレンチは日本の事情に精通するようになった。彼はサー・ハリー・パークス(2)が清国に去ったあと、一八八三年八月以降フランシス・プランケット閣下が到着した一八八四年三月まで、東京の代理公使を勤めた。そして一八八七年八月にプランケットが転任してから、ヒュー・フレイザーが公使として着任する少し前の一八八九年三月に、新任の一等書記官W・J・H・ネイピア閣下があとを継ぐまで、再び代理公使を勤めた。一八八九年四月六日の『ジャパン・ウィークリー・メイル』は、トレンチの離日に際して(3)彼に関する広範囲の賛辞をのせている。同紙はトレンチが北京やワシントンへの転任の提案を断って、自分自身の意図的な選択により、これほど長期に亙って東京に留まったと報じている。彼の前任者の一人F・O・アダムズ(4)〔1〕(*Sir* Francis Ottiwell Adams) は養蚕業について詳しい報告書を書いたが、一方で同じく前任者のR・G・ワトスン〔2〕(Robert Grant Watson) は日本の教育について書いた。政治経済学を常に自分の趣味としていたトレンチは、日本の財政について研究をおこなった。「この問題に関する彼の論文は非常に貴重なものであった。それは綿密に論証され、正確で簡潔であった。……日本の鉄道に関する彼の報告も、同様に高い評価を受けた。」トレンチは国民とその制度を研究するのを第一の義務としていた。……それは彼の不朽の評価を高め、何ら極端な対比［おそらくサー・ハリー・パークスにたいする皮肉］を示すことなく、また何ら偏見を引き起こすことなく、英国外交の最高基準に終始適応するのに成功した。「……トレンチ氏は同胞に好かれ信頼されていたのと同様に、日本人に高く評価されながらこの国を去るのである。」信頼と友情を集めた彼の特質について言及したあとで、新聞記事は彼がいつの日か英国の代表者［すなわち駐日公使］として戻ってくることが望ましいと表明している。

トレンチは特に一八八〇年代に公使館に勤務していた間、条約改正交渉に大きく関与した。これらの交渉に関する一つの重要な会話が、一八八八年十二月二十八日に時の外務大臣大隈重信との間に交わされた。これに続いて条約改正に関して、アメリカとドイツの両政府にたいしておこなわれた日本の新提案について、予備的な打診がおこなわれた。大隈はトレンチに、一八八七年七月にそれまでの会議が延期されたことによって中断された交渉を、日本政府としては是非再開したいと説明した。日本は次のように望んでいる。すなわち「……以前の交渉の基本にできるだけ固執することである。その基本は二つの重要な点を含んでいる。一つは日本の法典の完備であり、もう一つは外国人にたいして裁判権を行使するための取り決めである。」大隈は「現在の条約が締結されてから経過した三十年の間に、日本の成し遂げた進歩は非常に大きかったと、西洋の列強諸国は認めざるをえなかった」と言った。大隈は続けて「最近の会議の失敗は、国民から内閣に押しつけられた強い圧力が原因である。その圧力とは、会議の場で列強諸国に与えた譲歩は、日本の尊厳と一致しないという理由で、当時提案された条約改正の計画を強く非難したものである。」と述べた。大隈は「新しく会議を召集するのが好ましい」と日本は考えていないと説明し、「ヨーロッパの大国およびアメリカとの間に個々に交渉」を進めることを提案した。大隈は英国の態度に特別の重きを置いているので、英国政府が彼の提案を好意的に受け入れてくれることを期待していると言った。トレンチが条約締結国のいづれかに、新提案を通知してあるかどうかを尋ねたのにたいして、大隈は新提案をドイツとアメリカの代表に提示してあることを認め、さらにアメリカは「提案に含まれている原則に賛成すると電報で報せてきた」と述べた。大隈は弁解するような口調で、「病気と身内の不幸のせいで、その件を貴殿［トレンチ］に同時に伝えることができなかった。」と付け加えた。

トレンチは一八九四年八月二十日に駐日公使として東京に到着し、ヒュー・フレイザーの死後、ラルフ・パジェット(5)が代理公使をしていた公使館を引き受けた。彼はカナダ郵船会社のエンプレス・オブ・インディア号に乗船して横浜に入港した。[6] そして英国軍艦キャロライン号に所属する蒸気船に乗って上陸した。彼が英国軍艦レッドポール号の傍らを通ったとき、甲板の上に整列した軍人一同が一斉に捧げ銃をした。英国海軍のノーコック大佐と［領事裁判所の］ウィルキンスン判事[3]（*Sir* Hiram Shaw Wilkinson）が彼に同行した。埠頭に着くと当時の横浜の主な英国人居住者全員の出迎えを受けた。［夏の暑さを避けて山手に残っていた者も大勢いた。］『ジャパン・ウィークリー・メイル』は「トレンチ氏は約五年半前に日本を去ったときのような健康に恵まれていない様子に見えた」と記している。これはメキシコにいたとき、そこの気候が原因で病気になったせいである。英国領事館において「大勢の人たちが署名した歓迎の辞」がジョン・リケット氏[4]（John Rickett）によって彼に贈られた。その中に一八八九年の彼の離日の際に、居住者たちの尊敬と惜別の情を表明した送別の辞が贈られたことが記されていた。トレンチは新規に任命を受けた喜びと、居住者一同の支援にたいする感謝の気持ちを籠めて、短い演説をおこなった。

八月二十三日にトレンチは天皇に拝謁して信任状を奉呈した。パジェット、J・H・ロングフォードおよび宮内省の木戸［孝正］侯爵が彼に同行した。通例に従って友好的な挨拶の交換がおこなわれた。

トレンチが公使として来日したとき、日清戦争がおこなわれていた。戦争そのものと英国の権益に及ぼすその影響は、彼が在任中の主たる関心事であった。一八九九年五月二日の『タイムズ』紙にのった彼の追悼記事は「……この危機的な期間中に、彼の義務感からくる強い緊張によって、不幸にも彼の健康は間もなく損なわれた。」と報じている。

東京に到着した翌日（一八九四年八月二十一日）、トレンチは日本の外務大臣陸奥宗光子爵に最初の訪問をした。陸奥は駐日公使の不在中に事務代行を務めたパジェットのやり方に賛辞を呈した。トレンチは陸奥が難しい話相手であることを、はっきり認識した。たとえば八月二十八日に、彼が清国との間で事態がどのように進行しているかと尋ねたのにたいし、陸奥は戦争のことについては話したくない、と答えたと記している。

トレンチが直面した最初の問題点の一つは、上海の中立的地位を日本側に認識させたいという英国の要求にたいする日本の回答であった。一八九四年九月十二日に陸奥との間におこなわれた会談が失敗に終わったあと、トレンチは首相の伊藤博文伯爵を訪ねて、この問題について彼の助力を要請した。トレンチはこの会談についての報告の中で、伊藤は彼が以前に日本で勤務していた時代からの「旧友」だと述べている。彼の記録によれば、「その港〔上海〕の貿易の中立性に干渉しようとする試みは、いかなるものにせよ日本を重大な困難に巻き込むおそれがあると私が述べたとき、伊藤は強く印象づけられた」とのことである。そこで伊藤は陸奥に話しておくと約束した。

しかし、一八九四年九月二十八日のトレンチの報告書によると、伊藤の介入は不成功に終わったようだ。トレンチは次のように書いている。

> 陸奥子爵は口頭による通信に何ら重きを置いておらず、それを公式のものと思わなかったようだ。同じく手渡された電報の意訳〔おそらく暗号を守るため意訳されたもの〕についても、正式なものと認めなかったらしい。このような状況の下で、私は日本が上海または上海への交通路にたいし軍事行動をとらないように、英国政府は日本の企てを阻止することを書面で提出するのが賢明であると考える。

一八九四年十月十八日にトレンチはこう記録している。「陸奥はどちらかと言えば苦々しい言葉で、上海の契約の不公平さと呼んだ事態に言及した。」

次の数カ月間、トレンチの報告の大部分は戦争の進行状況の推移に費やされた。彼は日本の新聞記事とデュ・ブーレイ陸軍大尉（*Capt.* Noel du Boulay）の報告の両方を中継した。デュ・ブーレイ大尉は陸軍の軍医士官テイラーと一緒に、公使館付き陸軍武官として一八九四年十月に来日し、すぐに日本陸軍に加わるように派遣された。彼は中でも平壌の占領と旅順の陥落について報道した。後者について彼は一八九四年十二月二十四日の報告書の中でこう書いている。「日本軍の占領のあとで、旅順では残酷な虐殺が四日間も続いたことは疑いの余地がない。」

十一月十四日の報告書でトレンチは次のように報告し

た。

見たところ清国は日本のなすがままで、戦前にあった憎しみの感情を満足させるほど十分に屈辱に甘んじているかに見える。しかし清国への憎悪の念が本来の動機であったが、日本は新しい成功を収める度に、世界列強の一員として相応しい力量のあることを、身を以て示しているようだ。そして今度は、この野望は日本だけが如何なるヨーロッパの一国にたいしても、十分に自分を守ることができるという確信へと発展していくだろう。

トレンチは介在する［介入という言葉を使っている］立場にある二つだけの国とは、ロシアと英国［原文England］であると記している。彼の考えでは、日本政府の目的はこの二国をお互いに対立させることにあった。ロシアと日本の間の秘密協定の噂は、日本政府そのものによって始められ、広められたものだ。トレンチは付け加えて、駐日ロシア公使ヒトロヴォ[7]は「陰謀を企てる能力」を持った英国嫌いだと言っている。この段階でトレンチは一国だけが介入しようとする試みは「実益がない」と考えていた。

陸奥宗光伯爵はその備忘録『蹇蹇録《けんけんろく》』[8]の中で上海の問題については何ら言及せず、英国の調停の試みだけに集中しているが、その件は国立公文書館に保管されているトレンチの報告書に裏付けされていない。

> 清国政府が各強国に仲裁を哀訴するにあたり、英国は近来ロースベリー伯爵の内閣末運に際し、その議会に対する勢力のすこぶる脆弱なりしにかかわらず、さすがに東方問題において人後に落つるを肯んぜず、第一番に日清両国の間に居中周旋する所あらんと欲したり。八月中旬の頃、英国新任公使トレンチが東京に到着するや、余を外務省に訪い、英国政府は近日の内日清両国戦局を終了する事に関し、一の提案を差出すことあるべしと半公私の体裁を以て予告したり。尋で十月八日において、英国公使は本国政府の内訓と称し、（一）各強国にて朝鮮の独立を担保する事、（二）清国より軍費を日本政府へ償還せしむる事、の二条件を以て、日本政府は戦争を息止することを承諾すべき

や聞き合わすべしと命ぜられたり、かつこの事について英国政府は既に欧州各強国と商議中なれば、不日露国公使も必ず同様の勧告をなすべしといえり。しかるにこの頃、余はしばしば露、独、仏、米等の各国公使に面晤せしも、彼らは各自本国より何らの訓令を受けたる様子もなく、特に露国公使ヒトロヴォーの如きは、英国の提案はその主意すこぶる空漠にして、日本政府もこれに応じがたかるべしと冷評しおれるほどなれば、不日英国政府と同様の提議をなすべしとは思われず。〔陸奥宗光『蹇蹇録』明治二十九年刊より〕

陸奥の記憶が間違っていたのであろうか？　あるいは陸奥はロンドンにおける外務省と日本公使との意見の交換について言及したのか？

一八九四年九月七日にトレンチは、日本の新聞は「日に日に一層、興奮状態になりつつあり」、彼らの敵のことを軽蔑をこめて言及していると述べている。十二月二十四日にトレンチは「日本は清帝国を分解したり、現在の王朝を覆したりするつもりはない」と陸奥が彼に保証したと記録しているが、内閣の中の戦争派は現在絶大な権力を持っていると書いている。日清間の交渉が本格的に始まった頃には、トレンチはもはや元気ではなくなり、一等書記官のジェラード・ラウザー（Gerard Augustus Lowther）が発生する諸問題を処理せざるをえなかった。[9]

日清戦争の結果として起きて、トレンチを多くの仕事に巻き込んだのは、サンフランシスコからきた英国船ゲーリック号に、日本の当局者が乗り込んで探索した行動であった。[10]これに続いて神戸でフランスの蒸気船シドニー号が抑留され、清国海軍で勤務していたと伝えられた三人の乗客（偽名を使って旅行していたアメリカ人二名と清国人一名）が逮捕された。

トレンチが一八九四年の後半に手掛けなければならなかった重要な関連事項は、日清戦争の最中は中立を守るよう英国籍住民に指示を出すことであった。

一八九四年八月に彼が到着して間もなく、新しい日英通商航海条約の批准の交換に際して、彼は英国政府を代表するように指示を受けた。この件は、一八九四年八月二十八日の東京の官報に本文が掲載されるより以前の、八月二十五日に正式におこなわれた。一八九四年八月三十一日付けの報告書で、トレンチは新聞のさまざまな反応を後になって要約して書いている。

横浜の在住者は日本の裁判権の下に入るという見通しに不平を抱いており、その多くは条約を敵視しているが、上流階級や主立った商人たちは、条約改正が不可避であることを承知しているので、まずまず条約に満足している。しかし、大阪や新潟やエビス港〔平戸港〕では開港のリストから外されたので落胆している。特に大阪は商業港として大きな未来を期待していただけに、落胆が強かった。もし英国が前記の三港が外国貿易にたいして閉ざされることに同意するなら、下関を開港とすることを主張すべきだと、彼らは考えている。さらに彼らは、英国籍住民が日本において土地の保有を許されるべきだと、英国政府は主張しなかったことに大いに遺憾の意を表している。そして協定に付随した関税率について、彼らは英国製のいくつかの品物にたいする税率が不当に高すぎると考えた。そして綿糸、絹、繻子、絹と木綿の混紡品を例に挙げている。

条約の締結に伴い、トレンチは各領事に条約の規定を履行するための指示を与えた。それは一八九九年に改正条約が発効するまで、日本国内を旅行するために英国臣民に旅券を発行することが含まれていた。

トレンチはもちろん日本の国内政治情勢についても報告しなければならなかった。一八九四年九月七日、彼は九月一日におこなわれた総選挙について、「この国の以前の選挙には公共の平和にたいする重大な妨害がつきものであったが、今回それはおこなわれなかった。」と報告している。「さまざまな党の数の上でのバランスは、新しい選挙でも大して変わりがなかった。」「戦争中は反対によって政府を困惑させてはならないという合意が普遍化していたので」、政府の立場は強化されていた。

一八九五年二月下旬、トレンチは失語症と麻痺の発作に襲われ、それから元通りには回復しなかった。最近日本に着任したジェラード・ラウザー(11)がトレンチの責任を引き受けて、トレンチが故国に移送されるまで彼の代わりに報告書に署名した。ラウザーはそれ以後一八九五年七月にアーネスト・サトウが到着するまで、公使館の責任者となった。トレンチは病気になったあと療養のためしばらく宮の下で過ごした。東京へ戻るとすぐ横浜に移り、五月十日にエンプレス・オブ・インディアに乗船してカナダ経由で英国へ向かった。『ジャパン・ウィークリー・メイル』の一八九五年五月十一日号は、彼が早く十分に回復することを祈って、「彼があまねく尊敬と評価を受けた地位に、再び戻るのを歓迎できる日」のくることを切望すると報じた。同紙はアーネスト・サトウが東京へ任命されたことを報ずるロイター電報に驚いて、次のように述べている。

……トレンチは辞任したわけでも、転任したわけでも、待命を受けたわけでもない。彼は単に病気の休暇をとって、日本を離れたのである。……トレンチ氏を失うことによって、共同社会の感じた遺憾の意を十分に言い表わすことができない。……彼の同国人は彼の公的な能力を評価し、彼らの事業は彼の管理下にあって常に安全であることを認識し、彼が優しく親切だったこと、そして手厚く歓待してくれたことなどを十分に評価する機会があった。極東においてこれ以上敬愛され名声を博した英国の官吏はほとんどいない。

トレンチは英国に帰着後、再雇用されることなく一八九六年一月に年金を受けて引退した。引退後はロンドンW2のアルビヨン通りに住んだ。一度も結婚しなかった。一八九九年四月三十日、長い病気のあとで亡くなり、五月三日にハイゲイト墓地に埋葬された。

私的な書類が見当らないので[12]、手に入る公的書類や現地の新聞報道に基づいて、トレンチの個性について説得力のある説明をするのは難しい。新聞の誇張を考慮するとしても、トレンチが英国人共同社会と共に、彼に接触があった日本人からも好感を持たれていたことは明白である。このように、彼は単なる有能な外交官にして「信頼できる人」以上の存在であった。独身者であったから、彼の主な興味は仕事だったのかも知れない。一八八〇年代の公使館一等書記官の時代に、近代日本について明らかに多くのことを学んだに違いない。しかし彼は日本語を勉強した様子はなく、公使館書記官を勤めた同僚と同じく、日本語書記室のガビンズとその同僚の専門的知識に頼らざるをえなかった。

（長岡祥三　訳）

［原注］

（1） FO List（外務省人名録）のトレンチの記載事項による。

（2） *The Life of Sir Harry Parkes* by F. V. Dickins and S. Lane-Poole, London 1894, page 344.〔邦訳　高梨健吉訳『パークス伝』東洋文庫、一九八四年〕による。一八八三年八月二十五日にミカドにお別れの拝謁をするため、トレンチはサー・ハリーに随行した。

（3） 一八八九年三月二十七日に東京倶楽部の彼の友人たちが、鹿鳴館で入念に作った送別晩餐会を開いた。おそらくデザートには必ずや「外交官風プディング」が出されたであろう。

（4） のちの Sir Francis Ottiwell Adams, KCMG, CB. は彼の職歴の最後をベルンの公使として終えた。彼は一八八九年に亡くなった。〔訳注［1］を参照。〕

（5） パジェット（一八六四―一九四〇）は The Right Hon. Sir Ralph Spencer Paget KCMG, CVO. になった。彼はシャムに続いてユーゴスラビアの公使となり、そのあと（リオ・デ・ジャネイロで）最初のブラジル駐在の英国大使になった。彼は一八九四年後期から一八九五年早春まで、健康上の理由で賜暇を許可され東京を不在にしているので、健康を損なっていたものと思われる。ヒュー・フレイザーは一八九四年に亡くなり、トレンチは一八九五年に発作を起こし、パジェットは一八九四年に病気であった。この時代の英国公使館は健康状態とは言えなかったようだ。

（6） *Japan Weekly Mail*, 25 August 1894.

（7） 陸奥伯爵の回想録『蹇蹇録』〔ゴードン・マーク・バーガー英訳、東京大学出版会、一九八二年〕によれば、ロシア公使はミハイル・ヒトロヴォ（Mikhail Khitrovo）であった。

（8） 『蹇蹇録』, p. 130.

（9） 一八九五年二月以降トレンチに代わってラウザーが報告書に署名することになった。三月五日に彼は陸奥から次のような意味の書面を受け取った。それはトレンチが病気なので、これからは外務大臣が直接ラウザーと連絡をとることを、ロンドンの日本公使を通じて英国の外務大臣から要請があったという意味である。

（10） これらの事件についての説明は、『ジャパン・ウィークリー・メイル』の一八九四年十一月十日号にのっている。

（11） ラウザー（一八五八―一九一六）は The Right Hon. Sir Gerard Augustus Lowther, Bart. GCMG, CB. となった。彼はトルコ大使（一九〇八―一三）になる前にチリとモロッコの公使を勤めた。ベルギー公使夫人で英国人のダヌタン男爵夫人（Baroness d'Anethan）は彼女の日記 *Fourteen Years of Diplomatic Life in Japan*, London, 1912〔長岡祥三訳『ベルギー公使夫人の明治日記』中央公論社、一九九二年〕の一八八五年一月三十一日に、「東京に住む外国人の半分が、ジェラルド・ラウザー氏とその妹に会うために［ベルギー］公使館にきた。彼らは大へん魅力的である。」と書いている。［一八九四年、東京公使館の一等書記官。一八九五年五月から七月まで、および九七年五月から十一月まで代理公使を勤めた。一八九八年にブダペストへ転勤。一九〇一年―〇四年チリ公使、一九〇四―〇八年タンジールで公使、一九〇八年―一三年トルコ公使、一九一三年引退。］

(12) ダヌタン男爵夫人は日記の中でトレンチのことに二回言及している。一八九五年一月二日、熱海の見物に出かけたときの一行の中にトレンチがいたと書いている。「一行は椅子駕籠に乗る者あり、徒歩で歩く者あり、駕籠に乗る者ありで、まちまちだった。」非常に天気が良く、ダヌタン夫人が「日本のリヴィエラ」と呼んだ景色を楽しんだ。夫人の二度目の言及は三月一日で、その日に彼女はトレンチ氏を見舞いに訪問した。「見通しは決して楽観を許さないものであった。」一九〇〇年にサトウの後を継いで公使となったサー・クロード・マクドナルドの夫人、レディ・マクドナルドは独身者が住んでいた住居に住むことになって、非常に驚いた。「トレンチは独身であり、サトウも名目上は独身者であった。」「夫人はトレンチが選んだ応接間の壁紙がどんなだったか、書こうとしなかった。」*Embassies in the East* by J. E. Hoare, 1999, page 121. に引用されている。

［訳注］

［1］原注（4）のF・O・アダムズ　一八六八年東京の公使館一等書記官。一八七一年五月から七二年五月まで代理公使を勤めた。一八七二年ベルリン大使館書記官、一八八一年スイス公使となる。彼の著書『日本の歴史』全二巻は一八七五年にロンドンで出版された。彼はロシア人の存在を偵察するため、軍艦ラットラー号に乗って北海道へ出かけたが、宗谷岬の沖で艦が座礁して難破した。（この件については萩原延寿『遠い崖』第7巻を参照。）彼は日本の養蚕業について膨大な本を書いた。

［2］R・G・ワトスン　インド陸軍で勤務ののち、一八五九年に公使館勤務となる。一八七二年東京公使館一等書記官となり、一八七二年五月から同七三年三月まで代理公使を勤めた。一八七四年ワシントンへ転勤し、一八八〇年に引退した。

［3］H・S・ウィルキンスン　一八六四年通訳生として来日。一八七二年弁護士の資格を得て、清国、朝鮮、日本で裁判官を勤めた。一八九七年から一九〇〇年まで日本の法廷検察官を勤め、一九〇三年に引退した。

［4］ジョン・リケットは横浜のPeninsular and Oriental汽船会社の支店長である。横浜在住の英国人の有力者であった。

第8章

サー・アーネスト・サトウ
駐日公使　一八九五―一九〇〇年

イアン・ラックストン
（九州工業大学准教授）

Sir Ernest Satow

サー・アーネスト・サトウ（*Sir* Ernest Mason Satow, 1843-1929）は日本に駐在した英国の外交使節の長として、最も適任者で最高に傑出した日本学者であったと一般に思われている。彼は最初の駐日大使となることを望んだであろうが、義和団事件のあと転勤を必要としたサー・クロード・マクドナルド（*Sir* Claude MacDonald）の後を継いで、東京より重要な地位と考えられていた北京に一九〇〇年に転任したのであった。サー・クロードは、一九〇二年に締結された日英同盟によって、公使館が大使館に昇格したとき、結局最初の日本駐在英国大使となったのである。北京駐在の外交使節の名称は、サトウのいる間ずっと公使館のままであった。それ故、サトウは残念なことに大使になれなかったが、GCMG〔聖マイケル・聖ジョージ一等勲章〕を授与され、枢密顧問官になった。現今、関係ある国がいかに重要性がなくとも、どの在外公館も大使館と呼ばれているが、当時は大使の地位はもっと重要であった。才気はあるが表面的にはよそよそしいサトウを理解するのに最高の方法は、国立公文書館に保管されている彼の膨大な日記とその他の書類を通覧することである。この短い論文は前述の時代における彼の人物やその主な関心事を、主として彼の日記に基づいて紹介するものである。[1]

サトウは一八九三年九月から短い期間、公使として駐在していたモロッコから、一八九五年五月末にロンドンに戻った。彼は五十歳に近かった。五月二日に彼は外相キンバリー（*Lord* Kimberley, 1826–1902）から東京の公使に任命する意向の電報を受け取り、五月十七日に任命を確認する電報を受けた。[2]この地位にたいしてサトウは理想的な候補者であった。彼は日本の公使館で二十年間（一八六二年九月から一八八二年十二月まで。二回の賜暇を含む）通訳生、正規通訳、日本語書記官を勤めたのである。

サトウは一八八二年に日本を去ってバンコクの総領事となった。そこで彼は一八八五年の初めに領事部門から外交部門に昇進し、シャムの公使となった。[3]しかし彼は現地の気候や政界の腐敗を好まなかった。[4]マラリアの発作で彼は働けなくなり、一八八七年六月からウルグアイでの次の職が決まった一八八八年十月まで、英国で病気療養した。[5]ウルグアイは「何もすることがないこの世の楽園」[6]であった。一八九三年六月の初め、彼はモロッコに転勤したが、そこでの彼の仕事は機転と忍耐によって、徐々に内部改革を助長することにあった。そこでの成功によって彼はＫＣＭＧ〔聖マイケル・聖ジョージ二等勲章〕を授与されたのである。

新しい日本とその背景

日英通商航海条約は一八九四年七月十六日にロンドンで調印されたが、それによって一八九九年七月十七日以降、英国臣民に関して治外法権は禁止され、直ちに従価税率が導入された。「不平等条約」の最初のこの改訂は、日本の歴史上においても、日本にたいする英国の態度においても、重要な転機であった。[7]まず日清戦争で日本が勝利を得て、一八九五年四月十七日に下関で講和条約を結ぶことになるが、これはロシア、フランス、ドイツの三国の「友情ある忠告」（いわゆる三国干渉）の圧力を受けて、大幅に変更せざるをえなかった。それによって日本は、満州の南端にあり旅順と大連を含む、新たに譲渡された遼東《りょうとう》半島を、清国からの賠償金の増額と交換に放棄せざるをえなかった。[8]

英国におけるサトウ（一八九五年五―六月）

事務次官サー・トーマス・サンダースン（*Sir* Thomas Sanderson）は外務省で手短かにサトウと話をした。彼らは日本の遼東半島からの撤退にたいする補償、朝鮮における日本の改革にたいする明らかな反対、台湾の日本への併合について話し合った。台湾では反日ゲリラで半ば野蛮人の客家《ハッカ》に清国が密かに武器を供給しているらしい。[9] サンダースンはサトウにできるだけ早く日本に行ったほうがよいと言った。代理公使のジェラード・A・ラウザーはよくやっているが、日本語が不得手なので通訳のジョン・H・ガビンズ（当時日本語書記官で、主任通訳であった）と二等書記官のラルフ・S・パジェットに頼っている。

サトウはキンバリー卿にも面談した。キンバリー卿はロシアに対抗するために日本は「当然の同盟国」[10]であり、清国は「頼りにならず役に立たない」と評した。英国は清国と友好関係を保ってきたが、ロシアにたいして釣り合う勢力としては信頼できない。またキンバリー卿は横浜の英字新聞は日英関係に障害を及ぼしていると思うと言った。日本人の虚栄心は満足させねばならず、その善意は称揚せねばならない。一八六五年から八三年まで日本で公使を勤めたサー・ハリー・パークスに間接的に言及した際、彼はこう付け加えた。「彼らを半ば未開の民族として取り扱い、苛めたりすることはもはやできない。平等の立場に立って彼らを処遇せねばならない。」

一八九五年六月、政府が自由党から保守党の連合主義者へと替わったのに続いて、ソールズベリー卿が首相兼外相に就任した。彼はキンバリーに比べて、日本の能力と信頼性について懐疑的であった。八月十五日にサトウが東京から指示を乞う手紙を書いたのにたいして、ソールズベリーは十月三日付けの返事で、ロシアがシベリアから陸路を通って到達できる東方の海岸に不凍港を獲得するのを、日本が妨げることができるかどうか疑わしいと書いている。それよりも商業上の競争相手であるドイツに対抗して、貿易の振興に努力を集中すべきだという返答をサトウは受け取っている。[11]

一八九五年六月二十五日、日本に向けて英国を出発する前にサトウはウィンザー城で夕食に招待され、そこでヴィクトリア女王から聖マイケル・聖ジョージ二等勲章（KCMG）を授与されたが、ほとんど会話は交わされなかった。サトウはのちに女王陛下の即位五十周年記念式典に参列するために賜暇をとった際、ワイト島のオズボーン・ハウスで一八九七年八月十一日にもっと重要な会談がおこなわれた。晩餐のあとで女王陛下とサトウはシャムと日本についての内輪話をした。

ついで陛下が日本の親王［祝典に参列された有栖川宮親王］は良い方だが、見かけが立派でないとおっしゃったので、私は日本人は殿下のことを容姿端正な方だと思っておりますとお答えした。陛下は日本の婦人もやはり見栄えがしないように思うとおっしゃった。私は日本へきた旅行者は男たちが醜いので驚くという話をした。ついで陛下は、日本で公使を勤めるのは難しいことではないかとお尋ねになった。私は幸いなことには列強三国［ロシア、ドイツ、フランス］のせいで立場が容易になりましたし、日本語を話せるということが大へん役に立っておりますとお答えした。陛下は私の言葉に大いに驚かれて、日本語は非常に難しい言葉ではないのかとおっしゃった。私は日本語が難しいと言われているのは、ヨーロッパではその国の家庭に入って言葉を学ぶのが普通ですが、日本では外国人が日本人の家庭で生活しながら日本語を覚えることができないからですと申し上げた。

東京へ到着

サトウは一八九五年六月二十九日に発ち、ニューヨークとヴァンクーヴァーを経由して七月二十八日に日本に到着した。実業家連中と公使館員が横浜でサトウを歓迎した。翌日彼は外相代理の西園寺公望を訪問した。八月一日に彼は幕末当時の旧友で、今は総理大臣になっている伊藤博文と会った。サトウは日本が清国に勝ったことにたいし祝いを述べ、日本が遼東半島を放棄する条件を初めて知った。彼らは朝鮮、台湾、条約改正についても話し合った。

八月九日の午前十時にサトウは天皇皇后両陛下に謁見を賜り、信任状を奉呈した。彼は皇室の馬車に乗せられて二十分前に到着した。謁見の間でサトウは定められた儀礼に従い、三度礼をしてから英語で挨拶の言葉を読み上げた。陛下は日本語でお答えになったが、それはあとでこう通訳された。「我々両国の間の親しい関係に育まれた心からの友情が、貴殿が我が国に長年に亙り滞在された事実と、我が国の国情を熟知されていることにより、さらに一層促進されることは誠に喜ばしいことであります。」ついでサトウは皇后陛下にも拝謁したが、皇后は久しぶりに会えた喜びを述べられ、日英間の友情の助長について陛下と同じことをおっしゃり、さらにサトウが日本の事物に関する偉大な学者であると言及された。サトウは謙虚にお答えして退出した。

東京におけるサトウの主な政治的問題点

アメリカ、英国および日本の観点から見た清国の主たる問題は、領土獲得の意欲に燃えたヨーロッパ列強にたいして、清国の分割を阻止し自由貿易に向けた「門戸開放策」を確保することであった。一八九五年九月三日、サトウは清国駐在公使サー・ニコラス・オコナー（*Sir* Nicholas O'Conor）に手紙を書いて、清国は我々にとって同盟国として役に立たないというキンバリーの意見に、ソールズベリー卿も同意するだろうと述べた。[12] その月の下旬になって、ブラー提督[1]（*Admiral* Alexander Buller）との会話の中で、彼と次のように同意した。「清国は改革の問題では絶望的であり、政府の組織は完全に腐敗している。[13]」

九月二十六日にサトウが伊藤と会ったとき、こういう話を聞いた。日本は朝鮮に健全な政府組織を作るため、清国の同意を得ようと必死の努力をしたが、清国が協力を断ったので、日清戦争へとつながったのである。サトウは、前外相（一八七九—八七）で朝鮮公使（一八九四年十月—九五年九月）を勤めた長州の井上馨伯爵（一八三六—一九一五）と十月四日に話をして、朝鮮の近代化を助長するには、日本は清国より遥かに適任だと思うと述べた。同じ日に外相大隈重信は、日本が好んで清国に喧嘩をしかけたことを否定し、日本軍は強力な軍艦に外国人士官を乗せた清国海軍を懸念していたが、清国の陸軍は貧弱な訓練と統率しか受けていないと語った。伊藤はサトウに清国を打ち負かすことは易しかったと述べた。[14]

一八九九年に二人の清国人使節が日本を訪れた。[2] サトウは七月二十七日にソールズベリーあての個人的な手紙の中で彼らについて言及し、何も重要なことは達成していないと書いている。

日本は死体に縛り付けられることを好まず、ロシアにたいする清国の防御を引き受けるつもりはありません。日本の主な関心は、朝鮮における現在の地位の維持であり、朝鮮半島を呑み込もうとするロシアの試みこそ、私の考えでは一九〇三年に日本の軍備が完全になるまで、現在の低姿勢に留まっている日本の政策を転換させるものです。[15]

使節が帰ったあと、サトウは十月五日に再びソールズベリーに、外相青木周蔵[16]が使節の態度について、「非常に感情を害した様子」で語ったことを報告している。

彼らが話を進めたやり方のせいで、何ら真剣な交渉をおこなうことは不可能になりました。[日本と清国の間の] 同盟については問題にならず、友好的理解のみでしたが、それも彼らの日本での行動で挫折してしまったと青木は付言しました。[17]

朝鮮

朝鮮は何世紀もの間、儒教の階級制度の下で清国の属国であった。日本がそれに取って代ろうとする試みは、総じて朝鮮と清国で大いに憤激を買った。朝鮮の日本人にたいする憎しみは、一五九二年から九七年までの豊臣秀吉の侵略まで遡ることができる。もっと近くでは一八七六年に日本が朝鮮に押しつけた不平等な江華条約がその元である。

サトウが八月一日に伊藤に最初に会ったとき、伊藤は彼に英国は朝鮮に何か関心を持っているかと尋ねた。サトウは、日本と同じように英国もロシアによる朝鮮の併合を妨げようと望んでいると答えた。サトウは、ロシアはシベリア鉄道を朝鮮の港まで延長する計画を持っているのだろうかと伊藤に尋ねた。伊藤はそれに答えて、彼らは「何かもっと大きい事」を意図していると言った。伊藤は、ロシアは朝鮮の独立に関して、日本がその声明と行動を一致させることを期待していると書いたメモを読み上げた。伊藤とサトウは、朝鮮は独立よりも数カ国が保証する中立化のほうが望ましいということで意見が一致した。そうすればロシアは朝鮮と直接交渉できるし、「もっと容易に目的を遂げることができるだろう。」

八月二十五日にサトウは三浦梧楼子爵が朝鮮の公使に任命されたことをソールズベリーに報告している。サトウは彼のことを漸進的な改革路線をとる穏健な人物だと信じていたが、その後の出来事ですぐそれが間違っていたことが証明された。九月二十六日にサトウは、三浦が武装した反乱者たちを鎮圧するために、朝鮮政府から日本軍の派兵を依頼されたのを断ったと報告している。朝鮮を「内部から改革するのは不可能だ」というのがサトウの意見であった。伊藤自身は、朝鮮は独立状態を維持することはできないが、日本は現在の段階でロシアがそれを併合するのを阻止できない、何故なら日本の海軍は大型化しているが、まだ弱すぎるからだという意見であった。

一八九五年十月八日、京城でクーデターが起こった。それは三浦梧楼が企んだもので、閔妃〔朝鮮王妃〕が暗殺された。[3] サトウが十月十四日に初めて知ったように、閔妃は首を切られたのである。翌日サトウは友人のF・V・ディキンズに手紙を書き、次のように述べた。朝鮮は「第二のモロッコになるかも知れない。それは誰も触れることができない腐った果物のようなもので、誰かの手に落ちないように注意深く支えられているのだが、もしどこかに落ちれば、その国にたいして他の国々は戦争の瀬戸際に立つほど、嫉妬の念に燃えるであろう。」

一八九六年二月十三日、サトウは京城からきた朝鮮人の亡命者〔権濚鎮〕の訪問を受けた。京城では朝鮮王がロシア公使館に避難していた。彼は朝鮮にたいする英国の援助を強く求めたが、サトウは助けてやることができなかった。五月にサトウはソールズベリーにあてて、日本人は朝鮮のことを「アルザス・ロレーヌ」と同様に見做していると書いた。六月四日にサトウは国学者福羽美静に、[18] 井上馨はヨーロッパの線に沿って朝鮮の改革をしようとして「余りに急ぎすぎたのだ」と言った。

一八九七年二月十八日、新任の外相大隈重信がサトウに英国は朝鮮に公使館を設けるつもりはないのかと言い出した。これにたいしサトウは「もし英国が突然、何の明白な理由もなく総領事館を公使館に変更すれば、おそ

らくロシア側の心中に不快な感じを惹き起こすだろう」と答えた。(19)

十月六日、賜暇で英国にいたときにサトウはソールズベリーと朝鮮について討議した。ソールズベリーがロシアはアジア北東部に港を欲しがっているのではないかと言ったのにたいし、サトウは朝鮮の港は役に立たないが、もし元山（朝鮮の東海岸にある）がロシアの手に渡るようなことがあれば、日本で大いに人心の動揺を惹き起こすだろうと述べた。

一八九八年三月二日にサトウは再び朝鮮からの亡命者朴泳孝の訪問を受けた。彼は英国は朝鮮でもっと積極的な役割を果たさないのかと質問した。サトウはそれに答えてこう言った。英国は「朝鮮に直接の利害関係を持っていない。ただロシアと日本だけがそれを持っている。しかし日本は発言もしないし行動も起こさない。朝鮮の国民はここ二、三年忍耐が必要である。」

一八九九年三月三十日、サトウが外相青木周蔵に会ったとき、青木はこう言った。

もしロシアが朝鮮を手に入れれば、日本は片時も安泰で過ごせなくなる。残念なことには英国は日本の計画を支持する価値があるほど、朝鮮に利害関係を持っていない。もしロシアが半島を支配することになれば、朝鮮と通商を結ぶ国の中でも他を圧するような傾る強大な地位を占めることになるだろう。そこで私は日本は一九〇三年までは［戦争の］準備ができないだろうと意見を述べた。彼はそれ以前に行動せざるをえなくなるかも知れないと答えた。(20)

十月十二日に再びサトウと青木は会って、ロシア軍が貯炭場および対馬海峡を監視する海軍基地を作る目的で、馬山浦《マサンポ》へ移動する計画は、日本人の土地買収によって挫折したことについて話し合った。

サトウは一九〇〇年五月二日に英国に帰る前に、伊藤と最後に会った。サトウが極東では万事平穏のようだと言うと、伊藤はいつまで続くか誰にも分からないと答えた。サトウはこう返事した。

私はもし戦争になった場合、ロシアとの戦争が日本にとって有利に展開すると思う者は誰もいないと述べた。それなのに大勢の人びとがその話をしている。朝鮮における日本とロシアの関係は、シャムにおける英国とフランスの関係によく似ている。それは求婚者が二人いる美しい女性の場合と同じだが、だからと言って殴り合いを始める必要はない。しかしただ一つだけはっきりしていることがある。それはロシアが極東での計画を遂行するために、日本を唯一の障害と考えていることである。[21]

台湾

一八九五年五月三十一日にキンバリーはサトウに、「政府は台湾に関して干渉する理由は何もない。もちろん政府は日本が台湾を獲得しなければよかったと思っているが。」と言った。日本の領事館の仕事が拡大されたので、台湾に新しい領事館を設置しなければならないサトウにとって、それは政治的問題ではなく、どちらかと言えば商業的問題であった。[22]特に彼は日本政府と樟脳の取引について協議しなければならなかった。一八六七年の英国と清国の間の取り決めによって、外国人は台湾に入国して、樟脳を買付け輸出することを許されていたが、製造することは禁止されていた。これにもかかわらず、五、六の英国またはドイツの商社が、事実上製造を許されていた。一八九五年十月、日本人が島を接収したとき、彼らは規則通りに実施しようとして、外国商社のために働いていた数人の清国人を拘束した。サトウとドイツ公使グートシュミット (*Freiherr* von Gutschmid) が抗議した結果、樟脳の取引は一八九九年に新条約が実施されるまで、外国商社に容認されることになった。

阿片がもう一つの問題であった。一八九五年九月十三日、サトウと西園寺はそれについて話し合った。西園寺が、規制を緩やかにする路線をとることは果たして安全かどうかと質問したのにたいして、サトウはこう答えた。英国の阿片委員会の報告では阿片はアルコールほどの害はないし、清国人の労働者はしばしば屋外で阿片を吸っている。しかし私個人としては阿片も酒も両方とも廃止するほうが良いと思っている。

日本における問題点

新条約が締結されたばかりで、まだ実施されていないときに、数多くの問題が起こったのは当然のことであった。清国協会の横浜支部は、サトウに覚書で示した通り、英国の（すなわち彼らの）利益が「不当に犠牲になる」として新条約に反対した。[23] 彼らは本国に本拠を置いて新しい市場を求める商社とは違って、これ以上の開国は何の利益もないと主張した。

土地の賃貸借が問題となり、特に神戸ではそれが強かった。日本側は無期限の貸借に制限を設けて、外国人による土地の取得を効果的に取り締ろうとした。サトウはこの問題を一八九八年三月三日に外相西徳二郎と協議した。西はこの問題に何の異論もないと思っていた。サトウはそれに答えて〔日記の中に〕こう書いている。「新条約の下では、外国人も法が日本人に付与していると同じ権利を享受すると定めているのであるから、期限を定める必要はまったくない。神戸の件では、私は西が情報を収集するのを待つつもりだが、しかし日本政府と外国公使との間で結ばれた条約は、地主と借地人との間に生じた問題は、すべてこれを当事者間の取り決めに委ねるとしているのであるから、知事が自分自身の計算で期限を設けたりしないでほしい。」サトウは昔、居留地が設立されたとき、立ち合ったのは伊藤と自分であるから、神戸の問題を理解しているのは自分たち二人だけだと付け加えた。

監獄の状態と、逮捕された外国人に領事が面会する件は、多くの機会に議論された。同様に輸入品の原産地証明、土地の税金、新聞法なども論議された。しかし最も世間の注目を集めた事件は、カリュー夫人（*Mrs* Edith Carew）の事件である。[4] 彼女は一八九六年十月に夫を砒素で毒殺した嫌疑で告発された。この裁判は昔ながらの治外法権の制度の下で、横浜の領事裁判所でおこなわれた。サトウはイーディス・カリューに絞首刑を免れさせる方法を見いだし、刑は終身刑に減刑された。[24]

東京におけるサトウの個人的生活

サトウは職業上の理由だけでなく、個人的な理由からも東京へ戻ることを喜んだに違いない。これによって彼は外交官なるが故に結婚できなかった日本人妻武田兼と二人の息子栄太郎と久吉《ひさよし》と過ごすことができるようになった。（久吉は久吉《ひさきち》とも呼ばれ、日記の中では関東地方で使われる愛称チャーチャンと時々呼ばれている。）栄太郎は一八八〇年の生まれで、久吉は一八八三年の生まれである。一八九五年にサトウが戻ってきたとき、子供たちはそれぞれ十五歳と十二歳であった。ラテン語、イタリア語、スペイン語を使って、軽妙に符号化したサトウの家族の呼び方が日記の方々に散在している。たとえば一八九八年三月二十六日にサトウは「家族三人と一緒に（with tutti e tre）戸塚で夕食をした」と書いている。（戸塚は新宿区の今の高田馬場駅近くにあった。）ここでいう三人とは武田兼、栄太郎、久吉のことである。その他に出てくる例として「源兵衛村で子供たち（con los muchachos）と夕食をする」と書いてある。(25) しかし細かい描写はほとんどない。次の一八九五年十二月三十日の記述が唯一の例外である。

> 子供たちを連れて十時に沼津の近くにある静浦へ出発する。すばらしい上天気だ。十一時二十分までに徒歩で峠の頂上に達し、軽井沢に十二時十五分に着く。一時五分に出発、平井まで歩いて半時間ほど休む。二時五十五分に再び出発したが、ここから三郎［サトウの召使］と久吉は俥に乗り、我々はそのまま徒歩で大《だい》場《ば》と山下を通り、島郷の村のすぐ裏側にある低い峠を越えてヤマキワで大きな道に出た。五時十五分に静浦の保養館に着く。この宿屋は西郷別邸と海浜院という病院の間にあって、新しい立派な宿屋だ。茶代を五円渡したが、そのお陰で大へん待遇が良かった。砂浜には見事な松林があり、景色のよい場所だ。気温は熱海より暖かい。

また外国人の中にも日本人と同じく旧交を暖めるべき人たちがいた。一八七三年以来、日本に住んでいるバジル・ホール・チェンバリン教授もその一人であった。外交官の同僚の中に一八七三―七五年当時、最初に日本に駐在していたベルギー公使アルベール・ダヌタン（*Baron* Albert d'Anethan）がいた。彼の夫人は英国人のメアリー・ハガード（Mary Haggard）で、『ソロモン王の洞窟』の著者サー・ヘンリー・ライダー・ハガード（*Sir* Henry Rider Haggard）の妹であった。その他の老練な日本通としてJ・H・ガビンズがいた。彼は一八八三年にサトウのあとを引き継いで、条約改正会議の英国側書記官を務めた。アメリカ人のヘンリー・W・デニスン（Henry W. Denison）は長年の間、外務省の法律顧問を勤めてきた。また英国人のウィリアム・H・ストーン（William H. Stone）は一八七二年以降、電信技術の助言者であった。

サトウは特に暑い夏の数カ月、東京から逃れる避難所として、箱根よりも日光の中禅寺湖畔のほうが良いと決めていた。[26] 友人のF・V・ディキンズにあてて一八九五年八月二十一日に次のような手紙を書いた。

昨日私はここに来ました。ここは湖の岸辺にある小さな家で、九月まで借りています。貴兄がこの場所をご存じかどうか忘れました。非常に小さな家で、あたりは閑静です。ここに家を持っている外国人はグートシュミット、ラウザー一家、カークウッド（William M. Kirkwood）一家および名前を知らないドイツ人の学者だけです。

九月十七日の日記にサトウはこう書いている。「グートシュミットのボートに乗って、私が新しく家を建てた砥沢《とざわ》まで十二分かかって漕ぐ。」彼が建てた別荘はいまだに英国大使が使っている。一八九六年五月三十日に彼は建築家ジョサイア・コンダーを連れて建築現場まで行き、ボートハウスの位置を決めている。のちに彼はおそらく水漏れしやすいボートの代わりに、A・テックに七十ドルでスカル・ボートを注文した。[27]

グートシュミット男爵は数回失態をしでかしたので、ドイツ公使として長い間駐在することはできなかった。最初の失態は下関での講和条約を祝って、彼が伊藤首相に電報を打ったときのことで、その二日後に遼東半島に関する抗議［三国干渉］に参加したのである。[28] 二番目の失態は西園寺に「馬鹿げた覚書」[29] を書いたことで、三番目は一八九六年十二月三十日に彼が学生を鞭でなぐったと伝えられたことである。[30] 彼に代わってライデン（*Graf* von Leyden）伯爵が公使となった。

朝比奈閑水は情報局秘密情報部のできる前の時代の一

八九五年十二月二日からサトウのスパイとして傭われた。彼は旗本の出であって、その父は長崎奉行であった。彼自身も一八六四年から六年にかけて長崎奉行を勤めたが、実際に長崎に勤務していたわけではなかった。一八六七年三月、彼は外国奉行に任命され、一八六八年一月には勘定奉行に転じた。それ以後の彼の経歴は知られていない。[5] 彼は公式の報告書に「極秘の情報源」として登場しており、サトウのところへ衆議院の財政委員会の速記録などの書類を持ってきたことがある。時としてサトウは特定の情報を要求した。たとえば一八九八年十二月に、ロシアが日本政府に旅順と大連湾を租借したいという希望を通報したかどうか、さぐり出してほしいと依頼した。朝比奈は定期的にドルか円で礼金を貰っていたが、果たして彼がサトウにとって、どれほど有用であったのかはっきりしない。一八九六年二月十九日にサトウは朝比奈が自分に「かまをかけて」聞き出そうとしていると感じた。[31]

一八九五年十二月十一日、サトウは日本アジア協会の会長に就任した。この協会は彼が一八七二年に会員の一人となって創立されたものであり、一八七〇年代にしばしば彼はここで研究を発表している。一八九七年十一月三十日に彼は、「くだらない」論文を数多くのせているという理由で、協会を解散するという提案をチェンバリンと話し合った。しかし幸いにも協会は今日まで続いている。一八九九年三月二十九日にサトウは日本アジア協会で『日本耶蘇会刊行書志』(The Jesuit Mission Press in Japan)[32] を発表した。次いで六月二十一日に公使館で『日本における竹の栽培』(The Cultivation of Bamboos in Japan)[33] を発表した。

サトウはギリシャ語やラテン語を含む外国語に学者的興味を抱いていた。彼は日本政府の法律顧問ウィリアム・M・カークウッド[34]の夫人と一緒にヴェルギリウス[6]を読んでいる。彼はカトリックの神父エヴラールとイエズス会の教義について話をしている。彼は度々音楽会やアマチュア演劇を訪れ、男性合唱団の熱心なメンバーであった。合唱団のためにブラキストン夫人(ブラキストン大尉[35] Thomas Wright Blakiston の未亡人)に伴奏を続けるように説得した。彼は定期的にホイスト(トランプゲームの一種)に興じ、横浜の日本競馬クラブの委員長であった。一八九六年十月二十九日、天皇陛下を競馬場にお迎えした。その他の行事に出席したのは、一八九六年一月二十四日と一八九八年五月十二日に、ケンブリッジ大学を卒業した日本人の晩餐会とか、一八九九年二月四日に催された英国法廷弁護士会の創立晩餐会で、日英の弁護士たちがメトロポール・ホテルに集まったときである。

日本との決別

一九〇〇年三月二十九日にソールズベリー卿から一通の電報が届いた。それにはサトウを北京に派遣し、マクドナルドが「もしかすると貴官の後任になるかも知れない」という意向が示されていた。サトウは次のように返事を書いた。「閣下のご信頼の印を大いに喜んでおります。」そして転勤を喜んで受託した。[7] 一段と地位が高くなると同時に、給料も高くなったのである。[36]（一年につき四千ポンドから五千ポンドになる。）彼の出発を惜しむ人びとの中には、伊藤と宮内大臣田中光顕がいたが、サトウは五月三日に田中にこう言った。「自分としては英国の友好的感情を忠実に守って勤めてきたのにすぎない。だから私が戻っても戻らなくても、その点はまったく変わりがない。」天皇皇后両陛下への拝謁は四月二十四日におこなわれ、五月四日に彼は横浜から出航した。

（付記）

東京時代のサトウの詳細な記述については、イアン・ラックストンが編集しナイジェル・ブレイリーが序文を書いた、*The Diaries of Sir Ernest Satow, British Minister in Tokyo (1895–1900): A Diplomat Returns to Japan* (Tokyo: Edition Synapse, 2003) を参照されたい。この本は当時のサトウの日記を転写して、脚注と索引をつけたものである。（前記についてはそれ以前に次の邦訳がある。『アーネスト・サトウ公使日記』第一巻（一九八九、長岡祥三訳）、第二巻（一九〇一、長岡祥三、福永郁雄訳）。）

（長岡祥三　訳）

［原注］

（1）　日本に以前サトウが駐在した時代の一八六二年から六九年にかけてのことは、彼の本 *A Diplomat in Japan*

(Seeley, Service & Co., London, 1921. 邦訳『一外交官の見た明治維新』岩波文庫）を読んだ読者はある程度ご存じのことと思われる。さらにコータッツィとダニエルズが編集した *Britain and Japan, 1859–1991* (Routledge, London and New York, 1991. 邦訳『英国と日本』思文閣出版）の中のピーター・コーニッキーがサトウについて書いた章を参照されたい。なお Ian C. Ruxton 編集の *The Diaries and Letters of Sir Ernest Mason Satow* (Edwin Mellen Press, Lampeter 1998. 邦訳『アーネスト・サトウの生涯』雄松堂出版）も参照のこと。

（2） Diary, 17 May 1895. The Satow Papers の中のサトウの個人的な日記は、PRO 30/33 15/1-17（1861-96）に始まり、PRO 30/33 16/1-12（1896-1912）へ続き、PRO 30/33 17/1-16（1912-26）とさまざまな旅日記（1879-1906）で終わる。

（3） Brailey, N. (ed.) The Satow Siam Papers, Vol. 1, The Historical Society, Bangkok, 1997. を参照。

（4） サトウの以前の日本時代の同僚で友人であり、暫定的に朝鮮総領事を勤めていたW・G・アストンにあてた一八八四年六月二十七日の手紙で、サトウは羨ましげにこう書いている。「お仕事は非常に面白いと思います。君の接している人たちは教えやすい人たちです。」(Satow Papers, PRO 30/33 11/3.)

（5） 長い賜暇はサトウの外交官経歴の中でも低迷した時代であったが、彼は休暇を有効に利用し、家族や友人を訪れたり（A・B・ミットフォード、ウイリアム・ウィリス）、図書館で本を読んだり（オックスフォード、ローマ、マドリッド、リスボンで）、一八八八年十月二十九日に英国国教の堅信礼を受けたりした。

（6） *Dictionary of National Biography, 1922–30* (Oxford: Oxford University Press, 1963) の中の Dr. H. Temperley のサトウに関する記載事項を見よ。

（7） Ian Nish, *The Anglo-Japanese Alliance*, (London: The Athlone Press, 1966) p. 11. 日本では古い条約を拒否しようとする圧力が次第に強まっていた。それ故、欧米諸国によって日本を「国際礼譲」の場に留め置いて、鎖国に戻るのを妨げようとする試みが再交渉の形をとりつつあった。(N. Brailey, 'Ernest Satow and Japanese Revised Treaty Implementation,' a paper delivered at STICERD on 9 July 1999 を見よ）

（8） さらに詳細については次を見よ。陸奥宗光『蹇蹇録』*A Diplomatic Record of the Sino-Japanese War, 1894–1895.*（ゴードン・M・バーガー英訳。東京大学出版会、一九八二）Beasley, W., *Japanese Imperialism 1894–1945* (Oxford: Clarendon Press, 1991); Lone, S., *Japan's First Modern War: Army and Society in the Conflict with China, 1894–95* (London: Macmillan, 1994).

（9） Lensen, G. A.（英訳・編集）*The d'Anethan Dispatches from Japan, 1894–1910* (Tallahassee Florida: The Diplomatic Press, 1967), p. 53. から引用。サト

ウの日記からのこれ以上の抜粋については、次を見よ。Lensen, G. A. (ed.) *Korea and Manchuria Between Russia and Japan, 1895-1904, The Observations of Sir Ernest Satow* (Tallahassee, Florida: The Diplomatic Press, 1966). 以降この後者の文献は 'Lensen' として引用する。

(10) 一八九〇年代において日本は日英の鋭敏な観察者から、英国の「当然の味方」と見做されたことはきわめて普通であった。(Nish, p. 11, quoting S. Gwynn (ed.), *The letters and friendships of Sir Cecil Spring Rice*, 2 vols, London, 1929, volume 1, pp. 145-6, Rice to Ferguson, 28 May 1893:「英国では日本を悪ふざけをする国だと思っている。……日本における一般的な感情では、英国は日本の当然の味方と見做されている。」)

(11) Satow Papers, PRO 30/33 5/2.

(12) Satow to O'Conor (private), 3 September 1895, Satow Papers, PRO 30/33 14/8.

(13) Diary, 20 September 1895, PRO 30/33 15/17.

(14) サトウはモロッコを去る前に友人のF・V・ディキンズにあてた四月十八日の手紙で同じ見解を示している。そのとき彼はそれを黴びたチーズを切ることに例えた。Satow to Dickins, 18 April 1895, PRO 30/33 11/6.

(15) PRO 30/33 14/11.

(16) *Britain and Japan: Biographical Portraits* vol. 3 (ed. J. Hoare, Japan Library, 1999) の第十二章、イアン・ニッシュの「青木周蔵（一八四四―一九一四）」を見よ。

(17) PRO 30/33 14/11.

(18) 福羽美静（一八三一―一九〇七）。明治維新後、神祇官事務局に入り、神道の振興に尽くした。一八八一年に元老院議官に任命され、そののち宮内省に勤め、貴族院議員となった。他のところでサトウは彼のことを「小柄な神道学者」と称している。（一八九五年八月十四日の日記）

(19) PRO 30/33 16/1.

(20) Diary. PRO 30/33 16/2.

(21) Diary. PRO 30/33 16/3.

(22) 領事部門職員のある者は日本から台湾に転勤させられることに不満を持っていた。一例としてアーネスト・アルフレッド・グリフィスの場合は、一八九六年に兵庫から台南の一等補佐官に転任となり、一九〇三年まで内地へ戻らなかった。（一八九六年三月十二日、エンズリーからサトウへ。転勤を再考することを断ったサトウからエンズリーへの返事は三月十六日付けである。PRO 30/33 5/8.)

(23) PRO 30/33 5/5.

(24) 一八九七年二月二日の日記。なお、論争の多かったカリュー事件についてのジャーナリスティックな作品として H. S. Williams, *Shades of the Past* (Tuttle, 1984) を参照。

(25) 源兵衛村はサトウが週末に家族と会ったり、植物や竹を研究し栽培したりするために、一軒の家を借りていた場所である。それはサトウの日記では戸塚とか高田とか、または単に「郊外」と呼ばれている。〔長岡祥三『アーネスト・サトウ公使日記』第一巻、東京、新人物往来社、一九八九年、一六五頁〕この家はサトウが一八八四年十一月七日、バンコクから賜暇で戻っていた際に、武田兼と二人の息子が住むために、東京九段の富士見町四丁目に購入した家とは違う。その家のあった場所は、現在の法政大学と靖国神社の間にあり、記念の銘板が取り付けてある。

(26) 彼はしばしば日光の新井ホテルから中禅寺にある湖まで歩いて登った。そして近辺の散歩を楽しんだ。一八九五年九月十九日、彼は「金谷ホテルでビショップ夫人に会った」。この名は勇敢な婦人旅行家イザベラ・バード（一八三一―一九〇四）の結婚後の名前である。

(27) Diary. 3 February 1899.

(28) Diary. 1 August 1895.

(29) Diary. 23 October 1896.

(30) Diary. 12 January 1897.

(31) Lensen, pp. 21–24.

(32) The Transactions of the A. S. J.〔日本アジア協会紀要〕Vol. 27, Part 2, 1899に収録。

(33) 同じくT. A. S. J., Vol. 27, Part 3, 1899に収録。

(34) ウィリアム・カークウッドは一八八五年に司法省の法律顧問に任命され、一八八六年八月六日に井上馨を長とする外務省法律取調委員会が発足したとき、彼はG・E・ボアソナードと共に委員に任命された。カークウッドはボアソナードが提案した法典に意見を述べ、日本の法律のかなりの部分を英語に翻訳した。彼の雇用は一九〇一年七月三十一日に終わったが、日本にたいする功績を認められて、勲二等旭日章を授与された。（武内博編著『来日西洋人名事典』東京・日外アソシエイツ、一九九五年より）

(35) 'Thomas Wright Blakiston' (1832–1991) by Sir H. Cortazzi, Ch. 5, *Britain and Japan: Biographical Portraits* Vol. 3 (ed. J. Hoare, Japan Library, 1999)を参照。

(36) しかしサトウがH・S・ウィルキンスンと北京に転任になる可能性について話し合ったとき、彼は「あのような困難の多い地位に就きたいという気持ちには絶対になれないが、もしもそういう提案があれば、まず断り切れないだろう」と答えた。(Diary, 25 July 1899.)

(37) 彼は日本の家族と別れなければならなかったが、息子たちの十代の人格形成の時期を積極的に共にした。一九〇六年の日本への最後の訪問のとき、彼はお兼と久吉に再び会った。そして故国に帰る途中で、健康上の理由でデンバーで農場をやっている栄太郎を訪れた。のちに武田理学博士となった久吉はサトウと同じく植物に興味を持ち、一九一〇年から一九一六年まで英国で勉強した。サトウがお兼に愛情を失ったことを示す印は何もない。一九一六年一月二十六日の日記の中に、サトウは久吉は母が一人きりなので帰るべきで、彼に年二百ポンドの手当を払ってやる余裕がなくなったと書いている。

[訳注]

[1] ブラー提督　英国の清国・日本駐留艦隊司令長官。

[2] 清国の使節とは、清国皇帝の密命を受けた劉学詢、衡慶寛の二人で、李盛鐸公使と共に参内し、皇帝の親書および暗号電信文を奉呈した。同席したのは、徳大寺侍従長と通訳一名のみであった。二人は商業視察の名目で来日したが、実際は皇太后の密旨を受けた皇帝が派遣したもので、近来内憂外患が絶えず、国力の衰微した清国の現状を打開するため、何か良策があればお教え頂きたいというのが、その趣旨であった。（『明治天皇紀』第九巻より要約）

[3] 閔妃暗殺事件（乙未《ウルミ》事変）　明治二十八年十月八日未明、朝鮮国王の父大院君を擁する一派が王宮に乱入して王妃を暗殺した事件。事件に関係したとされる日本公使三浦梧楼、岡本柳之助、その他四十数名は十月二十六日、広島地方裁判所に拘引されたが、翌明治二十九年一月、証拠不十分により免訴釈放された。

[4] カリュー事件　横浜ユナイテッド・クラブの支配人であったカリュー（Walter Raymond Hallowell Carew）が、夫人イーディス（Edith）によって砒素を盛られ、明治二十九年十月二十二日に死亡した事件。英国領事裁判所で十一月十一日から十九日まで予備尋問があり、翌年一月五日から本裁判が開始され、二月一日に結審して、イーディスは死刑の宣告を受けた。しかしサトウが、たまたま皇太后の崩御（一月十一日）によって日本政府から国内の犯罪人にたいする恩赦の布告が出たのを理由に、公使の権限によって命令を出し、終身刑に減じられた。なお、カリュー事件について詳しく書かれた本は、徳岡孝夫著『横浜・山手の出来事』（文芸春秋、一九九〇）があり、英文ではMolly Whittington-Egan, *Murder on the Bluff, The Carew Poisoning Case* (Neil Wilson Publishing Ltd., Glasgow 1996) がある。

[5] 朝比奈昌広　明治元年、勘定奉行を免ぜられてのち、寄合（前官礼遇者）となった。（『明治維新人名辞典』、吉川弘文館）

[6] ヴェルギリュウス（Vergillius Maro）　紀元前七〇—十九年、ローマの詩人。「牧歌」「農耕歌」などの詩集がある。

[7] サトウは実際には北京行きに否定的な考えを持っていたようで、日記の一八九九年七月二十五日にジョゼフ・ウォルトン議員との会話の中で、こう述べている。「北京では一旦泥にまみれた名声をもう一度回復しなければならない羽目になるのだ。彼は私の名前も候補に上がっていると言ったが、私はそれにたいして少しも喜びを見せずにこう答えた。私が北京へ臨時代理として一時的に派遣されるという案があることを聞いているが、新条約が正に実施されようとしている現在、ここでの自分の仕事を放棄するようなことは決してやるべきではないと思っている。」

第II部

同盟から疎遠化まで

1900－1941年

序文

イアン・ニッシュ
（ロンドン大学政治経済学院国際史名誉教授）

一九〇〇年から一九四一年にかけて、日英関係は二つの時代に分かれる。すなわち一つは同盟とその余波の時代、もう一つは疎遠の時代である。これらの時代はお互いに混じり合っているので、その年代を区分することは難しい。日英同盟（一九〇二－二三）の結ばれていたときの関係は、同盟国間に商業的競争が存在していたにもかかわらず、全体として誠意のこもった状況であった。良好な関係は同盟が終わっても崩れなかった。一つにはそれは同盟の善意が多少残っていたからであり、また一つには日米関係が米国の移民制限のために過去最低であったそのときに、同盟が終結したからであった。日本は自分の弱点に気付いて、太平洋の新しい主導的勢力である米国と同時に、英国とも仲の悪い関係を保つことはできないと決意した。それ故、東京は英国の外交使節にとって、二十世紀の最初の三十年間は、比較的居心地のよい勤務地であった。しかし一九三一年の満州事変と世界不況の余波が重なって、東京はずっと楽しくない場所となり、ついに最後は一九四一年のアジア太平洋戦争の勃発によって、大使館が閉鎖された。

東京の公使館は、新世紀の初めに八人の先任幹部と、中心を離れた地方に駐在する十三人の領事によって構成されていた。公使館は一九〇六年に大使館に昇格した。サー・クロード・マクドナルド（*Sir* Claude MacDonald）が最初の大使（一九〇六—一二）に任命されたが、彼はそれ以前に公使として五年間（一九〇〇—〇五）勤務したのである。一九二五年になると幹部の外見は実質的に変わらなかったが、東京に九人が勤務し、領事は十八人であった。それ以後、大使館は拡張され、一九三一年には東京の常駐者は十三人となり、一九四一年には二十三人に増えたが、領事の数は二十人にとどまった。

新世紀に入って、最初の三人の現職者は生え抜きの外交官の典型とはまったく異なり、すでに例外的で骨の折れる経験を有していた。実際に外務省は、故意だったのか偶然の一致だったのか分からないが、アフリカかアジアのどこかの国で過ごした過去の経験が、日本の社会情勢にうまく対応すると思われる人たちを探していたようだ。三人とも全部アフリカでの公式経験を持っていた。クロード・マクドナルド（第九章参照）は東アフリカと西アフリカで数カ所に駐在した。カニンガム・グリーン（*Sir* William Conyngham Greene 第十章参照）は南アフリカで、ミルナー（*Sir* Alfred Milner 高等弁務官）の幼稚園の一員のように扱われた。チャールズ・エリオット（*Sir* Charles Elliot 第十一章参照）は特に多様な経歴を持ち、タンジール、サモア、ザンジバルで勤務した。のちに彼はシベリアでの緊急要件のため呼び戻され、そのすぐあとの一九一九年に外交部門に復帰した。換言すれば、三人とも以前は苛酷な勤務に就いたことがあり、正統的な外交組織の出身者は一人もいなかった。

しかし外交部門の改革と「民主化」の議論にもかかわらず、外務省は一九二六年のエリオットの退任後に、ヨーロッパ風の専門の外交官を選んで任命した。型にはまったタイプの代表が東京の［大使の］地位に選ばれたが、それはもちろん戦争の終結以来、格上げされていた。ジョン・ティリー（*Sir* John Tilley　第十二章参照）とロバート・クレイギー（*Sir* Robert Craigie　第十五章参照）はそれ以前に日本とほとんど関係がなかった。〔外務省〕官房長としてティリーは領事部門の改革を統括しており、それ故その部門の日本支部の問題点に気が付いていた。いずれにせよ、彼は中央官庁で高く評価されていた。さらにアントニー・ベスト（Antony Best）が書いているように、クレイギーは一九三〇年と一九三五年の二つのロンドン海軍会議に参加して、日本人と交渉した経験があり、その線である程度の接触を保っていた。これと対照的にフランシス・リンドリー（*Sir* Francis Lindley　第十三章参照）とロバート・クライヴ（*Sir* Robert Clive　第十四章参照）は、外交部門に入ったすぐあとの一九〇〇年代に二人とも日本で働いたことがある。しかし両方とも日本語のエキスパートにはならなかった。

戦争の合間の時代における七人の代表者〔大使〕は、次表に示すように大体において同じような教育的背景を持っている。

第一表

マクドナルド（一八五二―一九一五）〔アピンガムとサンドハースト〕四十八歳で任命

グリーン（一八五四―一九三四）〔ハローとオックスフォードのペンブルック〕五十八歳で任命

エリオット（一八六五―一九三一）〔チェルトナムとオックスフォードのベイリオル〕五十七歳で任命

ティリー（一八七九―一九五二）〔イートンとケンブリッジのキングズ〕五十六歳で任命

リンドリー（一八七二―一九五〇）〔ウィンチェスターとオックスフォードのモードリン〕五十九歳で任命

クライヴ（一八七七―一九八四）〔ヘイリーベリーとオックスフォードのモードリン〕五十七歳で任命

クレイギー（一八八三―一九五九）〔ハイデルベルグで個人教授を受ける〕五十四歳で任命

このグループは共通点が多い。彼らの教育的背景と任命されたときの年令は、大ざっぱに言って似たようなものである。外交部門に入るための、昔からの私的収入の必要性は廃止されていたが、彼らは富裕な身分というよりも、経済的に余裕があったのである。同時に彼らは明らかにタイプがそれぞれ異なっていた。晩年になってから の非公式会見で、ジョージ・サンソム（*Sir* George Sansom）は高い尊敬を払っていたリンドリーについて、「……彼は大地主の紳士であった。……特に大きな才能はないけれど、常識と経験を豊富に蓄えた外交官の典型と言える。だから何か事件が起きると、この頃の外交官が滅多にしないことをする。じっと我慢するのだ。それで国際的危機に対処することができた。」それに比較するとマクドナルドは軍人だったので、彼がいた当時の日本の軍部が支配していた政府とうまく適合することができた。エリオットはオックスフォードのトリニティー・カレッジの特別研究員であり、生来の能力によって著名な学者となったが、事実上明治時代の型にはまった学者兼外交官であった。しかし後者よりも前者のほうに近い。彼はその著書『極東からの手紙』(*Letters from the Far East*, London, 1907) の中で、実際に日本について書いている。

東京は苦労の多い職場であると認識されていたことを思い出してみよう。不快な夏の数カ月の間の一定期間、大使は日光に近い中禅寺の丘のほとりに行って、サー・アーネスト・サトウが一八九〇年代に湖畔に建てた別荘を利用するのが常であった。他の大使館の幹部たちは東京の焼け付くような高温を避けて、避暑地に家を借りなければならなかった。大使たちは中禅寺にいる場合も監督責任は持っていたが、重要な書類は中禅寺に送られる一方で、膨大な日常の仕事は東京で若手連中に任せていた。ときどき中禅寺からロンドンに報告書が送られた。

東京の宿泊設備もまたヨーロッパの大使館の水準まで達しておらず、大使夫人の趣味に合っていなかった。ホア博士（*Dr.* James Hoare）は建築に責任のある役所である工務省は、必ずしも厳しい基準を満たしていなかったことを明らかにしている。一九二三年の関東大震災は、大使館の建物がひどく壊れて再建に十年近くかかったのだから、確かに一つの要因であった。特に一九二〇年代における東京大使館での生活は、外交的水準によれば苛酷だという評判であった。(1)

それ故、東京への派遣を受けるのを外交官たちが渋る理由があったのである。一九三〇年代にリスボンで快適に暮らしていて、その土地を楽しんでいたリンドリー一家のことを、私たちはよく知っている。フランシス・リンドリーは「遂に昇進」したことを認めて、大使の職を受け入れた。「大きな大使館」へ移動するという予想は、個人的に彼の心を捕らえた。しかしその後、家族は東京は英国から遠すぎるという理由で考え方を変えた。ヨーロッパの大使館と違って、本省の役人たちと諸事を議論するとか、家族の問題点を解決するために、簡単に帰国することは不可能であった。それでもリンドリーは主張を貫いた。彼は五月二十七日にカナダ経由でサウサンプトンを出発し、途中何カ所か経由して、七月二日に大使館に到着した。東京への旅に一カ月余り費やしたことになる。しかし、新しい地位に就いてから二カ月以内に、リンドリーは転任を受け入れたことについて考え直すようになった。(2)

東京での地位の格別な特徴は日本の領事部門の存在であって、それはどの大使にとっても弱点であると同時に強味でもあった。この部門の幹部職員は語学のエキスパートとして訓練され、大使館内で日本語書記官の検査を受けた。その職は長い間J・H・ガビンズが勤めていた。彼らはしばしば日本で何十年も骨折って働いた。すなわち各条約港の領事として、さらにその延長で朝鮮、台湾、満州国の領事として勤めたのである。彼らはその分野で熟練者であった。専門的外交官としての大使の仕事は、これらの領事職の専門的技術を利用することにあった。彼は部下の専門家の特定の知識に依存するゼネラリストであることを自覚していた。これは英国国内の公務員の場合に、ゼネラリストとスペシャリストとの間に起こる、より広い論争に相等しい。大抵の大使にとって、これは特に問題ではない。しかし外交部門のある者は、それを調整するには難しすぎると思った。大使たちのすべてが専門家の助言を受け入れたわけではない。この問題は三十年代の東京の大使館の運営に関して、論争の多い問題点の一つとなるべきものである。

当時の一般的な考え方に従って、最初は大使館の仕事の政治的な面に思考が集中していた。日英同盟には必然的に政治的、戦略的な面があったが、一九二三年に条約が終結した以降は、二国間の関係は益々商業的になる傾向があった。今までは商業的な面は、条約港に駐在する領事たちが大部分おこなっていた。しかし一九二〇年代以降は、大使館の中に商業部門を設ける必要が生じた。

商務省と外務省の間の合弁事業として一九一七年にロンドンで創設された海外貿易局から働き手が派遣された。これによって日本の地に商業的熟練者が増加した。商務参事官と呼ばれるようになったこの人たちの中でも最も卓越したジョージ・サンソムは、商務部に属するようになったことを如何に喜んだか語っている。それによって彼は「自分で采配を振るい、自分自身の時間は自分で処理し、誰にも相談しなくてよいという大いなる独立性」を与えられたのである。(3) 商業的問題は次第に政治的問題になりつつあったが、外交官たち、特にエリオットは、商業の問題の核心には興味を持っていなかった。

　それによってさまざまな段階における通信の問題が持ち上がった。第一は外務省との通信である。二十世紀の初めにおいては、東京からロンドンへの通信方法は船で報告書を運ぶことであったが、時にはロシアのシベリア横断鉄道や太平洋横断路線を使うことがあった。シベリア横断鉄道はしばしばロシアの諜報機関の注意を招いた路線であった。電報は選択に任せられていたが、外務省の極度の節約方針のために、緊急事態以外はその使用を認められなかった。このため外交官は一九一四年まで地元の新聞記者に比べて不利益を蒙っていた。新聞記者は重大局面の場合に、費用かまわず記事を電報で送る、より大きな自由を認められていたのである。第一次大戦以後は電報が標準となったが、詳細な記録はかなり時間差がある報告書で依然として送られていた。

　東京駐在の英国外交官は、本国への通信の一方的偏向について、常に不満を持っていた。海外駐在者の重要な考察の多くは、公式の報告書で送られるのではなく、外務省の官職者または外務大臣そのものに、大使からの個人的な手紙として送られたのである。これらの手紙は通常印刷されたり、公開されたりすることはないので、軽率な内容を含んでいても差し支えなかった。この習慣はうまくおこなわれていたがその一方で、海外の大使が返事を受け取ることは稀であり、例外としてごくたまに官職者からの手紙がくるだけであった。暗闇の中にいるが手紙を書く余裕のある大使と、多分明るみの中にいるが意見を書き送る余裕がないと主張する中央官庁の官吏の、どちらに多く同情すべきかは難しい問題である。いずれにしても東京の幹部職員が、包括的な考察や、ロンドンの方針決定に影響する党の政治的関心について、しばしば知らされていないという不満には根拠があった。

外務省の極東部に職員配置をする際に、日本と中国の経験者の数の釣合いをとる試みがおこなわれた。しかしこの釣合い政策にもかかわらず、一九三〇年代までに日本の中国における行動と、ドイツとの関わり合いのせいで、中国にたいする同情と日本にたいする敵意の潜在的感情が生まれた。東京からの助言はさまざまであった。そして中央官庁は当時の大使の判断よりも、一九三四年と一九三九年に賜暇で戻ったジョージ・サンソムの判断を時として受け入れる傾向があった。東京の大使たちが政策に基本的な影響を与えたことは、滅多になかったと結論づけざるをえない。そして彼らの意見はどれほど良く記述されていても、無視されることがしばしばあった。ニッシュがマクドナルドについて書いた論文にもこの事実を見出すことができる。マクドナルドは一九一一年に日英同盟を更新しないように勧めたが、この意見は拒否された。スミス（Dennis Smith）の論文は、エリオットが日英同盟を継続したほうがよいという自分の意見が看過されたことを、不満に思っていた事実を明らかにしている。リンドリーは友人への私的な手紙の中で、一九三一年から三年にかけて外務省と国際連盟のした行為について大いに不満を述べ、彼の真意を相手に伝えられないことを認めている。しかしリンドリーの後継者のクライヴは、東京の大使館とロンドンの間の論争を避ける傾向にあったと、ベストは記している。

日本における英国の外交上の体制が拡大する中で、通信は一つの問題であった。東アジア地域で増加しつつある緊張に対処するため、幹部職の規模の拡大は不可避であった。我々はすでに海外貿易局に直接報告しなければならない商務職員について記した。さらに一九三四年の英国産業連盟使節団[1]と、その翌年のサー・フレデリック・リース・ロス（*Sir* Frederick Leith-Ross）の使節団[2]のような重要な商業上、財政上の使節団があり、さらに大使館には海軍武官と陸軍武官が派遣されており、一九三〇年以降は空軍武官と報道官が追加された。これら側近の専門家たちの報告を調整し、個々の意見を融和させることはほとんど不可能なことであった。それ故、一九四三年にイーデン（Anthony Eden）の改革によって一元的運営が施行される以前の時代は、大使の生活は複雑なものであった。

英国の大使たちは日本政府の政策決定にどんな影響を及ぼしたであろうか？　一九一四年までは彼らはある程度の個人的影響力を持っていたが、それは強調すべきではない。日英同盟の時代にはある特別な感情があって、その頃は日本の閣僚たちが英国大使館にビリヤードをしに立ち寄ったり、英国を怒らせないように政策を修正したりすることがあった。その後、日英関係は二通りに変わってきた。まず第一に、大使が以前は本国政府から認められていた独立性の一部を失ったことである。彼は命令を受ける人間になり、英国の代弁者としてロンドンの意向を東京の政府に伝えねばならない立場になったのである。今までよりも電報の使用が多くなるとともに、的確な指示を受けられるようになったので、裁量の自由は比較的僅かであった。両大戦の間の時代に、英国の大使たちが日本の政策に圧倒的な影響を及ぼしたかどうかは疑わしい。もちろん、日英同盟の時代でさえも、英国がほとんど重きをおかなかった事例が数多くあった。第二に日本は英国と交渉するのに、東京の大使館を通ずるよりも、ロンドンの大使館を通すことを好んだのである。これにもかかわらず日本の外務省は、英国の全体的な勢力が一九二〇年代以降衰退していることを認識していた一方で、一九三〇年代の後半に至るまで英国にたいする尊敬を払い続けていた。実際に英国で教育を受けた多くの日本の外交官と、その他何人かの日本の指導者たちは、日英同盟を復活させることを望んでいたかも知れない。（英国人でそれを望んでいた人は非常に少なかった）。しかしこの考えは政府内部、特に警察や軍人社会では広く共有されなかった。こうして日本は一九三八年以降、居心地の悪い任地となった。戦争が勃発する前の最後の大使館についてのベストの記述は、英国の民間人がこの当時、脅威に直面して遂に一九四〇年に逮捕事件[3]が起きた以後、クレイギー大使が日本にたいして次第に強硬路線をとったことを明らかにしている。一九四〇年のビルマ・ルートの危機[4]は、感傷と懐旧の念は大して役に立たないことを示している。

（長岡祥三　訳）

[原注]

(1)　J. E. Hoare, *Embassies in the East*, Richmond: Curzon, 1999, pp. 130–3.

（2） *Collected Writings of Ian Nish,* Part II, ch. 21; and Lindley to Stirling-Maxwell, September 1931, in Stirling-Maxwell papers, Hunter Library, Glasgow.

（3） Sansom to wife, July 1928 as quoted in *Collected Writings of Ian Nish,* Part II, p. 181.

[訳注]

［1］ 英国産業連盟使節団（ＦＢＩ） 前会長のバーンビー卿が率いて一九三四年九月に来日した。表向きの目的は、満州の経済事情の調査にあったが、日英および英満間の友好関係の増進という政治的使命も帯びていた。十二月に公表された使節団の報告書は、日英協調路線を示し、また鉄鋼製品の満州市場輸出への期待を高め、反響を呼んだ。第十四章クライヴ大使（一九三四―三七）を参照。

［2］ リース・ロス使節団 サー・フレデリック・リース・ロスは英国政府の官吏で、大蔵省に入り、一九三〇年代には政府首席経済顧問として、国際連盟経済委員や国際経済会議の英国代表を勤めた。一九三五年九月から翌年六月にかけての極東訪問では、中国の弊制改革を援助し、財政建直しをはかる一方、二度にわたって来日、中国の満州国承認の斡旋、共同借款などを打診した。第十四章クライヴ大使を参照。

［3］ 英人逮捕事件 一九四〇年七月二十七日、ロイター通信社東京支局長メルヴィル・コックスはじめ、日本各地の英国人（主として実業家）十名余がスパイ容疑で検挙された。コックスは七月二十九日に東京憲兵隊本部で取調べ中に三階から飛び降りて自殺した。その他の者の氏名は次の通り。Ｃ・Ｈ・Ｎ・ジェームズ（東京）、Ｍ・Ｃ・リンガー（下関）、Ｂ・リンガー（長崎）、Ｈ・Ｃ・マクノートン（神戸）、Ｈ・Ｃ・Ｗ・プライス（兵庫県）、Ｊ・Ｆ・ジェームズ（神戸）、Ｅ・Ｗ・ジェームズ（兵庫県）、Ｊ・Ｆ・ドラモンド（神戸）、Ｗ・Ｆ・Ｃ・デ・トラフォード（長崎）、Ｌ・Ｔ・ウーリー（横浜）。第十五章クレイギー大使（一九三七―四一）の訳注［26］を参照。

［4］ ビルマ・ルートの危機 北部ビルマから四川省に至るビルマ・ルートはいわゆる援蒋ルートの一つで、連合軍が中国国民政府を援助するために物資や人員を輸送したルートである。第十五章クレイギー大使の訳注［3］を参照。

第9章

サー・クロード・マクドナルド

駐日公使・初代大使　一九〇〇―一二年

イアン・ニッシュ
（ロンドン大学政治経済学院国際史名誉教授）

Sir Claude MacDonald

マクドナルドが名声を博する資格を得られたのは、ひとえに日本駐在の英国外交使節の長として十二年という長い年月を過ごしたお陰である。彼は日本で一九〇〇年から一九〇五年まで、最初は公使として駐在し、次いで日英両国がお互いに公使館を大使館に昇格することを合意したとき、その初代の大使に就任した。そして一九一二年に引退するまで、その地位を保持していた。マクドナルド夫妻は日英同盟の結ばれていた平穏な時代、すなわち歴史的にも両国が最も親密な関係にあった時代に、英国大使館を取りしきっていたのである。

クロード・マックスウェル・マクドナルド（Claude Maxwell MacDonald, 1852–1915）はアピンガム〔パブリックスクールの一つ〕とサンドハーストの陸軍士官学校で教育を受け、一八七二年に陸軍に入った。ハイランド軽歩兵連隊の将校となった彼は、一八八二年のエジプトとの戦争[1]の際、カイロの英国の出先機関に陸軍省の代表として派遣された。彼はサー・イヴリン・ベアリング（*Sir* Evelyn Baring）すなわちクローマー卿[2]（*Lord* Cromer）〔当時エジプト駐在総領事〕に高い評価を受けた。次いでザンジバル島〔タンザニア連合共和国の一部。当時英国の保護領〕の総領事の職を一八八七年から八八年まで勤め、その後英国の保護領オイル・リヴァーズ（のちのニジェール・コースト）〔ニジェール川下流のデルタ地帯〕の総領事となった。この任地は英帝国の中でも最も健康に害がある居心地の悪い場所と言われていた。[1] 彼は一八九二年にソールズベリー卿[3]（*Lord* Salisbury）の保守党内閣からナイトの称号を授与され、この年にエセル（Ethel 1857–1941）と結婚した。ソールズベリーは一八九五年に首相兼外相として返り咲いたとき、北京駐在公使の交替要員を見つける必要に迫られた。彼は陸軍を退職したマクドナルドを公使に選任し、マクドナルドはその職を一八九五年から一九〇〇年まで勤めた。東洋の経験がなかったマクドナルドが、特に慎重を要するこの地位に、どうして選ばれたのかという疑問が投げかけられることが多い。おそらくクローマー卿が彼を強く推したことに加えて、彼のアフリカでの活躍によってソールズベリーの信頼をかち得たことがその理由ではないかと思われる。当時は英国が清国のみならず他の列強諸国からも圧力を受けた波乱の多い時代であった。そして帝国主義の全盛期であった。ソールズベリーは、軍人でしかも公然たる帝国主義者のマクドナルドが、北京駐在の公使に向いていると思ったのかも知れない。しかし同時代の人たちが書いているように、彼の任命は他の外交官連中を憤激させる結果となった。[2]

それにもかかわらず、彼が北京に勤務した時代は直接彼を取り巻く人びとにとって、快適で意気の合った年月であった。彼とその夫人は英国の代表者としての役割にふさわしかった。マクドナルドは背が高く口髭を生やし、スコットランド高地人特有のごつごつしているが立派な容貌を備えていた。マクドナルド夫人は英国人とアイルランド人の血を引く同じように背の高い婦人で、器量がよく如才のない人であった。二人は公使館でお客を歓待する伝統を確立し、それは東京の公使館へと引き継がれた。

一方、彼の欠点として部下の取り扱い方を批判する者もいた。北京駐在の公使は、清国の方々の沿岸や川沿いの条約港に散らばって勤務する多数の領事部門職員にたいする責任を負っていた。ある著者はこう書いている。マクドナルドは「その人びとの出世や幸福が一に彼の手に握られている領事部門職員の大部分に一度も会うこともせずに、また清国を去ってしまった」[3]。もし遠隔地にある領事部門職員の持場の全部を、彼が訪れることがほとんど不可能だったとしても、それが本当であればこの批判は重要なことだと思われる。しかし公使館または大使館の敷地内に居住する人びとにとって、そこが北京であれ東京であれ、マクドナルドは絶えず彼の部下の子供たちに気を使う、きわめて家庭的な人柄であった。

一九〇〇年の夏、北京の外国公使館の集まる地域は義和団[4]に包囲された。マクドナルドは夫人と共に暴徒に殺されたと伝えられた。追悼記事が掲載され、葬式の準備が整えられた。しかし実際はマクドナルドは生き残っていたのだ。軍隊勤務の経験を買われた彼は、籠城中の各国残留者全体の指揮をとることを要請された。一方、マクドナルド夫人は病人の看護や食料補給の仕事に忙殺されていた。

日本公使館付きの柴五郎砲兵中佐[5]は幹部将校の筆頭で、クロード・マクドナルドの最も有能な協力者であった。柴中佐は日英両国の友好関係の確立に努め、そのことは籠城当時の状況を講演した記録〔北京籠城〕に残されている。守備軍の抵抗戦と連合国の遠征部隊の成功は、親英派の柴中佐とマクドナルドの協力体制に負うところが多い[4]。日本はこの連合軍に二番目に多い軍隊を派遣し、北京まで敵中を突破して包囲を解いたのであった。

日本への転勤

東京駐在の英国公使の席はその当時検討中の事項であった。現職者のサー・アーネスト・サトウ[6]（*Sir* Ernest Satow）は日本での五年間の任期を終えて、賜暇をとり当時ロンドンに帰省していた。北京の包囲が始まってマクドナルドの命が危殆に瀕したとき、ソールズベリー卿は和解交渉を指揮するためサトウを派遣することを考え始めていた。それ以前からマクドナルドを東京に移すという案も考慮されていたようだ。九月十六日—十七日の連続した電報の中で、ソールズベリー卿はマクドナルドに謝意を表明したが、同時に健康回復のために一旦英国へ戻ることを勧めた。しかしマクドナルドは九月二十四日に次のように返信を出している。

小生の健康にたいする国王陛下および閣下のご配慮に深甚なる感謝の意を表明致します。しかし籠城の際の不安と苦労は、小生の健康をいかなる点においても損なったようには思われません。このような状況の下では小生が英国へ戻る正当な理由はないと感じております。それ故、小生の身辺整理が済み次第、大体今から三週間後に東京へ発ち、途中でサー・アーネスト・サトウに会って協議する手筈にしたいと提案致します。(5)

マクドナルドは自分のことを外交畑における軍人出身の部外者とみずから評している。しかし内閣の首班が桂〔太郎。陸軍大将〕で、元老の中にも陸軍の勢力がかなり蔓延《はびこ》っていた当時の日本において、軍人が公使の地位を占めるということは、どちらかと言えば適していたと言ってもよいかも知れない。彼は外交官としての術策に欠けていたかも知れないし、この点で生え抜きの外交官から批判を受けたとしても、全体として健全で精力的な英国の外交使節であった。一九〇〇年代は日英関係が良好であった時代なので、おそらく彼が不当な試練を受けることはなかったであろう。だが彼は清国在任中に能力を試されて、不適格と判定されなかったのである。歴史家にとっても、また彼は興味深い人物である。彼は沢山の手紙を書いた。それらは知的な手紙ではなく、アーネスト・サトウの手紙のような注意深く公平な判断力や気配りが見られない。彼の手紙はちょっとしたゴシップが詰め込まれた冗舌な手紙で、しっかりした筆跡で書かれているが、(もし歴史家の空想が許されるなら)横浜の埠頭から出ていく船に間に合わせようと走り書きで書いた手紙もある。サトウとは異なり、彼は自分の外交上の私信の複写が必要だとは思わなかったので、「マクドナルド・ペイパーズ」なるものは存在しない。しかし彼の手紙は公文書の中や、彼の友人や同時代の人びとの私的な収集の中に散見される。(6)

日英同盟

マクドナルドは正に日英同盟に相応《ふさわ》しい外交官であった。本稿では専らこの見地に立って記述を進めていくことにする。奇妙な偶然の一致によって、彼は最初の同盟の交渉のときを含め、一九〇五年の二回目と一九一一年の三回目の同盟交渉の際、常に東京に居合わせたのである。これらのどの場合も主たる交渉はロンドンでおこなわれた。そして英国の場合、政策の基調となったのは世界全体の問題点と英帝国としての配慮であり、単に東アジアの局地的な問題点だけではなかった。これはすなわちマクドナルドと東京の大使館の幹部職員は、交渉の推移に応じて臨機応変に対応しなければならないということであった。彼らの職務は日本政府との連絡を維持することであり、一方、交渉の大部分はロンドンの日本大使館を通じておこなわれたのである。

一九〇一年春以降ロンドンにおいて、かなり不明確な形の日英同盟論議がおこなわれた。新任の外務大臣ランズダウン卿[7](*Lord* Lansdowne)は、同じく新任の日本公使林 董《ただす》と同盟の可能性について議論した。両者がさらに正式な討議に入る前に、マクドナルドが協議のため英国に呼び戻され、五月二十八日に日本を発った。このときの協議がどの程度までおこなわれたのか明らかでないが、いずれにせよマクドナルドにとって、これは遅れ馳せの賜暇だったのである。前述のように彼は北京での厳しい試練を経たあとで、本国での慰労休暇の提案を辞退して、前年の十月に新任地の日本へ直接赴任したのである。それ故、英国政府の当局者にとって、マクドナルドの帰国が外交機密にかかわっているのではないかという疑惑を招くことなしに、彼の休養と健康回復のため、そして北京での業績にたいする褒賞を受けるために帰国したのだと、尤もらしく世間に公表することができたわけである。しかし彼が三カ月間の帰国中に、かなりしばしば当局から相談を受けた証拠がある。(7)

マクドナルドは彼の手紙の中で、国王や王族の数人およびケンブリッジ公爵[8](*Duke* of Cambridge)に会って話をしたと述べている。おそらくそれよりもさらに重要なことは、ハットフィールドまで出向いて首相のソールズベリー卿に会い、日英同盟について話し合ったことである。マクドナルドは「(余談だが彼はどちらかと言えば同盟に反対であった)(8)」と書いている。ソールズベリーはのちに日本との同盟の最も強力な反対者となったのだから、東京からの訪問客「マクドナルド」は彼を説得できなかったはずである。しかし、外務大臣としてのソールズベリーに外交官畑での昇進の恩義を負っているマクドナルドが、新しい地位についてからやっと八カ月しか経っていないこの時期に、ハットフィールドで会談を命じられたことは、なおかつ重要なことであった。

マクドナルドは林公使とも数回話し合いをおこなっており、林は東京への報告で、マクドナルドの目的は、明らかに積極的な交渉を推し進めることにあるという印象を受けたと記している。それ故、日本でマクドナルドは英国の政府や支配層の代弁者と見做され、日本人に親しみ深いいわゆる仲人の役をしていると思われていた。さらに正式な交渉は七月三十一日に始まった。しかし英国の大臣たちが山の避暑地に涼を求めた八月にはちょっとした中断があった。

マクドナルド自身はスコットランド高地と大陸で休暇を過ごしたが、日本へ帰任する日は間近に迫っていた。この中断はマクドナルドと会見を宿望していた交渉役の林に気をもませたが、マクドナルドは大いに喜んで林との会見に応じた。八月三十日におこなわれたこの最後の会見で、林は、英国側は「合意」への第一歩を踏み出すのに気が進まないような印象を受けたと語っている。それで彼はマクドナルドに向かって、東京へ戻ったら伊藤や小村などの日本の指導者に交渉の主導権をとるように説得してほしいと要請した。しかし林の心配は事実上無用であった。なぜなら九月に外務大臣になったばかりの小村寿太郎は、書類を検討して次の行動を起こすのに何ら躊躇を見せなかったからである。林が交渉を開始したのは十月六日で、マクドナルドが帰任する一週間前のことであった。マクドナルドは勿論日本の指導者層に当時の英国の考え方を現地の状況を交えて伝えることができた。

同盟締結の交渉は、意外なことに両国とも古参政治家によって引き延ばされたにもかかわらず続行された。つまり日本の場合、伊藤は英国との同盟成立に不本意であったが、最終的にはロンドンへ行って承認の判を書類に押すことに同意した。(9) そして英国の場合はソールズベリー首相も同様に、日本と掛かり合いになるような危険の多い公約を結ぶことに不本意であったが、彼の考えは自分自身の内閣において少数意見であった。結局、同盟協約は一九〇二年一月三十日に調印され、二月十二日に公表された。マクドナルドの報告にある通り、英国との協定は日本の国民から熱狂的な歓迎を受けた。

それ以降マクドナルドが日本に在勤していた間、日英同盟記念晩餐会の日は外交上の行事日程の中で重要な記念日の一つとなった。その日は日本人にとっても重要な記念日であり、マクドナルドはその社交的な性格からこの行事を楽しみにしていた。英国公使館の構内においても、山の避暑地中禅寺湖畔の別荘においても、マクドナルドとその夫人は主人役として惜しみなく客を歓待した。

同盟が結ばれてから間もなく日本とロシアの間に紛争が起こり、その紛争は結局一九〇四年二月に戦争へと発展した。戦闘が開始されるまでの間にマクドナルドは微妙な役割を演ずることになった。彼の役目は日本を抑制することと、内政干渉との非難を避けながら、日本の政治家に自国の軍事力を慎重に考慮するように忠告することにあった。しかし外務大臣や長老政治家たちは冷静な頭脳の持ち主であり、最終決定を遅らせたので、おそらくこの忠告は必要なかったであろう。英国側は、いかなる戦争であれ、それが起こったら巻き込まれることを避けたいという自分本位の不安を持っていた。しかし結果として同盟の条項が実施に移されることはなかった。英国は中立を守ったが、それは開戦後ロンドンの金融市場を通じて日本に財政援助を与えることを妨げるものではなく、同時に東洋に向かって苦しい航海を続けていたロシアのバルチック艦隊に石炭の補給と船の修理を困難にさせることによって日本を支援した。東京の英国公使館は英国本国の感情を反映した。そして日本は人気のある勝者であった。マクドナルド夫人は日本赤十字社での奉仕活動や陸海軍兵士の家族のための慈善行事をおこなって、大いに評価を高めた。(10)

同盟の強化

一九〇五年八月十二日に締結された第二回協定の交渉において、その矢面に立ったのは前回と同じく林〔董〕であって、マクドナルドではなかった。外務大臣は前回同様にランズダウンと小村であったが、会談を東京でおこなうという提案はなかった。最初の協定は一九〇七年が期限であったが、実体のある改訂を早期におこなうのが有利だと両国共に考えていたのには理由があった。一九〇一年のときとは異なり、マクドナルドは相談のためロンドンに召喚されなかった。新しい協定はロンドンで作成され、英国の帝国としての弱点と認められた点も考慮の対象となった。新協定は十年間存続することに定められた。

ロシアにたいする日本の勝利と新同盟の締結に続いて、保守党政府は東京の外交拠点の地位を大使館に昇格することに決定した。日本政府はそれを名誉として受け、同様にロンドンの公使館を大使館に昇格した。[9] その結果、現職者のマクドナルドと林はそれぞれ大使の地位に昇格することとなった。勿論、マクドナルドはすでに五年間勤めたので交替が当然であるとの見方もあった。しかし、間もなく東京への帰任を指示された林と違って、マクドナルドは（新しく成立した自由党政府によって）契約を更新され、その地位に留まることを許された。

同盟関係を強化したいという意欲を象徴する目的で、英国政府は明治天皇にガーター勲章を贈呈することに決定した。エドワード七世（Edward VII）はコノート公アーサー殿下（*Prince* Arthur of Connaught）をガーター使節団の団長に任命し、一行は一九〇六年二月二十日、東京において勲章を贈呈した。(11) 言うまでもなくマクドナルドは一行の滞在中多忙を極めた。勲章の個人的授与が両国間で気前よくおこなわれた。林大使はＫＣＶＯ〔ヴィクトリア二等勲章〕を授与され、マクドナルドはＧＣＶＯ〔ヴィクトリア大十字章〕を授与されると同時に一九〇六年に枢密顧問官に任命され、東京の各国外国代表団の首席となった。

マクドナルドは長いこと遅らせていた賜暇を一九〇七年の春にとって帰国した。彼は特に混乱もなくロンドンの政治情勢に適応することができた。そのとき列席した晩餐会のことを「昨夜ジョン・モーリー[10]（John Morley）とジャック・フィッシャー[11]（Jack Fisher）の間に座り、多くの指示を受けた」と報告している。(12) 彼は南満州鉄道一帯の永久租借と英国の契約の可能性に関する問題点をはっきり説明することができた。彼は五月におこなわれた陸海軍の初期の会談[12]に参加して、海軍を代表する山本権兵衛大将と陸軍を代表する西寛二郎大将の同席の下に、第二回同盟の戦略的な連携の策定に一役を担うことができた。サー・クロードはおそらくこの会談で、日本に関する具体的な彼の知識を生かして何か役に立つ発言をおこなったと見られる。そのあと彼は週一回出るシベリア横断鉄道の国際列車を利用して東京に戻った。マクドナルド夫人はその路線でしばしば起こる危険に遭って、手荷物を全部紛失してしまった。(13)

マクドナルドが一九〇九年に賜暇をとっていたとき、代理大使を勤めたのはホラス・ラムボールド（Horace Rumbold）であった。彼は上司のマクドナルドとは仲が良かったが、日記の中にこう書いている。「政府は大使のことを、彼の言葉は十分な力強さと説得力に欠けているとして、信頼を置いておらず、大使が日本の立場で物事を判断しすぎると考えている。(14)」政府の官吏の議事録の中にマクドナルドにたいする忿懣とまでいかなくとも苛立ちが見られたことが何度かある。それはマクドナルドが彼らの苦情をできるかぎり強硬に伝えていないとしばしば疑われたからである。彼は長い経験を積んだ誇り高き大使であって、東京の慣行にたいする勘があると自分で思っていた。本国政府と外地駐在者との間に、往々にして不穏な緊張状態が醸し出されることがある。マクドナルドの場合もこのような事態が起きたことは確かである。しかしマクドナルドの私設秘書であったジョージ・サンソム[13]（George Sansom）は、彼のことを愛情と理解をこめて書いている。日本の閣僚たちが英国大使館を度々訪問したこの時代は、大使館として異例な時代であった。陸海軍の将官たちが玉突きをしに訪れたし、日本の社交界の名士の多くが、大使館で催されるパーティーを大いに楽しんだ。日露戦争後の日本の政界における軍部の役割を考えると、マクドナルドは軍部の指導者たちと接するには正に適任者であり、彼らと同じ波長で話し合うことができたのである。(15)

本国政府の苛立ちは別として、商業関係者の間にも不満が増大しつつあった。東京の情勢を鋭く観察していたダヌタン公使[14]はこう書いている。「マクドナルドは最近商業界から英国の利益を十分精力的に擁護していないとして、大いに攻撃されている。(16)」パトナム・ウィール（Putnam Weale, 本名 B・レナクス・シンプスン[15] B. Lenox Simpson）のように、商業界の影響下にあった作家はマクドナルドに敵意を抱いていた。こういう不平にどれほど実質的な証拠があったのかどうか疑わしい。英国の利益は、同盟の成立と戦争中日本に与えた支援の結果として、大した進捗もみせていなかったが、それはほとんどマクドナルドの過失とは言えない。マクドナルドはたとえ日本贔屓であったにせよ、英国の国家的利益にかかわる諸問題については、日本の当局と相変わらず大胆に折衝をおこなった。彼の在勤期間が一九一〇年まで二年間延長されたことからみて、政府も以上のような事実を認めていたと思われる。

本国政府との問題

一九一一年にマクドナルドと政府との間にあった潜在的な緊迫関係が土壇場を迎えた。一九一五年に同盟が終結するとき、それが再延長されない場合を懸念した日本が、更新の時期を繰り上げることを要請したのである。英国の内閣は三月二十九日の閣議で、直ちにそれを一九二一年まで、すなわち十年間延長しようという提案をおこなうことに決定した。四月三日に日英両国間に新しい通商条約が結ばれたが、それは英国にとって必ずしも不利でない条件で、日本の関税上の自主権を最終的に認めるものであった。このどちらの場合も、決定はロンドンでおこなわれ、東京の大使館にはごく限られた範囲の相談しかなかった。マクドナルドは明らかに疎外されたのである。彼が意見を求められなかったことについて怒ったのも当然であった。四月五日に彼は本省へ緊急電報を打った。

今後数年間、特に同盟が継続している間は日本にとって最も重要な期間である。この期間の朝鮮、満州、清国における日本の政策は、同盟の終了時にそれを更新すべきか否かを示す貴重な指針となるだろう。……もし我々がこれから四年間同盟が終了するまでそれを更新しなければ、それ以前に現行関税率が廃止されないことを十分当てにできるのであり、見方を変えれば同盟更新の不確実性は有力な梃子となると同時に不必要に急進的な政策にたいする有力な抑えともなるであろう。(17)

これにたいし本省からは、アメリカとの包括的仲裁条項の価値は「他方で貴官より要請のあった事項に優先すべきものである」との返答があった。その返答には、問題処理についての彼の意見は視野が狭すぎるという意味が暗に含まれていた。しかし彼は論争を止めずにこう反論した。

いま協定の部分的修正を非常に有利におこなえるとしても、現在の重大時に協定を一定期間延長することは、できれば避けるべきである。

グレイ[16]（Grey）〔外相〕は「延長せずに部分的に修正することは、非常に好ましからぬ印象を醸し出すであろう」と結論づけた。[18] 東京の大使館は判定負けを喫したのである。すぐそのあとで、マクドナルドは国王ジョージ五世（George V）の戴冠式に出席するため、英国に向けて航海の旅に出た。彼はロンドン滞在中に通信文書に目を通すことができ、グレイとその問題について話し合った。しかし協議がおこなわれたのはすでに基本的決定がなされたあとであった。

〔一九一一年〕七月十三日に第三回同盟協約がロンドンで調印された。そのときの様子は以前の協約が歓迎されたときに比べると、かなり控えめな雰囲気であった。[19] 協約はその前年の日本による韓国の併合を特に考慮して、韓国の独立に関する条文を削除した。これが協定の焦点であり、大使の最後の旅行の焦点でもあった。マクドナルドは七月に日本に戻って間もなく、北東アジアを巡る旅に出かけた。日英間で解決すべき問題のある地域の韓国と関東州租借地を訪れ、彼自身で事情を調査することは、当時の状況からみて時宜を得たことであった。シドニー・ウェッブ[17]と夫人のビアトリス（Sidney and Beatrice Webb）は日本から清国へ向かう途中、偶然大使の一行に出会って、次のように記している。

揚子江を渡って満州へ入ったとき、南満州鉄道管理本部の賓客として満州と韓国を公式に旅行していた英国大使サー・クロード・マクドナルドに偶然出会った。我々はマクドナルド夫妻と二人の大使館員にあてた紹介状を、公式なものと個人的なものと合わせ持っていたが、彼らは我々が面会できるように都合をつけてくれなかった。しかし安東で会ったとき、彼らは好意的な態度を示そうと大いに努めていた。思うに彼らは我々への対応が不十分だったことを意識していたのだろう。[20]

この文章によってウェッブ夫妻のことがよく分かるが、同時にマクドナルド夫妻についてもある程度のことが分かる。彼らは普段は社交的だが、知識人たち、特に国際社会主義的傾向の疑いのある連中はできるだけ避けていたのだ。

一九一二年は日本人にとって打撃の大きい年であった。明治天皇が七月三十日に崩御され、九月に外国からの貴賓の参列の下に大葬がおこなわれた。英国王室はコノート公アーサー殿下を名代として派遣した。この葬儀は新しい近代日本が国際的に認められた証拠であった。日露戦争の英雄の一人である乃木大将とその夫人が葬儀の日にみずから命を断った。この事実は日本の古い神道の伝統と価値観が明らかにまだ生きていることを示した。ここで一つの時代が終わったというのが、世間一般の認識であった。

マクドナルドは明治天皇の崩御がアジアで最も安定し隆盛を誇る日本に、不安定性をもたらすであろうかという疑問に取り組まなければならなかった。彼は日本では内輪の人だけが知っている事実として、次のようにロンドンに報告している。

［大正天皇は］いくらか知能的欠陥があると一般に思われている。それは陛下にお会いしたごく普通の客が、少しお話しただけでも間違いなく気が付くことである。[21]

サー・クロードは日本の安定性を確保するためには、力強さを備え世間の慣行をよく知っている人間が必要だという意見を持っていた。彼はその役には桂公爵がよいと考えていた。桂はその前年八月に総理大臣を辞し、明治天皇の病が重くなったときは、ペテルブルグに滞在していた。彼はすぐロシアを発って、崩御の九日後に東京に到着した。彼はその後内大臣および侍従長に任ぜられた。

このように不安定要素の多い状況を背景にして、マクドナルドは十一月の初めに日本を去った。それまで日本の新聞の同盟にたいする論調は、全部が全部予想できるものでなかったが、今度は各社こぞって日英相互の理解のためにマクドナルドが費やした努力にたいして日本としての親愛の情と感謝の意を表明した。[22] マクドナルドは、マクドナルドの後を受けた代理大使のホラス・ラムボールドは、マクドナルドは英国の目的に沿って仕事をうまく進め、とりわけ日本を抑制することに努力したと考えていた。(23) マクドナルドはロンドン日本協会の理事長にはならなかったが、一九一三年に協会で、北京の公使館に籠城した当時の経験と柴中佐のことを主題にして講演をおこなった。この事件は彼の冒険に満ちた生涯の中の頂点の一つであったと彼自身が思っていたのは明らかである。(24) サー・クロードは引退生活を長く楽しむことができず、多くの人びとに惜しまれながら一九一五年九月に亡くなった。エセル・マクドナルド夫人は東京で夫君と生活を共にし、彼と同じように日本での長い滞在を楽しんだ。

マクドナルド夫人は模範的な大使夫人であった。容姿に勝れ、その物腰は人当たりがよく、利口で如才なかった。彼女は気前良く人びとをもてなし、持ち前の親切心と思いやりから、日本にいる英国人のすべて、特に横浜の元居留地の住民から慕われていた。(25)

マクドナルド夫人は機知に富んだ人として有名であった。ホレイシオ・ハーバート・キッチナー将軍[18]（*General* Horatio Herbert Kitchener）が一九〇九年の夏、日本を訪れたとき、英国人社会の間で彼はけちだという評判が立った。それは彼が贈り物として貰った物はすべて受け取り、何もお返しをしなかったからである。M夫人（彼女は普通こう呼ばれていた）は、こう評したということである。「彼は鳥籠からでさえお砂糖を取り上げるでしょう。(26)」この話はいうまでもなく電光石火の如く大使館中に広まった。彼女は英国へ戻ったあと、二十五年間を国王ジョージ五世陛下から提供されたキュー植物園のロイヤル・コテッジで過ごした。二十年もの間、慈善活動を活発におこない、特に海外看護協会のための活動に熱心であった。一九三五年、彼女自身の功績によって大英帝国勲章（ＤＢＥ）を授与された。最後の七年間は病床にあったが、一九四一年に八十四歳の高齢で亡くなった。(27)

結　論

マクドナルド夫妻は親密な日英関係を築く責任を負っており、駐在していた十年の間それに貢献したことは疑いのない事実である。彼らは幸運にも日本の閣僚や官僚、陸海軍の軍人などと親しく交わることができた。本国の政府当局にとって最も理解しにくかったのは日本の権力構造であり、特に天皇と元老政治家たちの持つ役割であった。他の外交官に比して異例なことに、クロード・マクドナルドはこの件について光明を投げかけることができた。その一例を挙げれば、一九〇五年の秋、東京を訪問した英国艦隊の歓迎晩餐会に列席したときのことである。イートン校やベイリオル・カレッジ〔オックスフォード大学の古い学寮〕出身者にはあまり見られない調子の個人的な手紙の中で彼はこう書いている。

陛下〔明治天皇〕はきわめて親しげに周りの人びとと話し合っていた。陛下の両側に座った皇族方すなわち有栖川宮と閑院宮の両殿下は明らかに敬意のこもった態度でお相手していたが、伊藤侯爵と井上伯爵（私の隣席にいた）はまったく対等の間柄のような話し方で、冗談を飛ばし、この太陽の御子を大笑いさせていた。陛下はミカドでありながら実に人間味豊かに見えたので、この光景は私にとって大いなる啓示であると同時に非常に楽しい出来事であった。(28)

マクドナルドが一九〇七年から一九一一年の間に書いた年報には、これと同じような日本の政情に関する内輪話が沢山のっている。東京の大使館は日本の官僚たちと密接な関係を保っており、官僚たちは他の場合なら秘密に属するような問題でも打ち明けてくれる傾向があった。この年報の中で特に重要なのは日本の指導者の性格に関するマクドナルドの見解であり、その文章には彼自身が筆者であるという特徴が表われていた。彼は日本で十余年もの間、それ以前の北京時代の四年間も含めて、日本の諸情勢に親しく関与してきた。彼は日本語の知識がなく、それを覚えようとしたこともなかったが、駐在期間が非常に長かったので、ひとかどの日本通となった。(29)

マクドナルドは日本で十二年間、英国の代表を勤めた。したがって公使として、さらに大使として、それまで英国大使館に最も長く勤務した代表者である。彼は一九〇〇年から一九一二年まで、日英関係が心からの友情で結ばれていた期間、主役を勤めたのである。彼の出発のとき同盟は続いていたが、両国の関係はその後十年間の疑惑の時代に突入した。一般には日本贔屓と思われていたサー・クロードさえ、この事態の悪化に気が付いていた。彼は前述のように一九一一年の日本の大陸政策に疑念を抱いていたが、それにもかかわらず彼は留任することになった。一つにはロンドンの閣僚たちが外交問題にたいする彼の素直な取り組み方に好感をもったのではないかと思われるが、また他方ではマクドナルドは同盟のシンボルであったからだろう。彼を罷免するということは、とりもなおさず日英関係の友好の絆を断ち切るのと同じ意味であった。

離日を控えたその月に、サー・クロードとマクドナルド夫人は、英国人が外交官といえばすぐ連想する、連日のご馳走責めに逢わねばならなかった。十月十六日のフランス大使館での宴会を皮切りに、十月十七日ロシア大使館、十月十八日鍋島侯爵邸、同日ケンブリッジ・クラブ、十月二十三日スウェーデン公使館、十月二十五日英国協会（現在の日英協会）、十月二十九日徳川公爵邸、十一月一日東京倶楽部と送別の宴が引きも切らなかった。これらの人びとが一九一二年における英国大使の友人たちだったのである。十一月四日の午前八時半、長いこと辛抱し疲れ果てたマクドナルド夫妻は東京に永遠の別れを告げて、新橋発の列車の座席にぐったりと腰をおろした。[30]

（長岡祥三　訳）

［原注］

（1） J. A. S. Grenville, *Lord Salisbury and Foreign Policy: The Close of the Nineteenth Century*, London, 1964, p. 305.

（2） T. H. Hohler, *Diplomatic Petrel*, London, 1942, p. 65.

（3） P. D. Coates, *The China Consuls: British Consular Officers, 1843-1943*, Hong Kong, 1988, p. 166.

（4） 柴五郎『北京籠城』東京、平凡社東洋文庫53、一九六五年。二〇―二二頁、末松謙澄、*The Risen Sun*, London, 1905, p. 45.

（5） MacDonald to Salisbury, 24 Sep. 1900 in British Foreign Office Records (Public Record Office, Kew, London) FO 405/94-5. Coates, *China Consuls*, p. 365 も参照のこと。

（6） マクドナルドの半公文は以下の文書の中で見られる。FO 800 (Lansdowne, Grey etc.) The Correspondence of Sir Charles Hardinge (Cambridge University Library). 同じく Sir John Jordan と Sir Ernest Satow

の文書は The Public Record Office, Kew にある。親友であったジョーダンは英国伝記大辞典（*The Dictionary of National Biography*）にマクドナルドの項目を執筆している。

(7) I. H. Nish, *Anglo-Japanese Alliance: The Diplomacy of Two Island Empires, 1894–1907,* London, 1966, pp. 144–53.

(8) FO Japan 577, MacDonald to Campbell, 18 Feb. 1904. A. M. Pooley (ed.), *Secret Memoirs of Count Hayashi,* London, 1915, pp. 121–4.

(9) 例えばニッシュの前掲書 pp. 385–6 に記載の『伊藤博文秘録』の中の一九〇一年十二月六日付けの伊藤から桂にあてた文書を参照のこと。

(10) F. S. G. Piggott, 'Ethel, Lady MacDonald, DBE, RRC', in *Trans. Proc. Japan Society of London,* 37 (1939–41), pp. xxii–xxiii.

(11) Hugh Cortazzi (ed.), *Mitford's Japan: Memoirs and Recollections, 1866–1906,* London, 1985, pp. 195–237. I. H. Nish (ed.), *British Documents on Foreign Affairs,* Part I, series E, Vol. 10, doc. 19, 'Mr Lampson's private diary of the Garter Mission to Japan, 1906', pp. 61–100.

(12) MacDonald to Grey, 11 May 1907, in Grey Papers, FO 800/29.

(13) MacDonald to Campbell, private, 4 Nov. 1907, FO 371/272.

(14) Rumbold diary, 1 Dec. 1910, quoted in M. Gilbert, *Sir Horace Rumbold: Portrait of a Diplomat, 1869–1941,* London, 1973, p. 87.

(15) "The Reminiscences of Sir George Sansom", Oral History Research Office, Columbia University, New York, 1957, p. 7.

(16) d'Anethan to Davignon, 23 June 1910, in G. A. Lensen (ed.), *The d'Anethan Dispatches from Japan, 1894–1910,* Tokyo: Sophia, 1967, pp. 254–5.

(17) MacDonald to Grey, 5 April 1991, in G. P. Gooch and H. W. V. Temperley (eds), *British Documents on the Origins of War, 1898–1914,* Vol. 8, no. 417.

(18) Ibid., no. 420.

(19) Ibid., no. 445.

(20) G. Feaver, *The Webbs in Asia: The 1911–12 Travel Diary,* London, 1992, pp. 111–12.

(21) MacDonald to Grey, 28 Sep. 1912, in FO 410/61 [38854].

(22) 明治編年史。

(23) Gilbert, *Rumbold,* p. 95.

(24) C. M. MacDonald, 'The Japanese detachment during the defence of the Peking legations, June–August 1900', in *Trans. Proc. Japan Society of London,* 12 (1913–14), pp. 1–20.

(25) Hohler, *Diplomatic Petrel,* p. 65.

(26) Gilbert, *Rumbold,* p. 81.

(27) Piggott, 'Lady MacDonald' *Trans. Proc. JSL*, 37 (1939-41), p. xxv.

(28) MacDonald to Lansdowne, 24 Oct. 1905 in Lansdowne Papers, FO 800/134.

(29) Nish (ed.), *British Documents on Foreign Affairs*, Part I, series E, Vol. 9, 'Annual Reports on Japan, 1906-13'.

(30) 時事新報。一九一二年（明治四十五）十一―十二月、日付まちまち。

[訳注]

［1］ 英仏の管理下にあったエジプトにおいて、一八八二年アラービー大佐の率いる反乱軍を壊滅した英国はエジプトの植民地化に成功した。

［2］ クローマー卿（Evelyn Baring, 1st Earl of Cromer, 1841-1917） 英国の植民地政治家。インド総督秘書を勤めたのち、エジプト、インドの財政面に関与してその手腕を認められ、エジプト駐在総領事（一八八三―一九〇七）となって、エジプトの繁栄に貢献した。

［3］ ソールズベリー卿（Robert Arthur Talbot Gascoyne-Cecil, 3rd Marquess of Salisbury, 1830-1903） 英国の保守党政治家。インド事務相、外相を歴任して、ディズレーリの死後保守党党首となり（一八八一）、三度内閣を組織して（一八八五―八六、八六―九二、九五―一九〇二）、前後十数年間首相在任中、概ね外相を兼任した。

［4］ 義和団事件（北清事変） 一九〇〇年、北京の清国政府は近年急速にその勢力を増してきた排外的集団「義和団」と手を結び、外国人保護を主張する劉坤一、張之洞、李鴻章らの主張を抑えて西太后を動かし、一九〇〇年六月二十一日に列強に宣戦布告をさせて、官軍と義和団は北京、天津を攻撃した。このため北京では、英米仏独その他各国の外交団と外国人居留者が五十五日間の籠城を余儀なくされたが、日本をはじめ各国の連合軍が官軍と義和団を破り、八月十四日に北京に入城し、各国の公使館員その他を救出した。

［5］ 柴五郎（一八五九―一九四五） 会津藩出身。陸軍幼年学校、同士官学校を卒業後、砲兵少尉に任官。その後清国、韓国、英国に駐在、中尉から大尉になり、日清戦争のとき大本営参謀を勤め、少佐となった。戦後、駐英公使館付武官となり明治三十二年八月に帰国の後、砲兵中佐となった。翌年二月、北京公使館付武官となって赴任し、義和団の乱に遭い、籠城を余儀なくされた。日露戦争当時は大佐として従軍し、功績をあげた。明治三十八年八月、再び英国大使館付武官としてロンドン着任、十一月に陸軍少将に昇進した。帰国後、大正二年に陸軍中将、大正八年陸軍大将になり、昭和二十年十二月に死去した。

［6］ サー・アーネスト・サトウ 第八章を参照のこと。

［7］ ランズダウン卿（Henry Charles Keith Petty-Fitzmaurice, 5th Marquess of Lansdowne, 1845-

1927）英国の政治家。自由党に入り、カナダ総督、インド総督を歴任したのち、第三次ソールズベリー内閣の陸相（一八九五―一九〇〇）、同内閣およびバルフォア内閣の外相（一九〇〇―〇五）を勤め、日英同盟（一九〇二、一九〇五）、英仏協商（一九〇四）の締結をおこなった。

［8］ケンブリッジ公爵（2nd Duke of Cambridge, 1819-1904）ジョージ三世の孫。

［9］日英両国公使の大使へ昇格。英国は一九〇五年（明治三十八）十一月四日、日本は同年十二月二日それぞれの公使を大使に昇格させ、同時に公使館は大使館となった。（日本外交文書第三八巻第二冊九三七、九六五文書）

［10］ジョン・モーリー（John Morley, Viscount Morley of Blackburn, 1838-1923）英国の自由党政治家、著作家。最初は雑誌や新聞の編集者を勤め、この間多くの伝記を書いた。政界に入ってから、アイルランド事務相やインド事務相を勤め、のち枢密院議長に転じた。

［11］ジャック・フィッシャー（John Arbuthnot, 1st Baron Fisher of Kilverstone, 1841-1920）英国の海軍軍人。海軍元帥。海軍本部委員会第一軍事委員を勤めた。

［12］陸海軍の初期の会談。第二回日英同盟協定第七条に基づく付属軍事協定の協議について、日本政府は協議の場所を東京にすることを希望していたが、英国側はロンドンで開くことを主張したので、日本はそれに譲歩して、前年の明治天皇へのガーター勲章奉呈にたいする答礼使節として伏見宮貞愛親王が一九〇七年二月にご渡欧になる際、山本権兵衛、西寛二郎の両大将を派遣して、付属協定を協議して成立させた。

［13］ジョージ・サンソム（Sir George Bailey Sansom, 1883-1965）英国の外交官、日本学者。一九〇四年通訳生として来日、その後大使館の商務参事官となり、一九四〇年開戦により帰国した。在勤中、日本の言語、歴史を研究し日本学者として名を成した。第二次大戦中は海軍軍令部、陸軍省情報局に勤務し、戦後は連合国極東委員会英国代表として日本を視察した。その後コロンビア大学東アジア研究所所長を勤めた。『日本文化史』、『西欧世界と日本』、『日本史』等の著作がある。

［14］ダヌタン公使（Baron Albert d'Anethan, 1849-1910）ベルギーの駐日全権公使。明治二十六年来日し、四十三年に東京で病没するまで、十七年間公使を勤めた。英国人の夫人と共に大の親日家であった。

［15］パトナム・ウィール（Putnam Weale, 本名 Bertram Lenox Simpson, 1877-1930）英国のジャーナリスト。中国の海関に勤務したのち、極東時報社（Far Eastern Times）の記者となり、極東各地を旅行。張作霖大統領の政治顧問となったが、彼の爆死後天津海関長に任ぜられ、間もなく暗殺された。中国に関する著書多数。

［16］グレイ外相（Edward Grey, 1st Vicount Grey of Fallodon, 1862-1933）英国の政治家。自由党員として政界に入り、一九〇五年キャンベル・バナマン内閣の外相になり、以後一九一六年まで外相を勤めた。

［17］　シドニー・ウェッブ（Sidney James Webb, Baron Passfield, 1859–1933）　英国の政治家、社会学者。一八八五年フェイビアン協会に入会、その機関誌を通じて漸進的社会主義を宣伝した。ロンドン大学の London School of Economics の創立に尽くし、その名誉教授となる。一九二二年、労働党の下院議員となって、商相、植民相を歴任した。その夫人ビアトリス（Beatrice Webb, 1858–1943）も同じく社会学者で、一時フェイビアン協会の会長を勤めた。なお、ウェッブ夫妻についてサー・ヒュー・コータッツィ編『英国と日本』（思文閣、一九九八年）に記述がある。

［18］　キッチナー将軍（Horatio Herbert Kitchener, 1st Earl of Khartoum, 1850–1916）　英国の軍人、政治家。エジプトのファショダ事件を有利に解決して男爵に叙せられ、南阿戦争では総司令官として講和締結に成功し、子爵に陞爵《しょうしゃく》、のち伯爵となる。第一次大戦時に陸相となったが、ロシアに行く途中、ドイツの潜水艦攻撃を受けて戦没した。

（『英国と日本　日英交流人物列伝』（博文館新社）より転載）

第10章

サー・ウィリアム・カニンガム・グリーン

駐日大使　一九一二─一九年

ピーター・ロウ
（マンチェスター大学歴史学講師）

Sir William Conyngham Greene

ウィリアム・カニンガム・グリーン（*Sir* William Conyngham Greene, 1854-1934）は、イングランド系とアイルランド系の血すじを引いていた。一八五四年十月二十九日、R・J・グリーン（Richard John Greene）と第三代プランケット男爵（*the third Baron* of Plunkett）の令嬢ルイーザ（*the Hon.* Louisa）の長子として生まれ、リチャード・ウィルスン・グリーン（Richard Wilson Greene）の孫にあたった。彼はハロー校からオックスフォード大学のペンブルック学寮に学び、一八七三年、その一般給費生となった。翌一八七四年、B・A学位の公式第二次試験で最優良成績を収め、一八七七年に文学士、一八八〇年に文学修士の学位を取得した。

グリーンが書記官の身分で外務省に入ったのは、ディズレーリ（Benjamin Disraeli, *1st Earl* of Beaconsfield）が首相在任中の一八七七年十月九日である。彼は一八八〇年三月、公共機関関係法の試験に合格し、アテネ〔ギリシャの首都〕、シュトゥットガルト〔ドイツ南西部の州都〕、ダルムシュタット〔ドイツのヘッセン州の都市〕、ハーグ〔オランダ南西部の州都〕、ブリュッセル

〔ベルギーの首都〕、テヘラン〔イランの首都〕に勤務した。一八八四年、第五代コータウン伯爵（*the fifth Earl* of Courtown）の息女リリー・フランシス・ストップフォード（*Lady* Lily Frances Stopford）と結婚し、男子二人、女子一人をもうけた。グリーンが主要な外交任務に就いたのは、南アフリカと日本の二国であった。両方の場合とも、緊迫した波瀾の風潮が高まりつつあった時代に赴任するのだが、東京での勤務状態を記述する前に、彼のプレトリア〔当時のトランスヴァール共和国・現南アフリカ共和国の首都〕での体験に簡単にふれてみる必要がある。

テヘランで三年間勤務した後〔そこではペルシャ語の実用能力手当を受けていたが〕、個人的地位は外交部門の代理公使として、英国植民省管轄下のプレトリア駐在管理官に任命された。就任したのは一八九六年八月二十五日である。赴任当時、第三代ソールズベリー侯爵（Robert Arthur Talbot Gascoyne-Cecil, *3rd Marquis* of Salisbury）を首班とする英国政府と、南アフリカの〔トランスヴァール共和国大統領の〕パウルス・クリューガー（Stephanus Johannes Paulus Kruger）の政府とのあいだは、非常に深刻な相互不信の時代であった。〔オランダ系南アフリカ移住民の〕ボーア人がイギリスにたいしていだいた敵愾心は、英帝国主義の並外れた拡張政策への不安から生じ、英国の支配からボーア文化を守ろうとする断固たる決意に駆り立てられていた。しかも金鉱が発見されて以来、ボーア人にとってみれば、外国人が一瀉千里に財を築こうとしてどっとなだれ込んできたために、事態は一触即発の闘争的気運に満ちざるをえなかった。

グリーンは最も果断な外交手腕を発揮しなければ解決できないような難題に直面した。すなわち、彼はロンドンの政府のゆれ動く南ア対策や、情け容赦もないケープタウン駐箚英国高等弁務官のサー・アルフレッド・ミルナー（*Sir* Alfred Milner）や、頑固一徹なクリューガー、それにクリューガーの古参の仲間らに対処しなければならなかった。(1) グリーンはプレトリアの管理官サー・ジャコーブス・デ・ヴェット（*Sir* Jacobus de Wet）の後任だった。彼が着任した時、高等弁務官はサー・ハーキュリーズ・ロビンスン（*Sir* Hercules Robinson）であったが、まもなくサー・アルフレッド・ミルナーと交替した。

英国と南アフリカ〔トランスヴァール共和国〕とのあいだがいかに険悪であろうとも、戦争を起こす必要はなかっただろう。クリューガー政権の若手の属僚たち、とりわけ才気煥発なJ・C・スマッツ（J. C. Smuts）は、かなり宥和的な意向をもって交渉に取り組んでいた。もしも慎重な配慮が行き届いていたならば、南アフリカの〔トランスヴァール共和国〕指導部に変化が起こり、より一層穏健な対英関係を築きあげることができただろう。[2] これにはロンドンとケープタウンで節度のある政策をおこなう必要があったということだ。

一八九五年の総選挙でローズベリー卿（Archibald Philip Primrose, *5th Earl* of Rosebery）の自由党政府が大敗を喫した結果、ソールズベリー卿を党首とする保守党と、その中でもジョセフ・チェンバリン（*Sir* Joseph Austin Chamberlain）が特にきわ立っていた自由統一党員とを合わせて、大ブリテン＝アイルランド連合支持者内閣が成立するにいたった。しかしながら、最も波瀾を巻き起こす原因が、こともあろうにサー・アルフレッド・ミルナーを高等弁務官という重大な職務に任命したことから生じたのである。ミルナーは英国の南アフリカ支配権を拡張することに深くかかわり、妥協を拒んだ。チェンバリンもまた英国の勢力増大に関与したが、彼は内閣によって、とりわけ蔵相サー・マイクル・ヒックス・ビーチ（*Sir* Michael Hicks-Beach）によって幾分か抑制されていた。やがてビーチはミルナーの高等弁務官任命が根本的に間違っていたことを認めた。ミルナーは彼の侵略的な対南アフリカ政策を通じて、「チェンバリンを凌ぐ急進的国家主義者」であった。[3]

カニンガム・グリーンは、できうれば事態の外交的解決を達成しようとして着任した。自分の思いどおりにすることができたならば、彼は多分そうしただろう。一八九九年に戦争〔南アフリカのトランスヴァール共和国およびオレンジ自由国にたいする英国の侵略戦争。南ア戦争またはボーア戦争という。第一次一八八〇―八一年、第二次一八九九―一九〇二年〕が勃発する直前、グリーンはクリューガー大統領の国事代理人J・C・スマッツとの重要な協議に携わっていた。この折衝がおこなわれたのは、一八九九年の七月と八月であった。グリーンはスマッツに説いて、英国政府はスマッツが考え出した妥協案に積極的に応えるであろうことを認めさせようとした。しかし、高等弁務官のミルナーは、スマッツ主導のもとに動くグリーンの態度を嫌い、「あまりにも調停することに深入りしすぎた」と言って、グリーンを批判した。[4] グリーンもスマッツも、上司らの偏見に妨げられたのである。すなわち、ミルナーは南アフリカを英国の支配下に置こうと考慮していたし、一方クリューガーは、イギリス人に抵抗するためにボーア人の奮起を促していたのだ。プレトリアのトランスヴァール政府国務相F・W・レイツ（F. W. Reitz）にいたっては、スティーヴンスン（Robert Louis Stevenson）の『宝島』の愛読者であったが、クリューガー政権は「あの服役囚の妻とセックスするような奴のカニンガム・グリーンに黒人居住地を」譲渡しようとしていると、辛辣に言い放った。[5] こうして、周囲が非妥協的な態度を崩さなかったために、外交による解決を達成しようとしたグリーンの努力は水泡に帰したのである。

一八九九年十月十一日、彼はプレトリアを離任し、一時的な年金を受けた。一九〇〇年、勲爵士に叙され、スイス連邦駐箚特命公使に任命された。ついでブカレスト〔ルーマニアの首都〕とコペンハーゲン〔デンマーク王国の首都〕に転じた後、一九一二年（大正一）十二月一日、日本駐箚特命全権大使兼総領事の発令に接し、同月、枢密顧問官に宣誓の上で就任した。グリーンが東京に駐箚したのは一九一九年（大正八）四月までである。

グリーンは日英関係が重要な過渡期を迎えたころに着任した。日英間には同盟協約が結ばれ、近い将来両国間に戦端がひらかれそうにもない点では、南アフリカで遭遇した事情と異なっていた。しかし、プレトリアでの勤務と若干の類似点があった。一九〇二年（明治三十五）に締結された日英同盟協約は、一九〇五年（明治三十八）と一九一一年（明治四十四）に改訂され、適用期間もそれぞれ十年に延長された。[6] この同盟は両締約国にとって重要であり、どちらの国もその協約の廃棄をまじめに考えることはなかった。しかしながら、嵐を孕んだ暗雲が低く垂れ込めはじめていた。しだいに両国の関心は離反していたのだ。英国はその世界的規模の権益を可能なかぎり擁護せんとするだけで、一九一四年（大正三）の第一次世界大戦勃発前には、もはや帝国の版図拡大に意欲がなかった。日本は発展途上の、勢力を拡張しつつある強国であったので、その相違が両国間に軋轢を生む要因となった。日英両国角逐の触媒作用を起こしたのは、あの古くさい帝国の清王朝に終焉をもたらし、中国が共和制国家を宣言するにいたった一九一一—一二年の辛亥革命[1]であった。日本の文民指導者や軍部の将官らは、中国社会の治安が不安定になることによって、日本の権益が危険にさらされるのではないかと危惧した。陸軍士官や資本家のなかには、孫逸仙[2]〔孫文〕医師が領導する江南の共和主義者らにたいし、支援を強化しはじめる者がいた。二十世紀初頭の十年、孫逸仙は日本で一時的な亡命生活を送り、黒竜会[3]に所属する国家主義者の策士〔志士〕らの協力を得ていた。(7) 英国の外務大臣サー・エドワード・グレイ (*Sir* Edward Grey) は、朝鮮や満州〔中国東北部の旧称〕のように、ある程度の日本の勢力拡張は不可避であることを認めながらも、中国における日本の野望を頓挫させねばならぬと考えていた。やがて日英両国の権益が中国で衝突した結果、グリーンは大使在任中の六年間に幾度か最も骨の折れる難題に直面することとなった。

新しい任務に降りかかる大きな負担にたいして、グリーンはどれほど有利な立場にあっただろうか。彼は一九一二年には五十八歳であり、これまで非常に多岐にわたる官職を経験していた。プレトリアでは、痛いほどの試練を受けた。われわれがすでに見てきたように、そこでの趨勢を克服することは彼の能力の限界を越えていた——いや、いかなる専門外交官といえども個人的能力のおよばぬ難局であった。グリーンは人となりがおだやかであり、アジアやアフリカで勤務した先入観に妨げられることなく斬新な判断力を日英関係に集中することができた。ところが一方で、彼は日本に関する詳細な知識に欠け、泥縄式にそれを習得しなければならなかった。良心的かつ有能な人物であったが、洞察力や独創性豊かであるとはいえなかった。彼の前任者サー・クロード・マクドナルド (*Sir* Claude MacDonald) は軍人から転じた外交官であり、北京や東京での勤務を通して数多くの経験を積んでいた。(8) かつてなく論争の多い問題に神経を悩ませざるをえなくなる以前の、周囲との人間関係を築かれるような平穏な時期に、東京での外交官生活を始めていたならば、それはグリーンにとっていかに好都合であったろうか。しかし、同様のことは一八九六年の南アフリカ着任当時についても言われるだろう。

まもなく緊急の問題としてグリーンの前に立ちはだかったのは、中国の情勢悪化に関連して北京の代理大使ビールビー・オールストン（Beilby Alston）が本国に提出した日本批判文である。オールストンは賜暇帰国中のサー・ジョン・ジョーダン（*Sir* John Jordan）の臨時代理であった。一九一三年七月、中国江南各地で大規模な反乱〔第二革命〕が発生し、孫逸仙支持者らが独裁的な臨時大総統袁世凱[4]にたいして武装蜂起したのであった。しかし、袁世凱はこの反乱を鎮圧することに成功した。その結果、ロンドンの外務省内部で対日批判派と擁護派とのあいだに激しい論争が巻き起こることとなった。日本の反袁軍援助の動機について嫌疑が高まり、外務官僚のなかには、さらに長期にわたって日英同盟を継続させることに疑念を呈する者がいた。代理大使オールストンは激しく対日批判論を述べ、グリーンもまたこれに反論せざるをえなかった。彼は一九一三年（大正二）九月十二日付けで外務大臣グレイあてに公信書を送り、その中で、オールストンは日本政府がひそかに同盟を損ねていることを証明できないと指摘して、このように言う、「個々の日本人が最近の中国の事件に積極的に関与したことはほぼ間違いないが、私は努めて日本帝国政府が彼らの一味であった証拠がないことをはっきりさせようとした」[9]と。グリーンはまた、日本は満州にその地歩を固めようとしているので、中国大陸の中・南部地方へ進出するために満州から撤退することはない、と主張した。彼は日英同盟が日本の対外政策の基礎であることに変わりないと考えていた。南アフリカでの経験に基づいて、一八九〇年代中、ソールズベリー卿主班の内閣が軍隊の南アフリカ進攻を阻止することに失敗したように、日本の政府当局もまた同様に中国問題で苦境に立たされているのだ、と。[10]グリーンが一九一三年の段階で、日本政府には同盟を廃棄する意向がないと述べたことは正しい。しかしオールストンが、中国での日本の権益がいちじるしく拡張したために、日英間に経済上の摩擦が生じたと強調したこともまた当を得ていた。

十九世紀中、先頭に立って西洋の帝国主義を中国に扶植してきたのは英国である。イギリス商社は条約港での貿易の大部分を支配した。外務大臣グレイをはじめとする外務省がそのイギリス人の投下資本を守ろうとする姿勢は断固たるもので、揚子江〔長江〕流域地帯のイギリス人勢力を確実に維持する決意であった。奇妙なことに、英国の日本、フランス、およびロシアとの関係は、中国における権益の対象が分かれていたために、一九一一年から一四年にかけてようやく軋轢を増す場面が生じてきたのだ。すでに英国は日本と同盟協約を締結していたが、フランスやロシアとのあいだには、一九〇四年と一九〇七年にはじまる協商〔外交問題に関する相互了解〕があった。ところがこれらの締約国は、英国の費用で彼ら自身の経済的野心を中国において実現しようと企んだのである。鉄道敷設権は政治的、経済的、そして戦略的理由全体からみて特に重要な価値を持っていた。諸外国の中国にたいする飽くことなき貪欲ぶりが、英国の週刊経済誌『エコノミスト』によって、有名なエドワード七世時代の茶番狂言に出るエピソードにたとえられて「それはわれわれに『チャーリーの伯母さん』の一場面を思い出させる」[11]と書かれたのは、至極的《まと》を射た評言であった。グリーンは、日英両国がそれぞれ揚子江流域と満州に持つ権益の領域を守ることが、摩擦解消の最も賢明な手がかりだと考えた[12]。しかし、日本の外務省は、日英同盟協約を現在の政治的・戦略的協調手段としてだけでなく、それを経済的分野にまでも拡大しようともくろんでいた。グリーンはそのような拡大策に賛同しなかったので、半公信として本国の外務省にこのように書き送った、「同盟協約が現状のままで十分に効果があるならば、なぜその適用範囲をひろげるのだろうか。それがどのようになろうとも、わが国の中国における領域では、日本人は嫌われ、信用されず、日本人と協力することがイギリス人の商人社会で人気を博しそうにないのは疑う余地がない」[13]と。外相サー・エドワード・グレイと外務次官サー・アーサー・ニコルスン（*Sir* Arthur Nicolson）は、英国は日本とこれ以上密接な経済関係を結ぶべきではないと、公式見解で一致した[14]。

一九一四年（大正三）三月、グリーンは日本の外務省に覚書を送り、揚子江地域におけるイギリス人の権益の領域を堅持せんとするグレイ外相の決意をくりかえし述べて言う、「ご指摘の日本の権益は、その規模の大きさと広さの点で、英国の計り知れない権益とは比較にならない。わが国の権益は揚子江地方に永年にわたって築きあげられ、日ごとに発展しているものであることを、念のため閣下に申しあげる。そしてまた、英国政府の政策は、ただ鉄道路線の支配権を維持することによって、英国の権益保護をめざしているにすぎないことも述べておかねばならない……」[15]。

この覚書を発したのと時を同じくして、東京では政権の交代がおこなわれた。海軍を巻き込んだ深刻な贈賄事件〔シーメンス事件〕の摘発によって、山本権兵衛提督を首班とする政府が倒れ、長いあいだ日本の民主体制の発達を唱導した伯爵大隈重信が新政府の首相となった。外務大臣は駐英大使として成果をあげた男爵加藤高明[5]である。加藤は日英同盟を強く支持したが、また中国において日本の経済活動を発展させることにかけては、これまで以上に積極果敢な政策を押しすすめた。彼が三菱と姻戚関係にあったことを考えれば、急進的な政策に取り組んだのも無理はない。一九一四年六月、加藤は揚子江方面で日本の権益増進をはかる考えを表明した。さらにグリーンにたいして、非公式に英国の消極的な政策について不満を述べた[16]。グリーンは概して日本に同情的であったが、グレイ外相の中国問題に関する対処方法にはまったく同じ考えを持っていたので、こう言った、「日本が揚子江流域に進出しようとする動きについて、見解の一致をみたことは喜ばしい。私は衷心より日本人を支援したいと考えてはいるが、われわれイギリス人を日本人の領域に立ち入らせようとしないかぎり、日本人だけが知らぬ間にイギリス人の領域内で勢力扶植の計画を推進するようでは、同盟国間の公平な試合にはならない」[17]と。

したがって、一九一四年の夏頃、日英間の軋轢の音が高まるにつれて、グリーンは同盟関係をそれほど激しく動揺させないかぎり、中国における英国の権益を断固として擁護しなければならぬ事態に直面した。まさにこの時、一九一四年六月二十八日にサラエヴォ〔旧ボスニアの首都〕で突発した事件を契機とするヨーロッパの重大な危機は、同年七月から八月にかけて、急速に世界大戦へと傾斜していった。

英国の対日関係は、この戦争のさまざまな対処方法の観点からみて重要であった。一九〇七年〔明治四十〕以来の英国海軍の政策における基本的任務を遂行するにあたって、極東の太平洋海域では日本海軍の援助を必要とした。しかしながら、このこと自体がアメリカ合衆国や、オーストラリア、ニュージーランド諸国に深い疑惑の念を惹起したのである。これら三国は、日本が一九〇四年・五年（明治三十七・八）の戦争でロシアを打ち破って以来、ある懸念をもって日本を見守っていた。大英帝国内の団結維持はきわめて大切なことであり、合衆国との関係もまた、大戦のさ中には決定的な重要性を帯びるだろう。このような事情を考えれば、サー・エドワード・グレイが日本の第一次世界大戦参戦をめぐる問題に対処した過程を説明するのに都合がよい。

グレイは鋭敏練達の外務大臣であった。しかし、その彼が一九一四年八月、日本との関係を操作することに過失を犯したのである。合衆国やオーストラリア、ニュージーランドの疑惑の念を解消しようとして、グレイは将来の日本の行動に関して抱いた不信感をさらけだし、逆に日本の反感を買ってしまったのだ。グレイの日本にたいする疑念には多少なりとも確かな根拠があった。ところが同年八月、不手際なやり方で日本との交渉に臨んだ結果、大隈内閣に一層独断的な政策をとらせることになった。それから翌一九一五年（大正四）にかけて、グリーンは日英関係を著しく悪化させないように、適切な手段を探り出さねばならなかった。

ヨーロッパの戦争勃発にたいして、その対応策を決定した東京の中心人物は、加藤高明である。彼は日本も戦争の一翼を担ってドイツに宣戦を布告しなければならぬと考えた。英国の対独開戦決定に伴ってロンドンが熱狂的な興奮に湧き返っているさ中に、サー・エドワード・グレイは八月六日、日本に戦争支援を要請した。加藤は日英同盟の協約に基づいてただちに参戦を議決したいと考えた。日本が戦争に参加すれば、中国に勢力を拡張することが容易になるだろう。ところがグレイは、日本が正式に宣戦布告をすれば合衆国やオーストラリア、ニュージーランドを驚愕させるのではないかという迷いがあったので、日本に説いて正式参戦を控えさせ、日本軍の作戦範囲に制限を設けようとしたのである。英国海軍省の意向では、貿易ルートをフォン・シュペー（von Spee）指揮下のドイツ艦隊や特殊攻撃隊（潜水艦Uボート）から守るには、日本海軍の援助が必要不可欠であった。グリーンは細心の注意をはらって日本の外務省と意見の応酬をおこなった。加藤外相は大隈内閣が対独宣戦布告を決定したことを強調しながらも、グリーンに保証して言った、「日本の作戦は必要欠くべからざる範囲に厳しく限定されるだろう。……日本の態度を決めるにあたって、日本政府は領土拡張の野心とか、あるいはまた、日本の利己的な目的を追求するとかいうような動機に駆り立てられたわけではないので、どうか英国政府はご安心願いたい[18]」と。グリーンは、日英協力の基礎を固めることがいかに重要であるか、そしてそれに代わる選択肢をとれば、日本の一方的な作戦行動を招くだけだと、はっきり理解したのである。

私の考えでは、できるだけ早急に英国政府の意図を知らせることが絶対に必要である。……わが国が決定すべきことは、英国にとって一層有利なのは日本に支援を要請した後、日本に単独行動をとらせるか、あるいは今は日本に譲歩し、そうすることによって作戦終了後、中国における戦後処理の作業が始まった段階で、われわれが提出できるような義務を日本に負わせるか、の二者択一である[19]。

グレイ外相は日本の作戦に地理上の制限条件を設定することに余念がなかった。日本の作戦行動は「南シナ海および東シナ海西方のアジア海域を越えて、あるいは東アジア大陸におけるドイツ占領地以外のいかなる外国領地へも、展開してはならない[20]」。加藤はグリーンにあて、日本政府はグレイが提案した地理上の拘束を認めることができない、と通告した。八月十五日、日本はドイツにたいして最後通牒を発し、一カ月以内に、日本海域および中国海域からのドイツ武装商船の撤退と、さらにその上、中国山東省膠州《こうしゅう》の租借地の明渡しを要求したのであった。もしドイツが八月二十三日正午までに応諾しない場合、日本はドイツと交戦状態に入るであろう[21]、と。したがって、一九一四年八月二十三日、日本は正式に第一次世界大戦に参入したのである。

日英両軍のドイツ青島《チンタオ》要塞〔中国山東省膠州湾の租借地に構築された要塞〕にたいする作戦や、太平洋のドイツ領諸島にたいする日本、オーストラリア、ニュージーランドの軍事行動を含めて、グリーンはさまざまな外交文書の取り交わしに当たった。日本軍がかたくなに作戦の自主権を主張し、この絶好の機会を最大限に利用して東アジアや太平洋への勢力拡張を図ったために、かなりの衝突が発生した。しかし、一九一四年十一月、青島要塞はとどこおりなく陥落、そして同年末までに、赤道南北にわたる太平洋のドイツ領諸島も占領され、日本軍は赤道以北の諸島〔マリアナ群島・カロリン諸島・マーシャル諸島〕を制圧し、またオーストラリア軍とニュージーランド軍は赤道以南の諸島〔ビスマルク諸島など〕の支配権を掌握した。合衆国はかなりの関心をもって戦局の動向を見まもったが、トーマス・ウッドロー・ウィルスン（Thomas Woodrow Wilson）大統領の民主党政権は、太平洋と同様に大西洋に関しても論争すべき問題が山積していた。

その次の段階になると、グリーンがさる八月に怖れていたように、日本は単独作戦を推進するにいたった。予想されていたことだが、これは日本が中国で演じる役割を強化せんとする固い決意の表われであった。日本国内では、さまざまな官民団体が中国を政治的、経済的、そして戦略的に搾取するための、広範囲にわたる特殊な計画を表明した。日本の外務省は、一九〇五年（明治三十八）に帝政ロシアから譲渡された遼東半島南部の、租借権の貸借期間の延長を希望し、大企業〔財閥〕は外務省と結託して、英仏両国が投資した揚子江流域に日本人の活躍の場をひろげようと考えた。軍部はとりわけ満州に関心を抱いた。民間団体のなかには国家主義者の集まりもあって、特に黒竜会は、日本がアジアの同胞を西洋の支配から解放するという汎アジア主義を唱導した。そのような主張は、日本の影響力強化のために中国政府を説得し〔もっと正確に言えば、強制して〕、中国政府に日本人顧問官を採用させたならば、飛躍的にその勢いを増すことになるだろう。かくして一九一四年十二月、悪名高き「対華二十一カ条の要求」[6]が、事実となって現われた。それはまた、グリーンが対処しなければならぬもう一つの深刻な危機のはじまりであった。

一九一五年（大正四）一月二十四日、加藤はグリーンに会い、その要求の概略を手交したが、それには袁世凱大総統に伝達した要求の第五号〔全七項〕を削除していた。加藤が述べたところによれば、その要求は「日本の諸団体が要望するほど広範囲にわたるものではないが、かなり以前から彼が入念に練りあげた計画にしたがって作成し、それによって将来的に良好な日華関係が樹立されるとの期待を込めて提唱したのである」[22]。やがて英国外務省は、日本が提示した要求がグリーンに知らせたものよりも一層過激な内容だという情報を、ロシア筋から得た。一九一五年二月十日、『タイムズ』記者とのインタビューで、加藤は「要求」に加えて「希望」を提出したことを認め、その希望のなかには揚子江流域における鉄道施設権の優先的獲得が含まれる、と言った。[23]「加藤はそれを報道しないことを条件にして話したのだが」、グリーンが記者からインタビューの内容を聞くや即刻加藤を訪ねると、外相は食ってかかるように、日本は自国の権益を増進することにかけては、まさに英国が過去におこなったように、独自の行動をとるつもりである、[24]と言った。その後になって加藤が態度を軟化させたのは、英国外相グレーから強硬な反駁に接したり、ロンドンの日本大使館がもっと宥和的な取組み方をするようにと勧めてきたからだ。[25]グリーンは、日本の外務省からさらに一層前向きの回答を得るために最善の努力を尽くした。

北京駐箚大使サー・ジョン・ジョーダンは、英国の権益を擁護することに十分な支援姿勢を示さなかった日本の「英国かぶれの連中」に批判的であった。[26]北京で代理大使を勤めたビールビー・オールストンは、ジョーダンあての私信でグリーンを率直に酷評し、あざけるように言う。

われわれが北京で日本人の迷妄ぶりを啓発するためにあらゆる手だてを講じたにもかかわらず、東京の大使館はその間ずっと日本人を信用していたようにみえます。対華二十一カ条の要求の全文を見てグリーンが突然に目覚めるまで、日本人が公正な取引きをやっていないという考えによって、彼の心は一度も悩まされたとは思えません。彼ら日本人は、東京在留のイギリス人らに催眠術をかけることができるようです。――グリーンはちょっと前、もし加藤が辞任した場合、自分はどうしたらよいかわからない、と書いて寄こしたのです……。[27]

加藤が日英同盟協約の締結とその更新に深くかかわってきたことを心に留めて、グリーンが特別な信頼感を加藤に寄せていたのは事実である。しかし、戦時中でもあって、英国は全面的に日本と論争することができなかった。そのようなまねをすれば、日本は立場を変え、ドイツを支援するようになるだろう。最終的には、これがジョーダンやオールストンらの主張する対日批判への回答であった。

中華民国大総統の袁はずいぶん練達の技量を発揮して、できるかぎり対華二十一カ条の要求受諾の譲歩を引きのばしていた。袁のねらいは、それによって諸外国の東京にたいする抗議行動をうながし、日本の支配階層のなかに加藤外交反対論を誘発することであった。ある程度まで、これは戦略的に成果をあげた。英国やフランス、ロシア、それにアメリカ合衆国は、日本が中国にもくろんでいる範囲や、率直さに欠けた加藤外交にたいして異議を唱えたのである。彼の前任者と同様に、加藤はその助言を拒絶して元老らと不和になっていた。さらに加藤が二十一カ条の要求を袁世凱に受諾させられなかったために、国内的危機が醸成され、その渦中で加藤は要求を修正せざるをえなくなった。元老らは外交政策全体の再吟味を主張したが、結局、大隈内閣と元老らとのあいだに、対華二十一カ条の要求から中国全土に適用される第五号を削除し、第一号から第四号に基づいた最後通牒を発するという合意に達した。中国は日本と戦争を交える立場になかったので、袁世凱はその対華要求の条約に調印する以外は選択の余地がなかった。その条約で、袁は満州と揚子江流域における日本の権利拡張を承認したのである。しかし、それは加藤にとって空疎な勝利であった。彼の外交官としての名声は内外の辛辣な論争の過程で衰退していき、やがて一九一五年八月、外務大臣を辞任した。

グリーンは日本に幻滅を覚え、その心情を〔もと駐日代理大使の〕サー・ホラス・ラムボールド（*Sir* Horace Rumbold）あての書簡にもらしている。

戦争が重大な局面を迎えた時から青島が陥落するまで、私がそれらの人びとと密接な個人的関係を保ってきた後になってみると、それは私にとって非常に苦《にが》い経験でした。われわれがまったく別のところにかかわっていた時、突然にその対華二十一カ条の要求が持ち出されて、私がどんなに失望したか、そしてまた協商諸国の大使らもそうであったことを、いまさら申しあげる必要はありません。それは日本の特徴を示していますが、後に不愉快な印象を残したのです。(28)

それにつづく〔外務次官補の〕サー・ウォルター・ラングリー（*Sir* Walter Langley）あての書簡で、グリーンは日本人を徹底した日和見主義者だと述べている。さらに彼は的確に付言した、「戦争という幸運が加藤男爵の足もとにボールを置き、彼はそれを蹴った。それだけのことだ」と。[29]英国やアメリカ合衆国などの西洋列強による外交上の圧力が、東京の国内的な重大局面とあいまって、一九一五年五月、対華二十一カ条要求の危機を終息させた。英国外務省とカニンガム・グリーン自身は、日英同盟の長期継続に否定的な結論を容認せざるをえなくなった。

日英同盟関係は、一九一五年末から翌一六年（大正五）まで、なおも緊迫状態がつづいた。一九一六年の暮れごろになって、ロンドンと東京で政権交代があった。H・H・アスキス（Herbert Henry Asquith）首班の連立内閣が辞職し、デヴィッド・ロイド・ジョージ（David Lloyd George）主班の別の連立内閣が成立した。東京では大隈重信のあとを山県有朋公爵の後継者・寺内正毅陸軍元師[7]が継いだ。かくして日本は旧式の官僚政治にもどったのだが、はじめて見れば英国はこれまで以上の難題にぶつかると思われただろう。しかし、寺内内閣は国際関係の改善を主導したのである。新しい外務大臣の本野一郎男爵は、以前にロシア駐箚大使を勤めたことがあり、前任者の無謀な中国政策によって生じた国際関係の破綻を修復したいと考えていた。[30]したがって、中国においてはもっと漸進的に日本の権益を発展させ、欧米諸国との友好関係を確立するという慎重な政策をとった。グリーンはその印象を、「現内閣以上に協調的な内閣はほとんど期待できない」[31]と述べている。山県の説得を受けて、寺内は国会の代表的政党と密接な協力関係を築くために動いたが、その努力は内閣、枢密院、各政党の代表者で構成する外国関係諮問会議[8]〔臨時外交調査委員会〕の設立によって、ある程度達成された。[32]

英国海軍がドイツの間断ない攻撃にさらされる緊急事態が発生し、ロイド・ジョージ内閣は日本海軍にたいし、地中海および南太西洋での支援を要請した。グリーンがその要請書を日本政府に提出したのは、一九一七年（大正六）一月である。本野外相は、大戦初期の段階で日本軍が占領した山東半島と太平洋諸島に関して、英国の保証を要求すると言明した。グリーンは、日本はただ現状を維持することに公式の承認を求めたにすぎず、この件についてはなんら論争すべき問題はない、と考えた。誠意がある証拠として、日本は英国の要請に応えて早速軍艦を派遣することに合意した。[33] その見返りとして、英国は山東半島と赤道以北の南太平洋諸島に関する日本の要求を承認し、大英帝国派遣の軍隊〔オーストラリアおよびニュージーランド部隊〕が占領した赤道以南の諸島の権利にたいして、日本の互恵的承認を求めた。これはすぐに実現した。

アメリカ合衆国が第一次世界大戦に参戦したのは、一九一七年四月であった。これよりさきの十年間に、日米関係はますます齟齬をきたす度合を高めていたが、合衆国の協商国側〔英・仏・露・日・伊〕への参入によって、日英関係の再評価を迫られることになった。グリーンはラングリー外務次官補あての通信に重要な状勢分析書を作成し、これを一九一七年（大正六）八月に発送した。その中で、彼は日本の横柄なご都合主義的態度の例を挙げて、対外関係に緊迫状況をひきおこす個々の原因に言及している。すなわち、日本の長期にわたる版図拡大傾向や、ある日本人らのインド反体制派支援表明、政府公認のもとにおこなわれる日本企業進出の目的、いわゆるオランダ領東インド諸島〔現インドネシア共和国〕方面への日本の熱い眼差《まなざ》し、中国における日本の野望、英国領に居住する日本人の人種的紛争問題の解説など。日米間の不信感は根強く、近い将来に改善されそうにもなかった。

グリーンは、当分のあいだ日英同盟協約を継続すべきであるが、より長期的な観点からみれば、その協約を「英国、合衆国、日本間の三国協定」の中に発展的解消を図ればよいのではないか、と言い、[34] さらに「現在のうわべだけの友好関係はながつづきせず、そのうちに解消して、これまでより親密さを欠いても一層実質的な関係に転換しなければならない。われわれはたぶんアメリカを味方につけて、極東における勢力の均衡を取りもどすだろう[35]」とつけ加えた。

英国外務省は彼の見解に共感を示したが、遺憾ながら、第一次大戦後ふたたび勢いづきそうなアメリカの孤立主義を克服することの難しさをはっきりと見抜いていた。しかしながら、興味深いことには、グリーンと外務省との書簡のやりとりは戦後問題の議論に言及しており、ワシントン会議〔第一次大戦後の一九二一年十一月—二二年二月、ハーディング（Warren Gamaliel Harding）米大統領の提唱で開かれた海軍軍備制限問題および極東・太平洋問題に関する国際会議〕の討議に先立って、グリーンはその議論に参加したのである。

一九一七年十一月、ロシアでボリシェヴィキの革命〔十月革命〕が勃発したことによって、日英間に再度緊張が高まった。日本の指導者は、シベリアが不安定な状態に陥り、東アジアの日本の権益が危険にさらされることを怖れた。それに加えて、日本のヨーロッパ駐在外交代表らの報告は、第一次大戦の最終的ななりゆきについて疑念を示唆したのである。[36] 日本の軍部の中にはドイツが勝利を収めると信じる者がいたので、一九一七年後半から翌年（大正七）のはじめにかけて、寺内内閣は英国と密接な協力関係を維持することにあまり熱心な姿勢をみせなくなった。シベリア問題介入の必要性に関する長時間の議論後、一九一八年八月、東京の支配的人物らは陸軍のシベリア遠征隊派遣を了承した。中国にたいしては、軍閥の実権者段祺瑞《だんきずい》〔9〕の政権を強化するために、大規模な借款〔総額一億四千五百万円にのぼる、いわゆる西原借款〔10〕〕が供与された。日本国内では米価高騰の不満から深刻な米騒動が全国的に波及し、そのために一九一八年九月、寺内政権は倒れた。[37] 一九一八年三月には、ドイツ軍が決定的な勝利を収め、協商国側は降伏するだろうという日本国内の憶測が、同年十月になると消滅してしまったのは、オーストリア＝ハンガリーやドイツ内部の政権弾劾運動が大戦終結に寄与したからだ。グリーンは一九一七年に述べた意見をくりかえして言った、「国際連盟設立の提案は……協商諸国のすべての問題にかかわる新たな状況を生み出し、英国は日英同盟を——それは一時代を画し、その偉大な機能をはたらかせたと、私はあえて考えたいが——そのような連盟の中に組み入れることができるだろう」[38] と。グリーンは日英同盟を「日本人の感情を害することなく、かなりの礼節をもって葬り去らねばならない」[39] と考えた。たぶん後者は首尾よくなし遂げられようが、前者を過失なくおこなうのはきわめて困難なことだろう。

カニンガム・グリーンが東京を去ったのは、一九一九年（大正八）四月であった。同年九月、彼は年金を受けて退職した。やがてグリーンのあとをサー・チャールズ・エリオット（*Sir* Charles Eliot）が継ぎ、翌一九二〇年（大正九）四月に就任した。[40] グリーンは招かれて日英同盟の将来を検討するために設置された小委員会の委員を勤めることになった。委員仲間には、サー・ジョン・ジョーダンや、サー・ウィリアム・ティレル（*Sir* William Tyrrell）、サー・ヴィクター・ウェルズリー（*Sir* Victor Wellsley）らがいた。一九二一年一月、彼らはその小委員会の報告書において、「日英同盟協約更新の賛成論と反対論とをすべて慎重に審議した結果、それを廃棄し、その代わりに、できうればアメリカ合衆国、日本、英国間の三国協約に取り換えるべきだとの、全員一致の結論に達した。その三国協約の本質は、厄介な拘束を受ける恐れもなく、全加盟国が賛同しうる大原則を宣言することにある」[41] と述べた。もし合衆国が参加することに乗り気でない場合、委員会は将来いつかアメリカの加入を促進するような日本との新協約を想定した。ワシントン駐劄英国大使サー・オークランド・ゲディス（*Sir* Auckland Geddes）は、ウォーレン・G・ハーディング大統領の新共和党政権を説得してこれに協力させるには困難が予想されるので、日英同盟協約は枠組を修正して継続すべきだと勧めた。新しい駐日大使サー・チャールズ・エリオットは、現同盟協約の適用期間延長を進言した。[42] 外務大臣カーズン卿（George Nathaniel, *1st Marquess* Curzon of Kedleston）は委員会報告に否定的であった。首相のロイド・ジョージは日本にたいしてすこぶる好意を持っていた。一九二一年の六月から七月にかけて、大英帝国会議〔英本国ならびに各自治領首相の連絡会議〕がひらかれた時、ロイド・ジョージは日英同盟の期間延長を強く唱えた。彼は、日本はみずからの権益を擁護するが、他の強国以上に利己的な行動をとっているわけではない、と考えていた。実際、ロイド・ジョージは、一九一一年五月の大英帝国会議でサー・エドワード・グレイが同盟の継続を訴えた演説の一部を引用したのである。したがって、グリーンが日英同盟問題の協議に参加して述べた意見は、首相や外務大臣の意向を彼が望んだ方角へ誘引することができなかった。一九二一年（大正十）十月、アメリカのハーディング政権が率先して重要なワシントン会議を招集し、その結果、合衆国、英国、フランス、および日本からなる四カ国条約〔中国および太平洋の現状維持を目的として締結）が、日英同盟協約に取って代わることになった。かくしてアメリカ合衆国は、一九一七年にグリーンが心に描いたような解決策を実現する役割を演じたのである。一九二三年（大正十二）八月、日英同盟協約は最終的に廃棄された。

外交官としてのカニンガム・グリーンの経歴は、一八九〇年代における南アフリカと、一九一三年から一九年までの日本との、二つの重責を帯びた任務に彩られている。それらの職に在任中、彼はきわめて重要な協議に寄与したのであった。

グリーンは勤勉な人であったが、やや生彩を欠いていた。彼には前任者のサー・クロード・マクドナルドの華やかさも、後任のサー・チャールズ・エリオットの学識もなかった。彼は右顧左眄を嫌う現実主義者であり、受けのよい外交官に必要な忍耐強い協調的な資質を備えていた。南アフリカではその地方特有の危難を察知し、妥協策を首尾よくまとめようと奮闘した。しかし、その努力はポール・クリューガーやサー・アルフレッド・ミルナーに妨害されてしまった。日本では、英国がヨーロッパの深刻な国際問題に遭遇し、一九一四年の七、八月、ついに大戦が勃発するにいたった時期に、日英同盟の効用を正しく理解していた。就任以前に極東での経験がなく、東京に赴任した時、あの日本を領土拡張論者の方向へと駆りたてた異質の精神風土を、必ずしもよく知っていたわけではなかった。そのような状態で、彼は中国における日英それぞれの政治的・経済的利害の面にかかわる論争に取り組まなければならなかった。

グリーンは妥協策を押しすすめることに心を砕いたが、グレイも加藤も、それぞれ自己の政策を擁護することにかけては決然たる態度をとった。ヨーロッパで大戦が勃発したために、揚子江流域での両国の摩擦がそれ以上激化するのは避けられたものの、今度は日本の第一次世界大戦参加に伴う付随的な条件をめぐって意見の相違が生じた。一九一四年八月にグレイが日本軍の作戦行動範囲を限定しようとして失敗に終わった交渉は、ぎこちなく、いつもの彼の機敏さが見られなかった。この時、グリーンは日本を疎外してはならないと、グレイに指摘せざるをえなかった。グリーンにたいして手に負えない難題を突きつけたのは、日本の対華二十一カ条の要求である。日本の政策に関する英国の異議非難は伝達しなければならないが、それでも両国の主張を大戦というより重大な課題の中に包含して勘案するのは当然のことだ、と彼は考えていた。同時に、〔対華二十一カ条の要求が提出された〕一九一五年、グリーンの日本観は根本的に変化し、これまで以上に批判的に日本の政策をみるようになった。このことを考慮すれば、彼が新しい条約をもって日英同盟協約に取り替えることを唱導した理由が説明されるだろう。英国は日本が疎外されるのを未然に防ぎながらも、徐々にアメリカ合衆国のほうへ接近していく。それを達成するのは、グリーンが推測していたよりも一層困難であった。

カニンガム・グリーンが大使として寄与した意義は、日英関係の空模様が、ある程度の暖かさから〔徐々に冷えていくにしても〕身を切るように凍《こご》えつくとでも言われるような風向きへと、決定的に変化する時代を画したことである。英国の衰退がますます著しくなるにつれて、そして一方、日本が主要な地域大国としてますますその頭角を際立たせるにつれて、両同盟国の関心は異なっていった。グリーンは政府の政策の忠実かつ有能な推進者であったが、指揮する立場の人物ではなかった。一九三四年（昭和九）六月三十日、彼は八十歳の誕生日を迎える四カ月前に没した。

（中須賀哲朗　訳）

【原注】

（1）一八九〇年代の状況をわかりやすく解明したものとして、I. R. Smith, *The Origins of the South African War* (London, 1996). を参照のこと。

（2）Ibid., pp. 136–7.

（3）Ibid., p. 367.

（4）Ibid., p. 351. グリーンとスマッツの話合いをさらに深く知るには、Keith Hancock and J. van der Poel (eds), *Selections from the Smuts Papers* Vol. I (Cambridge, 1966), pp. 201–4, 266–8, 283–305.を参照のこと。

（5）Smith, pp. 379–80.

（6）Ian Nish, *The Anglo-Japanese Alliance: the Diplomacy of Two Island Empires, 1894–1907* (London, 1966) および *Alliance in Decline: a Study in Anglo-Japanese Relations, 1908–23* (London, 1972). は、日英同盟の締結から廃棄までの信頼できる概説書として参照のこと。また、Peter Lowe, *Great Britain and Japan, 1911–15: a Study of British Far Eastern

Policy (London, 1969). も参照のこと。

(7) M. B. Jansen, *The Japanese and Sun Yat-sen* (Cambridge, Mass., 1954). を参照のこと。

(8) Ian Nish, 'Sir Claude and Lady Ethel MacDonald', in Ian Nish (ed.), *Britain and Japan: Biographical Portraits* (Folkestone, 1994), pp. 133-45. これは本書の第九章に再録されているので参照のこと。

(9) Greene to Grey, 12 September 1913, FO 405/212, pp. 130-2, Public Record Office, Kew.

(10) Lowe, p. 113.

(11) Ibid., p. 120.

(12) Greene to Grey, 14 December 1913, FO 371/1621.

(13) Letter from Greene to Sir Walter Langley, Assistant Under-Secretary of State, Foreign Office, Langley papers, FO 800/31.

(14) Lowe, pp. 161-2.

(15) Enclosure in Greene to Grey, 3 March 1914, FO 371/1941.

(16) Greene to Grey, 10 and 12 June 1914, FO 371/1942.

(17) Letter from Greene to Langley, 22 February 1914, Langley papers, FO 800/31.

(18) Greene to Grey, 10 August 1914 (two telegrams), FO 371/2016. 第一次世界大戦参加にたいする日本の反応を非常に興味深く研究したものとして、F. R. Dickinson, *War and National Reinvention: Japan in the Great War, 1914-1919* (Cambridge, Mass., 1999) を参照のこと。ディキンスンは、加藤高明が十九世紀の中国で西洋列強が強化した伝統的な帝国主義政策に類似するものを押しすすめたと論じて、加藤を好意的に評価する。ディキンスンは、加藤が元老らの影響を排除して、政党が対外政策を掌握することを検討したいと望んでいた、と言う。

(19) Ibid.

(20) Grey to Greene, 11 August 1914, FO 371/2016.

(21) Lowe, p. 190.

(22) Greene to Grey, 25 January 1915, FO 371/2322. Dickinson, pp. 84-116. を参照のこと。私は加藤高明に関するディキンスンの非常に思いやりのある記述を納得しているわけではない。加藤は有能で、覇気があり、経験に富んでいたけれども、中国における日本の役割を拡大することや、無理やり袁世凱に「二十一カ条の要求を」応諾させること、西洋列強を説得して日本の意図するところを黙認する気にならせること、元老らを棚上げにすること、それに軍部を統制することなど、なにもかも同時に直面した問題を、彼はひどく過小評価していた。加藤はすぐれた敏腕家で、かつ意志強固であった――しかし、彼は鉄血宰相ビスマルクのような政治家ではなかった。一九一五年、加藤は重大な過失を犯し、それによって彼の外交官としての名声や政党指導者としての宿望は損なわれたのである。

(23) Greene to Grey, 10 February 1915, FO 371/2322.

(24) Ibid.
(25) Lowe, p. 235.
(26) Letter from Jordan to Alston, 2 February 1915, Alston papers, FO 800/248.
(27) Letter from Alston to Jordan, 19 March 1915, Jordan papers, FO 350/14.
(28) Letter from Greene to Rumbold, 10 May 1915, cited Lowe, p. 256.
(29) Letter from Greene to Langley, 9 September 1915, Alston papers, FO 800/247.
(30) Nish, *Alliance in Decline*, p. 198. また Dickinson, pp. 117–53 も参照のこと。
(31) Greene to Balfour, 18 January 1917, cited Nish, *Alliance in Decline*, p. 199.
(32) Ibid., p. 200.
(33) Ibid., p. 206.
(34) Greene to Langley, 30 August 1917, cited ibid., pp. 220–1.
(35) Ibid.
(36) Ibid., pp. 236–8.
(37) Ibid., p. 250.
(38) Greene to Cecil, 2 November 1918, cited ibid., p. 262.
(39) Ibid.
(40) Ibid., p. 300.
(41) Cited Lowe, p. 309.
(42) Nish, *Alliance in Decline*, pp. 310–12.

[訳注]

[1] 辛亥《しんがい》革命　清朝末期の一九〇五年、中国革命派の政治結社興中会・華興会・光復会三派は、東京で中国革命同盟会を結成、孫文を総理にえらび、中国各省で武装蜂起を指導したが失敗する。しかし、一一年五月、清政府の主要鉄道国有化公表を契機として、それに反対する同盟会影響下の武昌新軍をはじめ、各省で武装蜂起が続発、一九一二年一月一日、孫文を臨時大総統に迎えて南京に中華民国臨時政府が成立した。三歳で即位した宣統帝溥儀（一九〇六―六七）は同年二月十二日、袁世凱に共和政府組織の全権を与えて退位し、清朝（一六一六―一九一二）は滅亡した。

[2] 孫文《そんぶん》（一八六六―一九二五）逸仙《いっせん》・中山と号す。広東省香山の農家に生まれ、ハワイの教会学校で学び、香港の西医書院を卒業して医者となる。一八九五年、共和政体の樹立をめざし広州で挙兵したが失敗、日本に亡命し、東京で中国革命同盟会を結成、宮崎滔天《とうてん》・内田良平らの援助を受け、一九〇〇年恵州で再度の挙兵を試みたが大敗を喫す。辛亥革命により中華民国臨時大総統に就任後、南北妥協を図って袁世凱にその職を譲った。その後、袁の軍閥支配に抵抗し、一九一三年の第二革命に失敗、ふたたび日本に亡命し、中国革命党（一九年中国国民党と改称）を創設、二三年第三次広東政府の大元帥に

就任し、二四年第一次国共合作を成立させ、軍閥打倒・不平等条約撤廃を旗印に北上して北京に病没した。

[3]　黒竜会　韓国併合の裏面に活躍した内田良平（一八七四―一九三七）を主宰者として一九〇一年（明治三十四）に結成、集団主義の国家論や皇国論を鼓吹し、大陸進出を標榜した。

[4]　袁世凱《えんせいがい》（一八五九―一九一六）　河南省出身。一八八四年、漢城（ソウル）駐箚日本公使竹添進一郎の支援を受けた朝鮮開化派クーデターの甲申事変で親日派鎮圧に功を挙げ、朝鮮の属国化を推進する。日清戦争後、七万五千人におよぶ新式陸軍を私兵同然に養成し、九八年光《こう》緒《しょ》帝の新政施行を阻止するクーデター（戊戌《ぼじゅつ》の政変）を起こして西太后の信任を得、直隷総督・軍機処大臣などの要職につく。政権を専らにした西太后の死後失脚するが、一九一一年辛亥革命発生に際し復権して総理大臣となり、革命側との取引きによって宣統帝退位と引換えにみずから中華民国臨時大総統に就き、一三年第二革命を弾圧して正式に初代大総統となる。一五年日本の対華二十一カ条の要求を承認、急激に湧き起こる反日気運を利用して帝制を復活し、一六年一月一日帝位に就くが、まもなく帝制反対を叫ぶ第三革命の嵐の中で失意のうちに病没した。

[5]　加藤高明《たかあき》（一八六〇―一九二六）　尾張国（愛知県）佐屋生まれ。東大卒。三菱会社に入社し、英国留学後、三菱財閥の創始者岩崎弥太郎の長女春治と結婚。一八八七年（明治二十）大隈重信外相の秘書官兼政務課長に迎えられ、条約改正の立案に参加する。九四年（明治二十七）駐英特命全権公使、一九〇〇年（明治三十三）第四次伊藤内閣外相、ついで〇六年（明治三十九）第一次西園寺内閣外相に就き、日英同盟を推進した。〇八年（明治四十一）駐英特命全権大使となり、日英条約改正・日英同盟改訂に尽力し、一一年（明治四十四）第三次日英同盟を締結する。一三年（大正二）第三次桂内閣外相。翌一四年第二次大隈内閣の外相として第一次大戦に参戦、対華二十一カ条の要求を断行した。一六年（大正五）憲政会を組織して総裁となる。二四年（大正十三）護憲三派を結集して組閣、首相在任中、日ソ国交を回復し、治安維持法・普通選挙法などを実施した。

[6]　対華二十一カ条の要求　第一次大戦が勃発するや、西洋列強が中国における権益を顧みる余裕がないのに乗じ、一九一五年（大正四）一月十八日、日本は極秘裡に日置駐華公使を通じきわめて帝国主義的な二十一カ条の要求をおこなった。これにたいし、中国民衆の反日民族運動は著しく高揚し、中国大総統袁世凱がその第五号を除く要求を受諾した五月九日は「国恥記念日」となるが、対華二十一カ条の要求の概略は次のとおりである。

　第一号は、山東省内のドイツ権益を獲得し、同省を日本の支配下に収めるための要求四カ条。

　第二号は、旅順・大連の租借期限や満鉄経営権の九十九年延長を含め、南満州（中国東北部南部）・東部内モンゴルを植民地化するための要求七カ条。

　第三号は、漢陽・大冶・萍郷産の鉄・石炭の採掘権を独占するための要求二カ条。
第四号は、中国沿岸の港湾・島嶼を外国へ割譲しないことの締約一カ条。
そして、日本が撤回せざるをえなかった問題の第五号はその全文を転載する。（片仮名はひらがなに、また文章を現代かなづかいに改めた。）
一、中央政府に政治財政及び軍事顧問として有力なる日本人を傭聘せしめること。
二、支那〔中華民国〕内地に存在する日本の病院、寺院及び学校に対してはその土地所有権を認めること。
三、従来日支間に警察事故の発生を見ること多く、不快なる論争を醸したことも少なからざるにつき、この際必要な地方における警察を日支合同とし、またはこれらの地方における支那警察官庁に多数の日本人を傭聘せしめ、もって一面支那警察機関の刷新確立を図るに資すること。
四、日本より一定の数量（例えば支那政府所要兵器の半数）以上の兵器の供給を仰ぎ、または支那に日支合弁の兵器廠を設立し、日本より技師及び材料の供給を仰ぐこと。
五、武昌と九江南昌線とを連絡する鉄道及び南昌杭州間、南昌潮洲間の鉄道敷設権を日本に許与すること。
六、福建省における鉄道・鉱山・港湾の設備（造船所を含む）に関し、外国資本を要する場合にはまず日本に協議すべきこと。
七、支那における本邦人の布教権を認めること。
第六号は、日本が膠洲湾租借地を返還する場合、これを全部商港として開放し、指定する場所に日本専管居留地を設置しうることの同意条項である。

［7］寺内正毅《まさたけ》（一八五二―一九一九）長州藩士の家に生まれ、十七歳で箱館五稜郭の戦に従軍。のち長州閥の一人として陸軍の中枢部署を歴任し、一九〇一年（明治三十四）第一次桂内閣陸相、ついで第一次西園寺内閣、第二次桂内閣に留任。韓国統監を兼ねて韓国併合を推進し、一〇年（明治四十三）八月併合後、陸相のまま初代朝鮮総督を兼任して武断政治をおこなった。一六年（大正五）陸軍元帥、同年十月首相となり、シベリア出兵・軍備拡張・米騒動の鎮圧を強行した。

［8］臨時外交調査委員会　一九一七年（大正六）六月、寺内首相が国論統一を標榜して設置した天皇直属の調査審議機関である。内閣からは首相・内相・外相・陸相・海相ら主要閣僚を委員とし、政党代表として政友会の原敬、国民党の犬養毅の二党首が参加、憲政会党首加藤高明は委員就任の懇請を拒否した。一八年のシベリア出兵やパリ講和会議の山東還付問題では一定の成果をあげた。二二年加藤友三郎内閣にいたって廃止。

［9］段《だん》祺《き》瑞《ずい》（一八六五―一九三六）中国安徽省出身。北洋軍閥三傑の一人といわれた。天津武備学堂卒業後、ドイツに留学して軍事学を修め、帰国後袁世凱の麾下に入り、その政権の国務総理代理兼陸軍総長となるが、袁の帝制画策に反対して辞任、第三革命中に復帰して内閣を組織する。一九一七年、寺内内閣から西原借款による多

額の援助を受け、翌年五月、日本軍部の意向に妥協して「日華共同防敵軍事協定」を結んだ。二〇年、段がその実権を握る北洋軍閥安徽派が直隷派との抗争に敗れて下野。二四年、第二次奉天派・直隷派戦争でクーデターを断行した河南省督軍馮玉祥《ふうぎょくしょう》に擁立され、中華民国臨時執政となったが、二六年、奉天派と国民軍の戦争勃発により政権から引退する。

〔10〕　西原借款　第一次大戦勃発によって西洋列強の対中国投資が停滞し、北京政府の財政が極度に逼迫した隙に乗じて、日本政府は借款提供により独占的に経済支配をおこなう野望をいだいた。その仲介を担当したのが、朝鮮総督時代の寺内の知遇を得たソウル在住の実業家西原亀三（一八七三—一九五四）であり、担保もないまま供与した総額一億四千五百万円におよぶ借款を、北京政府はすべて政治費として使用し、日本は元利ともに失うことになる。

（各訳注は『日本史広辞典』（山川出版社）、『西洋人名辞典』（岩波書店）、『日本史辞典』（東京創元社）、『日本史資料』（東京法令）、『コンサイス人名辞典』（三省堂）、その他を参考にした。）

第11章

サー・チャールズ・エリオット

駐日大使 一九一九—二五年

デニス・スミス
（アルスター大学歴史学部）

Sir Charles Eliot

サー・チャールズ・エリオット（Charles Eliot, 1862–1931）という名前は、これまでの日英関係史では、せいぜい脚注として登場する程度であった。その理由として、彼が外交官兼学者として日本にかかわったのが、晩年の十年間のみであったことが挙げられる。しかし、彼は東アジアにおける東洋研究の草分けとして大きく貢献した優れた英国人外交官の一人であったし、さらに重要なことに、彼の駐日大使時代に日英同盟が廃棄されたのである。一九一九年八月、駐日大使を命ぜられた彼は、英国の対日関係における重要な役割を担うことになった。大使としての最初の二年間は、それまで日英関係の要であった日英同盟の衰退と終焉にたまたま立ち会うことになり、さらに次の四年間は、日英関係を新たなしかも同盟という枠をもたない自由な形で再構築する時期であった。日英の友好関係を信念をもって擁護していただけに、同盟の廃棄は彼にとって大きな苦痛であった。日本と日本文化にたいし深くて真摯な敬意を抱いていた彼は、当時彼の世代の人びとが一般にもっていた日本人にたいする人種偏見の傾向を軽蔑していた。エリオットの日本への愛着は、彼が外交官生活を引退した後、日本に留まる決心をし、晩年を日本の仏教に関する研究と著作に費やしたということに、その深さを知ることができる。残念ながら、彼は外交官として、日英間の親善と協力という彼のヴィジョンを現実のものとすることはできなかったが、日本にたいする彼の誠実な思いは、彼にまさるとも劣らない日本愛好家であったF・S・G・ピゴット少将の心を動かし、エリオットについて、「英国の同盟国日本のことを彼ほど理解し愛した人は、たとえいたとしてもごく少数であろう(1)」と言わしめた。

一九二〇年四月六日、駐日大使の任務に当たるべく英国海軍巡洋艦から横浜の港に降りたった長身の独身者、五十八歳のエリオットは、秀才としての評判が高く、実際、大使館の相当経験を積んだ日本通の同僚ですら、彼の前ではおじけづいたという。ともかく、この駐日大使の職は、エリオットの全経歴の中の頂点、すなわち、若い頃輝かしい将来が約束されながら、中年期には恐ろしく影をひそめてしまった彼の多彩で波乱万丈の人生がのぼりつめた極みだったのである。

チャールズ・エッジカム・エリオットは、一八六二年一月八日、英国国教会牧師の子として誕生し、ヴィクトリア朝の上層中流階級における典型的な教育を受けて育った。プレップ・スクール[1]からチェルトナム・カレッジに進み、さらに、オックスフォードのベイリオル・カレッジに入学したのは一八八〇年であった。オックスフォード大学に入る頃にはすでに、彼の二つの特質がはっきり現れていた。すなわち、輝くような頭脳明晰さが神経的弱さや感情的脆さと背中合わせとなっており、そこからくる神経衰弱症が原因で、大学進学が遅れたのである。しかし、いずれの学校でも驚くべき語学の才能を発揮し、オックスフォード在学中には、洋の東西を問わずいずれの古典語学においても、優秀賞を総嘗めにし、さらにその後、アラビア語、トルコ語、中国語などを含む二十の言語をものにした。また優れた言語学者として、英語によるはじめてのフィンランド語文法を、その後スワヒリ語教本を書いた。

一八八六年にオックスフォードを卒業した時点では、将来の方針を決めかねていたが、偶然ダファリン卿[2]と出会ったことから、エリオットは外交畑に進む決心をした。当然のことながら、公務員試験に簡単に合格し、ペテルブルグに派遣され、かつて大学でたまたま学んだロシア語の知識を活用することができた。一八九二年にはタンジールに赴任、そして、その一年後にはコンスタンティノープルへ赴いた。もちろんここでトルコ語の資格を得て五年間滞在し、その間彼は、当時「東方問題」と呼ばれていたオスマン・トルコに関する諸問題の権威となった。一九〇〇年にオデッセウスというペンネームで『ヨーロッパにおけるトルコ』(*Turkey in Europe*) を出版し高い評価を受けて、はじめて彼の専門家としての価値を世に示すこととなった。この出版の年までには、短期のワシントン勤務を経験し、次に、サモアにおける陰謀事件を鎮圧するために設置された国際委員会での働きにたいしてナイトの称号を授与され、ザンジバルの総領事と英国東アフリカ保護国弁務官という任務をも経験していた。

エリオットは後になって、駐日大使館員の一人に、「この東アフリカでの四年間が生涯で最も幸せで、最も面白い時期であった(2)」と語ったという。三十八歳という年でこの地位に就き、東アフリカ地域の全英国領を見事に統制管理した彼は、外務省内のヒエラルキーの頂点を極める人とみなされていた。ところが、この東アフリカ勤務は、彼の外交官としての経歴に意外にも早い、しかも決定的な終末をもたらしたのである。彼は、後に「ケニアの白い高地」と呼ばれる白人居留地を作ることを熱心に推し進めていたが、白人の居留地の拡大はとりもなおさず先住民のマサイ族に犠牲を強いることであった。エリオットはマサイ族を嫌っていたので、彼らの犠牲についてて頓着しなかった。一方、マサイ族との衝突の回避を望んでいた本国外務省は、彼にたいし彼らを刺激するような行動を控えるよう警告していた。しかし、エリオットには外交官としての経歴の中で、本国からの指令が自分の信念と矛盾していると、指令を曲げたり時には無視したりすることが多々あった。彼が本国の指令に反して、マサイ族の領土内での白人居留地作りを続行したために、ついに一九〇四年、上司にたいするこの傲慢な姿勢が職業的挫折をもたらすことになった。結局、外務省が正式に政策変更を命令してきたのにたいして、彼は辞職という形で応えたのであった。

エリオットは帰国後正式な査問を受けて釈明し、潔白が証明されて、新たな任地が与えられるだろうと思っていた。しかし、そのような査問などなく、そのまま外交官としての生命は終わったようであった。次の十三年間は大学教授として、最初は新設のシェフィールド大学の副学長を、その後一九一一年から一九一八年まで香港大学の副学長を務めた。しかし、副学長としての生活は特に彼に相応しいとは思えなかったので、要職にある人びとを通して再び官職への復帰を何度か試みたが、いずれもうまくいかなかった。もっとも、大学勤めのこの期間に、海洋植物学に興味を持ったり、さらに重要なことには、彼の傑作となる著書『ヒンズー教と仏教』(*Hinduism and Buddhism*)の資料調査およびその骨格となる部分を執筆する機会が与えられた。これは三巻から成る大著となって、一九二一年に出版された。もし、一九一八年の夏に第一次世界大戦とロシア帝国の崩壊が東アジアに異常な事態をもたらさなかったら、エリオットは最後まで学者であり続けたであろう。

ところが一九一八年八月二日、彼は英国の弁務官としてシベリアに派遣されることになり、外交畑への復帰が実現した。この時期たまたま彼が香港にいて、本格的な〔反ロシア革命〕連合軍の第一団がウラジオストクに上陸する直後にシベリアに赴任できる態勢にあったという、単なる地理的偶然からの人選であった。しかも、弁務官の職はほんの一時的なものにすぎなかったが、公務への復帰を切望していた彼は即座に受諾した。そして、後年の回顧の中でも、この仕事は彼を「若返らせた」と述べている。エリオットは連合国組織の英国代表で、各干渉国のそれぞれの政策を調整する任務を帯びていた。といっても、合衆国も日本も英国のように人材を派遣したわけではなく、主要干渉国からの弁務官といってもエリオットだけだったので、調整機関としては、実際に機能することはなかった。シベリアでのエリオットは、優れた語学者として有名になったし、もてなしの巧みさでも新たに評判を得た[3]。たしかに、彼は革命後のシベリアの混沌とした状況を、改善の方向に導いたということができる。一九一九年初め、ちょうど外務省では駐日大使としてサー・カニンガム・グリーン〔3〕の後継者の人選が難航しているところであった。そこでエリオットに、大変な難局を切り抜けたその手腕が買われて、駐日大使の役が回ってきたのである。

エリオットが、あふれんばかりの能力をこのポストに投入することができたことは言うまでもない。何といっても彼は権威ある東洋研究の専門家である。非ヨーロッパ世界において、彼はまず外交官としての勤務に、後には学者としての研究に、精力を注いできた。東京に着任するまでのほぼ九年間を、彼はまず香港、その後はシベリアと、ずっと東アジアで過ごしており、長い時間をかけて極東の最も重要な地域の研究を続け、特に中国には深く精通していた。中国語をかなり使うことができるようになっていたし、アジアの偉大な二つの精神的基盤であるヒンズー教と仏教に関する代表作も最後の仕上げに入っていた。過去の外交官体験に日本は含まれていなかったし、着任時には日本語を話すことはできなかったが、日本には数回訪れた経験もあり、シベリアでの一年間は、日本の北東アジア政策に直接密接にかかわってきた。しかしその反面、十六年もの長きにわたり正規の外交の仕事から遠ざかっていた空白は、当然あるはずの公的私的人間関係が外務省内にないことを意味していた。このことは、一九一九年から翌年にかけての三カ月間のロンドンでの短期講習ぐらいでは、ほとんど修正できないほどの大きな欠陥であった。

エリオットは、日英関係が決定的な段階を迎えていた時期に、駐日大使になった。それは、日英同盟の真価が深刻に問われはじめていた時期であった。第一次世界大戦の戦中戦後の一連の出来事によって、日英同盟はさまざまな角度から厳しい検討を迫られていた。まず、この同盟はアメリカには評判が悪かった。なぜなら、アメリカ側から見れば、日英同盟は日本にとって、アジア大陸への侵略の強い後楯とみなされていたからである。また、中国においても、同盟による日英の正式な友好関係は、過去から続いている中国にたいする日本の脅威を支持するものとみられていた。英国から見れば日英同盟は、極東における英国の権益を、最初はロシアから、続いてドイツから守る、鎧のいわば甲鉄板であった。それが今、第一次大戦でのドイツの敗北とロシア勢力の崩壊とによって、これらの脅威が取り除かれ、当然の結果として、日英同盟は存在意義を急速に失っていった。また、それと同時に、第一次大戦の戦中戦後を通して、中国やシベリアにおける日本の軍事行動は、たびたび英国の利害と衝突するようになっていた。しかも同盟の取り決めにより英国は日本の政策に干渉できたにもかかわらず、現実の事態はその通りにはなっていなかった。結局、第一次大戦によって生じた国際情勢の中で、もはや形式的同盟関係は存在しにくくなっていた。もっとはっきり言えば、日英同盟を保持し、国際連盟にも加盟するということが両立しにくくなっていたのである。とはいうものの、日英同盟を危うくする以上のような条件が一つの大きな力となって収束するにはまだ時間がかかった。いよいよエリオットは、一九二〇年聖バレンタインの日に日本に向けて出航した。その時点での英国政府の方針は、たとえ修正した形であろうとも日英同盟は保持し、同時に、国際連盟の一員としての英国の責任を重視していくというもので、エリオット自身の考えとほぼ同じであった。駐日大使を任命されたエリオットは、日英同盟維持の必要性を確信していたし、その後実際同盟が廃棄されるまで、同盟の断固たる支持者であり続けた。そして、同盟亡き後も、ことあるごとにその廃棄を嘆き惜しんだのだった。

結局、最終的結論はすべてロンドンで決定されたので、日英同盟の強固な支持者であるエリオットを東京に迎えても、そのことが同盟の更新を巡る論争に直接決め手となるような影響力をもつことはなかった。東京に着任後、彼が同盟に関してはじめて表わした見解は、「日英同盟の更新を主張する秀れた意見書」で、これを読んだカーズン[4]は心を動かされた。そして、一九二〇年十二月にも再びカーズンは、日英同盟問題を検討するために設置された外務省の委員会が提出する全体的に手抜きの答申より、エリオットの強固な同盟擁護論の方が説得力があるという判断をくだした。[4] しかし、一九二一年二月から、同盟の更新は英米関係にとって逆効果であるとの理由で、カナダが反対の音頭取りを開始した。そうして一九二一年六月にはすでに、日英同盟問題が帝国会議の主要テーマになっていた。会議においてカーズンはまだ日英同盟の継続を基本的には支持していたが、同盟の将来は、大英帝国内諸地域の関係や英米関係にますます左右されるようになった。そして、その年の夏には、日英同盟の運命は、太平洋および東アジア情勢を討議するワシントンでの国際会議で決定することが明らかになっていた。この段階では、もはやエリオットは何の実質的影響力も持ちえなかったし、実際、もうその努力もしていなかった。その結果、すでに一九二一年七月の時点で、東京から送られる情報も見解も「あまりにもお粗末である(5)」とカーズンは不満を表明している。一方東京では、エリオットが英国の政策に不信を抱く日本人を宥めるのに奔走していた。そうしながらも彼は同盟を基盤にした日英関係の終末が近いことを感じていた。ワシントン会議で日英同盟の廃棄が決定し、それに代わって四カ国条約[5]が結ばれると、エリオットはカーズンにあてた手紙に、「日英同盟の終了を心から残念に思います。しかし、思えば、終了以前にすでに実質的効力はなくなっていたのです(6)」と書いた。ここでも、エリオットは二十年ほど前に東アフリカでやったような、それがもとで退職した感情的意志表示をしたい欲求に駆られたかもしれないが、この時ばかりはそれを控えた(7)。その代わりに、東京に留まり、日本人の感情を癒し、新たな日英関係の枠作りに努力したのである。

ワシントン会議の後のエリオットは、長期にわたる同盟国で、しかも相互の合意のもとに同盟を廃棄した相手国における英国大使であるという、前例のない特殊な立場におかれることになった。それは困難で、実に身の置き場のない状況であった。しかし、一九二二年六月にはすでに、日英同盟の終結という事実を何食わぬ顔で次のように納得することができるまでになっていた。「英国人であれ、日本人であれ、日英両国の真の友好関係を信じる者は、これまでの両国の親密なきずなが、それぞれの利己をねらった合意に取って代わられるのを見ることは、実に残念でなりません。しかし、〔同盟の廃棄によって〕逆に、長年にわたって温存してきた誤解の原因の一つが取り除かれたといえるかもしれません(8)」。

さて、駐日大使としての第二の時期に入って、エリオットは、本国の外務省に日本の外交政策の内容および方向をつぶさに伝え、日英間に生じる具体的問題の処理と日本における英国の印象を向上させるという通常の任務を十分にこなしたが、当然のことながら、日英同盟の終了により、こうした日常の役割をこなすのもそう単純にはいかなくなった。そして、ワシントン会議後の日本人の失望と神経過敏さを考慮し、日本人を相手にする時には十分気を使わなければならなかった。外務省は日本人の敏感な心の動きを熟知していたので、ワシントン会議の直後エリオットにたいし、「日英同盟が終了した今こそ、我々が日本を見捨てたという印象を与えないように最善を尽すよう(9)」特別に指示を出していた。彼はこの指令を名実ともに完璧に守り実行した。

日英同盟終了後のエリオットの任務のうちで、ほとんど目立ちはしなかったがかなり重要な意味があったのが、日英相互理解のための親善広報活動であった。一九二一年の英国皇太子の公式訪日は、日本人の英国にたいする印象を良くする早速の好機であった。この訪日に関して、『タイムズ』紙や『デイリー・メイル』紙などに、曖昧ではあるが反日的意図で書かれた記事が掲載されたり、また、皇太子が最初なかなか日本に興味を示さない様子であったことなど、訪日の成功が危ぶまれた。しかし、日程が進むうちに、皇太子が気を取り直し、しかるべき対応をするようになったために、エリオットは皇太子訪日が日英関係の実質的進展につながったと信じることができた。[10] そして、この時とばかり、日本における良き英国のイメージの保持に努めた。また、一九二三年九月一日の関東大震災の際にも、エリオットは英国が緊急に実質的な援助をすべきであることを訴えた。これらの願いは部分的にしか聞き入れられず、正直なところ彼は英国の対応に失望したのであるが、それでも、何とか英国政府を動かし、東京帝国大学図書館の復興のため二万五千ポンドの援助金を贈ることに漕ぎつけたのであった。彼はまた、日本全国津々浦々の民間および軍所属の施設を部下を伴って訪問し、その先々で、彼が来日後に習得した日本語を駆使して接待側を感激させた。もちろん、日英同盟が終了してのこと、エリオットの果たした役割が英国のイメージの維持にどれほど役立ったか評価することは難しいが、彼と同時代の仲間は彼の努力を高く評価しているし、また、『タイムズ』紙に掲載された彼の追悼記事の言葉を借りれば、彼の果たした役割とは、「輝かしい業績として表面に現れこそしなかったが、それは堅実な業績であった」。[11]

〔第一次大〕戦前の西欧の観察者の例に洩れずエリオットも、日本の外交政策を分析するにあたっては、日本における政策決定の過程は、軍部と穏健派との間の闘いであると想定した。[12] ワシントン会議後は、穏健派が優勢を占めていると信じていた。だからこそ一九二二年六月の時点で、日本の外交政策が変わったのだし、狂信的愛国主義が表面上は衰退したし、中国・シベリアへの侵略計画が中止されたのだと考えようとした。こう考えることで、ワシントン会議の意義をしぶしぶ認めようとしたのである。しかし一方で、穏健派が優勢を占めた主な原因は、かつての侵略的軍事行動が何ら具体的収穫をもたらさなかったことにあるのではないかと考えた。つまり、あらゆる階層の日本人、特にビジネス関係の人びとが、国にとって緊急に必要なことが放置されたまま、年間の国家予算の半分が陸・海軍の経費に当てられ、しかも何のみかえりもないということに不満を持っていたと考えていたのである。[13]〔第一次大〕戦後の日本の経済問題が外交政策に及ぼす影響が弱まってきたことをしばしば指摘した。そしてこれらの問題の広さと深刻さが、日本の海外への侵略意欲を低下させたのであり、最終的に日本を「強大国というより弱体国にしてしまった」[14]と分析した。エリオットが本国に送った文書の中で繰り返し使われた表現は、日本が、世界の列強の一つとして認めてもらうこと、そして他の国との協調を重視していることを分かってもらうことを何よりも重要だと考えているということであった。また、「日本人が事実より礼儀を、物質的利益より国家の威信を重んじるというのは、誇張ではなく事実である」[15]と書き、日本にとっては英国にどう扱われどう思われているかが重要だということを強調した。

エリオットは日本が侵略主義を断念した具体例をいくつか挙げることができた。まず、日本はワシントン会議の後、いさぎよく青島から身を引いた。そして、英国がエリオットの提案に従い、ウラジオストクにある武器の大量備蓄を破壊するのに要する間日本軍をとどめておこうと工作したにもかかわらず、日本はシベリアからも指示された期日を守って軍隊を撤退させたという点である。[16]いや、もっとはっきり言えば、エリオットは、まともな日本人ならまさかオーストラリアやシンガポールを相手に戦争したり、フィリピンやオランダ領インドネシアを占領したりすることを考えるはずがない、[17]と思っていたのである。だからといって、彼が日本の将来の政策について、おめでたい夢想家であったわけではない。現に、一九二二年には「確実な平和と善意の時代が始まったなどと言うつもりは毛頭ない。まだ大半の日本人が日本の使命を信じている。それは漠然としていても征服という考えをぬぐい去ってはいない」[18]と警戒を含んだ言葉を書き記した。そしてその二年後、日本人がアメリカ移民法に憤慨した時、エリオットは本国政府に、「日本は国際関係の中で公正かつ礼儀正しくあろうとしているが、もし外国人が日本人のやり方を受け入れないなら、彼らはそっぽを向くかもしれない」[19]と警戒を促した。

日本が中国にたいし下心があったことは明瞭であった。したがって、英国政府は、日本の中国政策が、ワシントン会議の主要な収穫の一つであった九カ国条約[6]のもとでどのような形で現れてくるかに高い関心を寄せていた。それゆえに、中国における日本の野心と動向を分析することが、一九二二年から一九二六年までのエリオットの任務の中心課題であった。日本の対中政策の根底にあるものを解明しようとして、彼は、そこにある種の二律背反、いや矛盾といってもいい要素を感じとった。彼の報告によれば、日本は一方で、明らかに列強の中の一国であると国際的に認められ、国際的行動には必ず協力参加することを望んでいながら、他方では、中国に関しては日本は、明らかに他の国とは違う特別な立場にあると思い込んでいて、第一次大戦の戦中戦後を通じて、政治的軍事的手段により中国支配を拡大し、さらに、ワシントン会議以降は経済的手段によって目的を遂行しようとしていた。しかしながら、日本にとって中国侵略の最前線となりえたはずの経済投資は、当時の中国の国情があまりにも混沌としていたのでうまくいかなかった。そこで、エリオットが出した結論は、日本が中国にたいし確固たる一貫した政策をとらず、中国問題への対応は全体的に弱腰で優柔不断であるというものだった[20]。そして、中国における日英の権益は相反するものではないので、英国はアメリカとではなく日本と協力して共同の政策をとるべきであると、本国政府に働きかけた。しかし、このような意見は賛同を得られず、エリオット自身と外務省との対立を引き起こす結果となった。

日英同盟が廃棄されてからは、エリオットが深刻で具体的な日英関係上の難問に遭遇することはほとんどなかったが、その中の例外の一つに、シンガポールの基地建設問題がある。第一次大戦終結までは、アジアにおける英国の権益は、究極的には日英同盟によって保護されていた。しかし、一九一九年の帝国防衛体制の総合的再点検の際、英国海軍が日本を仮想敵国とみなすようになると、その場合英国にとっては近代式主力艦を収容できる基地がないという、アジアにおける戦略の弱点が浮かび上がったのである。一九二一年六月日英同盟の将来に陰りが見え、海軍とオーストラリア自治領からの圧力が増大するにつれ、シンガポールを英国の軍艦基地として開発していくことが閣議で決定された。英国としては、シンガポール基地がワシントン会議で決まった海軍軍縮条約にある新海軍基地建設に関する規制の対象にならぬよう、細心の注意を払った。この基地建設計画は、一九二〇年代の英国海軍戦略上の最も重要な課題となった。

このシンガポール基地計画が日本を対象としたものであったことは、いかなる公式の逃げ口上も隠しおおせるものではなかった。それは、英国海軍が声高に唱えていた反日姿勢の反映であった。もっとも、それによって海軍は国庫から軍資金を最大限に引き出そうとする計画であったが、同時に、それは英国海軍を悩ます日本からの脅威の兆しが増大していることを示していた。(21)

駐日大使としてのエリオットには、もちろん、英国の防衛政策に直接影響を及ぼすことなどできるはずはなかったが、ただシンガポール基地建設が日英関係に与えた深い傷手のために、彼は困難な立場に立たされた。基地建設反対を公言したことは一度もなかったが、日英関係にもたらす影響について、次のように警告した。「状況を把握している日本人はこの計画を脅迫とはみなさないまでも、かつての同盟国であり公然の友好国であった英国が、ワシントン会議終了後ただちに好機到来とばかりに新規定の許す範囲で最も日本に近い場所に要塞を作るという事実には、心を傷つけられている」(22)。彼は最初の労働党政府が軍縮政策を推進するその一環として、シンガポール基地建設の一時停止を決定した直後に先のような意見を述べたのであって、彼が政府の決定に影響を与えたわけではなかった。しかし、一九二四年十月末の総選挙で保守党が勝利し、新政府が基地建設計画を再開する様子を見せた時、エリオットは新外相オースティン・チェンバリン[7]にあてて、移民法をめぐる日米間の対立が日本国内に排他的感情を急増させていること、今日本は外国の動向に異常に敏感になっていることを説明して警告した。そして、せめてシンガポール基地は日本を封じようとするものではないことを彼らに信じさせるために、懐柔的なメッセージを日本に送るよう懇願した。そして、「もっとも、そのような言葉を日本が信じるとは思えないが」(23)とエリオットは付け加えた。結局、基地建設の停止が続くことを願っていたエリオットの思いはかなえられなかった。もっとも、建設工事は当時大蔵大臣であったウィンストン・チャーチル（Winston Churchill）の激しい攻撃に遭い、その後にようやく再開されたのであった。そして、エリオットには日本人の心を鎮め、ただ黙って親善広報活動に精を出すことしか道は残っていなかった。

保守党新政府がシンガポール基地建設計画の復活を決定した時には、すでに、エリオットの本国外務省への影響力はかなり弱まっていた。英国大使として彼はそれまでも、彼自身の見解そのものや、とかく回りくどくなりがちな論法や、時折指令に従わなかったりして、外務省の要職にある役人たちを怒らせてきた。中でもエリオットに我慢ならなかった外務省の要人は、後の一九二四年二月に外務次官補に昇格するまで極東部長であったヴィクター・ウェルズリーであった。ウェルズリーは英国の東アジア政策に非常に大きな発言力をもっていた人物で、エリオットが送ってくる文書にたいする彼のコメントが次第に激昂してくる様子は、エリオットが過剰に親日的であり、英国の政策、特に対中政策が目指している路線への理解に恐ろしく欠けていると彼が感じていたことを如実に示している。たしかに、エリオットの意見には常に「水面下にある逆流」のように反米意識が存在していたし、英国の東アジア政策が日英関係を犠牲にしてアメリカの政策に引っ張られていくことを彼が嫌悪していたのも事実であった。エリオットは引退直前に、「東洋に関して言えば、私は個人的にはアメリカよりも日本と組む方が我々の利害には合っていると思うのであるが、どうやら世界の政策上の思惑は逆向きに進んでいるようである」[24]との考えを表明したが、ヴィクター・ウェルズリーは、まったく逆の考えであった。

実際のところ、極東における日本と英国の権益は相反し、一方、アメリカと英国は利害が一致している。このため、日本との協調は非常に難しくなり、アメリカとはますます協力体制が強まっている。アメリカとの友好関係こそ、今この国にとって求められている唯一の正しい方策である。[25]

実際、問題の重要度と現実の影響力という点で、ウェルズリーに分があった。エリオットは中国問題に関して日英双方の意見の歩み寄りを図ろうと試みたが、英国はアメリカへの接近の度を強めていった。

外務大臣オースティン・チェンバリンがエリオットを外交職から退けようと決心したのには、エリオットと外務省高官たちとの意見の食い違いが大きく影響していた。彼は一九二三年の賜暇帰国の際、一九二五年初めの任期切れには駐日大使としての留任ないしは他国への大使職を保証してくれるという感触を、当時の外務大臣カーズンから得ていたし、自分にはまだ外交の分野で貢献する能力が十分あると彼自身確信していたが、チェンバリンがすでに彼の解雇を決定していることは感じていた。というのは、彼自身記しているように、「私にたいする外務大臣の評価は、ほとんど外務省からの情報によってなされるのであり、外務省には私の敵がたくさんいたからである」。エリオットはカイロかトルコの大使館の口を当たってみた。それがだめなら、シンガポールか香港の総督の地位を得たいと思っていた。そして、外交畑での昇進はもはや頭打ちであるという理由でエリオットは引退すべきであるとするチェンバリンの決定にたいし、エリオットは次のようなしっぺ返し的発言をして、持ち前の自信過剰の性格を露わにしたのである。

私はアジアに関しては、言語や人びとについて誰よりもよく知っています。私ほど中国、日本、ロシア、そして、近東地域について知っている人が、一体外務省には何人いるでしょうか。これほどの知識と経験を抹殺してしまうのは、ただもったいないというばかりか、英国の外交全般における利益にならないことだと思います。

チェンバリンは温情を示そうとはしなかったので、一九二五年十月、エリオットは悲しみを込めて、「私にはもうなす術はありません。どうぞ、お気の済むまで私を不当に不合理に処分なさってください」と述べた。それにたいしチェンバリンは冷酷にも交信を打ち切ってしまった。(26)

こうしてやむなく退職させられたエリオットは英国に戻らず、日本仏教の研究の資料集めとその完成のために、日本に留まる決心をした。大使としての在任中に、彼は資料を捜して日本中を旅行していた。一九二六年二月ついに大使館を去ると、奈良ホテルを滞在場所と決めた。そこで、京都や奈良の仏教関係の機関における人脈の助けを借りて、仏教教典の研究に没頭した。残された年月を、奈良の内外で一人淋しく暮らしたのであるが、大使時代の親しかった仲間の何人かとは付き合いを続けていた。中でも当時、商務参事官であったジョージ・サンソムと特別親しくなったことはよく知られている。ちょうど、サンソムが著書『日本文化史』(*Japan: A Short Cultural History*)の仕上げの最終段階に入っていた時であった。おそらく、エリオットは、物書きとしてこの真面目な部下にたいして、親しい仲間意識を持ったのであろう。一九二九年の初めまでに、エリオットは日本仏教に関する本の原稿をほとんど仕上げていたが、健康が急速に衰えはじめており、彼の誇りであった知力にも陰りが見えはじめ、執筆の速度も遅れがちになった。(27) 一九三〇年十二月には、病気が悪化し、一九三一年二月にはすでに病状は末期的段階を迎えていた。そこで、彼は帰国を決意し、英国に向けて出航したのであるが、一九三一年三月十六日、船がマラッカ海峡を通過していた時に息絶えたのであった。未完成のままであった彼の『日本仏教』(*Japanese Buddhism*)は、サンソムが続きを完成させ、出版の準備をすることになった。原稿は十分整っていたわけではなかったし、病状の悪化で日蓮のことがまったく執筆されていなかった。サンソムが日蓮の章を書き足し原稿を完成させ、最終的な本の形になるのに三年の年月を要した。混乱したままで、実際不完全だった作品が出版の運びとなったのは、著者の死後四年を経てからのことであった。

さて、チャールズ・エリオットが日英の相互理解のためにどれだけ貢献したか評価することは容易ではない。彼は、自分が駐日大使の時代に日英が乖離《かいり》していったその過程に深く失望した。特に日英同盟の廃棄にはいたく心を悩ましたが、同盟の更新に関する重要決定は本国でなされたのであり、地理的に離れた東京にある駐日大使としてはそれ以上の影響力を発揮することはできなかった。いったん同盟が消滅した後、新たに日英関係の枠組み作りが必要になった時、日本人の敏感な感受性にみずからを本能的に感情移入していたエリオットは、英国がかつての同盟国をまだ見捨ててはいないという印象を一所懸命に強調した。彼は外務省にたいして、ワシントン会議後の日本は英国の権益を脅かすものではないと進言し、安心させようとしたのである。駐日大使としての在職中、彼は通算四人の外務大臣と個人的な交信をしたことになるが、中でも、彼の意見の影響が、一九二六年十月の帝国会議におけるオースティン・チェンバリンの演説に明瞭に表れている。すなわち、日本の撤退について話し合った時、チェンバリンはエリオットと同じ論法を用いただけでなく、エリオットの私信にある言葉をそのまま使ったのである。[28]

エリオットは日英の友好関係という彼の構想が望ましい形であることを本国の政策決定担当者に納得させようとして挫折した。両者は根本的なところで食い違っていた。外務省の役人たちは、日本にも、エリオットのよく知られた親日的感傷にも、うさんくささを拭いきれず、とてもエリオットの論法に与《くみ》することはできなかった。また一九三一年、エリオットの後任のある大使が指摘したように、日本にとって英国はもはや重要ではなくなっており、日本はアメリカとの関係や、北東アジアにおけるロシアの台頭、それに中国における変動などに、専ら大きな関心を向けていた。[29] 日本人にとって、英国との関係はすでに末梢にすぎなくなっていたし、一方英国も、東アジア政策をアメリカと同一路線で進めていこうとする意図を強めていた。エリオットのように自分の信念に頑な人にとって不幸だったのは、かつての同盟国が疎遠になっていくのを前にして、その方向を変えることも、進む速度を緩めることすらもできなかったことである。

（大山瑞代　訳）

〔原注〕

（1） *Major-General* F. S. G. Piggott, *Broken Thread*, Aldershot, 1950, p. 204.〔長谷川才次訳『絶たれたきずな』時事通信社、昭和二十六年。〕

（2） Sir Harold Parlett, 'In Piam Memoriam,' in Sir Charles Eliot, *Japanese Buddhism*, London, 1935, xvii. パーレットによる親愛の情溢れる回顧録には、エリオットの私的な暮らしぶりがたっぷり描かれている。大使としてのエリオットの活動にはほとんど触れていない。

（3） Thomas Preston, *Before the Curtain*, London, 1950, pp. 123-4.

（4） Ian H. Nish, *Alliance in Decline: A Study in Anglo-Japanese Relations 1908-1923*, London, 1972, pp. 310 and 312–13. エリオットが本国に送った最初の報告は一九二〇年六月十七日付け、エリオットよりカーズンあてであり、Documents on British Foreign Policy 1919–1939（以下 DBFP と略す）XIV（52）に収録。

（5） Curzon to Eliot, 28 July 1921, DBFP, 1, XIV (350), note 1.

（6） Eliot to Curzon, 13 January 1922, DBFP, 1, XIV (548).

（7） エリオットは辞職を考えたが、変化する日英関係の緊張緩和のために、留任するよう説得された、といういきさつがあったらしい。Captain M. D. Kennedy, *The Estrangement of Great Britain and Japan 1917–35*, Manchester, 1969, p. 66.

（8） Eliot to A. J. Balfour, 29 June 1922, F.O. 371/8052 (F 2493/2493/23).

（9） Curzon to Eliot, 17 February 1922, F.O. 371/8042 (F 654/1/23).

（10） Eliot to Curzon, 1 May 1922, Lloyd George Papers, F/56/4/3.

（11） *The Times*, 17 March 1931.

（12） Eliot to Balfour, 30 July 1922, F.O. 371/8047 (F 2800/426/23).

（13） Eliot to Balfour, 29 June 1922, F.O. 371/8052 (F 2493/2493/23).

（14） Eliot to Austin Chamberlain, 14 November 1924, F.O. 371/10961 (F 28/28/23).

（15） Eliot to J. Ramsay MacDonald, 3 May 1924, F.O. 371/10391 (F 1968/1968/23).

（16） Dennis Smith, 'The end of Japan's Siberian adventure: withdrawal from the maritime province, 1921–1922', *Proceedings of the British Association for Japanese Studies*, 11 (1986), pp. 13–19. 参照。

（17） Eliot to MacDonald, 3 May 1924, F.O. 371/10391 (F 1968/1968/23).

（18） Eliot to Balfour, 30 July 1922, F.O. 371/8047 (F 2800/426/23).

（19） Eliot to MacDonald, 17 July 1924, F.O. 371/10303 (F 2435/14/23).

（20） Eliot to MacDonald, 8 February 1924, MacDonald Papers, F.O. 800/219.

（21） Dennis Smith, 'The Royal Navy and Japan in the aftermath of the Washington Conference 1922–1926', *Proceedings of the British Association for Japanese Studies*, 3 (1978), 2, pp. 69–86.

（22） Eliot to MacDonald, 3 May 1924, F.O. 371/10319 (F 1968/1968/23).

（23） Eliot to Austin Chamberlain, 14 November 1924, Austin Chamberlain Papers (Public Records Office), F.O. 800/256.

（24） Eliot to Chamberlain, 3 September 1925, F.O. 371/10939 (F 4370/190/10).

(25) Minute by V. A. A. H. Wellesley, 13 September 1924, F.O. 371/10244 (F 3099/19/10).

(26) Eliot to Chamberlain, 15 January 1925, Eliot to Sir E. Crowe, 29 January 1925 and Eliot to Chamberlain, 4 April 1925, F.O. 800/257; Eliot to Chamberlain, 20 October 1925 and Chamberlain to Eliot, 24 November 1925, F.O. 800/258.

(27) Katharine Sansom, *Sir George Sansom and Japan; A Memoir*, Tallahassee, 1972. 特に, p. 77.

(28) DBFP, 1A, II, pp. 953-4.

(29) Sir F. Lindley to Arthur Henderson, 23 July 1931, DBFP, 2, VIII (495).

[訳注]

[1] パブリック・スクール入学準備のための私立小学校(Preparatory school)。

[2] Frederick Temple Hamilton-Temple-Blackwood Dufferin and Ava, 1826-1902. 外交官、行政官。インド次官、陸軍次官、ランカスター公領総裁、カナダ総督、駐ロシア大使、駐トルコ大使、エジプト駐在高等弁務官、インド総督、駐イタリア大使、駐フランス大使などを歴任する。一八八六年当時はインド総督。

[3] Sir Conyngham Greene, 1854-1934. 外交官。一九一二年特命全権大使として来日。

[4] George Nathaniel Curzon, 1859-1925. 当時外務大臣。

[5] 太平洋地域の諸島・領地に関して日・米・英・仏四カ国の間に権利の相互尊重、共同会議による紛争の解決が約束された。

[6] 極東問題に関して、米・英・日・仏・伊・中国・ベルギー・オランダ・ポルトガルの九カ国が、中国の主権尊重、門戸開放、機会均等を約束し、関税や郵便等の権利を中国に還付することを決定。

[7] Sir Austin Chamberlain, 1863-1937. 海軍卿、大蔵財務次官、逓信長官、蔵相、インド事務相などを歴任。一九二四年第二次ボールドウィン内閣で外相となる。一九二五年ノーベル平和賞受賞。

(『英国と日本　架橋の人びと』(思文閣出版) より転載)

第12章

Sir John Tilley

サー・ジョン・ティリー
駐日大使　一九二六—三一年

後藤春美
（千葉大学国際教育センター准教授）

サー・ジョン・ティリー（*Sir* John Tilley, 1869–1951）は、一九二六年（大正十五＝昭和一）から一九三一年（昭和六）にかけて、日本駐箚英国大使であった。彼の自叙伝『ロンドンから東京へ』（*London to Tokyo*）は、日英間に戦争が勃発した直後の一九四二年（昭和十七）に出版された。彼の名前は『英国伝記大辞典』（*The Dictionary of National Biography*）に載っておらず、今ではほとんど忘れ去られてしまったように思われる。それとは対照的に、一九二六年末から一九三三年まで中国駐箚英国大使であったサー・マイルズ・ランプスン[1]（*Sir* Miles Lampson, 1880–1964）の業績は、いまもなお広範囲にわたって定評がある。ランプスンが東アジアとのかかわりを持ったのは、彼が明治天皇にガーター勲位を奉呈するコノート公アーサー殿下（Arthur William Patrick Albert, *Duke* of Connaught, 1850–1942）の使節団秘書として訪日した一九〇六年（明治三十九）にさかのぼる。一方、ティリーは駐日大使に任命されるまで、東アジアとの触れ合いはわずかしかなかった。彼は前任者のサー・チャールズ・エリオット（*Sir* Charles Eliot, 1862–1931）や、彼の下で商務参事官を勤めたサー・ジョージ・サンソム[2]（*Sir* George Sansom, 1883–1965）のような学者肌の外交官でもなかった。

ティリーは一八六九年一月二十一日に生まれた。イートン校からケンブリッジ大学のキングズ学寮に学び、一八九三年三月、外務省に奉職、最初に配属されたのは東方局であった。そこには駐日大使としてエリオットの前任者となるサー・ウィリアム・カニンガム・グリーン（*Sir* William Conyngham Greene, 1854–1934）が在勤していた。その次のティリーの配属先は、第一次日中戦争〔日清戦争、一八九四―九五〕時代の極東局であった。その時の経験を、「遠くはなれていたが、はじめて世界的強国としての日本を親しく知るようになった」(1)と、ティリーは述懐している。三十台後半になって、彼は数年間一等書記官としてコンスタンチノープル〔オスマン＝トルコ帝国の首都、現トルコ共和国のイスタンブール〕に勤務した。当時、外務省と外交官が属す外交部とは、まだ理論上は別個の組織であったので、彼は一時的に外交部の一員と交替しなければならなかった。その二つの組織が改革検討委員会の手によって合併されたのは、一九一六年のことである。ティリーは外務省首席事務官としてその委員会に参画した。(2)コンスタンチノープルでの体験は別として、彼は主にロンドンで勤務していたが、一九二〇年の終わりごろ、大使としてブラジルに赴任するよう要請を受けた。ティリーはその委嘱を「非常に喜ばしいもの」だったが、「青天の霹靂」でもあった、(3)と述べている。彼はブラジルに一九二五年まで在任し、その年に東京への転任命令が下ることを耳にした。当時五十六歳のティリーは、外務省が日本のアグレマン〔大使・公使派遣について相手国の受入れ承認〕を求める前に、日本への赴任に関し相談を受けたようにはみえない。一九二五年六月から七月にかけて、まだ外務省の決定通知に接しないうちに、友人たちから東京駐箚大使叙任の祝辞を受けるようになって、彼はおどろいたのである。(4)やがてその役職への就任を受諾し、一九二六年一月七日、日本への船旅に出発した。

ティリーの日本駐箚　一九二六―三一年

ティリーが日本で過ごした五年間は、二期に分けられる。第一期は、はじめて日本に着任した時から一九二八年（昭和三）一月に賜暇帰国を認められるまで、第二期は同年十月に復職した時からはじまる。第一期、彼は全然日本生活を享受することができなかった。この国にたいして、すぐに嫌気がさしたかにすらみえる。しかし、そのような気持ちは、戦争〔太平洋戦争〕勃発後の一九四二年（昭和十七）に出版された『ロンドンから東京へ』の中では誇張されているかも知れない。東京での生活が容易でないと思った第一の理由は、着任時期には関東大震災からまだ二年が経過したにすぎず、東京がなおも復興初期の段階にあったことである。「もとの大使館の建物や……実際あらゆるものが、一九二三年〔九月〕に倒壊してしまった(5)」。新しい大使館が竣工したのは一九三二年（昭和七）であって、ティリーはそこに住む機会がなかった。鼠が荒らしまわる仮設の「木造平屋住宅《バンガロー》」で、身体的にくつろげないことは、ほとんど耐え難いほどであった(6)。

　第二の理由は、一九二六年十二月、大正天皇が崩御し、その国家的服喪がまる一年間つづいたことである。天皇は幼少のころから体質虚弱で、ティリーが赴任したころは「精神異常(7)」となり、第一皇子〔裕仁〕が摂政を勤めていたが、ティリーは最初、この皇子をそれほど高く評価しなかった(8)。

　第三の理由は、ほかならぬこの時期に、英国は日本の協力を必要としていたのに、ティリーがそれを首尾よく獲得することができなかったことである(9)。

　一九二一年から二二年のワシントン会議の結果、日英同盟協約が廃棄[3]されて以来、「英国の声望に翳りがみえ」、そして「その衰頽傾向」はとどまるところを知らなかった。エリオットの下で大使館付き陸軍武官を勤めたF・S・G・ピゴット[4]（Francis Stewart Gilderoy Piggott, 1883-1966）によれば、「あらゆる階級の日本人との表面的な関係は、これまでと変わらず申し分なくみえた」。しかし、「われわれが良好な関係を持ちこたえる機会を得ようとして、常に待ち構えていたという事実こそ、良好な関係の維持がある程度とりつくろわれたものであった証拠となるだろう。すなわち、それはわれわれが特別に配慮する必要がなかった往時とは基本的に同じではなかったのだ」。エリオットが英国の声望の頽勢をくい止めるために「根気よく努力した」ので、彼が離任したことは加藤高明[5]（一八六〇—一九二六）の死去と

関税自主権を付与するとの合意に達した、と思いこんでいた。しかしながら、会議が始まってみると、日本と合衆国政府は、北京政府にたいする関税自主権の完全かつ早期承認を提議したのであった。さらに、幣原は日本のために低関税を確保しようとさえした。その結果、会議はなんら結着の見通しもないまま無期延期となってしまった。もう一つの例は、一九二七年、英国が中国国民党の進出から上海共同租界を「防衛する」ために派遣軍を急派した時、日本が共同出兵を拒否したことである。[7] 幣原は中国への軍事介入は逆効果になる、と考えた。ティリーは大使として英国の権益を擁護しなければならない。だから彼は、自国の経済勢力の拡大ばかりに関心があると大勢の英国人がみた幣原にたいして不満であった。(14)

しかしながら、一九二七年(昭和二)四月、日本で政権の交代がおこなわれた時、ティリーは外務大臣を兼任する首相の田中義一[8]が、英語もフランス語も話せず、いつも通訳を同伴するつもりだと聞いて、「身ぶるいした」のである。ティリーは通訳を介するのが嫌いであった。彼自身はヨーロッパの数カ国語以外にも多少はトルコ語にも通じていたが、「わずかな日常の言い回し以上には日本語を習得しようとする試み」を断念してしまった。ティリーや同僚の大使らがみな幣原の辞任を嘆いたのは、「彼が完璧に英語を使いこなし、同じように見事に自分の感情を抑制することができた上に、彼が口に出した言葉にはすこぶる信用が置けたからである」。幣原は彼らと同類の人物であった。彼が外交舞台から退場した後になって、ティリーは幣原を公平に評価しただろうかと不安に思った。ティリーは幣原が外務大臣を辞めたことを惜しんで送別の挨拶状を出し、幣原もまた魅力あふれる手紙を書いてよこした。(15)

しかしながら、予備役陸軍大将の田中は、幣原以上に日英両国間の密接な意志疎通と相互協力を図ることに大きな関心を寄せた。彼によって日本の中国政策に変化がもたらされたことを、英国は歓迎した。ティリーは田中に多少好感が持てると感じた。しかし、田中の政治家としての才能は高く評価せず、やがて同年十二月になると、田中には「ほとんど意見がない」(16)と考えるようになった。

……はじめのころは、田中首相は考えがぐらつかない、意志強固な人であるかのような印象を受けた。ある程度そのような資質があるにしても、それは不幸なことに強い思考力によって裏打ちされたものではない。だから、彼はどこに向かって行くのかもあまりよく考えないまま突っ走るのだ。これは、彼が中国問題を処理する場合に幾度となく露呈したことだ。……[17]

田中内閣は一九二七年と二八年、中国へ遠征軍を派遣した〔第一次、第二次および第三次山東出兵〕。一九二八年（昭和三）五月、日中両軍が済南〔山東省の省都〕で軍事衝突[9]を起こしたことによって、両国関係は収拾がつかぬほど悪化することとなった。日本は中国人の排日運動の標的とされ、やむなく英国の協力を求めはじめた。元外務大臣の内田康哉が同年の夏ヨーロッパへ派遣されたのも、一部はそのような協力関係の増進を図るためであった。一方、中国は英国に好意を示すようになり、ついに英国の中国貿易状況は改善された。かくして英国はもはや日本の支援を必要としなくなったのである。それどころか、日本と密接に提携すれば、中国に築きあげた有利な立場を打ち毀すことにもなっただろう。

このように三国間の関係が急激な変貌を遂げた時、ティリーは賜暇帰国中であった。一九二八年十月、日本へ帰任してみると、彼の仕事は以前よりずっと順調にはかどり、生活の快適さも格段に享受できるようになっていた。日本人はティリーを歓待し、日英協力の展望を改善するために途轍もなく努力を払いはじめた。そのような骨折りは、国際的段階では結実しなかったものの、少なくともティリー自身はこれまでになく愉快であった。

昭和天皇の即位

ティリーの大使在任の後半は、慶祝の式典で始まった。一九二八年九月二十八日、先帝の第二皇子秩父宮が松平勢津子と結婚した。新郎新婦は十月四日、外国の大使・公使から祝賀の挨拶を受け、これにつづいて一週間後に祝宴が、そして十月十二日には午餐会が催された。秩父宮妃は旧会津藩主〔松平容保《かたもり》〕の四男の、有能な外交官・松平恒雄の長女であった。恒雄がロンドンの日本大使館に書記官として勤務していた時、サリー州のウォールトン＝オン＝テムズに生まれた。まだ生後八カ月のころ、松平家は英国を去ったが、父君が幣原喜重郎、埴原正直駐米大使の後継として赴任したアメリカ合衆国で高等学校教育を受けたので、宮妃は非常に西洋的であった。[18] 彼女の結婚後、松平恒雄は駐英大使に任命され、任地の英国へ旅立つことになった。夫君の秩父宮もまた、英国滞在の経験があった。オックスフォード大学モードリン学寮に学んでいたが、先帝の容態急変のため一学期のみで英国を去った。ティリーは秩父宮家にも松平家にも好感をいだいた。

昭和天皇は一九二八年十一月に即位礼を挙行した。ティリーをはじめ外国代表全員は、践祚《せんそ》の儀式がおこなわれる京都へ行った。日本政府の賓客として天皇の即位礼に立ち合うことになり、ある式典では参列者席の最前列にすわった。彼らと席をならべたのは、皇族と最高位の政府要人だけであった。[19]

式典は「驚嘆するほど華麗な大絵巻をくりひろげた」[20]が、ティリーはそれが「創られた伝統」[21]であることに気付いていた。彼はそれをもう一つの創られた伝統、すなわち英国の戴冠式と比較し、三つの相違点に着目した。まず第一に留意したのは、日本の群衆が天皇の通過する沿道からかなり距離を隔てて足止めされ、そして歓声があがらなかったことだ。第二は、天皇と皇后が、ティリー自身を含めた来賓からでさえも、非常に隔絶された存在だったことである。両陛下は外国代表らと握手を交わされたが、それでも一言も発せられなかった。第三は、そもそも天皇の先祖は女神だと主張されているにせよ、天皇が自らの女性の先祖の恩寵によって皇位につくということは奇妙に思われたのだ。[22]

ティリーは一般民衆が熱狂をもって天皇を迎えたとは思えなかった。彼はすでに、病床にある大正天皇の快復を祈る群衆のかなりの割合が、組織的に引率された学童やボーイスカウトの団体であることに気付いていた。[23] たとえ新聞が、厖大な数の民衆が即位の大礼を祝うために京都を埋めつくしたと報じても、彼にはそれが信じられなかったのは、全然そのような形跡が見えなかったからだ。皇位にたいする畏敬の念はかろうじて保たれ、そして即位の大礼は、なんといっても組織の勝利だ、と思った。天皇が通る時、その沿道には自発的な歓声は湧き起こらなかったが、ティリーが感銘を受けたのは、式典挙行中の紫宸殿前で、田中首相が唱導した途方もなく大音声の万歳三唱であった。[24]

……天皇の待遇のしかたがヨーロッパ人の心に示唆する一般概念は、……敬愛の念に包まれた国家の父というよりは、その機嫌をとらねばならぬ一個の神という印象である。日本人の心には、天皇にたいする崇拝心をあからさまに表わすことは……象徴化された権威に当然の敬意を払うことのように思われたかもしれない。実際、その権威は、ようやく明治天皇の時代に始まった、まったく近代の創作であると同時に、自発的に発生したというよりは、当局が厳しく扶植したものである。かつては数世紀にわたって、天皇の多くがある種の仮説的な崇拝の対象であったにしても、彼らは無視されたみじめな貧困生活を送り、将軍が都合がよいと思うような目的に利用されたにすぎなかった。現代のように発達した時勢の中で、かくも強制的に君主を崇拝させることが、国民の純粋な敬愛の念をかち得ようと努めるよりも一層天皇制を安定させることになるだろうか、私にはそれが疑わしく思われるのだ。実際、この国で教育が大いに発達したならば、今日のやりかたは、意図されたものにたいして逆効果を生むのではないかと思う。[25]

しかしながら、ティリーは自分の観察に基づいた意見が正しいかどうか、絶対に自信があるわけではなかった。大使館の専門家たちは、東京から遠隔の地の小作農階級の中には、天皇にたいして今もなお非常に強い感情があると言っていた。[26]ティリーはまた、ほとんどの日本人がそのような問題に関して自分の考えを外国人に話そうとはしないということ、実際のところ、警察と面倒なことになるといけないので、非常に親しい友人以外には自分の感想を述べようとしないということに気付いていた。[27]

即位の大礼後、ひきつづいて外国代表らのために数多くの接待があった。園遊会や、都をどりの興行や、琵琶湖めぐり、奈良観光、和式や洋式の宴会など。ティリーはそれらのほとんどを満喫したようにみえる。京都にほぼ十日間滞在後、十一月十九日、外国代表らは東京に帰った。[28]

一九二九年（昭和四）五月、国王ジョージ五世の第三王子グロスター公爵（*Prince* Henry William Frederick Albert, *Duke* of Gloucester）を団長とする使節団が、新しい天皇にガーター勲章を奉呈するために来日した。東京駅に到着した時、グロスター公は駅前にならぶ一団のイギリス人生徒らの出迎えを受けたが、生徒らは「日本の慣例にしたがって」歓呼の声をあげてはいけないと言われていた。[29] グロスター公の日本訪問中のさまざまな行事の一つに、英国大使館でひらかれた大園遊会がある。「サー・ジョンは、都合がつくかぎりのイギリス人を招待して殿下を歓迎しようと決心した。……横浜在住のあらゆる階級のイギリス人や、商人の妻のサリーをまとったインド人女性や、ボーイスカウトの行進する少年たち、軍艦サフォーク号から来た伝統的な制服姿の海軍士官候補生らに、休む間もなく話しかける救世軍の少女たち。一方、この国のいたるところから集まった学校教師らは、辺境の居留地からやって来た初老の人びとを含めて、手近にいる人なら誰にでも、あふれんばかりの感動的な愛国心を浴びせかけていた」。園遊会は並はずれた成果をあげた。[30]

この時期におけるティリーの日本の評価はある程度まで高くなった。彼は言う。

国民の大部分は……日頃の暮らしむきが穏やかで、つましい。彼らはあえて危険を冒すことがなく、好戦的でもなく、また見栄っぱりでもない。彼らは苦難に馴れ、もし必要となれば確かに進んで艱難《かんなん》に耐えるであろうが、彼らが我慢強いと言うわけではない。彼らが政府にたいして危険な、あるいは金使いの荒い無謀な事業を断念させたがったり、そして嬉しいことに、もし日本がなんとかそれを回避できる場合には、日本は東アジアで戦争の火を燃え立たせることはないと考えられるだけの、大変すぐれた理由があるように思われる。[31]

彼はまた一九二九年度の年次報告書に、昭和天皇は「即位以来、思いがけなく成長を遂げた」、そして、天皇の態度、風采、声がずいぶん自信を帯びるようになった、と書いた。一九二九年夏の田中内閣退陣後、外相に返り咲いた幣原については、すすんで英国と協力する用意がある、と記述されている。一九三〇年（昭和五）のはじめに書いた別の公信には、「概して日本の政策は賢明で、先見の明があり、必ずしも常に利己的であるとはかぎらない」、そして、「中国において日本が絶えず計略や陰謀をめぐらせているということは誇張であり」、二千万人もの他民族の人口をかかえ、さらに絶えず移民が増えている満州を併合したりして、中国や合衆国を苛立たせるほど日本は愚かでないだろう、と述べた[32]。

日本および日本人評

二、三の簡単な表現の範囲を越えた日本語習得の試みを諦めていたので、ティリーは流暢に英語を話す日本人だけと親交を結んだ。秩父宮夫妻や松平恒雄の他に、彼は徳川家達《いえさと》〔慶喜の養嗣子、貴族院議長、日赤社長など〕や牧野伸顕《のぶあき》〔大久保利通の次男、外交官、内大臣など〕、珍田捨己〔外交官、侍従長など〕らを敬愛した[33]。三人ともみな人生の最も幸福な一時期を英国で過ごした人たちであった。ティリーは陸軍軍人よりも海軍士官のほうに好意を寄せたが、それは一般に陸軍将校らが全く英語を話さず、「あまり友好的な気風がなかった」からである[34]。ティリーの自叙伝を読めば、一九二〇年代の日本の階級差に気付くだろう[35]。彼が書き留めた人たちは、主として貴族か最高位の要人らである。たとえば、「古い土地所有貴族のめったにないほどすばらしい例[36]」である徳川家達は、最後の将軍の跡取りであった。ところが、大使公邸の使用人らを含めて、一般庶民の名前はほとんど書き記されていない。

ティリーは日本人のなかにも外交団のなかにも、ほとんど友人がいなかったようにみえる。ベルギー大使とは永年交際があり、アメリカやドイツの大使とも話しをしたが、一九二一年から二七年までフランス大使を勤めた詩人のポール・クローデル〔10〕(Paul Claudel) とは、親しい仲ではなかった[37]。このような情況は、北京駐箚大使ランプスンの社交生活とはずいぶん異なっていた。同僚の外国使節らと親密な交際があったランプスンは、中国駐箚日本公使の芳澤謙吉〔11〕（一八七四—一九六五）とも親交をはぐくみ、たびたび芳澤の公邸へ招待されたことがある[38]。一方、ティリーは外交官生活を次のように述べた。

大使とその部下との関係が、ロンドンにある省庁に勤務するさまざまな職員間の関係とは大いに異なったものであることは、まったくはっきりしている。とくに遠隔地に駐在する場合はそうである。外交官が駐箚国の人びとから絶えず接待を受けるという考えは、一般的に言えば完全に虚構であることを忘れてはならない。一つには、公式の招宴は別として、彼ら自身の家で相互に歓待しあうのが習慣となっているのは、英語圏の首都だけにすぎず、第一次大戦以来、このことは以前にも増して事実となった。したがって、外交官は何よりも相互に依存して交際しているのである。(39)

ティリーが自叙伝の中で不平をこぼしているのは、日本人の家に招待されることがなく、まれに招かれた時でさえ、その家の主人がほとんど英語を話せないために、時には退屈な時間をもてあましたということだ。(40)

本国の外務大臣との意志疎通もまた、十分とは言えなかった。彼の記述によれば、彼がサー・オースティン・チェンバリン[12]（*Sir* Austin Chamberlain）と話したのは二度、アーサー・ヘンダスン[13]（Arthur Henderson）とは一度だけであった。「したがって、私の長官と多少なりとも個人的な交誼があったとは思えない。私信の性質を帯びたものを受け取った記憶は全然ないし、いかなるたぐいの非公式書簡もほとんどなかった」(41)。彼の上司に接する心構えは、エリオットやランプスンとまったく異なっていた。エリオットは外務大臣にたいして日本の情勢や日本特有の風俗的事象を説明するのは義務だと心得て、返事を期待することなく非公式書簡を書きつづけた。ランプスンはまた、チェンバリンがロカルノ条約〔一九二五年スイス南部の保養地ロカルノで英、独、仏、伊などが結んだ安全保障条約〕の締結に熱中していた際に、彼の直属の部下として働き、厚い信頼を得るようになった。だから、両者のあいだに相当多数の非公式書簡が取り交わされたのも当然である。ランプスンは達者な書き手であった。彼の公信も日記も、長文で詳細にわたっているので、歴史家にとっては役に立つのである。

幸運にもティリーには著名な日本学者サンソムを含めて、大勢の有能な大使館員がいた。彼はさまざまな仕事を部下に委ねることができた。たとえば、彼が一九二九年度年次報告の総括的概要を書いた時、残りの各項目は彼の部下が執筆したことを明らかにしている。[42] 彼らの卓越した仕事ぶりに支えられて、東京から送った観察記録は概して正確であり、今日でもその史料的価値を失わない。たとえば、当時の日本の国会は「救いようがない」情況であった。成年男子普通選挙権は一九二五年に導入され、一九二八年には第一回総選挙が実施されたけれども、議会が開かれたのは一年にわずか二カ月間にすぎなかった。そして、ティリーが受けた印象では、国会議員らは重要案件を鋭い理解力をもって理性的に討議することができないようであった。[43] 新聞による大衆の啓蒙もまた、一般的に時事問題批評がすこぶる貧弱であったので、はなはだお粗末なものだと考えられた。庶民大衆の知識や知力が、とりわけ海外問題に関して十分でなかったから、彼らは新聞記事を信じる以外にどうしようもないのに、とティリーは憂えた。一般庶民は彼らの居住地域の問題だけにしか関心を抱かないかにみえた。[44]

ものごとの諒解や決定に時間がかかることも、また指摘された。一つには、西洋人にだまされるのを本当に恐れているせいだとティリーは考えたが、彼は別のいくつかの理由も——日本人の気質だとか、受けた教育だとか、あるいは一つひとつの案件をみな数多くの顧問官らに照会することの必要性などについても述べている。問題が十分に検討された時でさえ、最終決定を下さなければならぬ立場の人たちは、事態がどのように推移するかを見きわめるために、さらに時間をかけて待とうとする傾向があった。だれもが責任を負ったり、罪を着せられたりすることを忌避した。ティリーは書いている、「政治家としての、また市民としての勇気を、［日本人は］持ち合わせない」[45]と。

ティリーが気付いたもう一つの問題は、女性の地位の低さであった。女性は社会的集会から完全に排除され、彼女らが出席を認められた場合でも、「外交関係の者だけが口をきいた」。一九二九年一月にティリーが台湾を訪れた時だけが例外だった。台湾総督が彼のために開いた晩餐会の招待客の中に、男性にまじって多数の日本人女性の姿がみえた。彼は書いている、「大変おもしろかったことには、そのような宴会に婦人が出席したのははじめてだったのである。それはすこぶるなごやかな会合であった」[46]。しかしながら、一般的な社会状況は改善されていなかった。一九三〇年（昭和五）三月、宮内大臣は声明を発し、天皇主催の園遊会への招待状は、外国の大・公使の場合を除き、もはや未婚の女性には送られない。なぜならば、そのような行事に未婚の婦女が出席するのは西洋の習慣だからである、と宣言した。(47)

ティリーには、日本の西洋化や英国文化のひろがりは不十分で、しかも西洋文明を吸収しようとする努力は減退傾向にある、と思われた。それどころか、彼は日本古来の伝統に立ち戻ろうとする風潮に気付いていた。彼が一九二七年に書いた文章によれば、「英国にたいして敵愾心」が起こったのは、日英同盟協約を廃棄したからではなく、またシンガポールの英軍基地にたいする恐怖心からでもなく、「日本人のための日本ばかりか、アジア人のためのアジアの増進を図る極端な国家主義的感情」に由来する。そして英国は「一般にアジアの敵」のようにみなされているのだ、と。(48)

彼は日本人学生にたいする英語教育の制度には全然満足できないと述べ、文部省が外国語の授業時間数を減らすのではないかとの懸念を表明した。(49) 実際、彼は教育に強い関心をいだき、この分野に貢献するところが多かった。シェークスピア賞牌や美しい版本叢書が東京帝国大学に寄贈されたのも、彼の尽力のたまものであった。彼はさまざまな学校や大学の英語弁論大会に出席し、彼が関心を持っているということが、教師や学生たちすべてを鼓舞したり示唆を与えたりした。大英博物館の美術史家・詩人のローレンス・ビニョン[14] (Laurence Binyon) が来日し、各地を巡回して大成功を収めた一連の講演会は、主としてティリーの熱意に触発されて実現したのだった。ビニョンの監督のもとに英国水彩画の展覧会も開催された。(50) しかしながら、ティリーは後になってイギリス人の日本訪問客について書いている。

不運にもわが国の来訪者が親しくなった日本人は、教養がある階級の、人間社会の問題に広い見識を持った人たちだが、その人たちのこの国における影響力は、超国家主義者らの前に衰退しつつあった。彼ら超国家主義の連中は、日本の勢力拡大に寄与しないかぎり、知性を働かせるような活動にしろ何にしろ西洋人との協力には全然関心がなかった。(51)

たぶんティリーは、同様なことが実際に自分自身についても言えることに気付いていただろう。

日本滞在中、ティリーが訪れた地方には九州や和歌山もあるが、彼はそこで旧藩主家から接待を受けた。一九二九年十一月、彼は朝鮮、奉天〔現在の瀋陽の旧称〕、大連、北京に旅行し、北京でティリーの家族はランプスン家に逗留して一週間を過ごした。彼はまた日光や中禅寺行楽を享受した。中禅寺では一八九〇年代末に駐日公使サー・アーネスト・サトウが最初に利用した二階建て和風建築の、英国大使用山荘を再開して住んだ。彼はその地方で最初に自動車を乗りまわし、その当時の日本全国で大いに幅をきかせていた「牛車の歩み」に終止符を打った一人だ、と自称している[52]。

結びにかえて

ティリーは一九三〇年（昭和五）十月十八日の夕刻、日本を去った。英国に帰るとすぐに外交官を辞め、退職後、二冊の本『外務省』(*The Foreign Office*) と『ロンドンから東京へ』(*London to Tokyo*) を書いた。

ティリーが日本駐箚大使として貢献したことはあまり多くない。日英関係は彼の在任期間中にわずかながら改善したが、それはティリーが努力した結果ではなく、日本の対中国政策の失敗がもたらしたものであった。彼はまた、エリオットやサンソムのような学者外交官が活躍した方面でも、なんら寄与するところがなかった。ティリーは、自分自身の国が優勢であることに誇りを持った古風な外交官であった。彼が一九三〇年の秋に日本を去ったことは、離日後一年もたたぬうちに日本の中国東北部侵略〔満州事変〕が開始されただけに、彼にとっては幸運であった。ティリーのように凡庸な外交的才能しかない人物にとって、そのように悪化の一途を辿る深刻な事態への対処は恐らく手にあまるものだっただろう。

（中須賀哲朗　訳）

［原注］

（1） Sir John Tilley, *London to Tokyo* (London: Hutchinson, 1942), p. 23.

（2） Ibid., pp. 79-84. Sir John Tilley and Stephen Gaslee, *The Foreign Office* (London & New York: G. P. Putnam's Sons Ltd., 1933), p. 84.

(3) *London to Tokyo*, p. 96.
(4) Ibid., p. 135.
(5) Ibid., p. 138.
(6) J. E. Hoare, *Embassies in the East* (Surrey: Curzon, 1999), pp. 130–1.
(7) *London to Tokyo*, p. 145. 原武史氏は著書『大正天皇』（朝日新聞社、朝日選書、二〇〇〇年）の中で、ストレスのために天皇は精神に変調を来したと述べている。
(8) Public Record Office, Foreign Office papers, FO 371/12524, F 3611, from Tilley, No. 155, 15 Mar. 1927.
(9) Harumi Goto-Shibata, 'Anglo-Japanese Co-operation in China in the 1920s' および Ian Nish, 'Echoes of Alliance' in Nish and Yoichi Kibata (eds.), *The History of Anglo-Japanese Relations*, vol. 1 (London and Basingstoke: Macmillan, 2000), pp. 224–278. を参照のこと。
(10) F. S. G. Piggott, *Broken Thread* (Aldershot: Gale & Polden Ltd., 1950), pp. 199, 204. 加藤高明は駐英公使、ついで駐英大使となり、四度外相を勤め、一九二四年六月から一九二六年一月まで首相であった。
(11) Ibid., p. 226.
(12) 幣原喜重郎『外交五十年』（読売新聞社、昭和二十六年）、三八―四二ページ、二四七―二五〇ページ。
(13) FO 371/13965, F 3909, from Tilley, no. 271, 2 July 1929. Piggott, *Broken Thread*, p. 184.
(14) FO 405/260, F 1035, Chamberlain to Tilley, no. 127, 18 March 1929.
(15) *London to Tokyo*, pp. 143, 162. FO 371/12518, F 5040, from Tilley, no. 249, 25 April 1927.
(16) FO 371/13164, F 200, from Tilley, no. 623, 12 Dec. 1927; FO 371/13965, F 5593, from Tilley, no. 426, 2 Oct. 1929.
(17) FO 405/256, F 203/7/10, Tilley to Chamberlain, 15 Dec. 1927.
(18) 秩父宮殿下・同妃殿下述『英米生活の思い出』（文明社出版部、昭和二十二年）、一〇五、一二四、一六六ページ。
(19) FO 371/13964, F 17, from Tilley, no. 490, 29 Nov. 1928.
(20) *London to Tokyo*, pp. 176–8.
(21) Eric Hobsbawm and Terence Ranger (eds.), *The Invention of Tradition* (Cambridge University Press, 1983). またT・フジタニ著、米山リサ訳『天皇のページェント』（日本放送出版協会、NHK books、一九九四年）も参照のこと。
(22) *London to Tokyo*, p. 179.
(23) FO 371/12523, F 2068, from Tilley, no. 35, 31 Jan. 1927.
(24) FO 371/13964, F 17, from Tilley, no. 490, 29 Nov. 1928. *London to Tokyo*, p. 180.

(25) FO 371/13964, T 21, from Tilley, no. 499, 5 Dec. 1929.
(26) FO 371/12520, F 4345, from Tilley, no. 177, 23 Mar. 1927.
(27) FO 371/13968, F 1767, from Tilley, no. 100, 13 Mar. 1929.
(28) *London to Tokyo*, pp. 176–8.
(29) Nish, 'Echoes of Alliance', p. 270.
(30) Katharine Sansom, *Sir George Sansom and Japan* (Tallahassee, Florida: The Diplomatic Press, 1972), p. 35.
(31) FO 371/13968, F 1767, from Tilley, no. 100, 13 Mar. 1929.
(32) FO 371/14754, F 958, from Tilley, no. 1 Confidential (1/13/30), 3 Jan. 1930; FO 371/14756, F 2622, from Tilley, no. 150 (1/237/30), 26 Mar. 1930.
(33) 牧野伸顕も珍田捨己も外交官であった。牧野は一八八〇年（明治十三）から約三年間、ロンドンの日本公使館に勤務し、一九一三年（大正二）二月から一九一四年（大正三）四月まで外務大臣を勤め、一九一九年（大正八）のパリ講和会議全権委員の一人となった。珍田は一九一六年（大正五）六月、駐英大使に就任、パリ講和会議でも日本全権委員を勤めた。
(34) *London to Tokyo*, pp. 136, 146, 168, 180–2, 197.
(35) Takie Sugiyama Lebra, *Above the Clouds: Status Culture of the Modern Japanese Nobility* (University of California Press, 1993). を参照のこと。
(36) FO 371/12525, F 8585, from Tilley, no. 541, 13 Oct. 1927. 徳川家達は一九二一–二二年のワシントン会議全権委員を勤めた。
(37) *London to Tokyo*, pp. 75, 148.
(38) Nish, 'Echoes of Alliance', p. 265.
(39) *Foreign Office*, p. 258.
(40) *London to Tokyo*, pp. 143, 149.
(41) Ibid., p. 136.
(42) FO 371/14756, F 2622, from Tilley, no. 150 (1/237/30), 26 Mar. 1930.
(43) FO 371/13964, F 1400, from Tilley, no. 69, 20 Feb. 1929; F 1757, from Tilley, no. 80, 2 Mar. 1929.
(44) FO 371/12522, F 1322, from Tilley, no. 17, 10 Jan. 1927; FO 371/13968, F 1767, from Tilley, no. 100, 13 Mar. 1929; FO 371/14756, F 2622, from Tilley, no. 150 (1/237/30), 26 Mar. 1930.
(45) *London to Tokyo*, pp. 206–7.
(46) Ibid., pp. 153, 187.
(47) FO 371/14752, F 2188, from Tilley, no. 134 (1/224/30), 18 March 1930.
(48) *London to Tokyo*, p. 140. FO 371/12524, F 3611, from Tilley, no. 155, 15 Mar. 1927; F 6510, from Tilley, no. 365, 28 June 1927. FO 371/13246, F 186, from Tilley, no. 616, 7 Dec. 1927.
(49) FO 371/12522, F 9438, letter from Tilley to

Mounsey, 5 Nov. 1927. FO 371/13250, F 6542, from Tilley, no. 453, 31 Oct. 1928.

(50) FO 371/13250, T 13282, from Tilley, no. 247 (R), 24 Nov. 1928; FO 371/14756, F 6549, enclosure, from Snow, no. 556 (69/22/30), 22 Oct. 1930. *London to Tokyo*, pp. 175, 183, 195.

(51) *London to Tokyo*, p. 197.

(52) Ibid., p. 140.

[訳注]

[1] ランプスン (Miles Wedderburn Lampson, 1st Baron of Killearn, 1880-1964) イギリスの外交官。一九〇八年（明治四十一）から三年余駐日大使館書記官。一六年北京公使館一等書記官、のち二六年中国駐箚大使となり、七年余の在任中、日本が中国侵略を強化する過程で日中間の紛争の調停に尽力した。四一年枢密顧問官。四三年男爵に叙せられる。

[2] サンソム (Sir George Bailey Sansom, 1883-1965) イギリスの外交官、日本学者。一九〇四年（明治三十七）領事として来日。二五年から四〇年まで英国大使館商務参事官。長期にわたる日本在勤中に日本の古典文学や歴史を研究し、西洋日本学者の第一人者と称された。コロンビア大学教授をへて、第二次大戦後、連合国極東委員会英国代表として来日。主著に徒然草の英訳 (*Tsuredzure gusa*, 1911)、『日本語古典文法』(*Historical grammar of Japanese*, 1928)、『日本文化小史』(*Japan, a short cultural history*, 1931)、『西洋と日本』(*The western world and Japan*, 1950)、および大作『日本の歴史』(*History of Japan*, Vol. I-III, 1958-64) などがある。

[3] 日英同盟の破棄　第一次大戦後の一九二一—二二年、ワシントン会議において日・英・米・仏四カ国は、中国および太平洋の島々にたいする相互の権利の尊重を約した四カ国条約を締結し、これによってその役割を終えた日英同盟は破棄された。

[4] ピゴット (Francis Stewart Gilderoy Piggott, 1883-1966) イギリスの駐日武官、陸軍少将。一八八八年（明治二十一）、日本政府の法律顧問となった父F・T・ピゴットと共に来日。一九〇四年（明治三十七）から三九年（昭和十四）まで四度、通算十五年にわたり英国公（大）使館付き武官を勤めた。回想録『絶たれたきずな』(*Broken thread*, 1950) がある。

[5] 加藤高明　第十章の訳注 [5] を参照。

[6] 幣原喜重郎（一八七二—一九五一）　大正・昭和期の外交官・政治家。大阪生まれ。東大卒。外務省に入り、一九一九年（大正八）駐米大使、ワシントン会議全権委員となり、国際協調につとめる。二四年加藤高明内閣外相、ついで若槻・浜口内閣にも留任、対中国外交では田中外交とは対照的に内政不干渉主義を通し、経済進出に重点を置いた。浜口遭難後首相臨時代理となるが、満州事変の収拾に失敗して辞職。戦後東久邇内閣の後継首相

として組閣し、天皇の人間宣言や新憲法の草案作成に尽力した。

[7] 共同出兵の拒否　揚子江（長江）中流部最大の都市武漢で、一九二七年一月三日、武漢国民政府の北伐勝利祝賀会開催中、同政府宣伝隊が英義勇兵と衝突、それに触発された民衆は翌四日、対岸の水陸交通の要地漢口の英租界を、つづいて六日、揚子江の河港都市九江の英租界を奪回する。同月二十日、英国は駐日大使ジョン・ティリーを通じて上海防衛のための共同出兵を提議したが、幣原外相はこれを拒否した。

[8] 田中義一（一八六四―一九二九）長門国（山口県）萩に生まれる。日清・日露戦争に従軍し、陸軍長州閥の直系として軍政の中枢部を歴任、帝国在郷軍人会や青年団の編成を通して全国民を軍部の指導下に組織しようとした。原内閣・第二次山本内閣陸相、二五年立憲政友会総裁。二七年（昭和二）内閣を組織して外相を兼務、三次にわたる山東出兵を強行するなど積極的に対中国武断政策を展開したが、奉天派軍閥主領の張作霖爆殺事件の処理をめぐり、昭和天皇から譴責されて辞任後、急死した。

[9] 済南は中国山東省の黄河南岸に位置する物産集散地で、山東省の省都。田中内閣は居留民の保護を名目として中国国民革命軍の北上を牽制するため、一九二七年（昭和二）五月二十八日、関東軍に出動を命令（第一次派兵）、同年九月に撤退させたが、翌二八年四月十九日再度第六師団の派兵を決定（第二次出兵）。五月三日、日本軍は済南で北伐途上の国民革命軍と衝突。五月八日、政府は山東派遣軍増援のため、さらに第三師団を動員して（第三次出兵）総攻撃を開始し、同月十一日済南を占領した。中国側の死傷者は五千人に達したという。翌年三月の外交交渉により日本軍は全面撤退したが、中国各地に排日貨・国貨提唱運動が澎湃《ほうはい》として湧き起こった。

[10] ポール・クローデル（Paul Louis Charles Claudel, 1868-1955）フランスの詩人、劇作家、外交官。パリ国立法律政治学校卒業。外交官として世界各地に勤務後、一九二一―七年（大正十―昭和二）駐日大使、のち駐米大使などを歴任。広い見聞と学識を備え、在日中は日仏文化交流に尽力した。著書に『日本精神瞥見』（*Un coup d'œil sur l'âme japonaise*, 1911）、散文詩集『五大頌歌』（*Cinq grandes odes*, 1910）、戯曲『人質』（*L'otage*, 1911）、『繻子《しゅす》の靴』（*Le soulier de satin*, 1929）などを収めた全集二十巻がある。

[11] 芳澤謙吉（一八七四―一九六五）新潟県出身。東大卒。外務省に入り、中国公使館参事官、政務局長などをへて一九二三年（大正十二）から二九年（昭和四）まで駐華公使、その間ソ連駐華公使カラハン（Lev Mikhailovich Karakhan）と国交回復を交渉して日ソ基本条約を締結、南京事件や済南事件の解決に尽力した。三〇年（昭和五）駐仏大使兼国際連盟日本代表理事、三二年（昭和七）岳父犬養毅内閣の外相、退官後枢密顧問官。著書に『外交六十年』（一九五八年）がある。

［12］ サー・オースティン・チェンバリン（Sir Joseph Austin Chamberlain, 1863–1937） 有名な急進的国家主義論者の政治家ジョセフ・チェンバリンの長男。郵政相、蔵相、保守党党首を歴任し、一九二四年から二九年までボールドウィン内閣外相。二五年ロカルノ条約締結に尽力してノーベル平和賞を受けた。主著に『現代の平和』（*Peace in our time*, 1928）がある。

［13］ アーサー・ヘンダスン（Arthur Henderson, 1863–1935） イギリス労働党の指導的政治家。はじめ鋳鉄工として働き、組合運動を指導する。一九〇三年下院議員、二四年第一次労働党内閣内相、二九―三一年第二次内閣外相、三二年から三四年にかけてジュネーヴ世界軍縮会議を主宰し、三四年ノーベル平和賞を受賞した。

［14］ ロバート・ローレンス・ビニョン（Robert Laurence Binyon, 1869–1943） イギリスの詩人、美術批評家。東洋美術の権威であった。一九一三―三三年大英博物館東洋部長、のちハーヴァード大学やアテネ大学教授を勤めた。二九年（昭和四）来日し、東京大学で「英国美術と詩における風景」の題名で講演したのをはじめ、各地で講演活動をおこなった。著書に『極東の絵画』（*Paintings in the Far East*, 1908）、『英国コレクションの中国画』（*Chinese Paintings in English Collections*, 1926）、『叙情詩集』（*Lyric Poems*, 1894）、『頌歌』（*Odes*, 1900）などがある。

（各訳注は『日本史広辞典』（山川出版社）、『西洋人名辞典』（岩波書店）、『日本史辞典』（東京創元社）、『日本史資料』（東京法令）、『コンサイス人名辞典』（三省堂）、その他を参考にした。）

第13章

サー・フランシス・リンドリー

駐日大使　一九三一年―三四年

イアン・ニッシュ
（ロンドン大学政治経済学院国際史名誉教授）

Sir Francis Lindley

サー・フランシス・リンドリー（*Sir* Francis Oswald Lindley, 1872-1950）の日本との触れ合いは三度にわたっている。最初は一九〇五年から一九〇八年まで二等書記官として駐在したが、当時は日英同盟やロシアにたいする日本の勝利や、特に形式ばった英国のガーター勲章使節団（一九〇六年）などの、浮き浮きした時代であった。私はこの時代のことを以前に書いたことがあるので、ここでは繰り返さないつもりである。二度目の接触は一九三一年から一九三四年まで、東京に大使として駐在した時代であり、本国での六カ月の賜暇を考慮すれば、比較的短い期間であった。三番目の一番長い期間は、一九三五年から一九四九年までロンドン日本協会の理事長を勤めた時代で、この間に両国の政治的関係は一旦崩壊して、また復活した。私はこの時代についても書いたことがあるので、ここでは真ん中の時代に焦点を当てて述べてみたい(1)。

これら日本との出会いの二番目において、リスボン駐在大使を辞したばかりのリンドリーは、一九三一年に東京の大使となるべくカナダ経由でサウサンプトンを出発した。大使公邸は一九二三年の関東大震災後に再建されたものの、まだ大使を迎え入れる準備ができていなかったので、彼は中禅寺湖畔の丘の上にある大使館別荘で、その夏の大部分をすごした。(2) 彼はそこから四半世紀前に日本を訪れて以来起きた変化に思いを巡らせ、〔手紙に〕こう書いた。

東京は私の恐れていたほど変わっていない。あらゆる通りと街に至るまでヨーロッパ化されて、自動車とバイクが人力車を駆逐していた。しかし都市そのものは、全体として日本的な性格を保持していた。そしていまだに魅力的な場所が見出だされた。(3)

九月二日に東京に戻ってから書いた政治的情勢の判断において、彼は当時の日本政府は南京政府との摩擦を避けようとし、満州については躊躇していたと書いている。彼は「ここでは大してすることがない」と予言するように言った。(4) 九月十八日に正に起きた日本陸軍の行動〔満州事変の勃発〕が、どれほど驚きをもって英国大使館に迎えられたか、説明するためにこの言葉を引用したのである。陸軍はそれまで巧妙にもその意図を隠し、各国大使館をはじめ日本政府にさえも、驚きを与えたと言ってよい。日本に到着してから二カ月以内に、リンドリーは中国と日本の間の重大な地域的危機に直面したのである。それは一般に満州として知られている中国東北部における日本の条約上の権利を巡るもので、さらに国際的な危機へと発展し、個々の列強諸国を巻き込んだだけでなく、平和維持の組織である国際連盟をも巻き込んだのである。サー・フランシスはのんびりするどころか、海外の英国外交官の中で突然最も活発な存在となり、日本国内で優位を争う勢力の微妙なバランスを判断すると同時に、権力闘争の結果を予言する努力をせざるをえなかった。リンドリーの人柄を要約すれば優しい性格と言えるだろう。「彼はどちらかと言えばある点でタフで旧式な性格であり、好き嫌いがはっきりしていた。(5)」明らかに彼は外交官として少なからぬ経験を積み、主としてヨーロッパで骨の折れる地位に就いてきた。特に注目に価するのは、ボルシェヴィキが政権を獲得したときにリガにいたことで、サー・ジョージ・ブキャナン（*Sir* George William Buchanan）の辞職後、〔駐露〕大使館を任せられたのである。この経験によって彼はソヴィエト・ロシア（のちにそうなった）にたいし、強い疑惑を抱いた。彼はソヴィエト・ロシアを領土拡張主義者であり、英国の主要な世界的問題であると判断した。その後、彼はオーストリア公使（一九一九―二〇）、ギリシャ公使（一九二二―二三）、ノルウェー公使（一九二三―二九）、ポルトガル大使（一九二九―三一）を連続して勤務した。

彼は米国に勤務した経験がなかったが、東洋における米国の野心について懐疑的であった。アメリカ合衆国は一九二〇年代に日本の経済と社会において、英国から主たる局外者の役を引き継いでいた。リンドリーは「我々の国技である」クリケットが「日本でより少ししか満足できない状態におかれ」、忌まわしい野球によって象徴的に置き換えられている、と嘆いている。(6) 彼はその当時東京に駐在していた米国大使W・キャメロン・フォーブス（W. Cameron Forbes）とその次ぎのジョゼフ・C・グルー（Joseph C. Grew）の二人と良好な関係を保っていたが、ワシントンの政府の意向は、東アジアにおいては何とか事をうまく収めようとするつもりなど全然ないふりをし、英国が「厄介な役目を背負いこむ」のを当てにしているのだと、確信していたようである。

彼は好き嫌いを遠慮ない言葉で表現した。彼は一つの制度としての外務省に好感を持っておらず、中央官庁の役人たちにたいして自分の考えを大胆に主張した。彼は外務省で勤務したことがなかったので、そこの役人に威圧されることがなかった。彼は中央官庁の大臣たちや幹部職員は、明らかに東アジアにおける経験と海外勤務の理解に欠けていると考えていた。リンドリーは海外に勤務しているあるグループに属していた。その連中は国際連盟について強く懐疑的であり、それが戦争を防止する手段として集団的安全保障の役割を果たすことについても、侵略者にたいする制裁の効果をもたらすことについても、同様に懐疑的であった。彼は日本に到着するずっと前から連盟が嫌いであり、連盟の評議会や委員会が、発展しつつあった満州事変を取り扱うやり方を見て、さらに一層それにたいする不信感をつのらせた。彼は私的な手紙において、実行不可能な連盟の原則の受け入れを、中央官庁にたいして大いに罵った。さらにリンドリーは北京で大使を勤めていたサー・マイルズ・ランプスンが、同盟に頼るように中国を励まし、同国の期待を助長したことについて批判的であった。

満州に関する個人的苦悩

満州事変はすぐに大きくなった。九月十八日の最初の線路爆破事件のすぐあとに、日本の線路網の中心地奉天から進軍した関東軍は、長く続く抵抗に遭わずに各地の中国都市を占領した。中国政府はこれをジュネーヴの国際連盟に訴えるという方法で応酬し、それによって局地的問題から国際的問題へと変化させることで、日本政府を大いに困惑させた。中国の国民党政府が満州での問題を実際に制御できなかったのと同様に、東京でも同地における自国の軍隊を統制できなかった。そのうえ日本は、英国が主導権を握っていた連盟の事務運営手続きの下で、操作をおこなうのに特に熟練していたわけではなかった。英外務省は困惑し、その失望感をリンドリーに伝えてきた。

連盟が十月二十四日に日本と清国の双方の軍隊にたいし、定められた期限内に占領地から引き揚げる決議を承認したときに、彼の困惑は増大した。撤退を受け入れるのは難しいとした日本は、連盟大使芳澤謙吉を通じて決定に反対した。そのうえジュネーヴ付近では、日本の行動は同国にたいする経済制裁の適用を正当化するという噂が流れていた。リンドリーにとって問題であったのは、この決議にたいする英国政府の態度に、彼が内々関与していたわけではなく、それを準備し後援していたのはフランスだったのである。この決議にはロンドンの後押しがあり、リンドリーが特に嫌っていた連盟における英国の代表代理のロバート・セシル卿[1]（*Lord* Robert Cecil）が促進したものだと思わざるをえなかった。彼はこの最も苦悩した時代について、次のような私的文書を残している。

ジュネーヴの事態の進行は正に第一級のスキャンダルとなっていた。委員会の委員全員はそれから必死で逃れようとしていたが、その一方で日本のような国に重要な利害関係を決着させようと試みていた。おそらく数時間後に開かれる会議のために、返答や行動が必要とされる暗号電報が束になってきていた。そして日本政府は少なくとも数時間後に決定に達して、新しい指示が出されることを期待していた。当然のことながら彼らは自分の意見を強く主張し、変えることを拒んだ。我々の側はあらゆる非難を受け、どの新聞でも掏摸《すり》のように罵られた。これは主としてセシル卿の弁論の熱意によるもので、彼は哀れな芳澤謙吉を、手を入れる暇がないほど日本政府が矢継ぎ早に送ってくる指示書を慎重に実行する使節としてではなく、ロンドンの中央刑事裁判所の被告席に着いているかのように取り扱ったらしい。これらすべての結果として、日本は不機嫌になり、誰からも、特に連盟からの指図を受けようとしなかった。私の唯一の目的は、連盟がこの馬鹿げた満州の騒ぎを、世界戦争へ導く邪魔をすることである。(7)

リンドリーは日本の新聞の敵意と、国際法上の制裁に抵抗する決意をしていた軍部の政治力に、特に驚きを持った。彼らの中でも極端に近い者は、すでに連盟を脱退することを口に出していた。日本人は、政府においてもマスコミにおいても、英国の態度に敵意を抱いていた。リンドリー自身は二つの理由で個人的な批判に曝されていると感じていた。第一にフランスや合衆国政府は、日本の行動にたいする批判をロンドンより巧みに粉飾していたのにたいして、英国政府は公然と反日的だったのである。第二に彼は個人的にロンドンに誤った情報を伝え、誤った忠告をしていたに違いなかったからである。これらの批判は、日本が強く非難していた仮定上の「英国の方針」にリンドリーが賛成していなかったことから、当然不公平であった。彼は事変が続いた十八カ月の間、厄介な立場に立たされることになり、それは自国の政府と共に派遣された国の政府の双方を満足させなかった。

事実上、外務省の役人の見解は、リンドリーの見方からそれほど大きく異なっていなかった。実際問題として中央官庁の役人たちは、制裁が適用される可能性はほとんどないと考えていた。十一月にサー・ジョン・サイモン (*Sir* John Simon) を外務大臣として組閣がおこなわれたとき、リンドリーは前の大臣たち「レディング (*Lord* Reading) やセシルの単純な愚行」と書くだけの勇気があった。しかし事変のその後の期間に彼は廷臣や大臣たちにあてた私信の中で、彼自身の意見よりもセシルの見解に従っているように見える政府を絶えず怒鳴りつけていた。(8) リンドリーは米国国務長官ヘンリー・L・スティムスン (Henry L. Stimson) が一九三二年一月七日に発した声明に同様に失望した。その声明は日本の行動はワシントンで受け入れ難いが、それについて何も積極的にするつもりはないという趣旨であった。

次の問題は一九三二年二月に（国際租界は除いて）日本軍によって占領された上海の件であった〔上海事変〕。リンドリーの怖れていたのは、列国軍が海軍の攻撃的活動を起こし、海軍力が勝利をえられないような形で、中国の土地の上で日本との紛争に陥ることであった。彼は再び危険について重大な見解を抱いた。「……間違った手段は破滅を早めるかも知れない。」日本の行動を外部世界が批判するのは、日本国内の世論を陸海軍寄りに強めるだけだろう。頑固な国際的態度は知らず知らずのうちに、日本の計略にかかるようなものだ。リンドリーは、日本はおそらく上海で自国の威信が危うくなるような立場に落ち込んだのであって、中国中央部に領土を求めているのではないと言って、ロンドンを安心させた。彼がどんな理由でこういう主張をしたのか明らかでない。しかし彼の憤慨は次の手紙で明らかである。

セシルその他の平和主義者が我々が矢面に立たねばならない世界戦争を引き起こすことを避けようと努力して、私はひどい目にあった。昨年十月に彼らが満州の事件を間違って処理したので、危険はまだ去っていない。それ故、再び安定した状態を取り戻すのは不可能である。その当時、彼らは私が致命的だと告げたすべての事をやってのけたのである。それほど重要な間違いは正すことができない。時々私は心配で疲れ切って、外務省に誰か寄越してくれと頼みたいと何度も思ったほどだった。幸いなことに内閣では保守派が優位を占めている。そしてサー・J・サイモンは〔身代わりを探している〕老いぼれた鼠取り屋のレディングとは異なっている。(9)

上海事変は連盟の賛助の下に国際外交の巧妙な活用によって、幸い五月に交渉を経て解決に至った。興味深いことにリンドリーは上海事変を満州に比べれば、つけたりのようなものだと思っていた。しかし日本が上海での行動に制限されるだろうという彼の推論が、結果として正しかったことは彼にとって幸運であった。

リンドリーの忠言は、彼がその判断において日本贔屓になりつつあるという非難を英国国内で起こすに至った。東京における彼の同僚や知己はこれに同調しなかった。彼の古い友人の米国大使ジョゼフ・グルーも同様であった。グルーはカイロに勤務していた一九一四年以前の彼を知っていた。グルーは常に彼のことを「善良で昔なじみのリンドリー」と称し、判断が力強く現実的であると考えていた。[10] 外務省はある場合に厳しい非難をおこなったことがあるが、概してリンドリーの発言にたいして寛容な見解を示しており、彼は緊張しすぎていて、自分の反連盟的な傾向とソヴィエト・ロシアに関する不安に影響されているのだと結論づけていた。リンドリーは満州の緊急事態についての連盟の調査委員会の人びとと大勢会った。その人たちはリットン卿（Victor Alexander George Robert, *2nd Earl* of Lytton）に率いられて、日本の首都東京に二度滞在したのである。〔リットン調査団[2]〕 彼は九月四日に署名されて十月一日に刊行された報告書の内容を、おそらく予知していたのである。彼は次のように書いている。

私は満州についての連盟調査団の報告書が出たあとで、嵐模様の秋になることを予期している。借金の返済に好意を示してくれることを期待して、米国にたいし完全な屈従を強いられている我が国政府と、非常に不愉快な争いが起こるのではないかと私は思っている。それは私には愚かな考えだと思われる。だから私は極東における英国の利益が、何の理由もなく犠牲にされるのを避けるために、全力をつくして守らねばならない。実際のところ私は仲間のジュネーヴ問題に熱心な人びとには評判が悪く、彼らをその意志に反した用心深さで驚かせた。[11]

日本でリットン報告書にたいする怒りの態度が見られた一方で、満州問題が強い影響力を持つ連盟主要国間の討議のため送られたとき、それほど重要な問題とはならなかった。その進行の過程は、新年に満州の日本軍が北京の北方にある中国の熱河《ねっか》省で起こした戦闘によって遮られ、このことはジュネーヴにおいて悪い印象を与えた。しかし東京や北京などの現地にいた英国の代表たちは、日本の参謀本部の目的は中国北部の侵略に乗り出すよりも、熱河戦争の終局において満州（今や満州国と称す）における日本の地位を手際よく収めるためだという考えにかなり確信を抱いていたらしい。日本の野心を最小限に見るこの意見は、英本国および大英帝国の都合に合致した。もし日本がその活動を万里の長城の北部に制限すれば、英国の包括的な利益にとって、日本の脅威が一層少なくなる可能性があった。

それにもかかわらず、日本は教訓を与えられるべきだとロンドンでは考えた。世論の厳しい圧力の下で、英国政府は一九三三年二月二十七日、日本への軍需品の供給を中断し、中国へも同様の措置をとった。この制限付きの武器の輸出禁止は他の列強諸国の支持をえられずに、二週間後の三月十三日に結局撤回された。リンドリーは東京からの意見として次のように述べた。輸出禁止政策は英国にとって不利益しかもたらさない。制裁措置は問題外だということが英国の大衆に知られたら、彼の直面した状況はより容易なものになるだろう。そのすぐあとに続いた提案は、列強諸国は東京から大使を引き揚げるという案であった。意見を求められてリンドリーはこう書いた。「弊害しかもたらさないような提案にたいして、どれほど深く遺憾の意を表しても十分とは言えない。譴責の形をとったやり方は、日本を強く怒らせるだろう。[12]」彼は日本の強さと列強諸国に挑戦する意向とに確信を持っていたので、日本を懲戒しようとしていた各国の試みに反対していたのであった。

満州問題の余波

一九三三年二月に連盟が最終的に採用した決定において、日本は穏やかな非難を受けたが、中国にはある程度の批判が向けられた。これは日本の手首を軽く叩いたに過ぎなかった。しかし日本は国際的に批判を受けることを好まず、国際連盟を脱退すると通告することによって報復した。それ故、日本の対外関係は列強諸国にたいしては冷ややかなものとなり、連盟との間に敵意を生じ、英国にたいしては緊張が生まれた。リンドリーは困惑した。彼は大使として書いたことのないような手紙を書いて、「政治的な慎重性と常識、特に英国の利益にたいする配慮が要求されるこの事件の特異性」をロンドンに持ち帰ることのできなかったことを後悔している。

私は、我が国政府を連盟の確固たる不変の原則に従って、事態を成り行きに任せるという危険を冒すように説得する失敗をしたあとで、私自身を大いに責めている。今や私は実現性は分からないが、切迫した危険に自分が直面していると思う。それは私が派遣されている国との悲惨な、しかし回避し得る衝突を阻止しなかったという重大な失敗に基づく危険である。(13)

その地域で停戦が宣言されるとすぐに、外務省は多くの人びとが言っていたように、危機の間リンドリーの統括する東京の大使館は親日的であったという批判を密かに調査した。これは東京にも漏れてきた。商務参事官のジョージ・サンソムは東京大使館の見解を断固として擁護した。(14) 彼の考えはW・R・コナー・グリーン(W. R. Connor Green)に支持された。グリーンは以前東京に勤務していたが、ロンドンの日本係主任として戻っていた。彼は次のように書いて批判を逆転した。彼がリンドリーの大使館にいたとき、「英国政府の政策というものがもしあるとすれば、それについて指示を受けたことは一度もない。……大使館は何が起こるか正確に指摘しようと努めた。我々はいつも正しかった。」これは今日では歴史家がほとんど受け入れることができないことだとしても、大胆な擁護である。上海と熱河における日本の意図について、大使館は幸いにも正確に捉えていた。(15)

前任地リスボンを出発して東京に赴任するまでに賜暇をとっていなかったリンドリーは、一九三三年四月中旬から六カ月間英国で過ごした。カナダを横断する旅の途中で、彼はウィニペグ自由新聞の記者の取材を受けた。記者はリンドリーが次のように言ったと報道した。すなわち、日本は満州国における彼らの行動について中国から多大の挑発を受けたこと、および日本の友情は中国の友情より英国にとって意味がある、ということである。リンドリーはこのような発言を否定し、彼はリットン報告書に記載された議論を繰り返したに過ぎないと主張した。しかしその主張はカナダにおいても、英国の新聞においても、また上院においても騒ぎを引き起こした。上院ではセシル卿が大使の明らかに日本寄りの態度について(16)

て再び注意を喚起した。

ロンドンにおいてリンドリーは、英連邦諸国に影響を及ぼす難しい商業的状況について、外務省および日本大使に相談することを期待していた。マクドナルド(James Ramsay MacDonald)内閣は英帝国市場における日本の綿製品にたいし、行動を起こすべく圧力をかけられていた。インド、オーストラリア、西アフリカとの状況は困難になっていた。[17] 日本とインドの間の商業協定を終結させる決定に起因する会議に出席させるため、ジョージ・サンソムを六月にシムラに派遣する決定にはリンドリーの推薦が大いに役に立ったらしい。サンソムは英国とインドの両政府に助言することになっていたが、同時に綿製品貿易についての日本の立場を説明することになっていた。[18] リンドリーはさらに五月二十日に極東事情についての重要な覚書を内閣のために書き上げた。彼はまた大蔵大臣で内閣の最強のメンバーであるネヴィル・チェンバリン(Neville Chamberlain)に会ったが、もし日本が中国を人口増加の捌け口にできなくなると、英国の植民地に移民騒動が起こる可能性があるとチェンバリンに言ったらしい。この考えはリンドリーの独自のものではなかったが、何人かの指導者に印象を与えた。そして彼の意見は帝国防衛委員会の会合でも引用された。[19]

リンドリーが熱意に燃えた使命感を抱いていたという印象は東京にも伝わってきた。サンソム夫人は彼が大いに準備作業をしていたと書いて、さらに「日本の絶対的な必需品と強力な商業習慣に理解力を持った愉快な男[リンドリー]が、外務省の階段を重い足取りで上がったり下がったりする姿」を見て面白く思ったと書いている。彼が中央官庁で与えた印象は書庫の中に埋もれてしまった。引退までのたった三カ月間、彼が大使の地位に戻った事実も、同様にちょっとした不可思議である。彼は一九三三年のクリスマスのころ東京に戻り、日本の新任外相廣田弘毅に英国の外相からの親善の伝言を伝えた。この伝言はもちろん返礼を受けた。リンドリーが、英国は「我々の極東政策の礎石である日本との友好関係を保つという、多くの試練に耐えた政策に戻った」[20] ことを報告できたのは、ほっとした思いであった。

リンドリーは短い間、病気に罹ったので、日本からの出発が遅れた。最後の数週間に大きな危機が持ち上がったので、彼はその遅延を悔やんだに違いない。いわゆる天羽《あもう》声明が一九三四年四月十七日に新聞で報道された。それは外務省の情報部長によって非公式に新聞記者に伝えられた詳細かつ挑発的な声明であった。[3] それは中国における日本の単独責任の主張と、同国での他の列強諸国による軍事援助と政治借款の供与にたいする反対に等しかった。それは列強諸国特に米国に棒打ちの刑を課したようなもので、米国は十年以上も新しい安定した中国を築き上げようとしていたのである。結果として起きた全面的反対を考慮すれば、外務大臣廣田弘毅と会談することによって、日本の本当の立場の解明を求め、天羽声明の緩和を確保することが、リンドリーとグルー大使の仕事となった。彼らはこの仕事を大体においてやり遂げた。(21)

リンドリーは四月二十八日に永久に日本を去った。彼は六月二日にジョージ五世に、大使としての最後の拝謁をした。彼は以前にはどこか「ヨーロッパの良い大使館」(22)に最後の地位を提供される望みを持っていたが、その一週間後に喜んで引退の勧めに応じた。彼は外務省の馬鹿らしい雰囲気から開放されたように感じたと書いている。

外務省とその仕事から永久に手が切れたときの私の喜びは書き表すことができない。官僚たちは最高実力者で何もさせることはできない。(23)

彼が以下の気楽な詩を書いたのは、仕事の重荷を捨て去ったときだろうと我々は推定している。

万物を見下ろす神よ
息絶えるまで規則の遵守を學ぼうとするために
あなたのしもべの歩みの遅いのを許して下さい。

神よ、私たちにお教え下さい、常識以上に議員委員会を尊ばねばならないと。
私たちの心に銘記させて下さい、一切の計画を立案しないことを。
しかし出来れば責任から逃れさせて下さい。
また生来の気性により独創性を発揮したい気持ちの起った時や
あるいは独りであまりにやり過ぎたような場合には

回状をもって　私たちを打ち懲らして下さい。
戦争や動乱、火災や暴風雨のただ中にあって
私たちが祈るのは　古い慣行をもって　自分を強化
することです。
こうしてあなたのしもべは　常にあなたの完璧な群
羊となるでしょう。(24)

彼が名付けたこの「政府の役所用賛歌」の中で、特に傍点を付した部分は、満州事変の際にリンドリーが外務省から受けた傷を反映しているのかも知れない。いづれにしても、それは改革の機の熟した制度についての彼の見解を、おどけた気分で仄めかしている。

多くの人びとが彼の引退を人的資源の浪費だと考えた。以前インド相を勤め、現在は外相であるサー・サミュエル・ホア (*Sir* Samuel Hoare) は、リンドリーが公務から去ったことにたいする遺憾の意を次のように公に表明している。「……彼は公的生活から余りに早く引退した。彼はハンプシャーに引退すると決めたそうだが、そうする代わりに彼の貴重な働きをまだ国のために捧げることができたのに。」これはリンドリーの英帝国の長期の利益にたいする疑いの余地のない献身と、保守主義を志向する彼の評判を確証するものである。(25) リンドリーの職業上の履歴が東京で終わったあとも、東京に多くの彼の称賛者がいた。その最も強力な者の中にサンソム夫妻がいた。商務参事官のジョージ・サンソムはリンドリーの大使館の一員として高く評価されていたが、一九五七年六月十一日にパロ・アルトでアラン・ネヴィンズ教授 (*Prof.* Allan Nevins) の面接を受けた。[4] 彼はリンドリーの大使として良かった点は、「自分の経験を生かして、怒りを抑えた」点であると言った。一九五六年のスエズ危機に続くこの問題について取材を受け、サンソムは当時の類似点を指摘した。彼はリンドリーの人への近づき方は一九五六年危機の指導者たち、すなわちアントニー・イーデン (Anthony Eden)、ジョン・フォスター・ダレス (John Foster Dulles)、さらにドワイト・アイゼンハウアー大統領 (*Pres.* Dwight Eisenhower) たちのそれに比べて著しい相違があると言った。リンドリーは冷静を保ち、寡黙であった。またサンソム夫人もリンドリーの長所をさらにより詳細に説明し

ている。

彼は何と優れた公務員なのでしょう。米国を油断なく見守ることが賢明なこの数年間、彼は特に貴重です。米国の政策は概して良くも悪くもなく、単に部分的な熱心さで全体に及ぼしているのです。私たち英国人が厄介な役目を押しつけられてはならないということは、崇高な目的とは思えないかも知れませんが、本当にそれは十分実際的なのです。そしてそういう場合にサー・フランシスは一貫して有能で鋭敏で勇気がありました。[26]

引退はリンドリーの精力的な性格と相容れないものであった。彼は六十二歳であったがまだ元気で、自分のための新しい生活を詳細に計画していた。

その一方で、彼はハンプシャーのオールド・オールスフォードにあるウィア・ハウスという田園の楽園に落ち着いた。そこで彼は釣りにたいする情熱に耽り、テスト・アンド・イチン魚釣り協会の委員長となり、さらにニュー・フォレストの公式の御料林管理官となった。

さらにその一方で、彼は一九三五年にロンドン日本協会の理事長になった。リンドリーの東京における在職期間が比較的短かったので、この日本協会時代によって彼の日英関係への貢献は同じように続いた。協会は満州事変によって引き裂かれたので、それは難しい職務であったと思われる。[27]彼は年取って引退が必要だと思った一九四九年まで、その職にあった。サー・フランシスは一九五〇年八月十七日にオールスフォードで亡くなったが、その前年に夫人が亡くなっている。

（長岡祥三　訳）

[原注]

（1）I. H. Nish, 'Jousting with Authority: The Tokyo Embassy of Sir Francis Lindley, 1931-4' in Japan Society of London, *Proceedings*, 105 (Dec. 1986), 9-19. Also 'Sir Francis Lindley (1872-1950) and Japan' in H. Cortazzi (ed.), *Biographical Portraits*, vol. 4 (Richmond, Japan Library, 2002), pp. 89-100. この論文は省略はあるが以上の文章の改訂版である。

（2）J. E. Hoare, *Embassies in the East* (Richmond: Curzon Press, 1999), p. 136.

（3）Lindley to Stirling-Maxwell, 24 July 1931 in

Papers of Sir John Stirling-Maxwell (1893-1932), Glasgow City Archives, Mitchell Library, T-PM 122/1/38. [Hereafter cited as Maxwell Papers]

(4) Lindley to Dawson, 2 Sept. 1931 in Papers of Geoffrey Dawson, Bodleian Library, Oxford, 76; *Documents on British Foreign Policy, 1919-39*, second series, VIII, no 495. [hereafter cited as '*DBFP*']

(5) Letter to the author from Capt. Malcolm Kennedy, 15 Oct. 1977.

(6) *DBFP*, ii/VIII, no 495.

(7) Lindley (Tokyo) to Maxwell, 1 Nov. 1931 in Maxwell Papers, T-PM 122/1/38. 芳澤謙吉著『外交六十年』（東京、自由アジア社、一九五八年）の第六章は芳澤の外務大臣時代の六カ月を扱っているが、リンドリーについては言及していない。

(8) Lindley to Horace Rumbold, 30 March 1932 in Papers of Sir Horace Rumbold, Bodleian Library, Oxford, 39.

(9) Lindley to Maxwell, 27 March 1932 in Maxwell Papers, T-PM 122/1/39.

(10) Joseph C. Grew, *Turbulent Era*, 2 vols (London: Hammond & Hammond, 1953), vol. ii, p. 23.

(11) Lindley (Chuzenji) to Maxwell, 21 August 1932 in Maxwell Papers, T-PM 122/1/39.

(12) Lindley to Simon, 15 March 1933 in *DBFP*, ii/XI, no 453, fn 5.

(13) Lindley to Simon, 24 Feb. 1933 in *DBFP*, ii/XI, no 371.

(14) *DBFP*, ii/XX, no 4.

(15) Ibid.

(16) R. Bassett, *Democracy and Foreign Policy*, London: Cass, 1968, pp. 513-16.

(17) 日本外交文書。昭和期 II/2/2, p. 724 以下。

(18) 日本外交文書。昭和期 II/2/2, p. 781 以下。

(19) *DBFP*, ii/XX, nos 1 and 39, p. 75. Philip Bell, *Chamberlain, Germany & Japan, 1933-4* (London, 1996), F. S. G. Piggott, *Broken Thread* (Basingstoke: Palgrave, 2002), p. 226 for Whitehall's reaction to Lindley's reports.

(20) K. Sansom, *Sir George Sansom and Japan* (Tallahassee: Diplomatic Press, 1972), p. 70; *DBFP*, ii/XX, nos 41 and 68.

(21) 天羽声明は『日本外交年報並主要文書』2巻、二八四―六頁にのっており、四月二十六日のリンドリーと広田の議論も含まれている。

(22) C. G. Thorne, *Limits of Foreign Policy* (London: Hamish Hamilton, 1972), p. 99 quoting Royal Archives.

(23) Lindley to Dawson, 26 May 1934 in Dawson papers.

(24) M. Morland to the author, 22 March 2000, quoting *The Times* (London), 11 June 1994. I am

grateful to Mr Morland.

(25) Speech at the Japan Society's dinner on 19 June 1935.

(26) K. Sansom, *Sansom and Japan*, p. 95. Transcript of the Sansom-Nevins interview in Columbia University, New York, Oral Archive.

(27) H. Cortazzi, 'Japan Society' in Cortazzi and Daniels (eds.), *Britain and Japan* (London: Routledge, 1991), pp. 36-40 passim. For later aspects of Lindley's career, see Nish, 'Sir Francis Lindley' in Cortazzi (ed.), *Biographical Portraits*, vol. 4, pp. 96-100.

[訳注]

[1] セシル卿 (Edgar Algernon Robert Cecil, 1st Viscount, 1864-1958) ソールズベリー侯の三男。第一次大戦中に外務次官、封鎖相を歴任。パリ講和会議に列席して連盟規約起草に参加。その後も連盟の発達に尽くした。ボールドイン内閣の国璽《こくじ》尚書、ランカスター公領尚書を歴任。ジュネーヴ軍縮会議に首席代表を勤め、三七年にノーベル平和賞を受けた。(岩波『西洋人名辞典』より要約)

[2] リットン調査団 国際連盟の派遣した調査団で、英国のリットン卿を長とし、仏、伊、独、米(オブザーバー)が委員として参加した。一行は一九三二年二月の東京に到着、その後六月まで上海、南京、漢口、北京を経て満州に入り、一旦東京に戻った。この間、満州国が独立した。次いで一行は北京に赴き、ここで報告書が作られて、九月に連盟に送られた。報告書は十月一日に刊行、十月二日に公表された。それは、一方では経済上・国防上の必要から満州を確保したいという日本の要求を一応理由のあるものとしているが、他方それは満州国を認めず、ただ中国の一部として強い自治権を持たせ、事実上国際管理の下におくことを提案していた。しかも満州の治安の維持、中国の改造にたいし国際協力を強め、さらに日中間の経済的提携を促進することによって、日本の要求は解決されるべきことを主張した点で、日本の考え方とまったく対立した内容を持っていた。(大内力『日本の歴史24巻・ファシズムへの道』中央公論社より抜粋)

[3] 天羽声明 一九三四年四月、外務省情報部長天羽英二が記者会見でおこなった談話。内容は欧米列強の中国にたいする武器、政治借款の供与を「東亜の平和と秩序」を乱す行為とし、これを黙って見過ごすことはできないとするものであった。当時、英米は国民政府を援助しつつ中国に進出しようとしていたため、この談話は日本が満州に次いで、中国全土をも排他的に独占する意図を示したものと受け取られた。(小学館『万有百科大事典・日本歴史』より)

[4] パロ・アルトはサンフランシスコの南にある都市で、スタンフォード大学の所在地である。サンソムがそこで会ったというアラン・ネヴィンズ(一八九〇—一九七

一）は米国の歴史学者で、ピューリツァー賞を二回受賞している。

第 14 章

サー・ロバート・クライヴ

駐日大使　一九三四―三七年

アントニー・ベスト
（ロンドン大学政治経済学院国際史学部）

Sir Robert Clive

サー・ロバート・クライヴ（*Sir* Robert Clive, 1934–37）は日英関係史のなかで奇妙な位置を占めている。それというのも彼が駐日大使を務めた時代は大きな研究対象であるにかかわらずクライヴ大使自身が謎の人物だからである。[1] このことは彼の前任と後任であるサー・フランシス・リンドリーとサー・ロバート・クレイギーの二人に比べてとくにそうである。彼の名が比較的知られていない理由は説明しにくいことではない。リンドリーやクレイギー（*Sir* Robert Craigie）と違って、彼は在任中にロンドンの本省や北京駐在の同僚大使と意見を戦わすということをあまりしなかったからである。[2] この時期は外交関係が目まぐるしく変動した時代であったが、駐日英国大使館と本省の間で論争が起きることはなかった。

サー・ロバート・クライヴは一八七七年（明治十）に生まれ、一九〇三年（明治三十六）に外務省に入省した。最初は東京の大使館に一九〇五年から一九〇九年（明治三十八年から四十二年）まで三等書記官として勤務し、そのあと更に一九二〇年から一九二三年（大正九年から十二年）まで北京の英国公使館の参事官として東アジアを経験している。駐日英国大使になる前は長期間テヘランの公使を務め、ペルシャ〔現在のイラン〕における英国の治外法権終了交渉を成功裏に纏め上げた。

クライヴが駐日大使として一九三四年（昭和九）七月に東京に着任したとき日英関係はきわめて厳しい局面を迎えていた。英国が日本と中国の双方に対して一カ月間の武器禁輸を実施して迎えた満州事変の終幕〔熱河進攻のあとに締結された日中停戦協定〕以来、日英間に緊迫した空気が流れていた。[1] 中心をなす問題は中国問題についての日英間の了解が成立しないことであった。それは日本が、中国にたいする欧米の不干渉を要求して、東アジアにおいて独自のモンロー・ドクトリンを展開しようとしていたからである。[2] もう一つの緊急問題は貿易問題で二国間対立が生じたことである。インドを中心とするアジアの英国の植民地への日本からの輸出が急増し、これに英国の繊維産業が大反発したことにより英国サイドに保護を求めるロビー〔圧力団体〕ができて結果として日本からの輸出品の流入を抑えるために輸入割り当て制が実施された。このことは日本側に反西洋列強感情を盛り上げる攻撃材料を与えることになり、日本側に東アジアに独自の経済圏構築を目指す理由の口実を与えることにもなった。それでも不十分であるかのように、もう一つの論争の種が急浮上していた、すなわち一九二一―二二年（大正十―十一年）のワシントン会議で始まった米英日三国の海軍軍備縮小交渉の行方であった。

そのころ同時に英国政府内部に日英間の敵対感情の急激な高まりを抑える対抗力が働きつつあった。すなわち英国政府内部にナチス・ドイツの脅威の台頭にたいして一部の政治家や官僚、特にネヴィル・チェンバリン財務相と財務官僚が、英国は日本との緊張関係を続ける余裕はないとし、対日融和策を模索していた。[3] 同様の考えは日本側の一部にもあり、それは中国問題について日英共通の立場を模索するとともに、海軍力については原則として日本が英国、米国と対等になるような軍備比率改定メカニズムをつくろうというものだった。しかしながら友好関係回復の展望について関係者のみんながみんな自信をもっていたわけではなかった。特に英国外務省は、日本とのやり取りにおいては、中国と米国を怒らせないように慎重にしなければいけないという意見だった。クライヴはこのような複雑な環境のなかで大使としての職務を遂行しなければならなかった。

クライヴは東京での任務に慣れる間もなく、日英間の反目融和の双方向に揺れ動く目まぐるしく変動する外交舞台のまっただ中に投げ込まれた。一九三四年七月五日、廣田弘毅外務大臣は、クライヴとの最初の会見で、軍備縮小協定への道を開くため、日本は英国および米国との間に不可侵協定を結ぶ用意がある、と持ちかけた。この提案はそれを機会に日本との関係改善に向けての準備に入るべきかどうかをめぐって、英国政府内に大きな波紋を生んだ。このエピソードについてはアン・トロッター（Ann Trotter）、細谷千博、ジル・ベネット[3]（Gill Bennett）といった歴史学者により広範な研究分析がなされている。これらの問題におけるクライヴの役割はおおむね連絡役で、英国政府の訓令の下に、廣田外相の提案内容をもう少し詳しく説明してもらうよう外相に働きかけるというものだった。結果としてクライヴの努力はむなしく、全体の流れは彼の生来の警戒心をつのらせるだけだった。

クライヴの日本人にたいする懐疑心は一九三四年九月から十月にかけて訪日した〔満州視察を目的とする〕英国産業連盟（Federation of British Industry）使節団〔団長の名前をとってバーンビー使節団とも呼ばれる〕にたいする日本側の対応・大げさな歓迎によってますます深まることになった[4]。その使節団は満州国における英国の貿易と投資の可能性調査を目的とする民間レベルの使節団であり、ビジネス・レベルの調査・会合だけをすることになっていたが、日本の政府とメディアはそれがあたかも国レベルの政治目的の使節団であるかのような扱いをして駐日英国大使館をひどく困惑狼狽させた。この使節団の一番問題だったのは天皇陛下拝謁の予定が入っていたことである。〔この拝謁については日本側から駐日英国大使館に事前に一言の相談・連絡もなく〕クライヴ大使がそのことを知ったのは使節団が日本に到着したあとであった[4]。これにはクライヴは肝を冷やした。クライヴがすぐに拝謁を中止させることを思い立ったが、そうすれば日本側の感情を逆なですることがはっきりしたので、そのままにして断念した。しかしながらこの一件により、日本側が仕組んだ、うわべだけの歓迎ムードとあいまって、クライヴの日本にたいする不信感はますますつのることになった。一見したところ、見方によっては、クライヴは、伝統的な外交手法を忠実に守ることによって煮え切らない判断をしてしまったかのように見えるし、またこの時点での日本側の折角の好意的なムードは、英国にとって非常に貴重であり、彼はそれを好機として歓迎すべきであったかのようにも見える。しかし彼は、おそらく彼の明敏、経験豊かな部下のジョージ・サンソム商務参事官（後の *Sir* George Sansom）の助言に従って、日本側の友好的言辞は英国をして東アジアで従属的な地位を甘んじさせようする欲望以外の何ものでもなく、うわべだけの何ら実体のないものであると判断した。

クライヴはこの着任早々の砲火の洗礼をうけ、日本にたいする警戒心を更に強めることになり、やっと通常の職務に専念できるようになった。それから先二年半の間、彼は日本の政治をますます用心怠りなく観察するようになった。しかしながら彼自身が自ら認めていることだが、日本人の物の考え方は非常に分かりにくかった。一九三五年の十一月に、彼はジョージ五世の秘書官サー・クライヴ・ウィグラム（*Sir* Clive Wigram）に憤懣やるかたない調子で次のように書き送っている。

> 日本の内部の仕組み〔意思決定構造〕はわれわれの理解を遥かに超えており、日がたつにつれ、日本人をわれわれ自身の基準で絶対に判断してはならないこと、あるいは彼らにわれわれと同じような反応を絶対に期待してはならないことが分かってきました。(6)

英国の対日政策に関してクライヴは、英国が日本側のいうなりにあっさり妥協するのでなく、また米国と組んで反日陣営を構築するのでもない、中間の進路をとるよう最大限の努力をした。日本によるワシントン、ロンドン両軍縮条約からの脱退声明のあと〔正式脱退は一九三六年〕、一九三五年（昭和十）一月、クライヴは長文の強い調子の報告書をロンドンに送った。そのなかで彼は、英国は米国寄りの対日路線をとるべしとする貴族院議員・ロージアン卿（*Lord* Lothian）が出してきた案に反対の立場を明らかにし、英国は日英同盟の名残などの日本との長い絆をうまく利用しながら、「調停的な影響力」を行使して広田外相の漠然とした提案を何か実体のあるものにもっていけないか検討すべきであると提言した。(7) この分析提言の報告書は英外務省内で好感を呼び、ときの外務次官サー・ロバート・ヴァンシッタート（*Sir* Robert Vansittart）はロージアンのようなアマチュアの介入に憤りを感じるとともに、クライヴのプロの仕事を賞賛して当該報告書の閣内配布を命じた。[8]

しかしながら、皮肉にも、このようなバランスのとれた政策をとることは、日英の両サイドで融和へ向けた熱意・思惑が勝手にバラバラに動いて却って融和を難しくしていたので、容易ではなかった。英国財務省の場合は、独自に日本との交渉に乗り出したことにより却ってその判断を曖昧不明瞭なものにした。一九三五年秋、財務大臣は政府主席経済顧問のサー・フレデリック・リース・ロス（*Sir* Frederick Leith-Ross）を中国の通貨改革援助のために派遣した。その意図は、それを機会に英国と日本が中国にたいして借款の供与を申し出て、それと引き替えに満州国を中国側に承認してもらうことにより、この地域の政治的問題の解決を図るというものだった。まずこの主席経済顧問が一九三五年九月に訪日し、このアイデアを日本サイドに売り込もうとした。しかし日本の外務省も大蔵省もその話に興味を示さなかったので、顧問は落胆した状態で中国入りして同様の提案をしたが、そこでもきっぱりはねつけられた。クライヴはこの種のアマチュア外交が気に入らなかった。彼はその年の十一月に上海の英国駐中国大使サー・アレグザンダー・カドガン（*Sir* Alexander Cadogan）を訪問したとき、この件に関して自分が激怒していることを伝えた。[9]

一方、日本サイドにおいても日英関係の修復に向けて努力する動きがあったが、クライヴから見て、そのアプローチの仕方に基本的な誤りがあった。一九三六―三七年（昭和十一―十二年）の時点で日英修復を強く訴えていたのは新任の吉田茂・駐英大使だった。クライヴは発令当初から、吉田がそのような肝要な地位についたことについて先々をあまり期待していなかった。クライヴは一九三六年三月、吉田の駐英大使発令を知るとすぐ、今度はエドワード八世の秘書官になっていたサー・クライヴ・ウィグラムへの手紙で、吉田は非常に愛想のいい、いつもにこにこしている小柄な男ですが、英国側関係者が一様に尊敬している前任者の松平恒雄ほどの人物でもなく力量的にもおよびません、と書いている。[10] 吉田の見識についてクライヴが心配していたことが起きた。一九三六年秋、彼は、吉田が本国政府の明確な承認を得ないまま、英国政府にたいして、日英関係に横たわるすべての問題をひとまとめにして解決する案を英国側に働きかけていることを知った。[5] 英国側が吉田のいうことをまともにとると大変なことになると思ったクライヴは、ロンドンの本省にいくつもの警告を発信し、吉田が東京ではあまり影響力がないこと、駐英大使に任命されたのは、一九三六年三月の組閣のとき軍部により彼の外相任命を拒否されたので彼の面目を立ててやる人事だったことを伝えた。[11]

クライヴは日英融和にいくばくかの希望を抱いていたかも知れないが、融和に向かって急いでへたな外交をサポートするつもりはなかった。そのうえ、一九三五年後半から一九三七年にかけて、日本が外交関係一般に糊塗する言辞を弄し、独りよがりの中国政策展開に現れた日本の好戦的態度を見るに至って、彼の日本にたいする警戒心は一段と深まるばかりであった。ことに日本軍部が中国北部の自治と同地域への日本製品の密輸、すなわち中国海関（Chinese Maritime Customs）への輸入税納付回避を支援したことは、[6] 日本とまともな交渉を期待することはあまり意味がないということを示唆するものだった。

さらに一九三六年十月、台湾の基隆に寄港していた多数の英国海軍の水兵が日本の官憲により逮捕され殴打される事件があり、クライヴは激昂した。クライヴはこの事件は日本の傲岸と英国の権益にたいする尊重が欠如していることの印であるとして、この事件の満足な解決が得られるよう英国は日本に強硬に迫るべきであると確信し、そうすることによってのみ日本側にその非を認めさせることができると判断した。事実、この一件に関しては、クライヴは日本側にたいしてロンドンの本省の線よりさらに厳しい姿勢をとり、ためらうことなく一切の妥協を排したので、あとで彼は本省を困らせたのではないかと思ったほどであった。[12]

クライヴの日本にたいするますます強硬な姿勢にはそれを賞賛する人びとと非難する人びとがいた。前者には中国駐留英国艦隊司令官サー・チャールズ・リトル提督（*Admiral Sir* Charles Little）がいた。リトル提督は一九三六年七月、海軍軍令部長サー・アーンリ・チャトフィールド提督（*Admiral Sir* Ernle Chatfield）にクライヴのいっていることに賛意を表わして、クライヴの認識によると日本が聞いて理解できる言葉は武力だけであるといっている、と伝えた。[13] 大体においてクライヴのアクションと判断は、英国外務省の考えにそっており本省も賛成していた。しかし英国内において日英友好の昔に戻ることを願っている人びとはクライヴのとった行動は、日本側からの日英融和に向けてのきわめて重大な打診を好機として利用しないで彼ら友好派の目標にたいする障害になっていると思った。日本びいきの元陸軍語学将校で『ロイター通信』東京特派員のマルコム・ケネディ(Malcom Kennedy)は一九三六年三月三日付けの日記に、日英関係緊密化に向けての著名な推進論者である『モーニング・ポスト』紙編集長のH・A・グイン(H. A. Gwynne)と満州国財務顧問のアーサー・エドワーズ(Arthur Edwardes)との昼食の席上、クライヴはこっぴどく批判されたと記している。マルコム・ケネディを含めたこれら三人は、日本の軍部がジョージ五世薨去の葬儀の式典に千人の儀仗兵を派遣するという折角の申し出をクライヴが断ったことを嘆き悔み、また一九三四年九月の英国産業連盟使節団一行の天皇陛下拝謁の件でも大失敗をしたことも記している。[14]

東京の英国大使館の内部でも意見の不一致や対立があった。一九三五年、陸軍省は日英関係改善のために大の日本びいきのピゴット少将(*Major-General* F. S. Piggott)を英国大使館付き武官とする人事をきめた。クライヴは、ピゴット少将が自分の部下としてその判断に自分が信頼できない、政策の根幹において意見を異にする人物であり、厄介であるとして、この人事が気に入らなかった。[15] 残念なことに陸軍省は断固として譲らず、ピゴット少将は一九三六年の夏に着任した。着任早々からピゴット少将はクライヴと意見が衝突し始めた。ピゴット少将は日本の軍部内は一般的には対英融和歓迎ムードであると確信していた。それにたいし、クライヴは日本の軍部のムードは最近改善しているかもしれないということは認めたうえで、ピゴット少将よりはるかに多くの日本の経験を積んでいるジョージ・サンソム参事官の意見をもとに、そのことは決して日本側と実現可能な合意が成立することを示唆するものではない、それというのも日本に受け入れられる条件は必ず中国と米国を怒らせるからであると論じた。[16] クライヴがサンソムとピゴットの二人の日本専門家のうち、前者がはるかに信頼できると思ったのは明らかだった。そこで彼は一九三七年夏に離任してロンドンに帰ってきてから、サンソムが引き続き日本に残れるようサンソムの昇進・昇格を関係者に働きかけている。(17)

クライヴは任期満了近くになって再び日英融和回復を楽観したときがあった。それは英国財務省、吉田茂大使、あるいはピゴット少将の策謀とは何の関係もなく、一九三七年三月に佐藤尚武が日本の外務大臣に就任したからである。クライヴは佐藤尚武を高く買っており、彼こそは真の親英家で真の日英和解に動いてくれるだろうと信じていた。しかしながらクライヴは、それが可能になるためには、佐藤が外務大臣をしているときに日本の軍部を説得できなければならない、そのためには英国側はタイミングの悪い提案などで事態の進展に横やりを入れることはできないし、してはならないと考えた。(18) クライヴは佐藤に時間と選択の幅を持たせれば、大きな成果が達成できると信じた。彼は一九三七年(昭和十二)三月、本省のチャールズ・オード極東部長(Charles Orde)に、「直近の将来についての私自身の見方は、日本は以前ほど粗暴でなく過去二、三年に比べずっと理性的になっていると思う」、と報告している。(19)

クライヴの大使としての任期はジョージ六世戴冠式直後の一九三七年五月に終了した。彼が日本を離れたとき、日本は〔一九三三年二月の国際連盟脱退以来の〕国際的孤立状態から脱しようとしているかに見え、英国とも対等の立場で話し合いに入る用意ができているかに見えた。ところが佐藤が外相として入閣している内閣はその月の終わりに倒れ、一九三七年(昭和十二)七月に中国北部で戦闘〔盧溝橋《ろこうきょう》事件〕が始まり、クライヴのこれらの希望はみごとに粉砕された。このようにしてクライヴの楽観主義は無惨に裏切られた。このとき始まった日中戦争は日英関係に新しい、もっと重大な問題をもたらすことになるが、それらの問題は後任のサー・ロバート・クレーギー大使に託された。しかしクライヴの日本との縁はそこで切れた訳ではなかった。彼は帰国してまもなくベルギー大使を発令され、不調に終わったが日中和平を話し合う国際会議が着任したばかりのブリュッセルで開かれたからである。[7]

上述のごとくサー・ロバート・クライヴは特に難しい

時期に日英関係の英国側の舵を握った。全体的な彼の印象は非常に本省の考えにそった意見をもつ外交官という感じである。彼は用心深い男であり、外交は伝統的チャネルにのっとった形でのみ進めることを望んだ。彼は日英和解の可能性をいつまでも模索し模索をあきらめることはなかったが、同時に彼は無理、拙速は避けるべきであると考えた。かくして彼は典型的な用心深い外交官であり、『英国伝記大辞典』(*Dictionary of National Biography*) の彼の項目にいう「彼は見事な官吏であった」という表現がぴったりの人物であった。[20] あのとき英国は、クライヴと違って本省とそりはあわなくても、もっと積極行動派タイプの人物を彼の代わりに駐日英国大使に任じるべきであったかどうかは議論の余地のあるところである。

(松村耕輔　訳)

[原注]

著者は本論考の執筆にあたりウィンザー城の王室公文書館保管資料の閲覧をご許可いただいたエリザベス女王に謝意を表し申し上げる。

(1) 特に、A・トロッター著『英国と東アジア　一九三三―一九三七』(ケンブリッジ大学出版、一九七五年)を参照のこと。(See in particular A. Trotter, *Britain and East Asia, 1933-1937*, Cambridge University Press, Cambridge, 1975.)

(2) 本書(第十三章)に再録されているイアン・ニッシュ編著、*Britain and Japan: Biographical Portraits*, Japan Library, Folkestone, 1994. のなかのニッシュのリンドリーに関する論考および筆者の(第十五章)「サー・ロバート・クレイギー駐日英国大使一九三七―四一」を参照のこと。

(3) 細谷千博の論考「一九三四年の日英不可侵協定問題」(日本国際政治学会編『国際政治』有斐閣、一九七七年、六九―八五頁)、G・ベネットの論考「一九三三年―一九三六年の極東における英国の政策、大蔵省と外務省」。(G. Bennett, 'British Policy in the Far East 1933-1936: Treasury and Foreign Office,' Modern Asian Studies, 1992, vol. 26, pp. 545-68.) およびトロッターの著書九七頁から一〇七頁参照のこと。および原注(1)の

(4) 原注(1)のトロッターの著書のなかの一二〇頁参照のこと。(Trotter, op. cit., p. 120.)

(5) クライヴ大使よりウェルズリーあて、一九三四年十月十二日付け報告書：英国公文書館保管文書番号(PRO FO 262/1891 Clive (Tokyo) to Wellesley (FO) 12 October 1934)。

（6）クライヴ大使よりジョージ五世の秘書官サー・クライヴ・ウィグラム（Sir Clive Wigram）あて書簡、一九三五年十一月八日付け：王室公文書館保管資料番号（PS/GV/P 510/68 Clive to Wigram 8 November 1935）。

（7）クライヴ大使よりサイモン外相あて、一九三五年一月七日付け報告書：英国公文書館保管文書番号（PRO FO 371/19359 F 1090/483/23 Clive to Simon 7 January 1935）。

（8）ヴァンシッタート（外務省）の一九三五年三月二日付け覚書：英国公文書館保管文書番号（PRO FO 371/19359 F 1090/483/23 Vansittart (FO) Minute 2 March 1935）。および一九三五年四月「極東」のサイモン外相覚書：英国公文書館保管文書番号（CAB 24/254 CP 80(35), 'The Far East' Simon Note April 1935）。

（9）ケンブリッジ大学チャーチル学寮所蔵カドガン文書の一九三六年十一月十九日の日記（Cadogan papers, Churchill College Cambridge, ACAD 1/3, diary 19 November 1935）。

（10）クライヴ大使よりジョージ五世の秘書官サー・クライヴ・ウィグラム（Sir Clive Wigram）あて書簡、一九三六年三月二十六日付け：王室公文書館保管資料番号（PS/GV 1/C/053/JAP/3 Clive to Wigram 26 March 1936）。

（11）クライヴ大使よりイーデン外相あて、一九三七年三月二十六日付け報告書：英国公文書館保管文書番号（PRO FO 371/21029 F 570/28/23 Clive to Eden 27 January 1937）。

（12）ケンブリッジ大学チャーチル学寮所蔵ナッチブル・ヒューギスン文書のなかのクライヴ大使よりナッチブル・ヒューギスン（南京）への書簡、一九三七年四月十四日付け（Knatchbull-Hugessen papers, Churchill College Cambridge, KNAT 2/55, Clive to Knatchbull-Hugessen (Nanking) 14 April 1937）。

（13）ナショナル海事博物館所蔵チャットフィールド文書のなかのリットルよりチャットフィールドあて書簡、一九三六年七月六日付け（Chatfield papers, National Maritime Museum, CHT 4/8, Little (C-in-C China) to Chatfield (FSL) 6 July 1936）。

（14）シェフィールド大学図書館所蔵ケネディ文書のなかの一九三六年三月三日の日記（Kennedy papers, Sheffield University Library, 4/31, diary 3 March 1936）。

（15）クライヴ大使よりヴァンシッタートあて書簡、一九三五年七月二十五日付け、英国公文書館保管文書番号（PRO FO 371/19364 F 4680/4680/23 Clive to Vansittart 25 July 1935）。

（16）クライヴ大使よりイーデン外相宛報告書、一九三六年十一月六日付け、英国公文書館保管文書番号（PRO FO 371/20279 F 400/89/23 Clive to Eden 6 November 1936）。

（17）アシュトン・グウォトキン（外務省）の覚書、一九三

七年八月五日付け、英国公文書館保管文書番号（PRO FO 371/21044 F 5093/5093/23 Ashton-Gwatkin (FO) minute 5 August 1937）。

(18) クライヴ大使よりイーデン外相あて報告書、一九三七年三月二十五日付け、英国公文書館保管文書番号（PRO FO 371/21024 F 2568/597/61 Clive to Eden 25 March 1937）。

(19) クライヴ大使より（外務省極東部）オーデあて書簡、一九三七年三月二十二日付け、英国公文書館保管文書番号（PRO FO 371/21040 F 2388/414/23 Clive to Orde (FE Dept) 22 March 1937）。

(20) 原注(1)のトロッターの著書のなかの三五頁参照のこと。(Trotter, op. cit., p. 36.)

[訳注]

[1] 一九三三年（昭和八）一月、その前年にいわゆるリットン報告書が作成公表されるなど着々と進んでいた「満州国」問題をめぐる国際連盟の討議をよそに、関東軍はあらたな軍事行動を開始して内モンゴル東部の熱河省に進攻した。同年五月三十日に中国側と停戦協定が結ばれ、熱河省と隣の河北省の一部が「満州国」に併合された。一九三一年九月十八日の関東軍による遼寧省瀋陽郊外の鉄道爆破事件により始まった満州事変はこの停戦協定により終幕を迎えたが、リットン報告書が一九三三年二月二十四日に国際連盟で採択されると連盟を主導していた英国はその立場もあり、行動の印を見せる必要から、その三日後から日中の双方に対して弾薬の禁輸をおこなった。

[2] 一九三四年（昭和九）四月、天羽《あもう》・外務省情報局長が定例記者会見で非公式に語った談話のことで、それは一八二三年のモンロー米国大統領が年頭教書でアメリカ大陸とヨーロッパの相互不干渉を主張したいわゆるモンロー主義の焼き直しだとして、欧米の強い反響を招いたと云われる。

[3] 英国外務省でなく財務省が対日宥和に動いて日英同盟に代わる日英不可侵協定に動いたのは主に財政面から海軍予算の増大を抑える必要に迫られていたという事情があった。

[4] 一九三三年二月二十四日、ジュネーブの国際連盟総会で、日中紛争処理のための、満州国の否認と満州の国際管理方式を内容とする解決策が採択され、日本は国際連盟からの脱退を正式表明した。この満州視察を目的とする使節団は、満州国の非承認の継続は満州市場の喪失になるという英国の、特に鉄鋼と関連製品の輸出産業の懸念を反映したもので、他面、英国外務省を迂回して日英友好の増進を図るという政治的な任務も帯びていたようである。

[5] 本章の筆者は別の論考のなかで、英国の諜報機関は早くも一九一九年（大正八）から日本外務省の電報傍受に成功しており、このときも吉田大使が何の権威もおびずに発言していることを知るに至った、と書いている（ア

ントニー・ベスト著、木畑洋一訳「対決への道―一九三一―一九四一年の日英関係」『日英交流史 一六〇〇―二〇〇〇』第二巻、東京大学出版会、第二章）。

［6］満州国境の密輸線として一九三六年（昭和十一）二月ごろから冀東地区で盛んになったいわゆる特殊貿易（日本側呼称）のことと思われる。中国海関当局の調査によれば特殊貿易による関税収入の欠損は年間ベースで全税収の三分の一に達したという。

［7］一九三七年（昭和十二）九月十三日、第十八回国際連盟総会において中国は日中戦争を連盟に提訴し、同年十一月三日からブリュッセルで日中和平に向けてのいわゆる関係「九カ国会議」が開催された。この会議においてクライヴは駐ベルギー大使として英国代表のイーデン外相、マクドナルド内相を補佐する重要な役割を担った。非加盟国の日本にたいしては主催国・ベルギーの駐日大使から十月二十一日に招請状が政府に手交されたが、日本政府は会議参加を拒絶した。

第15章

Sir Robert Craigie

サー・ロバート・クレイギー
駐日大使　一九三七―四一年

アントニー・ベスト
（ロンドン大学政治経済学院国際史学部）

両大戦間の日英関係史の中で、一九三七年から四一年まで駐日大使を勤めたサー・ロバート・クレイギー（*Sir* Robert Craigie, 1883–1959）の評判は、特に論議を呼ぶテーマの一つである。クレイギーの業績を評価しようとする論評には、次のように二つの派に分かれた見方が出てきている。その一つは、クレイギーは日本事情に疎く、そのため態度の曖昧な日本の「穏健派」(1)と手を結ぼうとして、あまりにも安易に不当な宥和政策を講じた男とみる見方である。それと対照的なもう一つの見方は、東アジアにおける英国の弱点を知り抜き、英国に悲惨な結果をもたらす可能性のある戦争勃発(2)を阻止する交渉者として、実質的な外交手腕を駆使しようとした現実主義者とみる見方である。クレイギーの人物像を描くにあたって、どちらの見方も主として焦点を当てるのは、クレイギーが論争を戦わした諸事件、すなわち、一九三九年の天津租界封鎖事件[1]、浅間丸事件[2]、一九四〇年のビルマ・ルート封鎖問題[3]、一九四一年の戦争への最終的突入などである。加えて、戦争勃発阻止に十分な努力をしなかったと、チャーチル政府を批判したクレイギーの一九四三年の、最終報告書[4]については、多くの論争がなされてきた。しかし上記の事件にのみ焦点を当てることには危険性がある。理由は、もちろんそれらの事件は重要であるが、それらの事件からは必ずしもクレイギーの考えの背後にある幅広い動機を見出せないからである。すなわちクレイギーの大使としての役割への姿勢を真に理解するためには、彼の任命直前の数年間の経歴に、まず目を向ける必要がある。

クレイギーが一九三七年九月三日横浜に到着する前まで、外務省極東局内のポストの経験もなく、東アジアにおける勤務も皆無であったこと、さらに、英国の親日派との実質的な結びつきもなかったらしいことは、注目すべき最も重要なことの一つである。その代わり、クレイギーは、一九三四年から三六年の〔第二次〕海軍軍縮会議の首席交渉者として実績をあげたために、日英関係の分野においてある程度卓越した人物としてみなされるようになった。[5]このことは次の二つの点で重要な意味がある。まず第一に、それによって、日本におけるクレイギーより若い同世代者の多くが、日本の政策にたいするクレイギーの見解を、なぜ侮蔑的な態度で扱ったかの説明ができることである。第二は海軍軍縮会議の経験から、クレイギーは、英国の包括的な国益との関連で、どのように日本を理解すべきかについて、自身の確固たる信念を持ったことである。感情に訴えて「是非とも友好関係を樹立したい」と主張するやり方よりも、むしろ、この断固とした「政治的な圧力」の手法こそが、東京での彼の外交努力に主要な影響を与え、また彼の立場を、英国社会における親日派と一線を画すことになったのである。

日本におけるクレイギーの責務にたいする評価の基本的なことは、ドイツの影響に対抗する世界的な闘いに関して、日本の中立化に全力投球すべきとの信念、なかんずく、日本を味方に引き入れようとするリッベントロップ（Joachim von Ribbentrop）[6]の動きを牽制すべきとの信念にあった。早くも一九三六年一月、クレイギーは日独協定の結果にたいして危惧の念を表明し、その年の十二月、「日独防共協定」[7]調印の後、その当時の英国駐日大使サー・ロバート・クライヴ（*Sir* Robert Clive）のイーデン（Eden）・吉田会談[8]への批判に答えて、次のように書いている。

……最近の日独防共協定が賢明であったかどうかについて、日本の本心を探ろうとする動きの多いこの時、日本の友人をすげなく拒絶することは、ドイツの利益につながることだ。(3)

クレイギーは、英国の権益にたいする潜在的な二正面の脅威についてはこのように評価していたので、英国としては日本への慎重な対応が必要と考えていた。また非公式に日本の無節操な拡張主義を嘆きつつも、道徳家めいた怒りを爆発させることは、単に日本の政策当局者を敵にまわす結果になるだけだとして避けていた。こうしたクレイギーの態度の論理的結末は、世界規模で日本を懐柔するというより大きな目標のために、東アジアにおける英国の地域権益を軽視するという明確な傾向となって表われた。

この件で最も顕著な例が、以下のクレイギーの主張である。いずれ日中戦争では、日本が勝利を収めるだろう。またいかなる方法にせよ英国が中国人を支持すれば、日本人をいたずらに敵に回す結果になるので、英国は厳格に中立主義の立場を守るべきとの主張である。これは、当時受けのよい路線ではなかった。理由は、中国は支援に値するという、当時の一般的感情を無視するものであり、また日本の勝利は東アジアにおける英国の多大の経済権益の破綻を決定づけることになると見られたからであった。一九三八年七月、『タイムズ』紙のジャーナリスト、ピーター・フレミング（Peter Fleming）[9]はこの点に関して、次のように記している。

クレイギーの採る路線は、中国において、英国の威厳を保ちつつも、腐肉をあさるジャッカルの分け前を、漠然とした同情を受けながら、日本人から与えられるという立場に、我が英国を追い込んで行くように思われる（あわれな御当人はそれでも、そこにいくばくかの価値を見出せるではないかと信じているようだ）……クレイギーが採っている政策は、今日英国人がしばしば「現実的政策」と呼んでいるものかもしれないが、彼がいかに欧州の現実に敏感であっても、東アジアの現実を理解することには、まったく失敗している。(4)

フレミングがクレイギーの言い分を分析する際、見落としている点がある。それは日独同盟の潜在的な危険性は、とりもなおさず「欧州の現実」が英国の東アジア政策の形成に非常に重要な意味を持っているということ、そして中国における英国権益の全面的擁護に専念すれば、重大な危険を起こすのみであろうということである。この件に関してのクレイギーの明快なる見解は天津租界事件のさなか、外務省あての電信に見られる。その中で、彼は次のように辛辣に記している。

わが英国の外交政策には、従来から公然たる派閥が存在していた。それは今日の状況の下では、我々の理性よりもむしろ感情を支配しようとする傾向がある。……たとえ、英国がより厳しい中立に立ち戻ることが不可能であるにしても、私はわが同胞が向かおうとしているところの致命的な危険性を、強調しなければならない義務を感じている。(5)

英国の対日政策の包括的な結果を認識する必要につき、クレイギーが強調している別の例は、一九三九年から四〇年にかけての戦時の日本との関係についての、ホワイトホールの討論への反論であった。欧州戦争の勃発と共に、日本を脅威となるものとして孤立させることが更に必要になってきた。そしてクレイギーは、日本との関係改善のために「独ソ不可侵条約」をめぐり、日本とドイツが不和になった機会をとらえることによって、英国はその目的を最もうまく達成できると思ったのである。十一月六日、彼は外務省へ、率直に書き送る。

……私は現在のこの抗争の中で、日本がわが国の敵対国になってはならないことを、きわめて重大であると考える、そして現段階では、この可能性は僅少ではあるとみえるものの、われわれはその方向に向かういかなる政策の傾向も阻止しなければならない。(6)

クレイギーは、日英のさまざまな面で、相互理解を増大する可能性を見て取り、とりわけ「天津租界事件」をめぐり続いている論争を早急に解決することを主張すると共に、対独経済戦争の政策上から起こる諸問題について、日本にたいし英国が寛大な態度をとるよう主張した。

しかしながら、この政策を追求する彼の努力の最大局面は、一九四〇年七月にやってきた。ビルマ・ルート封鎖問題に関する日英関係の最新の危機にたいする反応として、クレイギーは、その個別的問題の解決だけではなく、全体としてのより広い和解を主張した。彼は七月十四日の電信を、次のような議論で始めている。

一般的に言って、私は、以下の考えに同意する。つまり、東アジアに権益を有する列強は、中国にとって寛大な平和を獲得する手段として、日本にたいして譲歩する用意がなければならないということである。(7)

それから彼は、日本が欧米にたいして持っている不平の原因を詳しく述べ、英米が日本の疎外感を緩和できる最も効果的な方法は、日本が原料を入手しやすい状況を作り出してやることとの結論に達した。彼は、それが日本にとって領土拡張よりも重要であると考えたのである。これは国際的な体制を改訂しようとする日本の動機に関する洞察力のある分析であり、一九三六年にクレイギーが述べた、ドイツとの間の植民地の取り扱いの考え方に関する発言と比較することは有益である。その時彼はこう述べたのである。「私たちを間違った方向に進ませるものは、ドイツのみばかりでなく、全世界について言えることだが、それは委任統治領に適用された場合、『いま我々が保有している領土はこれからも保持する』というスローガンである」。(8)このタイプの分析は英帝国の過大な責任の結果にたいする彼の恐怖が、論理的に拡大されたものであって、クレイギーの考え方が、英国の国益の短期の、その日限りの防衛から離れて、硬直した柔軟性のない現状維持だけを目的とした防衛は、できるだけ避けたいと思っていた挑戦を誘発するおそれがあるという、さらに幅広い理解へ移っていく余地があったことを示している。

クレイギーの目的が、対決を避けるという英国の政策に合わせ、戦争を避けることであったと、述べることは、当然彼の政策が宥和政策に等しかったことを示唆している。さらに彼の中国にたいする態度から見れば、その言葉の意味するのは、それによって他の国の利益が犠牲になり、モラルの低下を招いたという意味である。上記の見解からすると、クレイギーは「チェンバリン[10]好みの人」であり、チェンバリンがクレイギーの任命に責任があったと、広く一般に言われているが、このことは、実証されていない噂である[9]。さらに大使館の覚え書きに示されている「ミュンヘン協定」[11]にたいするクレイギーの反応を指摘する人もいる。それは、協定の現実主義の故に賞賛し、ヒトラーの野心にたいする牽制として称揚するものであった[10]。しかしながら、そのような道徳的な見方をするときに、私たちは、注意をしなければならない。なぜならばクレイギーの助言は、いつも対決よりも和解を強調していたわけでは決してない。彼の思考の中には日本にたいして明確にしておきたい一つの重要な要素があった。すなわち、英国は日本との間に対立が生じた場合、道理に叶った解決には進んで同意するが、圧力がかけられた場合には、英国は同様に進んで方針の段階的拡大を考えるということである。一つだけ例を挙げれば、天津租界事件の初期、日本政府に話し合いを受け入れさせようとの努力に従事する一方、クレイギーは、本国外務省に経済制裁の開始を監督するために、必要な機構の設置の働きかけを促していたのである[11]。

実際、クレイギーが「飴と鞭」政策の支持よりも踏み込んで、代わりに日本にたいして厳しい行動を取る必要を強く賛成したときもあった。この一つの例が、一九三九年の一月、日本の一方的な「九国条約」[12]の破棄の後、日本のドイツ、イタリアとの軍事同盟交渉の噂のまっただ中、クレイギーは時の外務事務次官サー・アレグザンダー・カドガン（*Sir* Alexander Cadogan）あてに、厳しい手紙を送った。

……私は日本の人びとが、わが英国にたいし正々堂々とした態度で接することに、少しでも望みがあると感じていた間は、当地で和解の政策を弁護してきた。しかしこのトラブルの長期化、軍部の躍進、日本の政界における道理の欠如（一時的であることを願うが）に伴い、状況が良くなるまで、われわれの側で方法の変更をする必要が生じてきた[12]。

クレイギーは、上記の幻滅感から、対日経済報復の問題につき、英外務省との意見交換を丁度要請してきた米国にたいし、日本の銀行から金を買わないという政策を、英国から強く促すべしとの提案をおこなった。[13] しかし米国の日本へのより強硬な路線追求についての関心は長く続かず、クレイギーはいつもの慎重な対応へ戻ることを余儀なくさせられた。

上述の事件は、クレイギーの日本への対応が不変なものではなく、とりわけ二つの一時的な要因により影響を受けたことの説明ができる点、意義深い。すなわち一つは日本においてクレイギーにより穏健派と見られた一連の政策担当者の政界における地位、二つめの要因とはローズヴェルト政策が東アジアにおいてより活動的役割を担い、そして「孤立主義」[13]という足かせを脱ぎ捨てるのかどうかをめぐり、ワシントンで続く討論であった。二つの要因のうち最も議論になったのは、無論一つめの日本の「穏健派」がクレイギーに及ぼした影響である。クレイギーからカドガンへのコメントが示しているごとく、大使はより親密な日英関係に幅広い理解を示す政治家あるいは他の人たちの存在を確信していたが、この見解は当時の英国人あるいは米国人が持っていた共通的理解ではなかった。この件における特記すべき重大な批判者は、東京の英国大使館商務参事官、すなわちサー・ジョージ・サンソム（*Sir* George Sansom）[14]であった。彼は日本における長い滞在の経験から次のように感じていた。「穏健派」というものが存在するなら、「急進派」との差は、その目的ではなくその手法で違うのであり、いずれにせよ人数が少なく、影響を与えるといった類のものではない。[14] この見解は英国外務省極東局で、またワシントンの米国務省極東問題顧問のスタンリー・ホーンベック（Stanley Hornbeck）[15]により支持を受けていた。[15] クレイギーにとって、この日本の「穏健派」の切り捨ては非常に皮肉なことであり、状況の微妙さにたいする理解を欠如していると思われた。特にあるエピソードにたいするクレイギーの反応は、外務省に次のように報告したことである。それは、ホーンベックが当時、英国の駐米大使であったロージアン卿（*Lord* Lothian）[16]に、自分は「穏健派」の影響をまったく無視していると、語ったというエピソードであった。

すべての日本人が、自国の繁栄を願望するのは当然であるが、日本の国の構造的な経済上の欠点の解決策として、重要な原材料の支配権と海外市場の拡大によって、漸進的な経済拡大をはかろうとする穏健派と、神秘的な狂信主義に駆られて世界支配を熱望する急進派との間には、厳密な区別がされなければならない[16]。

クレイギーの「穏健派」の存在と重要性に関する確信は、二つの要因に起源を持つと見ることができる。一つはクレイギーが、東京へ赴任する前から接触した日本人の大部分、すなわち、松平恒雄[17]、山本五十六[18]、吉田茂[19]、永井松三[20]は幅広く親西欧的外交政策を支持していたという事実、二つめは彼の来日後、引き続き大使館付陸軍武官を勤めた、F・S・G・ピゴット少将[17][21]（*Major-General* F. S. G. Piggott）の影響であった。

日本の穏健派を追って

駐日英国大使館付陸軍武官ピゴットの日本とのかかわりは、商務参事官サンソムと同様ずいぶん長いが、クレイギーが日本に赴任した一九三七年当時、対日本政策の方向性にたいするピゴットの見解は、サンソムのそれとは違っていた。サンソムが、悲観論の根拠しか見出せなかった場合でも、ピゴットは、日英双方に忍耐と理解が十二分にあれば、ある種の「調停」は可能であると感じていた。このピゴットの態度は、多分驚くほどではないが、サンソムの悲観的な態度よりも受け入れられた。というのは、ピゴットの考えは、東京におけるドイツの影響を押し止めたいという、クレイギーの願望に合致していると思われ、ピゴットの個人的外交で目的が達せられるのではないかと、大いに期待を抱かせたからである。その結果、ピゴットはクレイギーとすぐに親しくなり、クレイギーを親英派の日本人に紹介し、もし機会さえあれば、「穏健派」はどのようなことができるのかを強調した。武官にたいする大使の表立った信任は、極東局においても、また大使館若手職員からも、ひどく嫌われていた。そしてその事は、日本理解については、クレイギーは未熟であるという印象を強める結果となった。

しかしながら、クレイギーの「穏健派」にたいする信頼が、上述の二つの要因にのみ起因するという議論は、クレイギーにとって酷な話であろう。そしてとりわけ、クレイギーのピゴットへの肩入れを責めるのは、あまりにも安易すぎる。問題の真相は次の通りである。クレイギーが日本政府の中に穏健的な意見の一派があると信じるようになったのは、主として彼の日本での外交経験に基づくものであった。交渉につぐ交渉を通じて、クレイギーは、とりわけ外務省に緊張緩和を望む人物の存在を見出したのである。一九三八年夏の終わり、クレイギーと陸軍大将宇垣一成〔外相〕との会談、[22]および一九三九年七月から八月にかけての天津租界事件と、一九四〇年一月から二月にかけての浅間丸事件を巡る有田八郎外相との会談は、[23]的確なアプローチをもってすれば解決への共通的な場が見出せ、きわめて困難な局面での打開が可能であることを示しているように思えた。

これらの経験から導かれる結論は、次のようであった。つまり、クレイギーが真の意味での外交を任せてもらえたなら、成果を出すことはできたはずであるが、しかし実際は、外務省が新たな難局に直面した時、はじめて彼に交渉を任せたのである。そしてこのような局面の時ですら、彼は限られた時間と制約の中で、事に当たらねばならなかった。またクレイギーが、日本人の相手とさらに総体的な話し合いを進めようとするとき、極東局は常にクレイギーの前に、不動の障壁として立ちはだかるのであった。結果は大使側に激昂する感情の高ぶりだけを引き起こし、それは激しい口調となって、外務省に向けられた。たとえば、天津租界事件の最中、ピゴットの日本人将校との非公式接触を、[24]極東局から批判されたとき、クレイギーはロンドンへ返事を送った。

日本との関係悪化の修復の可能性を信じて、われわれは鋭意努力しているが、この努力について極東局からは、疑惑の目が向けられているように私には思える。そして極東局の連中は、われわれが（日本にたいし）抗議や誹謗をすることを日常の仕事としていれば、自分たちは安穏と寝られるというのかと、そんな感じさえしている。[18]

しかし右で述べたように、「穏健派」の勢力が一時的な陰りを見せ、日本が「急進派」の圧力の下で対立の色を濃くしていったということが、クレイギーの目に明らかになったときもあった。このような状況の中で、クレイギーの通常の方針は日本政府への圧力が、穏健派の命運の復活につながるかもしれない、あるいは、せめて日本に緊張拡大を思い止まらせることができるかもしれない、ということに望みを託して、さらなる強硬路線を本国外務省へ促すものであった。

このような状況において、クレイギーの支持した強硬路線はとりもなおさず、米国の英国にたいする外交上の支持如何に左右されたというのは注目すべきことである。しかし、クレイギーが英米間の協力に心を奪われていたように見えたときですら、ワシントンにたいしては、多少偏見を持った見方をしていた。クレイギーの「アメリカ観」の形成が、東京に赴任する以前の外交経験に起因しているということは重要である。海軍軍縮交渉における彼の役割、一九二八年から一九三四年までの外務省アメリカ局長としての経験が、アメリカという国の信頼性にたいする見方を形成した。そしてそれは、一九四〇年にクレイギーからサイモン卿（*Lord Simon*）[25]あての以下の文書に要約されている。

……米国はわれわれが日本にたいして極力高圧的態度をとるように相変わらず要求している。しかし米国の意向は、ひとたび事が起こっても、みずから武力を行使する立場に立つわけではないのだ。米国のこの傾向は、私は当初より理解しているが、外務省極東局は、このことに慎重さが欠けているというより、私の認識と比べると、米国の外交手法への認識不足があるのだ。[19]

クレイギーのこの冷やかな見方を通して、英国は日本にたいして細心の注意を払って政策遂行をすべきとの彼の信念は、さらに強くなったのである。なぜなら米国は、もし英国に日本との対決を余儀なくされた場合に、大言壮語する割りには英国支援という気持ちはほんの僅かしか持っていなかったからである。これを証明するいくつかの事件がある。一九三八年一月と一九三九年一月に英国支援という形跡を見せながら、その瀬戸際のところで米国は結局行動を起こさなかったのである。

クレイギーの大使としての行動に関し、①英国の包括的安全保障問題の背景、②東アジアにおける英国支援への米国の気のりのしない態度、③日本の政治組織の中の派閥に起因する複雑性、の三つにたいして彼がどのように対処したかを確かめるべきだと論ずる場合に、クレイギーがより好んでとった政策は、卑屈な宥和政策ではなく、複雑で戦争勃発の危険性を孕む状況にたいする、むしろ実際的な対応策であったと理解することが可能である。日本の「穏健派」の善意にたいするクレイギーの楽観的な対応の中には、時として単純素朴な面もあったかもしれないが、「英国はすでに世界に多くの敵をかかえてしまったので、もう一つの強国を不必要に疎外することは、愚かなことである」というクレイギーの見解は、結局、基本的には正しかったのである。一九三七年から四〇年の頃、これはとるべき態度として賢明であった。そして、交渉の際のクレイギーの長期的視野と手腕は、極東局にとって有効な対抗手段となったのである。極東局は時折、比較的些細な問題のために、英国を重大な危機にさらす決意をせざるをえないときがあったが、その代表的な例が天津租界事件である。

平和を享受できた最後の数カ月

しかしながらクレイギーの一九四一年の諸事件への対応が、それ以前の彼の本国への忠告同様、確実な判断に基づいたものであったかどうかは論議を呼ぶところである。平和であった最後の数カ月におけるクレイギーの任務を振り返る前に、一九四〇年八月以来、クレイギーが日本にたいし徐々に強硬路線をとったことは注目に値する。この変化を促進した最初の事件は、七月の下旬から八月の上旬にかけて日本でおこなわれた広範囲にわたる英国民間人の逮捕、および日本当局に拘留されたロイター通信社の記者メルヴィル・コックス（Melville Cox）[26]の自殺であったと思われる。これに続く日本の北部仏印占領[27]、独伊と手を組んだ日本の三国同盟加盟は[28]、クレイギーの心の中に、新近衛内閣により「穏健派」は一掃されたとの思いを強くする。加えて、上記の出来事はローズヴェルト政権に日本阻止は断固としてすすめなければならないと結論づける結果となった。そしてそれに続く米国の力と意志の素早い反応は、英国は独自で一層強硬な路線をとる余裕があると示唆しているように見えた。以下は、一九四〇年十月十一日のクレイギーの外務省への報告である。

親英派はことごとく一掃され、今彼らは、何らかの影響を及ぼすにはまったく無力である。日本の過激論者たちは、日独伊枢軸国が、欧州において決定的な敗北を喫するまで、あるいは米国との望まぬ戦争の危惧が強くなり、決定的な変化が民衆の意見に顕著に現れるまで、日本の外交政策を支配し続けるであろう。[20]

一九四〇年の秋から一九四一年の冬にかけて、英国外務省にたいして、日本にたいする経済制裁、極東における英国の軍事的地位の強化、米国との防衛協力の増強を要求するクレイギーの口調には悲観の色が増し、今や和解よりも正面切った封じ込めを強調するようになった。

しかしながら、クレイギーの経済制裁拡大への支持は、一九四一年の春にはまだ条件付きであった。その当時彼は、カナダ産の小麦、北ボルネオからのココ椰子のような食料品にまで及ぶ制限は、日本を抑制する代わりに逆に更なる侵略へと追い立てる恐れのあることを危惧したのである。[21] 五月二十一日、このことに不安を持ったクレイギーは、次のように警告した。

日本が少なからぬ規模の備蓄をせざるをえなくなる程度まで日本の輸入量を制限することは、現在われわれが避けたいと思っている重大な行動を引き起こす恐れがある。[22]

彼はこのことを、ドイツと生き残りをかけた戦いをしている英国にとってあり得る最悪の結果と考え、英国は東アジアにおける戦いを全力を挙げて食い止めるのが当然だと見なした。概してこのことから彼は、経済制裁の目的が、日本を屈伏させる手段ではなく、日本に支障を与え、日本が現行路線を今一度考え直すためのものと思っていたと判断できる。

しかしながら、英国の政策の方向性に関する以上の制限条件にもかかわらず、クレイギーは、日本軍の南部仏印進駐後の一九四一年七月後半の、より包括的な英米蘭の経済制裁の導入については何の反対もしなかった。この事態の挑発的な性質を考慮して、彼はこれを日本への懲罰とみなし、このことは、以前の事件における彼の「飴と鞭」の使い分け政策の一つのパターンと合致すると考えた。後に振り返って、彼は最終報告書に以下のごとく記している。

この制裁は、責任ある日本の指導者の心から、事実上米国との戦争を確実に引き起こすことなしに、さらに南進することができるという未練がましい望みを振り払う効果があった。(23)

しかしながら、クレイギーは、その九月に、一九三五年以来、日本が獲得した原料の利権すべてをほぼ完全に放棄するほどの譲歩をしない限り、この威圧政策は日本側のやる価値のある譲歩と釣り合いがとれないことが明らかになってきたという疑念をはじめて表明した。ワシントンにおいて、妥協しようという気持ちが明らかに欠けていることに関して、クレイギーの意見は東京駐在の米国大使ジョゼフ・グルー（Joseph Grew）〔29〕と同じであったが、この政策は戦争阻止のために作用することなく、結果として、戦争を仕向けることになるという意見であった。(24) 九月九日、クレイギーは以下のように外務省に書き送っている。

米国の同僚も私も、われわれ二カ国が日本にたいしてとったこの時期の政策において、いかなる緊張緩和も示唆してはいない。しかしこのことはすなわち、今日、日本に存在するこの混沌たる状況の下、松岡洋右〔時の外相〕の政策を断ち切ることの利点を、日本の民衆に、より明瞭に悟らせることができるのは理の当然である。(25)

続く二カ月、交渉により前向きな態度を取ることにたいし、ワシントンの断固たる拒否に遭遇して、クレイギーは、本国外務省にたいして野村・ハル会談に干渉するように促して事態の修復を望むだけしかなかった。しかしこの場合にも、ごく僅少の歩み寄りにたいして断固たる反対があった。クレイギーの評判について、論議の渦が巻き起こるのは、この問題に関してである、すなわち、彼は最終報告書の中で、最大の批判を受けなければならないのは、ワシントンでの会談に影響をおよぼそうとした英国政府の失態であると書いている。クレイギーは、英国がもし第二の戦線〔対日戦〕に直面することになると、ヨーロッパ戦争が世界戦争に拡大し、英国の限られた補給線を過度に延伸して致命的な結果をもたらすと考え、自分の任務はこれを回避することであると常に確信していたのであるが、この最終報告書のエピソードを分析する際には、以上の考えを理解することが非常に重要である。クレイギーが把握しえなかったもの、それは英国の優先順位が今や変更されたことであった。この段階で英国は全面的な戦時生産水準に達していたのであるが、依然としてヨーロッパにおけるドイツの支配にたいして挑戦することができず、また一九四一年秋の後半、東ヨーロッパではソ連が敗北寸前であったかに見えた。結果としてロンドンにおいてますます明らかになってきたことは、米国が連合戦線に経済力を供与するのみならず、完全に戦闘に加わらなければ戦争には勝てないということであった。[26]

米国が英国と一緒になって戦ってくれることは、チャーチル（Winston Churchill）と彼の顧問団にとっては、絶対に不可欠なことであったので、起こる可能性のある日本参戦のもたらすいかなるリスクをも凌駕するものであったと考えられていた。しかしながら、もちろん、米国参戦の効果と日本参戦のリスクの相対的価値の判断は、日本の軍事力を過小評価したことによるものであった。この考え方は外務省に影響を与え、省内で次のような議論がなされたのである。すなわち、米国国務省に太平洋政策についての妥協を勧告することは、一九四一年秋にとり得る行動の中では最も危険なものである。なぜなら、それは宥和政策の亡霊を呼び起こし、恐らく、米国議会内および米国の民意に望ましくない影響を与えるからである。[27]

それ故、クレイギーの米国の政策にたいする批判、つまりより柔軟性のある政策をとっていれば戦争を回避し得たかもしれないという批判は、恐らくは妥当であったと言ってよいが、チャーチル内閣にたいする彼の攻撃は、その当時チャーチルが勝利への展望をもたらすと思われる唯一の政策、すなわち米国との一致協力を追求していたので、妥当であったとは言い難い。英国が明らかに不本意であったが開戦の方向に同意したことは、結果論ではあるが、マレーシアとビルマの支配権の喪失、シンガポールでの屈辱的敗北によって、英国に大きな損失をもたらしたと考えられる。しかし、このような分析は、クレイギーの最終報告書にたいし述べられたチャーチルの次のようなコメントによって、つじつまを合わせることが可能である。

……日本が米国を攻撃し、その結果米国が参戦したのは天の恩寵であった。英帝国にとってこれ以上の幸運は滅多にない。日本の対米攻撃は誰がわれわれの味方であり、誰が敵であるかを明確に露呈した……(28)

どういう政策が英国の包括的利益のために役立つかということについて、それまでのクレイギーの本来の判断能力が、一九四一年になって失われたと結論づけないわけにはいかない。このことは、クレイギーが戦争の表舞台から数百マイルも離れていたこと。一九三七年の最初の日本赴任以来、本国へ帰国する機会のなかった点を考えると、ある意味で、さして驚くに値しない。孤立した環境にあって、彼は万難を排して日本を戦争回避させるという当初の本国よりの命令に固執していたのであった。彼にはその政策が今や兵力資材の消耗にすぎないと見なされている認識がなかったのである。

クレイギーは、真珠湾攻撃の後、日本に引き留められ、一九四二年外交官交換船で英国へ帰国した。クレイギーは五十八歳で退官するが、一九四五年から四八年まで国連戦争犯罪委員会、並びに一九四九年の戦争犠牲者の保護のためのジュネーブ会議で、英国代表を勤めた。

東京に赴任していた期間のクレイギーが、「大使」として優秀であったかどうか評価することは容易なことではない。一九三〇年代後半の英国の宥和政策をめぐっての道義感について、これ以上延々と党派的論争をしたところで、彼の評価は簡単にはできない。重要なことは、クレイギーが「チェンバリンタイプの人間」にすぎないという考えをその言外の意味も含めて放棄し、代わりに彼の残した記録と言葉から、判断することである。そこから見えてくるクレイギーの人物像は、想像し得る最も困難な外交的使命を遂行すべき立場に追い込まれた外交官と言い得る。すなわち、彼の任務は、日本を宥めることにより日本とドイツの同盟の機会を無くすこと、同時に東アジアにおける英国の権益を是が非でも守るということであった。しかし、東アジアでは事実上解決不能な日英間の紛争が、両国の敵対関係の高まりに発展していったのは当然のことであった。このような状況下では、地域紛争をあえて軽視し、その代わり、目立たぬよう現実に即した懐柔政策に注力するのは、クレイギーにとって必然の結果だと思われた。これらのことをおこなうに当たって、彼の日本の穏健派への信頼と米国への不信とが彼を勇気づけたのである。しかし、フランスの敗北と戦争の到来と共に、英国は米国の援助なしには勝利を収めることができず、結果として、クレイギーの政策は、持続不可能になった。日米の反目が着実に戦争へとエスカレートしたので、英国は仲裁者として第三者的な立場を取り得るというクレイギーの路線は、まったく現実的ではなくなったのである。このようにさまざまな事件がクレイギーの在任中に起こり、そして過ぎ去っていった。

（橋本かほる　訳）

[原注]

（1）クレイギーに関する最近の批判的な見解は次の書に見られる。K. Sato, 'The Historical Perspective and What is Missing', in K. Sato, *Japanese and Britain at the Crossroads, 1939-1941. A Study in the Dilemmas of Japanese Diplomacy.* (Tokyo: Senshu Univ. Press, 1986), pp. 207-8, and S. Olu Agbi, 'The Pacific War Controversy in Britain: Sir Robert Craigie Versus the Foreign Office', in *Modern Asian Studies*, Vol. 17, pp. 489-517.

（2）クレイギーに関する概して好意的な評価は次の書に見られる。D. C. Watt, *How War Came: The Immediate Origins of the Second World War, 1938-1939.* (London: Heinemann, 1989), p. 350; P. Calvocorssi, G. Wint and J. Pritchard, *Total War. The Causes and Courses of the Second World War. Vol. 2: The Greater East Asia and Pacific Conflict* (London: Penguin, 1989), pp. 256-7; and P. Lowe, 'The Dilemmas of an Ambassador: Sir Robert Craigie and Japan', in *Processings of the British Association of Japanese Studies*, Vol. 1, no. 2, 1977, pp. 34-56.

（3）クライヴ（*Sir* R. Clive）からイーデン英国外相（A. Eden）あて、"議事録"、24 December 1936 に関するクレイギー議事録、24 December 1936, F.O. 371/20279, F 7963/89/23.

（4）P. Fleming to Sir A. Clark Kerr, 12 July 1938, in Inverchapel Papers, Bodleian Library, Oxford, General Correspondence 1937-8.

（5）Sir R. Craigie to *Lord* Halifax, 18 June 1939, in *Documents on British Foreign Policy*, Series 3, Vol. IX, no. 227. (Hereafter *DBFP*.)

(6) Sir R. Craigie to Lord Halifax, 16 November 1939 in FO 371/23534, F 11946/6457/10.
(7) Sir R. Craigie to Lord Halifax, 14 July 1940 in FO 371/24925, F 3465/23/23.
(8) Sir R. Vansittart 覚書『世界情勢と英国再軍備』(一九三六年十二月十六日)、に関するクレイギー議事録、22 December 1936, in FO 371/19787, A 9996/51.
(9) これらの噂の裏にチェンバリン (Chamberlain) とクレイギーが親しい友人関係にあったという指摘があるが、バーミンガム大学に保管されている、クレイギーからチェンバリンあての後半の文書においての手紙の数の少ないことは、この関係は誇張されたものであったかもしれないということを示唆している。
(10) Sir R. Craigie to Lord Halifax, 15 June 1939, in FO 371/23399, F 5883/1/10.
(11) クレイギー覚書、5 October 1938, in FO 262/1978, 8/234/38.この覚書の手がかりを初めに知らせてくれたのは、故アントニー・ヘイグ (Anthony Haigh) のおかげである。
(12) Sir R. Craigie to Lord Halifax, 30 January 1939, in FO 371/23555, F 2215/76/23.
(13) Sir R. Craigie to Lord Halifax, 1 January 1939, in *DBFP* 3 (VIII), no. 382. を参照。
(14) サンソムに関して、Sir H. Cortazzi and G. Daniels (eds), *Britain and Japan 1859–1911: Themes and Personalities* (London: Routledge, 1991), pp. 227–38, Sir George Sansom の章を参照。(邦訳『英国と日本　架橋の人びと』大山瑞代訳、思文閣出版、一九九八。)
(15) ホーンベックの見解に関して、Lord Lothian to *Lord* Halifax, 9 December 1939, in FO 371/23551, F 12625/4027/61. を参照。
(16) Sir R. Craigie to *Lord* Halifax, 1 January 1940, in FO 371/24708, F 297/193/61.
(17) ピゴット (Piggott) に関して、コータッツィとダニエルズ編、前掲書、pp. 118–27. ブラッカー (C. Blacker) の 'The Two Piggotts' の章を参照。
(18) Sir R. Craigie to R. Howe, 30 June 1939, in FO 371/23485, F 8566/372/10.
(19) Sir R. Craigie to Lord Simon, 1 August 1940, in Simon Papers, Bodleian Library, Oxford, Mss Simon 86.〔John Allsebrook Simon　英国外相 (1931–1935)〕
(20) Sir R. Craigie to Lord Halifax, 11 October 1940, in FO 371/24737, F 5295/626/23.
(21) カナダ産小麦の問題に関して、Sir R. Craigie to A. Eden, 11 March 1941, in FO 371/27918, F 1836/122/23. を参照。コプラの問題に関して、Sir R. Craigie to A. Eden, 30 May 1941, in FO 371/27895, F 4964/18/23. を参照。
(22) Sir R. Craigie to A. Eden, 3 June 1941, in FO 371/27895, F 4810/18/23.
(23) Sir R. Craigie to A. Eden, 4 February 1943, in

FO 371/35957, F 821/821/23.

(24) この所のグルーの論争に関して、W. Heinrichs, *American Ambassador: Joseph C. Grew and the United States Diplomatic Tradition* (New York: Oxford University Press, 1966), pp. 345–50. を参照。

(25) Sir R. Craigie to A. Eden, 9 September 1941, in FO 371/27883, F 9172/12/23.

(26) 一九四一年の秋の世界情勢に関して、W. Heinrichs, *Threshold of War: Franklin D. Roosevelt and American Entry into World War II* (New York: Oxford Univ. Press, 1988), p. 213. を参照。

(27) 宥和政策に関して、R. J. Grace, 'Whitehall and the Ghost of Appeasement: November 1941', in *Diplomatic History*, Vol. 3 (1979), pp. 173–91. を参照。

(28) W. Churchill to A. Eden, 19 September 1943, in FO 371/35957, F 2602/751/23.

[訳注]

［1］ 天津租界封鎖事件　この事件は一九三九年（昭和十四）四月九日に天津の英国租界内の映画館で親日派の天津海関長を射殺した犯人の引渡しをめぐって、日本軍の要求を英国が拒んだため、日本軍当局が六月十四日に租界を封鎖する措置に出たのが発端である。これについてクレイギーは回顧録（*Behind the Japanese Mask*, London, 1945）の中で、日本軍の要求が十分な証拠に基づくものであれば、英国当局はいつでも受け入れる用意はあったが、日本軍は証拠提出を拒否したので、この事件は日本軍による謀略であった疑いが濃厚である、と述べている。この事件の背景には日中戦争開始以来、日英間に欝積《うっせき》していた利害の対立があった。事件の処理は現地から東京に移り、有田外相と駐日英国大使クレイギーとの間に、七月十五日を第一回として四回にわたり会談がおこなわれた。七月十五日深更に及んで、ようやく原則的了解に達し、七月二十四日に協定が公表された。しかし七月二十六日の米国の日米通商航海条約破棄通告によって側面から牽制を受けた英国は、重要協議事項の一つである英国租界内における法幣の流通禁止と所管する現銀の引き渡しについて異論を唱えたため、交渉は一時暗礁に乗り上げた。しかしヨーロッパにおける情勢の切迫もあり、最終的にはクレイギー大使の対日歩み寄りが推し進められることになり、やっと妥協が成立した。なお、先の犯人引き渡しは九月六日におこなわれた。（*Behind the Japanese Mask*、『日本外交史辞典』、『昭和ニュース事典』）

［2］ 浅間丸事件　一九四〇年（昭和十五）一月二十一日、サンフランシスコ航路の定期船浅間丸が横浜入港の直前、公海上で英国の軍艦に停船させられ、ドイツ人乗客の中から兵役嫌疑者二十一名が拉致された。日本政府は二十二日、クレイギー大使を外務省に招致して、厳重抗議をおこなった。これにたいしクレイギー大使は二十七日、外相官邸に有田外相を訪ね、英国政府の正式回答と

して、今回の日本船の臨検およびドイツ人引渡しは国際法に準拠した正当な処置である、という趣旨の長文の回答書を外相に手交した。その後両国間で交渉がおこなわれ、①英国は臨検について遺憾の意を表明し、②二十一名のうち比較的兵役に関係の薄い九名を釈放する、ことで了解に達した。（『日本外交史辞典』、『昭和ニュース事典』）

［3］ ビルマ・ルート封鎖問題　北部ビルマから四川省に至るビルマ・ルートはいわゆる援蔣ルートの一つで、連合軍が中国国民政府を援助するため物資や人員を輸送するルートである。このほかにフランスが開いた仏印ルート（仏印〜雲南省昆明）、ソ連が開いた新疆ルート（トルキスタン地方）がある。日本政府はフランスに仏印ルートの閉鎖を強く要求すると共に、英国にビルマ・ルートの閉鎖を要求した。すなわち、一九四〇年（昭和十五）六月二十四日、クレイギー大使にビルマ・ルートおよび香港経由ルートによる援蔣物資の輸送禁止について厳重な警告を発し、英国政府の正式回答を要求した。これにたいし、大使は七月八日有田外相を訪問して、香港経由物資は香港政府がすでに禁止しているが、ビルマ・ルートについては日本の申し入れには応じ難い、との回答文を手交した。その後、十二日の外相邸宅でおこなわれた会談で英国側は日本の意向に従う旨を表明した。次いで十七日の最終会談で、英国政府が七月十八日から三カ月間、武器弾薬、ガソリン、トラック、鉄道資材のビルマ通過を禁止することで妥協した。しかしこの措置は十月十八日解除された。（『国民百科事典』、『昭和ニュース事典』）

［4］ クレイギーの最終報告書　英国が他国と戦争状態に陥った際、当時の駐在大使が最終報告を作成するという英国外交の慣例にしたがって、クレイギーが提出した報告書である。この報告書の草案は、一九四二年の夏本国に帰還後、十月二十三日に外務省に提出されたが、英国政府の政策に不同意を表明した過激な表現がいくつかあったため削除を命じられて、翌四三年二月に修正草案が提出された。この草案は政府部内の限定された範囲で回覧された。（入江昭、有賀定編『戦間期の日本外交』東京大学出版会）

［5］ ロンドン海軍軍縮会議　一九二二年ワシントン会議で結ばれた海軍軍備制限に関する五国条約で、主力艦保有量は英十、米十、日六の割当てであった。その後、一九二七年のジュネーブ海軍軍縮会議を経て、一九三〇年のロンドン海軍軍縮会議において、補助艦トン数を対米六、九七五とする妥協案が成立した。しかし海軍当局の不満は強く、三四年十二月日本政府は五国条約の廃棄を米国に通知し、三六年一月第二次ロンドン軍縮会議から脱退した。（『日本外交史辞典』より要約）

［6］ リッベントロップ（Ribbentrop, Joachim von, 1893-1946）　ドイツの外交官。第一次大戦後、ヒトラー政権の樹立を支援。駐英大使、次いで外相となり、日独伊三国同盟の結成、オーストリアおよびチェコの合併などのナチス外交を推進した。戦後、ニュルンベルク軍事裁判

で絞首刑に処せられた。(『岩波西洋人名辞典』)

[7] 日独防共協定 (Anti-Comintern Pact) コミンテルン(共産インターナショナル)とソ連に対抗するため、一九三六年(昭和十一)十一月二十五日、日本とドイツの間に結ばれた協定。翌三七年十一月にイタリアが参加して日独伊三国防共協定となった。この協定の締結によって、わが国は枢軸外交への第一歩を踏み出し、一九四〇年の日独伊三国同盟への端緒を開くことになった。(『万有百科大辞典』)

[8] イーデン (Robert Anthony Eden, 1897-1977)・吉田会談 一九三六年七月三十日に駐英大使吉田茂はイーデン外相との間で第一回の会談をおこない、その後十月二十六日に中国問題等に関する十項目の覚書を提出した。十二月八日に第二回の会談がおこなわれ、翌年第二次吉田案が提出されたが、軍部に支配されている日本政府が実際にこの案に同調できるのか英国側は懐疑的で、具体的な交渉にまで発展しないうちに、日本は七月七日の盧溝橋事件を契機として日中戦争に突入した。(ガワー著『吉田茂とその時代』、吉田夫人著・長岡祥三編訳『ジョージ六世載冠式と秩父宮』の解説による。)

[9] ピーター・フレミング (Peter Fleming, 1907-1971) 作家。旅行家。第一次大戦で戦死した下院議員ヴァレンタイン・フレミングの長男。アジアを中心に広く各地を旅行したが、特に中国を何度も訪れた。タイムズ、スペクテイターなどに寄稿。著書として『ブラジルの冒険』、『ラサへの進撃』、『北京籠城』など多数ある。(『WHO WAS WHO』1971-1980)

[10] チェンバリン (Arthur Neville Chamberlain, 1869-1940) 一九二三年保健相として入閣、その後蔵相も経験して、三七年五月ボールドウィンに代わって首相となる。ヒトラーとのミュンヘン会議で戦争を回避したが、その宥和政策を非難された。四〇年首相の座をチャーチルに譲った。父のジョゼフ・チェンバリン (1836-1914) もソールズベリー内閣で植民地相を勤めた政治家であり、兄のサー・オースティン・チェンバリン (1863-1937) も同じく政治家で、蔵相、外相、海相を勤めた。(『岩波西洋人名辞典』)

[11] ミュンヘン協定 (Munich Agreement) 一九三八年九月三十日ミュンヘンにおいて、英、仏、独、伊四カ国の首脳会談がおこなわれ、チェコスロバキアのズデーテン地方のドイツへの割譲を決定した。これがいわゆるミュンヘン協定であり、当事国のチェコ政府は会談に招かれなかった。チェンバリンはこれに先立つ九月十五日にヒトラーを訪れ、大戦勃発の危機を回避するためヒトラーの要求を受け入れ、二十一日にフランスを誘ってチェコ政府に圧力を加え、割譲に同意させた。彼が二十二日に再度ヒトラーを訪れると、ヒトラーは要求を拡大し、一時は決裂するかに見えたが、ムッソリーニの提案でミュンヘン会談が開かれ、前述のような協定が結ばれた。この対独宥和政策によって一時的に戦争を回避したことにより、チェンバリンは当時大いに称揚された。しかし結局、ヒトラーは翌三九年三月チェコスロバキアを

解体し、九月にドイツ軍のポーランド侵攻によって第二次大戦が始まったので、チェンバリンの宥和政策は非難され、議会の攻撃を受けて首相を辞任した。（『日本外交史辞典』）

［12］ 九国条約（Nine Powers Treaty） 一九二二年二月六日、ワシントン会議において、中国問題につき直接関係国である、英国、米国、ベルギー、中国、フランス、イタリア、日本、オランダ、ポルトガルの九カ国全権により調印された条約。各国はこの条約の中で、中国の主権、独立ならびにその領土および行政保全の尊重、中国における有力強固な政府の確立維持のための機会提供、中国における門戸開放と機会均等などを約した。（『日本外交史辞典』）

［13］ 孤立主義（Isolationism） 他国と同盟関係を結ばずに国家の権利および利益を維持しようとする米国の基本的対外政策。一般には第二次大戦までの米国の外交政策の伝統的性格を指すことが多い。米国は第一次大戦に際し、国内の一部の反対を押し切って参戦し、二百万の大軍を欧州に送ったが、戦後その反動として孤立主義的傾向が強くなり、国際連盟にも加入しなかった。しかし日本の真珠湾攻撃によって、米国は第二次大戦に挙国一致で参戦し、以来世界政治に積極的に介入するようになり、その孤立主義は事実上消滅したと言ってよい。（『万有百科大辞典』、『日本外交史辞典』）

［14］ ジョージ・サンソム（Sir George Bailey Sansom, 1883-1965） 第九章マクドナルドの訳注［13］参照。

［15］ スタンリー・ホーンベック（Stanley Kuhl Hornbeck, 1883-1966） 米国の外交官。ウィスコンシン大学で政治学を専攻し、一九〇九年から一三年まで中国本土、満州の大学で教鞭をとる。かくて中国問題の専門家となり、母校にスタッフとして戻る。しかし彼の関心は、しだいに外交実践に向けられ、国務省に入り、三七年まで極東部長、四四年まで政治問題担当顧問を務め、この間の米国の極東政策の形成、実施面に大きな足跡を残す。特に、対日政策面では強硬派の中心として知られ、ローズヴェルト政権下では対日経済制裁政策を唱道し、戦争直前の日米交渉でも消極的態度に終始した。（『日本外交史辞典』より要約）

［16］ ロージアン卿（11th Marquess of Lothian, 1882-1940） スコットランドの古い家柄の貴族。オックスフォード大学卒。一九三九年に駐米大使となったが、翌四〇年任地ワシントンで死去した。（Burke's Peerage, Baronetage and Knightage 1956）

［17］ 松平恒雄 クレイギーが第一次大戦後一等書記官としてワシントンの英国大使館に勤務していた時に出会い、彼の心に深い印象を与えた日本の外交官三人のうちの一人。「回顧録」冒章でも、三人について誠実、高潔、厳正なる見解の持ち主として高く評価している。（*Behind the Japanese Mask*、細谷千博著『日本外交の座標軸』）

［18］ 山本五十六（一八八四—一九四三） 一九〇四年海軍兵学校卒業。少・中佐時代に米国駐在員、大佐時代に駐米大使館付武官となり、海軍部内の知米派となる。二九

年将官に昇進してからは、海軍航空本部技術部長、海軍航空本部長、海軍次官などの要職を歴任した。第一次ロンドン海軍軍縮会議では全権随員、第二次ロンドン海軍軍縮予備会議（一九三四―三五）では日本代表を務めた。「回顧録」によると、クレイギーのみならず当時一緒に働いていた英国大使館員は皆、山本五十六の広い視野、建設的態度、物事の判断力、把握力に非常な感銘を受けたとある。日米開戦に反対した数少ない軍人の一人であったが、一九四三年四月十八日、連合艦隊司令長官としてソロモン群島上空を飛行中、米軍機に撃墜され戦死した。(*Behind the Japanese Mask*、『日本人名大事典』、『万有百科大辞典』、『日本外交史辞典』)

[19]　吉田茂（一八七八―一九六七）　政治家。一九〇六年東大政治科卒、外務省に入りロンドン在勤。一九年パリ講和会議全権随員、イギリス大使館一等書記官、駐英大使を経て、四六年鳩山一郎追放後の自由党総裁となり、第一次内閣を組織以来、五度首相と外相を兼任する。五一年サンフランシスコ講和会議首席全権として講和条約に調印。五四年首相辞職。「回顧録」終章では、吉田茂、幣原喜重郎こそ戦後の新生日本にとりふさわしい指導者であると記している。(『世界人名辞典・東洋篇』、*Behind the Japanese Mask*)

[20]　永井松三（一八七七―一九五七）　外交官。米国各地で勤務したのち、一九一八年から二二年まで在英大使館の参事官を勤めた。その後通商局長、スウェーデン公使、ベルギー大使を勤め、一九五五年のロンドン軍縮会議に全権の一人として参加した。

[21]　F・S・G・ピゴット少将（F. S. G. Piggott, 1883-1966）　第十二章訳注［4］を参照。

[22]　宇垣・クレイギー会談　近衛文麿内閣の宇垣一成外相と駐日大使クレイギーとの間で、一九三八年七月から九月にかけて中国問題についておこなわれた日英会談。クレイギー大使から英国の権益を守るための重要案件として、次の五項目が提出された。①上海北部地域の現状回復、②揚子江開放問題、③上海における英国紡績工場等の再開問題、④滬寧、滬杭甬鉄道における英国権益の擁護問題、⑤黄浦江の浚渫問題、である。宇垣は日本国内の世論を盾にして、英国の要求は受諾困難との態度をとり、九月八日の会談で英国が蒋介石援助を続ける限り会談は進展しないと告げ、交渉は暗礁に乗り上げた。結局、会談は何の成果もあげないまま、九月末の宇垣辞任によって打ち切られた。(『日本外交史辞典』より要約)

[23]　有田・クレイギー会談　訳注［1］訳注［2］を参照。

[24]　ピゴットと日本人将校との接触　ピゴット少将が日英関係改善の任務を帯びて天津を訪問し、同地の日本軍司令官で年来親交があった本間雅晴陸軍中将その他と歓談し、天津を出発したその当日一九三九年四月九日に［訳注1］の事件が起きた。日本側は最初、紛争を現地で解決するつもりであったが、クレイギーならびに平沼首相は日本軍の完全な支配下にある天津から遠く離れて、東京の比較的平静な雰囲気の中で外交的に論議すること

が、日英両国の体面を傷つけることなく、事件を解決しうる唯一の道であると確信していた。首相はこの件について至急クレイギー大使の意向を確かめたいと思ったが、もし首相が正式に外務省を通じて英国大使に連絡をとれば、必ずや計画は軍部の知るところとなり、妨害される恐れがあるので、首相は密かに仲介者を起用する案を樹て、ピゴットがその仲介者と直接交渉する任にあたった。二人は人に知られないような時間と場所を選び、数回会って「親分から親分」への密書を交換した。(ピゴットの自叙伝『断たれた絆』下巻、一一〇頁からの要約)

［25］　サイモン卿(Lord John Allsebrook Simon)　元英外相。

［26］　メルヴィル・コックス(Melville Cox)　一九四〇年(昭和十五)七月二十七日に東京、横浜、下関、長崎において、憲兵当局が十数名の英国民間人をスパイ容疑で検挙した。その中の一人、ロイター通信社東京支局長コックスは七月二十九日に東京憲兵隊本部で取調べ中、三階から飛び降り自殺した。この自殺に関してクレイギーは回顧録の中で、二つの点を挙げて強い不信感と疑惑を呈している。一つは中立的立場の医師が、事件の現場に行き事件の「作為」を感じていること。二つめはコックスは非常に冷静、沈着な性格で、みずから「自殺」を選択したとは考えにくいこと。(*Behind the Japanese Mask*、毎日コミュニケーションズ出版部『昭和ニュース事典』)

［27］　日本の北部仏印進駐　一九四〇年(昭和十五)日本政府は仏印ルートによる援蔣物資輸送の禁止と軍の監視団派遣をフランス政府に要求し、八月一日から松岡外相とアンリ仏大使との交渉が始まり、八月三十日に北部仏印進駐に関する松岡・アンリ協定が成立した。この協定に基づき九月二十三日から仏印北部に日本軍の進駐がおこなわれたが、米軍のハル国務長官は日本軍の進駐は現状を破壊するものであり、かつ威圧によって達成されたものであると非難した。英国もこれに刺激されて、先に三カ月に限って認めたビルマ・ルート閉鎖の期限が到来すると、十月十八日、英国はビルマ・ルート再開を通告した。(中央公論社『日本の歴史』25巻「太平洋戦争」より要約)

［28］　日独伊三国同盟(Tripartite Pact)　一九四〇年九月二十七日、日本、ドイツ、イタリアの三国間に締結された軍事同盟。三国同盟の歴史的意義について、松岡外相は、日本の力の立場を強化し、毅然たる態度をとってこそ対米交渉を有利に進めることができ、日本の南方政策への米国の干渉を防止することができるという基本的見解をもっていた。少なくとも当時の日本の政治指導者の主観的意図においては、三国同盟は対米戦争の準備措置としては位置付けられてはおらず、米国のヨーロッパ戦争への介入を抑止する機能が期待されていた。しかし日本側の指導者の期待に反して、三国同盟は日米関係の悪化に一段と拍車をかける役割を果たしたのである。(『万有百科大辞典』より要約)

［29］ジョゼフ・グルー（Joseph Grew）　アメリカの外交官。駐日大使（一九三二―四二）として在任中満州事変、五・一五事件、二・二六事件など幾多の出来事を体験すると共に、困難を増してきた日米関係の調整に努めた。帰国後、国務次官（一九四四―四五）。クレイギーと同時期の駐日米国大使。個人的には二人は友好的関係にあった。グルー大使の回想録『滞日十年』はいちはやく翻訳出版され、伝記研究についてもすでに翻訳が出ているが、クレイギー大使については、日本と米英両国との戦後の関係の緊密度の差異を反映してか、回顧録（*Behind the Japanese Mask*）の翻訳もなく、大使としての外交活動についても断片的な紹介しかされていない。（*Behind the Japanese Mask*、細谷千博著『日本外交の座標軸』）

（『英国と日本　日英交流人物列伝』（博文館新社）より転載）

第Ⅲ部

戦後の時代

1945－1972年

序文

ピーター・ロウ
（マンチェスター大学歴史学講師）

一九三七年（昭和十二）から一九四五年（昭和二十）までのアジア・太平洋地域における残忍野蛮な戦争は終戦直後の日英関係に深い傷跡を残した。それらのことはこの第Ⅲ部で考察されている。一九四二年（昭和十七）二月のシンガポール陥落、旧日本軍による戦争捕虜虐待、そして戦争が産んだ深い憎しみは日英の相互理解を程遠いものにしてしまった。これに加えて戦前からあった日本からの経済競争の脅威が、特にランカシャー州〔綿織物〕、スタフォードシャー州〔陶磁器〕を中心に再燃してきた。これらに劣らず重要な要素として戦後の日本にたいして米国が独断的な采配を振るようになったことがある。英国は以前の日本における威光を失っており、日本が一九五二年（昭和二十七）四月に主権を回復するまでの間、日本国民の運命を左右する重大な決定は東京のマッカーサー総司令部とワシントンのトルーマン政権によっておこなわれていた。主権回復後においても、日米関係は日英交流よりは遙かに重要であった。このことは、一八三〇年代から一九四一年（昭和十六）の太平洋戦争勃発前までのような、英国が東アジア問題において指導的役割を演じることに慣れっこになっていた英国の外交担当者の任務を難しくした。

英外務省に保管されている報告書、電文、書簡等の類に目を通すと、これらの文書に示されている日本の動きにたいする批判的、悲観的な見解は、ひとえに英国の往時の影響力が傍流に押し流されてしまっていたことによるものであったという結論に至る。戦後日本の占領統治責任の主流はワシントンの米国政府にあり、ホワイトホール〔英国政府〕はごく限られた影響力しか行使できなかった。おそらくこのために戦後歴代の駐日英国大使の離任にあたっての最終報告書のなかに表わされている、ある種の悲観的な見方が生じたといえよう。サー・エスラー・デニング〔第十七章参照〕は一九五七年（昭和三十二）四月の最終報告書のなかで「日本人はリチャード三世のころの暗黒の時代から一挙に十九世紀の近代社会のガス灯が街頭を照らす時代に放り込まれ、一夜にして違う世界に生きることになったことのショックからまったく立ち直っていない」と当時の状況を伝えている。[1] 一九四五年からの戦後過渡期からようやく脱しつつあった新日本の将来について、デニングは楽観的でなく、「どうも成り行きがよいとは云えない」と述べている。[2] サー・オスカー・モーランドは、一九六三年（昭和三十八）九月の報告書のなかで、日本の民主主義実践の根は浅く、軍国主義の復活は避けられないだろうと書いている。[3]

戦後の駐日英国大使の経歴は、戦前に比べると、大体において似通っている。第Ⅲ部に収録されている戦後の六人の大使のうちデニング、モーランド、ピルチャーの三人は日本領事部門出身である。六人のうち一人を除いて五人が五十五歳で大使に就任している（ギャスコインだけがそれより少し若かった）。六人のうち四人が一九四一年以前に日本に勤務した経験があり、あとの二人（ラッセルズとランドール）は就任前には日本のことに明るくなかった。以下の表が示すとおり、六人のうち五人は学歴がほぼ同じであった。

戦後の駐日英国大使（一九四五—七二）

ギャスコイン（一八九三—一九七〇）［イートン校から第六近衛歩兵連隊、コールドストリーム近衛歩兵連隊に勤務］五十三歳時に大使就任

デニング（一八九七—一九七七）［オーストラリアで教育を受けたあとオーストラリア軍（Australian Expeditionary Force）に入隊］五十五歳時に大使就任

ラッセルズ（一九〇二—一九六七）［英国海軍兵学校予科を経て本科卒。オックスフォード大学卒（ベリオール学寮）］五十五歳時に大使就任

モーランド（一九〇四—一九八〇）［レイトン・パーク校を経てケンブリッジ大卒（キングズ学寮）］五十五歳時に大使就任

ランドール（一九〇八—一九八七）［マールボロ校を経てケンブリッジ大卒（ピーターハウス学寮）］五十五歳時に大使就任

ピルチャー（一九一二—一九九〇）［シュルーズベリー校を経てケンブリッジ大卒（クレア学寮）］五十五歳時に大使就任

六人のうち二人（ギャスコインとデニング）が軍務の経験があり、一人（ラッセルズ）が海軍兵学校卒であることは重要な意味をもっている。ギャスコインはイートン校を中途退学して第一次世界大戦勃発前に近衛歩兵連隊に入隊した。父親が高名な宣教師であったデニングはオーストラリアで教育を受け、十八歳で志願してオーストラリア軍に入隊した。[1] ギャスコインもデニングも大学に行っていない。

連合軍による日本の占領統治は一九四五年八月から一九五二年四月まで続いた。その間、駐日英国大使館は〔連合国軍最高司令官総司令部〕英国連絡事務所という名称になっていた。占領の殆どの期間を通じて連絡事務所長はサー・アルヴァリ・ギャスコインであり、事務所内での呼び名は「ジョー」(Joe) であった。彼は一九三一年（昭和六）から一九三四年（昭和九）までの間、東京に勤務し、その後タンジール〔モロッコ北部〕、それからブダペスト〔ハンガリーの首都〕に転勤になった。ギャスコインは米国の圧倒的な支配下にあった占領期の日本において、事実上、英国権益の代弁者の役割を演じていた。彼はマッカーサー元帥と積極的な関係を築

いたが、その基本は元帥の長話を辛抱強く聞きながら、頃合を見計らってすばやく英国の懸念、要望といったものを伝えるというものであった。ギャスコインはマッカーサーと頻繁に会って政治的、戦略的あるいは経済的な問題についての英国政府の（あるいは彼自身の）見解を伝えた。いつもは二人の話し合いはお互いを思いやる暖かいものであったが、マッカーサーは自分の意図しているいることにたいしてあまりに批判的だと感じたときには腹を立てて声を荒げることもあった。しかしながら全体として英国連絡事務所と第一生命ビル〔マッカーサー総司令部のあったビル〕の関係は英国政府と第一生命ビルの間の関係よりもうまく行っていたと云えよう。[2] マッカーサーの一種独特の性格はおおめにみてやらなければならなかったとしても、ギャスコインも英国政府もマッカーサーは精力的に働く人で、誠実な、〔日本地区を〕うまく統治している優秀な総督（pro-consul）であると思っていた。英国側の心配は主として日本の民主主義が中長期的にみてどこまで発展、存続するだろうかというものだった。第Ⅲ部に登場する大使はいずれも、日本の社会は占領統治によって根本的に変わることはなかったとみており、そして日本がだんだん右傾化あるいは左傾化していくうちに（前者がよりありそうであるが、後者の可能性も否定できない）日本の民主主義は修正されていくであろうとみていた。一九五〇—一年（昭和二十五—六）の朝鮮戦争をめぐる英米のアプローチが互いに相容れなかったことから、マッカーサーとギャスコインの仲たがいが生じ、ギャスコインが駐ソ大使の発令を受けて離日するときにマッカーサーが羽田空港まで見送りに来てくれなかったという象徴的なことになった。

エスラー・デニングは、ロジャー・バックリー〔東京テンプル大学教授〕が強調しているように、一九四五年以降の駐日大使として経歴的に最もシニアーで最も経験豊富な大使であった。デニングの威圧感のある強烈な性格についてはサー・ヒュー・コータッツィその他の人びとが書いている。デニングは二つの世界大戦の戦間期に領事部門に勤務していたので日本のことに精通していた。太平洋戦争の後半においてはデニングはマウントバッテン連合軍東南アジア方面総司令官の政治顧問を務めた。この顧問職は数多くの複雑な問題を扱うことになり、対処の仕方をめぐってたびたび英米間に意見の衝突が生じた。デニングは英国が一九四五—六年にインドネシアに軍事介入したことによる厄介な問題の処理にも深く関わっている。彼はそのあとロンドンに戻り、英国のアジア政策を決定するうえに強い影響力をもつポスト〔極東担当次官補〕に就任、アーネスト・ベヴィン外相(Ernest Bevin)に非常に頼りにされた。一九五〇年に英国が中華人民共和国を承認したあとデニングは初代の駐中国大使として転出することになっていたが、中国の朝鮮戦争介入という重大局面を迎えて中国政府の英国にたいする外交姿勢が冷却化したため、デニングは駐中国大使に就任する代わりに、〔連合国軍最高司令官総司令部〕英国連絡事務所の最後の所長に任命され、日本の主権回復後そのまま戦後初代の駐日大使に就任した。

〔旧日本軍の〕戦争捕虜虐待と日本との繊維、造船、陶磁器の競争の脅威の再燃による日本にたいする大変な憎悪は、デニングが日本政府および日本外務省と親密な関係を築くのを一層困難にした。吉田茂首相は親英家であり日英同盟時代を懐かしんでいたが、首相としての任期の終りも近づいており、政策の最重点を日米関係に置かざるをえなかった。デニングは吉田の後継者になる人たちに大きな疑念をもっていた。デニングが最終報告書のなかで述べているところによると、岸信介首相は政策を間違った方向に展開し、反対勢力の助長を刺激していた。一九五一年十月から一九五七年一月までの間、外相そして続いて首相を務めたアントニー・イーデンは、おそらく彼の一人息子が一九四五年にビルマ戦線における日本軍との戦いで戦死したせいもあり、[4]日本にたいしてあまり同情的でなかった。英国の歴代の保守党政権は反日的で日本のガット加盟を阻止しようとした。[3]デニングは日本にたいする政策を手加減するよう本国政府に訴えていることを日本政府に執拗、強力に説明していたが、英国世論がイメージする日本の過去におこなった悪さの度合いがあまりにひどくて、日本再生にたいして思いやりのある対応をしてもらうことができなかった。[4]

サー・ダニエル・ラッセルズは英国王室に繋がる名門の家柄であり、外国語の達人としても知られていた。彼は一九五七年に駐日大使になるまえに、エチオピア大使(一九四九—五一年)およびアフガニスタン大使(一九五三—七年)を務めた。デニングとラッセルズはともに独身であったが、デニングは接待などの場で妹が手伝ってくれたがラッセルズは一人で取り仕切っていた。ラッセルズはコータッツィが書いているように、明らかに幾分常軌を逸した、一風変わった人物だった。このことは晩餐会の招待に返事を出さないとか、日本語ができないのに一人で日本国内を旅行したがることなどから明らかである。彼は本省への報告書の作成を実質的に部下に頼っていたようである。ラッセルズは岸首相にたいするデニングの評価を支持したが、彼は日本の政治の動きを熱意をもって見つめていなかった。彼は大使として比較的短い期間を務めただけで召喚になった。召喚に関する文書がないので、その理由はコータッツィがいっているように推論するしかない。ラッセルズの駐日大使任命は不幸なことであり、外交官稼業の最後のポストとして、東京でなくもっと楽なところに回されたらよかったろうにと思われる。

それに比べ、サー・オスカー・モーランドは、太平洋戦争のまえに日本に勤務し、そのうえ一九五〇年から一九五三年（昭和二十八）までの間、そして再び一九五六年（昭和三十一）から一九五九年（昭和三十四）に駐日大使を拝命するまで本省においてアジア問題を手がけてきたので東アジアのことについて非常に経験があった。一九五三年から一九五六年までの間、彼はインドネシア大使を務めた。彼は元駐日英国大使サー・フランシス・リンドリーの令嬢と結婚した。ホワイトヘッド（John Whitehead）がモーランドのことをこの本のなかで生々しく書いている。モーランドが東京に着任したとき、日本の経済成長は加速しつつあったが、一九六三年に離任して帰国するときにはもっと著しい成長過程に入っていた。彼が日本の政治のあり方に疑念をもっていた点は前任の歴代大使と似ていた。彼は最終報告書のなかで、日本の目を見張る物質面の西洋化は、物の見方、考え方の西洋化をあまり伴っていない(5)、日本人は経済発展だけでは満足せず、いずれ世界で力を行使したいという欲求が出てきて軍事力をもつようになるだろう、日本は現在米軍の駐留を受け入れているが、もし米国が太平洋地域から手を引くことになれば「日本はすぐにでもソ連の方に向きを変えるかも知れないが、あるいはもっと可能性のあるのは中国の方に向きを変えるかも知れないが、そのようなことを防いでくれるイデオロギー的なためらいは日本にはまったくないだろう(6)」といった趣旨のことを述べている。モーランドは「日本においては共産主義がどういうものであるかの理解やそれにたいする恐怖といったものは殆ど見られない」と見ていた。そして「日本をして引き続き西側自由主義陣営に協力させる唯一の方法は西側陣営にとどまることが日本自身の利益になることを強調することである」とした。モーランドは英国は「日本において西洋のどの国よりも大きな共感と敬意をもたれている」と述べている。その見方は日英同盟時代を懐かしむ気持ちと「英国人の性格や生活スタイル」に日本人がある程度共鳴称賛していることから納得できるが、〔後々の日本の英国にたいする対応をみると〕モーランドのこの見方は幾分甘かったといわざるをえないだろう。そういった発言に比べると、報告書のなかの「日本をわれわれの中枢グループの仲間に入れて日本との暖かい関係を育成するよう格段の努力を払うべきである。一九六〇年代にそういった努力を払っておけば将来豊かな実りを生むことになろう」といった主張はずっとまともであった。(7) モーランドは有能な大使であったが、彼の部下の一人は彼のことを「カリスマ性がなく、押しの強さが足りない」と感じたという。(8)

「トニー」(Tony)という愛称で呼ばれていたサー・フランシス・ランドールは一九五七年から一九五九年まで駐イスラエル大使、その後一九六三年に駐日大使を拝命するまでロンドンの本省に〔官房長として〕勤務した。彼は非常に良心的な大使だったが、健康に恵まれていなかった。経済問題が大きく浮かび上がってきつつあった。すなわち日英通商航海条約がようやく一九六三年四月に調印され、その三カ月後に日本はＯＥＣＤ加盟を果たした。[5] 日英関係はインドネシア・マレーシア間の対立によって影響を被った。日本は一九四五年のインドネシア共和国独立をサポートしたので、日本政府はそのインドネシア寄りの心情と経済的野心からインドネシアに肩入れするようになった。そのことは一九八二年(昭和五十七)のフォークランド戦争時に日本がアルゼンチン寄りの心情を明らかにした事情と異ならなかった。〔インドネシア問題においては〕ランドールはインドネシアの脅威に対抗するためにマレーシア、英国、オーストラリア、ニュージーランドが結束しなければならなかった事情を日本政府に説明して納得させる働きかけをしている。オリンピック競技が東京で一九六四年(昭和三十九）に開催され、それにたいする対応は大使館の仕事量のかなりの部分を占めた。この一大イベントは諸外国の日本にたいする意識を高め、海外に日本の経済的成功を印象づけるうえで非常に大きな役割を果たした。日英貿易は一九六〇年代の中頃から後期においてかなり重要な展開になってきており、ランドールはその拡大発展に強気の姿勢で臨んでいた。ランドールは最終報告書のなかで「日本人は明らかに実用主義者であり、軍国主義的でもなく平和主義的でもない。冷戦期をつうじて日本は本質的に西側陣営を支持してきた。英国はこのような日本との関係を強固なものにするよう最大限の努力をすべきである」と、前任、前々任のデニング、モーランド両大使の結論部分と同様の主張を繰り広げている。

サー・ジョン・ピルチャーは戦前に日本に勤務していた。一九五〇年代において彼はスペイン大使館の公使を務め、フランコ総統政権発展のありさまをつぶさに観察した。彼はそのあと一九五九年から一九六三年にかけてフィリピン大使を務め、ロンドンに戻ってからは外務省で〔海外〕広報を担当した。そのあとオーストリア大使になった。そこから一九六七年（昭和四十二）に駐日大使として東京に赴任した。ピルチャーはユーモアのセンス、愉快なもてなしで知られた。彼は〔就任当初〕ビジネス分野への関心が希薄であった点では昔タイプの外交官であったが、この分野にもぐんと力を入れるよう努力した。ピルチャー大使の任期の期間をもって日英関係の戦後初期の時代が終わったといえよう。その象徴的出来事が一九七一年（昭和四十六）九月の昭和天皇（裕仁）・皇后両陛下のご訪英であった。天皇のご訪英は戦時中の苦い記憶と日本との経済競争の脅威のために成り行きとして厄介な事態も避けられない状況にあった。しかしながら陛下のご訪英は成功した。陛下は一九四二年（昭和十七）に剥奪されたままになっていたガーター勲章が復活したことに満足された。英国市民に特別の歓迎の熱意はみられなかったが、同時に大規模な反対デモもなかった。[6]

太平洋戦争以前の殆どの期間においては駐日英国大使は、日本にとっての最重要国を代表していたが、一九四五年以降においてはそうではなくなった。英国の影響力は徐々に低下していった。この傾向はウィルスン労働党内閣が、〔スエズ以東からの軍の撤退、〕スエズ以東の歴史的な政治・戦略的役割に終止符を打つ決定をしてから、もっと鮮明ないし激烈になった。逆にいうと英国は、一九九七年まで香港における責任を果たす以外には、東アジアにおいて商業・金融活動に専念できるようになった。このような戦略重点課題の変遷は、この第Ⅲ部の論考にある程度映し出されている。ギャスコインとデニングは経済問題を最重要とは考えていなかったのにたいし、ランドールとピルチャーは貿易が大使の仕事にとってますます重要になっていることを認識していた。

　一九四五年の敗戦以降の日本の政治は非常に重苦しい状況にあったが、一九四六年から一九四七年にかけて決定、公布、施行された米国〔GHQ〕の草案に基づく憲法は改正されることなくそのまま続いている。極右、極左の勢力も封じ込められてきている。日本経済は、一九九〇年から後退があったにもかかわらず、未曾有の繁栄を続けてきている。国際面では日本は落着いた外交に徹してきている。戦後歴代の駐日英国大使は離任直前の最終報告書のなかで、日本の将来の安定性に深い疑念を表明していたが、ダグラス・マッカーサー元帥とジョン・フォスター・ダレス国務省顧問〔のちに国務長官〕が、一九五〇年から一九五一年にかけての日本との講和条約交渉の過程で表明した〔安定化条件は成就するとみる〕条件付き楽観論が、彼らを批判した側の条件付き悲観論より、ずっと正しかった。おそらくこの違いは一九四五年以降において、英国が日本問題についてあまり重要でない役割しか果たしていなかったことで説明できるだろう。

（松村耕輔　訳）

［原注］

（1）デニング大使からロイド外相あて報告書（一九五七年四月十八日付け）(FJ 1016/16)

（2）同上。

（3）モーランド大使からヒューム外相あて報告書（一九六三年九月二十六日付け）(FJ 1015/18)

（4）ヒュー・コータッツィ著、*Japan and Back and Places Elsewhere*, Global Oriental, 1998, p. 76. 参照。〔邦訳『日英の間で』日本経済新聞社、一九九八年、一〇二頁。〕

（5）モーランド大使からヒューム外相あて報告書（一九六三年九月二十六日付け）(FJ 1015/18)

（6）同上。

（7）同上。
（8）ヒュー・コータッツィ著、*Japan and Back and Places Elsewhere*, Global Oriental, 1998, pp. 100-101. 参照。〔邦訳『日英の間で』日本経済新聞社、一九九八年、一三四頁。〕

[訳注]

[1] デニング大使の父親のウォールター・デニング(Walter Dening)は、一八七三年（明治六）十二月に長崎に英国聖公会の宣教師として上陸してから一九一三年（大正二）十二月に仙台で死去するまで四十年間のうち、宣教師として活躍した期間は最初の九年間だけであった。ラテン語、古代ギリシャ語、英文学、歴史に通じていたウォールターは、最初の赴任地・函館（そこでは英国聖公会の大きな拠点作りに成功している）から聖職を離れて東京に出てきて以来、縦横無尽の活躍をしている。詳しいことは『昭和女子大学近代文学研究叢書』第十四巻（昭和三十四年発行）の「W・デニング」の章に出ている。一つは日本の英語教育の草分け的存在であった。福沢諭吉と親交を結んだウォールターは、慶応義塾で英語を講じたあと、森有礼文部大臣に委嘱されて、旧制高等学校の英語の教科書を編纂している。それまで海外で使用されている外国出版の教科書が全盛を極めている時代であったが、国情が違い、人情、風俗、習慣のまったく異なる日本では、特に初歩の学生には理解と習熟のうえで不向きであった。そこでウォールターは旧制中学を卒業するまでに日本の生徒が学んでよく知っている日本や中国の昔の物語、『太閤記』から漢詩にいたるまで、ありとあらゆる日本および中国古来の著名な教訓的話材を集め、片っ端から英訳して教科書を作成し、文部省から『The English Readers: High School Series, Vol. 1-6』六巻が出版された。別の分野では、一八八四年（明治十七）に丸善から『生死論』という日本語の著書を上梓し、東京のある学術講演会では「ソクラテスの言行について」と題して日本語で講演しているほか、和文、英文の著書をたくさん残している。明治二十八年に仙台の旧制第二高等学校の教師になってからは、あらゆる英字の新聞、雑誌の特派員として日本の文学、芸術、宗教、倫理、経済などの紹介に健筆をふるった。仙台で生まれ育った息子のエスラー・デニングは太平洋戦争の後半においてマウントバッテン連合軍東南アジア方面総司令官の政治顧問という大変な要職にあったが、その心中は言葉で言い表わせない複雑なものであったろう。

[2] 日本占領統治中、連合軍が接収してGHQ（連合軍最高司令官総司令部）として使用していた皇居のお堀端にある第一生命ビルは改装はされたが、ビルそのものは現在も昔のままである。日本国民の運命がこの人一人に委ねられていることを日本人はみな自覚していたので、毎朝マッカーサーが出勤するその姿を一目見ようとビルの

玄関の前に鈴なりの人びとが集まっていたという。吉田茂首相「あんたがたは日本を民主主義の国にできると思っているのかね。私はそうは思わんね」。チャールズ・ケーディス大佐（GHQ民生局）「やるだけやってみるさ」。（ジョン・ダワー著、三浦陽一・高杉忠明訳『敗北を抱きしめて』（上）、岩波書店、二〇〇一年、六七頁より引用）。このような会話が当時GHQ改革担当者と、それを批判したり疑問をもっていた人びととの間で、ほとんど日常的にかわされていたという。六階にあったマッカーサーの執務室は、「マッカーサー記念室」として昔のままに保存されている。そこは戦前から接収の一年前まで（直前の一年間は日本陸軍東部軍管区参謀長室として使用）第一生命の社長室として使用されていた。マッカーサーは引き出しのない机、椅子、壁の絵画、スピーカーなどにいたるまでもとのままで使用し、模様替えをさせなかったので、それはそのまま戦前の第一生命社長室の保存にもなっている。そこを訪れて実際にその椅子に座り、机に手を延ばした米国人が一様に例外なく驚き、口にすることは、「マッカーサーはよくもこの椅子この机に五年も辛抱できたものだ。自分だったら半日ももたない」ということである。これはお世辞でも何でもなく、机も椅子も戦前の日本人の体格に合わせてできており、長身、長脚の、しかも日本到着時すでに六十五歳七カ月になっていたマッカーサーにとっては、そこで執務を続けることは大変な苦痛であったろう。側近が繰り返し調度品の新調を強く進言したであろうことは容易に想像できる。マッカーサーはなぜ頑迷に不自由を貫き、苦痛に耐えたのか。おそらくそれは、自分自身を律する気持ちとともに、「上からの改革」を実施するうえで、占領軍の紀律が乱れるのを恐れたからであったろう。命令だけでは人は動かない。模範を示す必要がある。マッカーサーが綱紀の紐を一センチ緩めれば目の届かない末端の役人のそれは百メートルも緩むことを計算に入れてのことであったろう。毎日沢山の関係者が出入りして目の前でマッカーサーの即断即決を見守るその部屋はパフォーマンス効果抜群である。訳者が調べたごく限られた数のマッカーサーに関する書籍、報道記事などによると、マッカーサーは自宅のある米国大使館と第一生命ビルを毎日往復して昼夜の食事も自宅でとり、外での会食や宴会には滅多に出なかったという。週末も出勤しない日は自宅で読書などで過ごし、もちろんゴルフにも見物にも出かけなかった。そのなかでただ一カ所、鎌倉の鶴岡八幡宮に日本到着直後に二度も参拝しているのが目立つ。一回目は厚木飛行場に降り立って、初めて日本の土を踏んだ一九四五年（昭和二十）八月三十日から三日後の九月二日、マッカーサーが戦勝国を代表して東京湾の戦艦ミズーリ号上でおこなわれた降伏文書の調印式のあった日の午後、幕僚十四名を帯同している。二回目は同月の二十九日でジーン夫人といっしょだった。

マッカーサーが初めて東京に足を踏み入れたのは九月八日、GHQが第一生命ビルに開設されたのは九月十六日であるから、降伏調印式のあった九月二日の午後に神社参拝とは驚きである。この第一回目の参拝の模様を、昭和二十年九月十八日付けの『読売報知新聞』（現在の『読売新聞』）は「〃厳粛〃崩さぬマ元帥、鎌倉八幡宮詣でに示す人格の片鱗」という見出しで要旨を次のように報道している（敗戦から半月しか経過していないこの時期は、ニュースが新聞に出るのが極端に遅れていたようである）。

「降伏調印式を終えたマッカーサー元帥一行の車はその日の三時ごろ、鎌倉鶴岡八幡宮前の三の鳥居前に止まった。〃馬車の乗入れを禁ず〃と書かれた御札を見ると、全員車を降りて長い砂利道を踏んで拝殿前に参進、先頭の将軍がうやうやしく拍手を打って参拝すると他の将軍たちもそれに倣って厳かな参拝をおこなった。参拝を終えると元帥は神札授与所で白羽の〃破魔矢《はまや》〃（魔よけ）の授与を乞い、他の幕僚たちの手にもそれぞれ一本の破魔矢が渡された。そうして再び拝殿に礼拝すると、一行は静かに長い石段を下った。その間元帥の厳粛な態度はいささかも崩れなかった。神社側はそれがマッカーサー元帥の一行であることは知らなかったが、一行が参拝を終えて石段を降り切ったところで、通訳の米軍将校が社務所に立ち寄り、持参の「集印帳」を開いて神社の捺印を求めた。そこで初めて、神社側はマッカーサー元帥一行であることを知った。驚いた宮司が慌てて応対すると、元帥は通訳を介して『私は四十年まえにこのお宮に参拝したことがありますが、そのときとお宮は少しも変わっておりません。そのころ宮司様はまだ少年だったでしょう』と語り、懐かしそうに境内を眺め回した。その表情や態度は実に穏やかで、ほんの少し前に行われた降伏調印式のことなど全く感じることができなかった。休憩をすすめる宮司に『ありがとうございます。今日は急ぎますから』と静かな足取りで引き上げていった。この九月二日の元帥一行の参拝があってから、次々と米軍将兵が参拝に訪れているが、これについて宮司は次のように語っている。『神社の規則をよく守り、『ここで写真をとってもよいですか』とか『タバコをすってもいいですか』と聞いており、公徳心の行き届いていることに実に感服します。日本人でも土足のまま入る拝殿前の石畳をわざわざ靴を脱ぐ将校や、参拝にあたり帯剣をとって敬礼するなど、その敬神の念の厚さには大いに学びました。これも一つに総司令官の人格が下までよく反映しているのではないかと思います。』」

〔3〕ガット（GATT　貿易・関税に関する一般協定）は自由貿易の推進、世界貿易の拡大を目指す国際条約として一九四五年に発足、一九九五年にWTO（世界貿易機関）に衣替えして活動内容が拡大した。英国はフランス、オーストラリア、ニュージーランドなどとともに日本の加盟に異議を唱えたが一九五五年に正式加盟できた。しかしそのあとも英国をはじめとする十四カ国はガット三十五条（特定の国にたいする差別待遇）を援用して、一般の国に与えている最恵国待遇を与えることを先送りして日本品への輸入差別をおこなった。

［4］　この最後の文章の原文には脱字とみられる部分があり、その部分は訳者が編著者の了解のもとに他の文献を参照して意訳した。

［5］　OECD（経済協力開発機構）は先進工業諸国の国内的・対外的な経済政策を調整するための国際機関で、加盟は先進国の仲間入りを意味し、加盟国数は三十カ国（二〇〇七年二月現在）。

［6］　大規模な反対デモはなかったが、露骨な事件はいろいろ起きた。バッキンガム宮殿近くで、天皇陛下と女王陛下の乗られた馬車の行列に黒い背広が投げつけられた。キュー国立植物園では、陛下が記念植樹された日本産の杉の木が切り倒され、「彼らは無駄死したのではない」というカードが掛けられ、地面には塩素酸ナトリウムがまかれているのが記念植樹の翌日に発見された（あとで新たな樹木に植え替えられた）。

第16章

Sir Alvary Gascoigne

サー・アルヴァリ・ギャスコイン

英国渉外事務所主席　一九四六―五一年

ピーター・ロウ
（マンチェスター大学歴史学講師）

アルヴァリ・ダグラス・フレデリック・ギャスコイン（Alvary Douglas Frederick Gascoigne, 1893–1970）は一九四六年七月から一九五一年二月まで、東京における英国渉外事務所（ＵＫＬＩＭ）の主席を務めた。したがって彼の任期は、連合軍による日本占領期の真っ只中だったと言って良く、東京に着任したのは、ダグラス・マッカーサー（MacArthur, *General* Douglas）将軍が連合国軍最高司令官（ＳＣＡＰ）に任命されてから未だ一年もたっていなかった時で、彼が日本を離れたのはトルーマン大統領（*President* Truman）が突如マッカーサー将軍を解任する二カ月前のことであった。

ギャスコインは第一次大戦に際しては第六近衛竜騎兵隊およびコールドストリーム近衛歩兵連隊に従軍して軍功をたて、一九一九年にイギリス外務省に入った。一九四六年に日本に赴任するまでの彼の主たる任地は、タンジール地区とスペインの保護領モロッコの総領事（一九三九―四四）と、一九四五年から一九四六年にかけてハンガリーにおいてイギリス政府代表を務めた。彼は結婚を二度したが、［これはアメリカの将軍の娘であった最初の夫人が死んだ故で］、その夫人との間に息子一人と娘一人が生まれたが、その一人息子は一九四四年に戦死した。ギャスコインが外交官としてさほど活躍していなければ、彼の軍歴はもっと重視されていただろう。個人的に彼はざっくばらんで、比較的率直であり、知性的とは言えないまでも才気と常識とを兼ね備えていた。

ギャスコインの東京への任命は予期されていなかったとは言えない。彼は外交官として、どちらかといえば東アジアに経験があり、中国には一九二三から一九二五年まで駐在した。その後、政治情勢が混乱していた一九三一から一九三四年まで日本に勤務したが、外務省に呼び戻されて、一九三四年十一月から一九三六年四月まで極東部の主任であった。これまた日英関係に重要な時であった。したがって、ギャスコインはかなり豊富な経験を経て日本に着任した。彼は戦前の古い型に属する昔風の外交官であった。

マッカーサーとの関係

当時イギリス代表部の主席は当然マッカーサーと友好的な関係を築くことが重要で、イギリスの国益を推進するためにはマッカーサーの談話を忍耐強く聞くことが必要であった。太平洋戦争が終わる頃は、イギリス外務省は日本の占領政策にイギリスも重要な役割を果たすことを期待していたが、ギャスコインが東京に着任した時は、それは不可能だと分かっていた。[1]

マッカーサーはできる限り権力を自分の手に握るつもりであったし、トルーマン政権も日本の占領政策に他の連合軍諸国を関与させることを考えていなかった。[2]したがってイギリスの国益を維持するためには、外交手腕を発揮するとともにイギリスに何ができるか、可能性の限度を見極めることが肝要であった。あまり強引すぎるとマッカーサーを敵に回すだけでなく、アメリカ政府にも疎まれる恐れがあった。

ギャスコインがマッカーサーと友好関係を結ぶのに成功したことは、彼がマッカーサーの外交顧問であったウィリアム・シーボルト（William Sebald）を除いては、他の誰よりも頻繁に会合をしたのを見ても分かる。マッカーサーとギャスコインとが会ったのは一二八回で、シーボルトと会合したのは一三八回であった。[3]マッカーサーはただ儀礼的に他の役人に会うような人ではなかった。それでは何故にマッカーサーはこれほど頻繁にギャスコインに会ったかと言うと、二つの理由があって、マッカーサーは万一自分とワシントンとの間に議論が起こった場合、イギリスの支持を受けるため日頃から英国政府と友好関係を保持したかったことと、そして彼がギャスコインを尊敬していたからだった。

ギャスコインの方も甘んじてマッカーサーの独白の聞き役を務め、これによって将軍の信用を得て、重要な情報が聞かれるものと期待していた。マッカーサー将軍もこの貴族を背景に持つ外交官には進んで自分の意見を述べた。しかしながら、この関係も一九五〇年六月朝鮮戦争が勃発するに及んで実に劇的に変わった。マッカーサーは朝鮮の戦況に没頭して、以前のようにはギャスコインに会うことはできなかったし、朝鮮戦線におけるマッカーサーの行動にたいする英国の批判は、当然のことながら、マッカーサーとギャスコインとの関係を大きく変動させた。(4)

マッカーサーと英国政府とは、日本占領のさまざまな局面にかんして見解は一致しながら、幾つかの点で食い違いがあった。基本的に両国は早期に平和条約を締結することに賛同していた。すなわち、占領行政によって主要な改革が実施された後、アメリカは平和条約の交渉に入り、できる限り早くこれに調印すべきである、とした。マッカーサーは、いずれ被占領国の国民の反感を買うに違いないから、長期にわたる軍事占領は有害だと思っていた。(5)英国も、これには賛同し、平和条約には多くの難問題があるため、トルーマン政権はそれを避けて、占領が長引くのに任せる恐れがある、と案じていた。マッカーサーと英国政府とは、日本国民は統治権力者によって厳しく、同時に温情を持って取り扱わなければならない、と考えていた。英国はマッカーサーが時には多少寛容過ぎると思ったが、大綱では彼の指揮を支持した。

占領期の最初の二年間は、マッカーサーは思い通りに自分の欲する政策を実施する自由があった。これは大規模な、理想主義的な、自由主義的改革の時期だった。しかし、この状況は一九四七年の後半になって一変し、彼は日増しに募るアメリカの官僚と経済界の一部からの干渉を受けることになった。マッカーサーにたいする批判は、占領下の経済政策が正鵠を得ていない、という考えに基づいており、マッカーサーが日本経済の急進的な構造改革に傾き過ぎているとみなしていた。ワシントンにおいて、いわゆる「ジャパン・ロビー」は官僚、財界人、ジャーナリスト等を糾合して、ＳＣＡＰ非難の論陣を張った。(6)

一九四八年の初め頃、ギャスコインはマッカーサーが東京を去るかもしれない、との推察を報告した。これは一つには一九四八年が大統領選挙の年で、正確に言えば、マッカーサーは共和党の大統領候補者に指名されることに興味を持っていると信じられていたからであった。一九四八年一月、ギャスコインは、マッカーサーは年齢［六十七歳］のわりにはきわめて健康に見え、大統領候補に指名されなければ東京の任務を続けるであろう、とエスラー・デニング（Esler Dening）［のちの駐日英国大使］に書き送っている。(7)

マッカーサーはギャスコインに、アメリカ本国で経済界の大手が自分を狙っているのでその結果更迭されるかもしれない、と言った。これはイギリスの支持を得るために誇張をして言ったもので、その効果があった。

マッカーサーは、自分は財閥を改革して経済界の集中解除をおこなうつもりだが、これがトルーマン政権に関係を持つ経済界の有力者およびウォール・ストリートの反感を買っているのだ、と言った。マッカーサーの立場は、イギリスに同情された。英国外務省のＦ・Ｓ・トムリンスン（F. S. Tomlinson）は、「心中、極度に保守的なマッカーサーが、アメリカの経済界には左翼的な政策を取っているとみなされて攻撃されるとは皮肉なことだ」と言った。(8)トムリンスンは、日本でこれほど優れた業績を持つマッカーサーをトルーマン政権が更迭させるとは信じ難い、と思った。デニングもまったく同感で、「マッカーサー元帥のいないアメリカの無期限の占領などは到底考えられないものだ」、と言った。(9)

英国の希望

一九四八年三月、ギャスコインはジョージ・ケナン（George Kennan）［アメリカの外交官］と、日本の工業力の将来の方向に関する英国の希望を述べるために会見をした。ケナンは当時「冷戦」の進行を考慮に置きながら、包括的に日本の状況を検討していて、その見解はマッカーサーとも英国外務省とも著しく異なっていた。[10]ケナンは、日本の経済を相当程度復興させ、改革政策を緩和し、そして平和条約を先延ばしすることを意図していた。ギャスコインは、英国は極東委員会（ＦＥＣ）に提出されたアメリカの案に、一般的に賛同するとしながら、英国は戦後賠償を支持し、具体的には、工業施設と造船所等を対象とし、造船能力を制限し、日本の保持している金と海外資産を徴用する。そして、日本経済をある程度復興させるとしても、再び貿易で「不公正競争」をさせないように、日本工業の賃金が適当な水準まで引き上げられ、「悪辣な商売の手段」を取らせないことが肝要である、とした。[11]

アトリー政権はイギリスで完全雇用の重大な政策に取り組み、イギリスの伝統的な輸出産業だった繊維や造船を振興させようとしていた。ギャスコインはこの点を、マッカーサーにもケナンにも強調しようとしたが、前者の方が協調的であった。したがってギャスコインは英国の利権を護るためにも、マッカーサーが東京に残ることが重要だと思ったし、「ジャパン・ロビー」に関係する者が任命されると危険なことだと思っていた。

したがって、またギャスコインは、一九四八年六月に共和党が再びデューイ（Dewey）知事を大統領候補に指名したのを歓迎した。これでマッカーサーは東京に残ることになる。「人間である以上、元帥には欠点はあるが、これほど適切にこの国を管理できた人は少ないと思う、……英国の国益の観点から、私はアメリカ政府が日本において人事異動をおこなう必要をまったく認めないことと信じるものであります。[12]」マッカーサーの方も、自分の、英国代表部と英国政府との関係は「最高のものである」とギャスコインに言っている。[13]しかしながら、これとまったく反対に時たまギャスコインとマッカーサーとの会見は激しく荒れることがあった。たとえば一九四八年九月一日に英国が日本の国家公務員法の案件に抗議をしたと聞いて、マッカーサーは激怒し、ギャスコインは我慢強くマッカーサーの怒りを受けるハメになった。

その時の私と総司令官との会見は日本で勤務している間の最も辛いものでありました。私が、国家公務員法案と、われわれの見解について一言ふれただけで、彼は一時間四十五分にわたって私を怒鳴り続けました。明らかに彼はこの件についてワシントンから苦情を言われたものと思われます[14]。

マッカーサーはどこの政府でも時には間違いを犯すものだ、と認めながら、「この件について意図的にクレムリンに味方をするのは、今まで東京でおこなわれた英連邦の最大の不信行為である」と断じた[15]。マッカーサーは英連邦の一部の者が、彼の日本における成功を妬んで、彼を批判しようとしている、と言った。マッカーサーはオーストラリアの外務大臣のハーバート・エヴァット(Herbert Evatt)が大嫌いだったので、特に豪州のことを指しているのが明白であった。彼がイギリスが連合軍最高司令部を批判してソ連邦を支持することは不快だと言ったのにたいして、ギャスコインは英国は合衆国に反対をしてソヴィエト連邦を支持する意図はまったくないと断言した。マッカーサーは答えて豪州の東京駐在代表のパトリック・ショー(Patrick Shaw)は、不満などを述べないで「口を噤む」べきだった、と言った[16]。これは記憶に留まるマッカーサーの怒りが爆発した場面であったが、ギャスコインが言うように、東京着任以来最も厳しい会見であった。

やがて嵐も収まり、マッカーサーも機嫌を直した。彼としても、ワシントンの批判と攻撃から自分を護るためには、英国の支持が必要だったのである。

もう一つギャスコインを悩ませたのは、マッカーサーが新聞の批判にたいして神経過敏だったことである。特にマッカーサーは、『タイムズ』紙の東京特派員のフランク・ホーリー(Frank Hawley)の報道に見受けられる批判的論調に反感を持っていた。ホーリーは占領政策には十分に一貫性がないし、また日本の社会の機能を十分に理解していない、と思っていた。マッカーサーはこのような批判は非建設的なアラ探しだ、と受け取り、ギャスコインに彼特有の厳しさと激しさで感情をぶつけた。これにたいしてギャスコインは、当然のことながら、報道機関を支配することはできない、マスコミの批判は、しばしば不公平で我慢がならないが、民主主義ではこれは許容されなければならない、と答えた。これはマッカーサーも当然百も承知していたが、彼の不満は依然として残っていた[17]。

平和復活への進路

英国外務省は、平和条約を締結して主権を回復すれば、日本がどう反応するかを予測したいと思っていた。ギャスコインはこれを慎重に検討するよう指示されて、情報担当官のH・ヴィア・レッドマン（H. Vere Redman）と協議をした上で一九四八年末返答を送った。この間に日本人はアメリカからかなり経済的利益を手に入れたので、日本はもうできるだけ早く占領が終わることを望んでいた。日本は自己の国益のために連合国間の考え方の違いを利用するであろう。日本は再び軍備を整えたいと思い、憲法第九条を取り消す理由として冷戦の激化と中国共産党の発展が挙げられるであろう。そして日本は、特にアジアにおいて、昔の商業上の地位に返り咲かんとするだろう。ギャスコインは、日本の人口増加による余剰人口の働き口を求めるべきだというマッカーサーの持論には理解を示しつつ、マッカーサーの日本民主化政策の長期的な効果については楽観的ではなかった。

日本人の考え方への民主主義の影響は、今までのところほとんどゼロに等しい。しかし、無論のこと、日本は民主主義の型にはまったやり方を大袈裟に遂行している。彼らは占領期間は占領軍総司令官の指令に従うより他なく、彼と、アメリカ合衆国とに、好感を持たれれば持たれるほど、ワシントンの恩恵に浴するであろうことをよく知っている。(18)

ギャスコインの考えでは、英国にとって最も重要なことは、日本が今後不公正な通商をおこなわない、という保証を得ることと、日本政府が民主主義を堅持して、今後左翼であろうと右翼であろうと全体主義に傾くことがないのを見極めることであった。(19) 英国外務省もギャスコインと同じ心配をしていて、マッカーサーが日本は今や完全に民主主義を標榜している、と言うほど占領政策が成功したとは思えなかった。

このことについてはギャスコインはあからさまにSCAPと話し合った。マッカーサーの論旨は、民主主義の利点はあまりにも明白で、占領が終わっても日本が方向転換をするとは思えない。現実問題として、好むと好まざるとにかかわらず、日本はアメリカに頼らざるをえないのである。マッカーサーも将来を予見することは難しい、とは言ったが、ギャスコインよりは未来についてはるかに楽観していた。[20] ギャスコインは絶えず日本人の否定的な一面に注目していた。これは占領によってどれほど日本人が変化したかを測っているかのようであった。この点デニングや他の英国の役人たちの意見もギャスコインとまったく一致していた。これは世慣れをし過ぎたイギリスの外交官たちにありがちな懐疑性の所為だと見ることもできるし、また東京で英国が政権立案の地位から遠ざけられた結果かも知れない。一九四〇年代後半の、中国と朝鮮にたいするアメリカの外交政策の混乱を思い起こすと、戦後アメリカが日本で成功できるかどうか疑問を懐くのは当然であった。

戦後日本の安定が成し遂げられたのは、一つには新しく作られた制度の結果であり、一つには政治のリーダーたちの能力の結果でもあり、そしてその上、冷戦の反響もであった。マッカーサーがあまり満足していなかったのは、日本の政治家の質であった。マッカーサーは一九四七・八年の総理の片山哲を好ましく思い、その退任を残念がった。ある点でマッカーサーのこの好意は不思議であった。それは片山が社会主義者だったからだが、同時に彼はクリスチャンであって――マッカーサーはキリスト教は日本に啓蒙的な影響があると信じており――それで片山を信頼するに足ると思っていた。

一九四八年二月、ギャスコインは片山内閣の崩壊についてマッカーサーと会談した。明らかに彼は片山の退任を惜しみ、吉田茂が政権に戻るのを歓迎していなかった。ギャスコインの報告によると、「マッカーサー元帥は、自分は過去二年間日本に第一級の政治家を見出そうと努力したが徒労に帰した」[21]と度々私に言った。マッカーサーが吉田に不安を感じている点については英国外務省も同意見であった。彼は外交には経験を積んでいたが政治には経験が少なかった。吉田は英国贔屓であったが、イギリス側では、今後の難問題を処理するだけの能力が吉田にあるかどうか疑っていた。[22] 実際には吉田茂は機敏に立ち回る優れた政治家で、英国側やマッカーサーが認めていたよりははるかに多くの才知を有していた。[23] 彼は一九四六・七年に短期間首相を務め、一九四八年に総理に返り咲いて、一九五四年までその任にあった。

ギャスコインは英国渉外代表の同僚の中では最も吉田に好意を持っていた。彼は一九二三年、共に中国に駐在していた頃から吉田を識っており、彼の熱心さとねばり強さとを尊敬していた。吉田の保守的な傾向は、ギャスコインと一致するものであった。彼の吉田にたいする尊敬の念は増大し、ギャスコインの任期終わりの頃には吉田首相は日本になくてはならない人物になっていた。[24]

ギャスコインは新しく起こっていた英国政府の労働組合運動の支持の方針を反映していた。当時の英国外務大臣は、二十世紀の最も優れた労働組合リーダーと呼ばれたアーネスト・ベヴィン（Ernest Bevin）であったが、ギャスコインは吉田首相に、労働争議の処理に当たっては現実的に実効主義を以って臨むことを進言した。イギリスの工場労務問題の処理方法の自慢をして、日本でも同様の方法を採用することを勧めもした。[25] 彼は日本共産党（ＪＣＰ）を社会にたいする潜在的な脅威とみなし、マッカーサーが一九五〇年夏、ＪＣＰの中央委員会〔委員二十四人〕の公職追放を指令したことを賞賛した。[26] ギャスコインは吉田にたいして好意を持っていたにもかかわらず、日本がいつの日か国の主権を取り戻した暁には、日本政府はどちらの方向に国を導いて行くかについて疑心暗鬼であった。

英国の欲求不満

一九四九年後半になっても、アメリカが日本との平和条約の予備交渉に入る決断をしないので、ベヴィンは苛立っていた。ディーン・アチスン（Dean Acheson）〔アメリカの国務長官〕はベヴィンに、もうすぐ進捗をみる見込みだと言ったが、これは国際状況の悪化を懸念して平和条約に反対を唱える国防長官のルイス・ジョンスン（Louis Johnson）とペンタゴンの強情な圧力によって阻止されていた。一九四九年十一月、ギャスコインはマッカーサーと会談したところ、元帥はワシントンから送られてきた平和条約の草案を読んだことに言及い、ペンタゴンは日本の再軍備を支持する意見である、と話した。

私的に極秘で報告いたしますと、われわれの会話の中で元帥が漏らした情報によれば「ペンタゴンの官僚の一部では、日本を再軍備させたがっている」。それから元帥は、この動きは成功するまい、と付け加えた。元帥は再軍備を支持する者は好戦論者だと言い、その口調でそういう者には賛同できないことを明白にした。(27)

アメリカの優柔不断な方針にたいするイギリスの心配は募るばかりであった。一九四九年十二月八日ベヴィンはワシントンに激しい書簡を送り、一九五〇年の一月にはコロンボにおいて英連邦諸国の首相の会合が予定されていることを特記し、その場で日本占領政策に進展がないとは報告したくないとして、次のように述べた。

「……今後の安全保障の問題などはわれわれ全員にとってきわめて重大である。(28)」

一九五〇年のギャスコインの報告では、アメリカの占領政策が、今後どの方向に向かうのかを、明白に示さないために起こる不幸な結果を、さらに強調していた。ギャスコインは日本人は占領国の代表たちにはそれ相応の尊敬を払うべきだと信じており、占領にたいする反抗と反感はただちに報告をした。六月十二日には、彼自身日本の役人、たとえば知事とか、市長とか、宮内庁などの役人とかと会談していると、彼らはあからさまに占領が長引いていることや長期的方針がないことを非難する。政治、経済、社会等の規制を緩和したマッカーサーの行動は、占領を早く終わらせる要求に拍車を掛けた。

日本の安全保障に関するディレンマは、占領の先行きに容易ならざる陰を落とした。以前マッカーサーが日本は「極東のスイス」であると言ったのは、もはや人を納得させるに足りなかった。日本人たちはアメリカが日本の防衛について、もっと明白に声明をおこなうことを望んだ。それでギャスコインは何らかの対決の時機が近づきつつあると信じていた。

昨年も予想した通り、二年ほど前から始まったわれわれの日本の取り扱い方に関する優柔不断さは、今や重大な段階に達しており、このまま続くようならば、日本人たちが事実上、占領の主人になるか、占領軍が日本人にたいして厳しい態度に出るかを選ばざるをえず、それではこれまでと逆行することになろう。(29)

ギャスコインは六月六日のマッカーサーとの会談でこの懸念を述べた。

私はマッカーサーに、日本人の最近の態度にたいして個人的に不安を感じていることを申し述べる時が来たと判断した。この二カ月間に公に出されている声明や種々の出来事を見ると、六カ月前は起こり得なかったようなことが起こっている。恐らく共産主義者や左翼シンパの積極的な活動が、一般の日本人たちの潜在的な国家主義感を煽っているのであろう。普通の日本人は決して共産主義の教義を信奉しているわけではないが、心の中では愛国者で、占領軍の桎梏《しっこく》に倦《う》んでいる。私はさらに、占領軍の大規模な示威運動(たとえば、アメリカ陸軍と空軍のパレード等)をおこなうべき時機が来たのではないか、と申し上げた。(30)

マッカーサーはこれには反対せず、ギャスコインの意見の大綱に賛成している様子であった。

平和条約に関する優柔不断な態度は、トルーマン大統領がジョン・フォスター・ダレス (John Foster Dulles) を条約交渉の代表に任命するに及んで霧散した。ダレスは並々ならぬ意欲と活力を持っており、平和条約締結を速やかに進める決断をしていた。彼は次期共和党政権で国務長官になる野心もあって、一時も無駄にしたくはなかった。ダレスが朝鮮戦争勃発直前に東京を訪れると、ギャスコインは率直に彼に話した。

連合軍が日本の将来にたいしてはっきりした方針を持たないのは、日本人の心理を考えるとまずいことで、時がたつほど具合が悪くなる。ロシアがこの政策の不安定を利用することを私は恐れる。ロシアは自分の都合のいいように平和会議を提案しないとは限らない。そうすればわれわれとして困ったことになる。(31)

ダレスはギャスコインに豪州とニュージーランドの状況を質問し、その二国は自国の安全保障に影響のある戦略上の方針をどう見るかと問うた。それに答えて、ギャスコインは、豪州もニュージーランドもこれまでの見解を変えて、将来の日本の侵略を阻止するため、日本本国を護る有効な安全保障を定める平和条約を、早期に締結することを希望している、と言った。日本が主権を回復した後も、日本国内にアメリカ軍を駐留させる問題をダレスが持ち出すと、ギャスコインは、連合軍がそれを日本に強制するのではなく、日本側からそれを要求すべきである、と言い、吉田茂にその点を打診すれば、恐らく賛同するだろう、と言った。

日本との平和条約自体については、ギャスコインは、その内容はできるだけ簡素で、わかりやすくすべきである、——英国はあまり多くの制約条件を要求しないだろう、と述べた。この点で気が付くことは、英国の官僚はイギリスの内閣の大臣たちよりは温容だということであった。これは一九五〇年と五一年にロンドンでおこなわれた条約の審議の過程で明らかであった。[32] ダレスは一九一九年のヴェルサイユ条約審議の時の経験から、制限ないし拘束をしたりする条項には反感と嫌悪を感ずる傾向があると強調した。

朝鮮戦争の影響

ギャスコインとマッカーサーとの友好的な関係は、一九五〇年六月の最終の週で突然終わってしまった。朝鮮戦争の勃発は「冷戦」を限定された地域で「熱い戦争」にエスカレートさせる危険性をはらみ、確かにギャスコインとマッカーサーとの関係を方向転換させる分岐点となった。マッカーサーはアメリカ政府と国際連合から与えられた新しい任務に没頭していたため、日本の問題に振り向ける時間は限られたものになった。ギャスコインは以前のようにマッカーサーと十分に意見を交換できないのを忌々しく思い、本国の外務省に送る報告の調子も根本的に変わった。彼は七月九日、ベヴィンにたいして、あらゆる点で朝鮮が最重視されている、今やマッカーサーに会うこともできず、重要な会談をするすべもない、と不平をこぼした。ギャスコインは、もうマッカーサーは日本にアメリカ軍の基地を置く必要があると思っているようだ、と考えた。[33]

一九五〇年の後半になると、ギャスコインは日本の将来に関してきわめて悲観的になった。十月九日、彼は外務省のロバート・スコット（Robert Scott）に、占領が終わると日本は政治的に「右寄り」に動きそうで、再び日本の望ましからざる政策がおこなわれる恐れがある、と報告している。[34] 十一月十八日には、ギャスコインはベヴィンにあてた書簡の中で、マッカーサーはきわめて専制的であると書き、次のように言う、「彼こそは完全な独裁者であって、それがアメリカでは共和党に強く支持されている」[35]と。さらにトルーマン大統領は、マッカーサーが日本における地位から離れることを望んでいるのではなかろうか、と付け加え、「トルーマンが日本との平和条約を早期に結びたがっているのは、それによってマッカーサーが日本を去ることになるからだ、と言う者すらいる」と書いている。[36]

一九五一年一月、ギャスコインはサー・ジョージ・サンソム（*Sir* George Sansom）を連れてマッカーサーと会見した。サンソムは短い記録を残しているが、これは概してマッカーサーに好意的であって、マッカーサーは見るからに人に敬意を懐かせ、「いかに欠点があろうとも、偉大な人物である。」と書いている。マッカーサーは特に斬新で思慮深いことを言ったわけではないが、自分の考えを、熱意と信念をもって主張した。マッカーサーは真実に一〇〇パーセント拘泥する人ではなかったし、必要なときは事実を多少脚色することにもやぶさかではなかった。

彼［マッカーサー］の政治と軍事上の見解は理論的に整頓されていて、きわめて注意深く考えぬかれている。彼の思想は間違った前提に基づいている場合があるが、彼の考えを、偏見と不合理を示すものとして無視するのは危険である。彼はしばしば正しかったことがあるし、彼の意見の成功率はかなり高かったかと思う。彼の欠点は何といっても虚栄心である。彼は幾度も言ったが、占領は良いとは思っていないので、日本の占領も終わりにしても良い頃だと考えていた。彼は、日本人が民主的になったとは思ってはいなかった。ただ、占領は日本人にその気があれば活用できる民主的な機構を提供したにすぎない。平和条約が締結されると大きな変化が予想されるが、彼は、日本が無条件に軍国主義に戻るとは考えなかった。連合国が経済的な圧力をかけることができる限り日本は自由には動けない。しかし、いずれにしても、マッカーサーは、一九四五年以降は日本人の間に自由にたいする意欲が培われており、これは必ずや将来日本の内政に大きく影響を及ぼすであろうと信じた。[37]

マッカーサーに関するサンソムの観察は鋭敏で、謎めいたマッカーサーの長所も短所も正確に捉えている。

一九五一年二月、モスクワ駐在の大使に任命が決まったのでギャスコインの東京の任期は終わりに近づいた。二月六日、彼はイギリスの大使たちが任務を終えるに当たり慣習として書き残す個人的な回想録を作成した。一九四六年の六月、ロンドンを出立した時、彼にマッカーサーは取り扱い難い人物であると忠告する者もいた。しかしいざ会ってみると、マッカーサーは友好的で、親切で、ギャスコインはSCAPの「廷臣」の一員として歓迎された。ギャスコインはSCAPが成し遂げた重要な改革を振り返ってみた。たとえば、労働組合の育成、農地改革、教育の刷新等であった。後者について彼は、教科書の改定は野心的で時間が掛かり過ぎ、「顧みて、それが成功であったかどうか言い難い」と付記している。[38]

占領が最も成功したのは経済の面であった。アメリカは日本経済の基礎を建て直すために巨額の資金を投入したが、一九四八年頃にはインフレが重大な脅威になり、マッカーサーも日本の将来に深刻な悲観論を表明するようになった。ドッジ顧問団［一九四九年四月から五月］は財政の均衡、輸出助成金の撤廃、輸入助成金の減額等の手段を強行してインフレを克服した。日本の経済は一九四八年と一九五〇年の間に著しく回復した。そして、この経済発展は朝鮮戦争によりさらに拍車がかかった。ギャスコインの報告によると、イギリスの通商活動は活発で、これに携わる「英国の通商関係者たちは、日本経済の中で占めている割合とは桁外れて大きな敬意を払われており、その影響も大きい」。[39]日本の社会に大きく貢献したのは「女性の解放」であった。占領軍司令部は女性の待遇を改善しようとした。SCAPは日本の男性に女性をもっと尊重するように指導しようとした。ギャスコインはこの根本的な変革が成功するまでかなり年月がかかるだろうと言っている。

将来の見通し

ギャスコインが一九四六年の夏着任した時に見た日本は、敗戦のショックに打ちひしがれ、占領軍司令部の指揮を甘んじて受ける国であったが、一九五一年二月に帰国した時の日本は、着々として自信を取り戻しつつある国家で、経済的にも戦略的にもアメリカに依存をしながらも、米国の支配権の強大さを批判的に見るようになっていた。ギャスコインはマッカーサーの業績を次のように平静に評価している。

　マッカーサーおよび米軍支配下の国々は、日本に民主主義の青写真を引き渡す任務をなしとげた。この青写真は、日本が将来とも民主主義陣営に残ろうと欲するならば役に立つであろう。しかし、占領軍のアメリカ人幹部たちはあまりにも早くからあまりにも大声で、自分の遂行した日本の民主化政策の具体的な大成功を謳いあげ過ぎた。その熱意のあまり、彼らの多くの者は日本が確実に民主主義陣営の仲間に入っており、アメリカが五年にわたって布教に努力した民主主義の教えが、日本に深く根を下ろして揺るぎもないと信じ込んでいるようである。占領は疑いもなく立派な業績を挙げたが、しかし明白なことは、われわれが信奉する民主主義は、占領を通じて人びとに押しつけることはできない。民主的人生観は長年にわたる忍耐と実践を以て初めて身につくものである。私は、日本人がデモクラシーの原則を身につけるだろうと期待し、それを信じているが、現行の憲法を変えないで存続させるとは思わない。将来日本で実施されるリベラリズム〔自由主義〕は日本的な様式に則ったものになるであろう。[40]

ギャスコインの任期中、日本人たちはアメリカと協力的であったが、一旦日本が主権を取り戻すと、欧米のやり方に反動が起こり、日本の伝統的な方式に復帰する、と彼は信じていた。それ故、近い将来日本と平和条約を締結することは急務であった。条約の中に多くの制約を盛りこむことは不可能で、日本を望ましい方向に進ませるためには、他の方法で影響を及ぼさねばならない。日本の再軍備の問題は争点の一つで、豪州とニュージーランドの強い懸念には心して対応しなければならない。

　ギャスコインは、最終報告の終わりにあたって彼が指揮をした英国渉外事務所の役割を論じている。当時のアメリカの支配があまりにも広汎で、ギャスコインも、配下の事務所員も、イギリスの国益を支持するために難渋を重ねた。英国の文化活動は、ギャスコインの情報顧問のH・ヴィア・レッドマンと、文化顧問のエドマンド・ブランデン（Edmund Blunden）との絶大な努力で、業績を上げた。ギャスコインと他の渉外事務所員は、当然見受けられた太平洋戦争の反響にもかかわらず、日本の人びとと良い関係を培おうと尽力した。アメリカの幹部たちは、このようなイギリスの文化活動に反感を示さなかった。日本在住のイギリス人たちは渉外事務所の仕事を称え、ギャスコインは在留イギリス人たちの努力を賞賛し、「これらのイギリス人は、日本の人びとにその技量と積極性と、そして日本で今後とも努力を続ける意欲とによって好感を与えた」と述べている。(41) 日本人は、アメリカよりはイギリスの方に近しいと思っているようだ、と彼は言い、英国と日本とは、双方の価値観と国益とを認識し、やがて相当に友好的な関係が結ばれるのではないか、と予想している。

このギャスコインの洗練された最終報告は、その後彼の羽田出発時に起こった残念な論争で後味の悪いものになった。当時の英米関係や、ギャスコインの長期にわたる在日の任務に鑑み、英国渉外事務所は当然マッカーサーや高級幹部が別れを告げるために空港に現われるものと思っていた。ギャスコインの後任の所長代理、ジョージ・クラトン（George Clutton）は、事務次官のサー・ウィリアム・ストラング（*Sir* William Strang）に、次のように書いている。

ジョウ・ギャスコインの東京出発は、いかなる立場のアメリカ人も空港に見送りに来なかったことで、彼にとっても、われわれにとっても、ケチを付けられた感が強かった。この欠席はあまりにも目立ったので、われわれの中には最高司令官が、ジョウにたいする敵意から、総司令部の関係者は誰も見送りに行ってはならないと命令した、と思ったほどだ。残念ながら、この不愉快な出来事を秘密にしておくことができず、渉外事務所〔代表部〕の外からも憤懣の声が上がっている。(42)

クラトンは、アメリカの礼儀と儀礼上のしきたりに関する考え方は奇妙で、多少斟酌せねばならない、と付け加えた。たまたまギャスコインが出発する頃、ジョン・フォスター・ダレスが羽田に到着の予定であったので、東京が緊張していたのは事実であった。クラトンはウイリアム・シーボルトから謝罪を受け取った、と言っている。この論争は新聞に取り上げられ、豪州の新聞、『シドニー・サン』紙にあからさまに報道された。この記事の筆者は事情によく通じていて、マッカーサーは四度にわたり朝鮮の戦況について、ギャスコインと会って話し合うことを拒んだ、そしてこの結果SCAPと英国代表部との関係がこじれた、と書いている。[43] クラトンはストラングに、この新聞記事は東京の渉外事務所の意向によるものではないと書き、この問題はこれでおしまいにしたいと結んでいる。ワシントン駐在の英国大使サー・オリヴァー・フランクス（*Sir* Oliver Franks）は、国務省のフリーマン・マシューズ（Freeman Matthews）にこの件を話したところ、彼は、弁解的に、ギャスコインの出発時の事情をまったく知っていなかったのだ、と言った。[44]

この出来事は嘆かわしかったが、実に起こり得るべきことであった。これは、朝鮮戦争によって、ギャスコインとマッカーサーとの仲がどれほどこじれたかを如実に現わしており、通常関係が軋む時に見られる外交的婉曲語法よりは的確に実状が把握できた。同時に、ギャスコインの東京における業績の幕引きとしては正鵠に欠ける。ギャスコインとマッカーサーの関係は、着任から朝鮮戦争の勃発まではきわめて友好的で、ギャスコインの報告に見られる二人の会談は重要にして興味深い内容を多く含んでいる。ギャスコインは任務を効果的に遂行したが、彼にまったく責任のない朝鮮半島の戦乱の勃発でアジアの情勢は一転し、彼が努力をして築いたマッカーサーとの友好的な意志疎通を阻害してしまった。

サー・アルヴァリ・ギャスコインは深い思索家ではなかったが、現実を明敏に把握し、豊富な良識で処理する才能は、東京で直面した状況に適切であった。当時もっと強引な方法で英国の国益を増進できたとは思えない。そうしていたら、ギャスコインは、一九五〇—五一年に不幸にしてぶつかった困難な状況に、一九四六年から一九五〇年の間に遭遇していたかもしれない。一九四六年から一九五〇年までは、マッカーサーと英国政府はお互いに尊敬し合って、全般的に賛同していた。一九五〇—

五一年に発生したもの〔朝鮮戦争〕にたいして、まったく立場が変わったのである。

（奥山義次　訳）

[原注]

(1) 以下を参照。R. W. Buckley, *Occupation Diplomacy: Britain, The United States and Japan, 1945–1952* (Cambridge, 1982), pp. 41–53. さらに以下を参照。Buckley, 'Working with MacArthur: Sir Alvary Gascoigne, UKLIM and British Policy towards Occupied Japan, 1945–52', in Ian Nish (ed.), *Aspects of the Allied Occupation of Japan,* International Studies (STICERD, LSE), 1986/4, pp. 1–14.

(2) マッカーサーの日本における業績については、以下を参照。D. Clayton James, *The Years of MacArthur,* vol. III, *Triumph and Disaster, 1945–64* (Boston, 1985) and R. D. Finn, *Winners in Peace: MacArthur, Yoshida, and Postwar Japan* (Oxford, 1992).

(3) Clayton James, III, p. 693.

(4) 朝鮮戦争中のマッカーサーに関する英国の見解については、以下を参照。Peter Lowe, 'An Ally and a Recalcitrant General: Great Britain, Douglas MacArthur and the Korean War, 1950–1', *English Historical Review,* vol. CV (July 1990), pp. 624–53.

(5) 以下を参照。Douglas MacArthur, *Reminiscences,* paperback edition, (Greenwich, Conn., 1965), p. 323.

(6) 以下を参照。H. B. Schonberger, *Aftermath of War: Americans and the Remaking of Japan, 1945–1952* (London, 1989), pp. 134–60.

(7) Gascoigne to Dening, 9 January 1948, FO 371/69885/1368, Public Record Office, Kew.

(8) Minute by F. S. Tomlinson, 28 January 1948, ibid.

(9) Minute by M. E. Dening, 29 January 1948, ibid.

(10) 以下を参照。G. F. Kennan, *Memoirs, 1925–50* (London, 1968), pp. 384–94.

(11) Foreign Office to Tokyo, 18 March 1948, FO 371/69885/4213.

(12) Gascoigne to Bevin, 30 June 1948, FO 371/69911/7609.

(13) Tokyo to Foreign Office, 1 July 1948, FO 371/69911/9266.

(14) Tokyo to Foreign Office, 1 September 1948, FO 371/69823/12111.

(15) Ibid.

(16) Ibid.

(17) 以下を参照。Sir John Figgess, 'Japan under Occupation: A Personal Reminiscence', in *Proceedings of the Japan Society,* 121 (1993), 120.

(18) Gascoigne to Bevin, 18 December 1948, FO 371/

76178/7527.

(19) Ibid.

(20) Ibid.

(21) Gascoigne to Bevin, 13 February 1948, FO 371/69819/3508.

(22) Minute by Tomlinson, 17 February 1949, on dispatch from Gascoigne to Bevin, 2 February 1949, FO 371/76179/2420.

(23) 吉田茂の重要な評伝として、以下を参照。J. W. Dower, *Empire and Aftermath: Yoshida Shigeru and the Japanese Experience, 1878–1954* (London, 1979), pp. 273–492.

(24) Conversation between Gascoigne and Yoshida, 22 January 1951, FO 371/92521/4.

(25) Gascoigne to Bevin, 2 February 1949, FO 371/76179/2420.

(26) Gascoigne to Younger, 12 June 1950, FO 371/83831/93.

(27) Gascoigne to Dening, 21 November 1949, FO 371/76214/23G.

(28) Foreign Office to Washington, 8 December 1949, ibid.

(29) Gascoigne to Younger, 12 June 1950, FO 371/83831/93.

(30) Ibid.

(31) Gascoigne to Bevin, 22 June 1950, FO 371/83831/97.

(32) 以下を参照。Peter Lowe, 'Great Britain and the Japanese Peace Treaty, 1951', in Peter Lowe and Herman Moeshart (eds), *Western Interactions with Japan: Expansion, the Armed Forces, and Readjustment, 1859–1956* (Folkestone, 1990), pp. 91–104.

(33) Gascoigne to Bevin, 9 July 1950, FO 371/83832/103.

(34) Gascoigne to Scott, 9 October 1950, FO 371/83834/148.

(35) Gascoigne to Bevin, 18 November 1950, FO 371/83816/63/G.

(36) Ibid.

(37) Record of interview between Sansom and MacArthur, communicated in Gascoigne to Scott, 22 January 1951, FO 371/92521/3.

(38) 'Trend of Events in Japan from July 1946 to February 1951', in Gascoigne to Bevin, 6 February 1951, FO 371/92521/5.

(39) Ibid.

(40) Ibid.

(41) Ibid.

(42) Clutton to Strang, 13 February 1951, FO 371/92657/4.

(43) Clutton to Strang, 17 February 1951, FO 371/92657/2, enclosing typed extract from *Sydney Sun*,

no name or date.

(44) Franks to Strang, 26 February 1951, FO 371/92657/5.

(『英国と日本　日英交流人物列伝』(博文館新社) より転載)

第17章

Sir Esler Dening

サー・エスラー・デニング
駐日大使　一九五一—五七年

ロジャー・バックリー
(テンプル大学(日本校)教授(政治・国際関係学)、オックスフォード大学ロザミア・アメリカ研究所上級客員研究員)

エスラー・デニング(Esler Dening, 1897–1977)は、太平洋戦争の終結から一九五〇年代半ばまで、英国の対日政策における中心的存在であった。強健で、見識深く、少々辛辣なところもあった彼は、大変幸運なことに、戦時中から占領下時代に、アジア問題の核心部で仕事をする機会を与えられた。その後、英国世論がまだいたる所で強固な反日姿勢を保っていた時代に、駐日英国大使館の運営というさらに困難な任務を担当した。彼の仕事のさまざまな局面について、部分的には資料が刊行されてすでに明らかになっているが、東京時代における彼の任務の全貌を網羅する公文書は、最近やっと公開されたばかりで、今後これらの資料に基づく総合的な彼の再評価が待たれるところである。本稿は、これまでの盲点を修正するその手始めとして、戦後十年の彼の成功と失敗のいくつかの事例を検証するものである。そして、彼の業績に一通り目を通し、サンフランシスコ講和会議以後の歴代駐日英国大使の中で最年長であり、在任期間が最も長かった彼の人となりを考察する。[1]

デニングの経歴上の成功は努力の積み重ねの上に獲得されたものである。第一次世界大戦中、オーストラリアの軍籍に属した後、一九二〇年一月に英国領事部門の通訳生として、日本での勤務が始まる。父親は、後に信仰を捨て執筆生活に入っていったが、かつて宣教師として日本で務めたことがあり、そこで彼が生まれ育ったという事実を考えれば、この勤務を選んだことは格別唐突だとはいえないだろう。とはいうものの、この就職は必ずしも将来の昇進を約束するものではなかった。当時まだ、大使館の勤務においては、外交職を優遇する体制があり、一九四三年のイーデンの改革まで[1]、領事部門は一段低く見られ、いわゆる「シンデレラ務め[2]」つまり継子いじめ的扱いに甘んじていた時代のことだったからである。それから二十年、デニングはソウル、大連、大阪、神戸、ハルビンと、北東アジア地域を縦横に転勤しながら領事部門を務め、一九四一年にようやくワシントンの英国大使館の一等書記官に任命された。そして、太平洋戦争の勃発によって、明らかに急速に実力をつけた彼は、一九四三年九月に、東南アジア連合軍司令本部において、ルイス・マウントバッテン[2]の政治顧問としての任に就くまでに、その頭角を現わしていった。これはデニングにとって一大転機であり、彼はこの好機を最大限に活用した。もっとも、必ずしも総司令官と折り合いがよかったわけでも、彼の提案が常に歓迎されていたわけでもなかったかもしれないが、外務省の「上官たちは、デニングの能力と送られてくる報告の内容を高く評価していた[3]」。

デニングの東南アジアでの最後の任務は、オランダ領東インド諸島[3]における混沌とした状況を処理するために厳しい政策を推進する補佐役であった。彼は日本帝国が降伏し英国軍とインド軍が到着した後、バタヴィアの政治状況がどう進展していくかを報告しかつ助言していくために、シンガポールから派遣されたのだった。デニングは率直に意見を述べる人だったので、帰還した復讐に燃えるオランダ人と、新しく独立国家として宣言したインドネシアのテロ行為の両方にたいして、すばやく非難の矢を向けた。コロンボとシンガポールでデニングの活動が影響力を発揮していたように、彼が打った電報もロンドンの本省にかなりの影響を与えていた。しかし、彼の率直すぎる態度が不利になることもあり、オランダ人やインドネシア人それに連合軍関係者の多くは、一九四六年二月のデニングにたいする帰国命令を少なからず喜んだのであった。おそらく、デニングは、混乱状況を分析する手腕はすぐれていたが、関係者たちとの付き合いはそこまで上手ではなかったのであろう。要するに、彼は馬鹿げたことを黙って見ていることができなかったのである。(4)

デニングとベヴィン

彼はその後も出世街道を進み、次に極東部門の外務次官補の地位を得た。デニングが最良の業績を残したのも、また外務大臣アーネスト・ベヴィン[4]に一目置かれたのも、この部署の時であった。その後の数年間は、彼の生涯で最も報いられた、やりがいのある時期であった。ベヴィンは確かにデニングを信頼し、アジア問題に関する彼の意見を求めた。それは、英国の国際的影響力がまだ十分あり、この仕事をやりがいのあるものと感じさせていた時代のことであった。デニングはベヴィンの篤い信頼を受け、すでに英国の傘下から離脱しようとする動きが急速に進んでいた地域、つまりアジアを所管するかなりの権限を与えられていた。当時の外務大臣は、ヨーロッパの諸問題に加えて、間もなく冷戦に発展していく状況の兆し、中東におけるジレンマ、そして何よりも、アメリカとの友好関係の維持など、取り組まねばならない問題を手に余るほど抱えていた。アラン・ブロック (Alan Bullock) が論じているように、もしベヴィンの「南アジア政策が」閣内意見の不統一のため核心に触れられず「末梢的であった」というのなら、彼が東アジアにかかわることができた部分はさらにもっと限られていたはずである。(5)しかし、こういう状況は、上司や同僚の支持がある限り、デニングにとっては有利に働いた。実際、彼が東アジア地域を掌握して、占領下の日本における英国の立場を確立したという過去の実績により、一九五一年に東京への赴任が決まったのである。(6)ハーバート・モリソン[5]は、一九五一年九月のサンフランシスコ講和会議の最中に、日本から出席していた吉田茂にこう告げた。「英国は今、サー・エスラー・デニングを滞日連絡事務所の代表として日本に送るつもりです。彼は日本に関する権威であり、国王陛下の政府と日本との権益拡大に役立つであろうと、私は確信しています」。(7)しかしながら、両国にとって不運なことに、この外務大臣の甘い期待は結局そら頼みであった。デニングのすぐれた手腕と日本に関する卓越した知識をもってしても、一九五〇年代という時代は、日英関係にとって希望のない時代だったのである。さて次に、大使としてのデニングの仕事ぶりと、東京での彼の働きが本当に失敗に終わるしかなかったのかどうかについて、検討しなければならない。

日本への帰任

そもそも、デニングは精力的な外交官であり、戦前から日本のことに精通していた。だから、新たな独立国家日本に、アメリカの占領政策がもたらした上からの改革が、実際どこまで達成できるかについて、幻想を抱くようなことはほとんどなかった。彼が出会っていたのは多くの場合真珠湾攻撃以前の日本の政治家や官僚のキャリア組だったので、日本が敗戦と占領を経てアジア諸国の模範国に生まれ変わったと主張するアメリカ人の意見には疑問を感じていた。したがって、彼の東京からの報告には、持って回った表現はなかった。戦後英国代表として訪日した使節の目にも、「わが国の駐日大使［デニング］はまさに外交団の指導的存在であり、日本人に尊敬され、かつ、ある程度恐れられている」(8)ということは明らかだった。このようなデニングの姿勢は、東アジアにおける英国の地位が衰退していく現状には、あまりふさわしいものではなかったかもしれない。

彼が大使をしていた厳しい状況下に生じた日英関係の歪みは、そのほとんどが彼の力の及ばないものであった。大使にできたことと言えば、せいぜい、その厳しさを和らげること、そして、日本の理解を得るためにわずかなりとも手加減するよう本国政府にたいし働きかけることであった。しかし、一九五〇年代半ばには、もはや調停の可能性はほとんどなかった。いや、まったくなかったといってよい。英国民に残る戦時中の捕虜虐待の記憶と、日本の経済復興を危ぶむ声とがあまりにも強すぎて、誰が大使になっても、どんなに能力があっても、状況に逆らって日本側と交渉することなどできなかったであろう。その結果、デニングは、日本との関係の改善を望む彼自身の気持ちと、日本にたいして情け容赦がなく、しかも長い目で見れば英国の利益にもならないような本国からの指令を実践していかなければならない義務との間の板挟み状態に追いこまれた。悪化する関係をなんとか持ちこたえるという、本来誰も羨むはずがない困難な仕事であることが分かっていても、うまくいかないとやはり挫折感を味わうものである。

日本の役人はそうは思っていなかったかもしれないが、デニングは日本側に概して同情的であった。たとえば、英国世論の間に誤伝や誤解があると気づいた時は、必ずその旨を伝えるようにしていた。しかし、彼は日記をつけていなかったようだし、個人的書簡もほとんど手に入らないことから、平和条約以降の日本に関する彼の私見を知ることは容易ではない。デニングの日本観および日英関係改善にかける熱意のほどを知るためには、どうしても、彼の膨大な公式報告書に頼るしかない[9]。実際これらの文書を見ていくと、彼が自分の意見を一貫して主張し続けたこと、それにもかかわらず、日英間の問題解決にほとんど進展が見られなかったことが分かってくる。

日英関係に関する報告書

一九五三年三月にまとめた、十九世紀末以降の日英関係に関する意欲的な報告書の中で、彼は、「極東からすっかり手を引くかどうかは別として、今われわれは、好むと好まざるとにかかわらず、日本との友好関係を深める努力をしなければならない」と主張した。また、「日本の運命はアメリカだけで決定すべきだ」と考えているアメリカを批判した。そして、日本政府が独自の道をとることを望んでいるのであるから、英国にも日本問題に関与する余地はあるはずだと提言した。しかしながら、これを達成するために必要な、婉曲な言い回しの工夫が彼にはなかった。彼はこう言ったのである。「もし英国が日本への関与を望むなら、まず、われわれの中にある反日感情を除去し、経済競争をどのように推し進めていくかを決定しなければならない[10]」。そして、英国人の偏見について、「日本人を毛嫌いし続けるなら、いずれ高い代償を払うことになるだろう[11]」と警告した。「もし、日本人の展望が物質中心であり、政策が利己主義に凝り固まっているというなら、わが国が友好国として交際している他の国々だって似たようなものだと思われる」とまで書いた。

ところで、デニングにとって問題の核心は経済問題であった。すなわち、日英関係において、

戦前から両国が引きずっているのは、唯一、経済競争という要素である。英国も日本も、生存し続けるためには輸出しなければならないという共通の立場にある。この国情は予想しうる限り、将来も変わりそうにない。日英関係はしたがって、両国が経済の分野で常に競争相手であり続けることを前提として、さらに、両国とも不当な損害をこうむらないよう、経済競争が正しく規制されているかどうか常に細心の注意を払うことを、前提として考えていかなければならない。(12)

英国の工業製品が、まだ少なくとも第三市場において、[6]日本の製品より競争力のあった一九五〇年代に、デニングは英国政府にたいして貿易競争の現実を認識するよう働きかけた。彼は、これが「現実であり、避けて通ることはできない」という長年の主張をくり返し、さらに続けて、「われわれは技術を改良し、生産性を向上させ、市場の流通をよくすることによってのみ、日本がしかける競争に対抗することができるのであって、ある種の産業を日本の優勢から保護するために、日本の貿易にたいして関税を引き上げたり、制限を加えたりすることによって対抗できるものではない(13)」と説いた。そして、かつてアーネスト・ベヴィンと同意見であった考えに再び基づいて、ランカシャーはもはや日本の猛撃を避けることはできないであろうと、愛想もなく言い放った。もちろん、これは「不愉快な事実かもしれないが、もしいつまでも現実を認めなければ、何も得られないであろう(14)」と彼は考えていた。

貿易摩擦は回避するよりむしろがっちりと取り組むべき問題である、という彼の論拠を強化するために、デニングは問題の視点をさらに広げた。そして彼の意見を裏付ける要素を日本という狭い地域から世界的な規模にまで広げて論じた。すなわち、イーデン首相に、「もし、日本が英国の敵対国と手を結ぶようなことがあれば、極東における西欧諸国の地位全般が脅かされ、もはや維持

できなくなる恐れがある」と進言し、さらに付け加えて、「アメリカが日本を西側勢力内に止めておくために、日本にエネルギーと資源を提供している」[15]ことを考えれば、もし日英間に緊張が深まれば、英米関係にも混乱を招くことになる、という説得力ある強力な意見を持ち出した。この報告書は内容的に広範囲で、論理が整然としていたが、その主張が強すぎる故に受け入れられず、その結果彼は憂き目をみることになり、日英関係も十年間というもの悪化し続けた。

日英の緊張関係は、明らかにデニングの大使時代が最悪であった。一九五〇年代の英国政府が強い政治的圧力を受けて、日本製品を制限し、日本の国際的組織への参加を阻止する方針をとった時には、デニングは、日本の立場を説明するきっかけを見つけることすら日毎に難しくなっていた。今ならさだめし、内閣も同意せざるをえないような強力な意見が商務省から出され、それによって助けられるということもあるだろうが、当時のことゆえそのような助けもなく、彼は苦しい立場のままであった。もはや、外務省には政策を左右する力はなく、一方、世論はおとなしく眠ってはいなかった。フリート街の新聞社もペイパーバックの出版社もこぞって世論の火付け役に励んだ。ラッセル・ブラドンのベストセラー『裸の島』[7]によって、日本軍の戦時中の残虐行為はいつまでも生々しく英国人の心に焼き付いた。[16]

英国の消極的な姿勢に対処

一九五三年の年次報告の中で、デニングが「英国の日本にたいする姿勢には、ますます冷淡で無情な雰囲気が広がっている」と記したことは、たしかに正しかった。そして、一九五六年四月になっても事態にあまり変化がなかったので、デニングは、日本が示している和解の気持ちを英国側はまだ受け入れていないと、再度指摘しなければならなかった。彼は熟練の外交官であっただけに、日本の役所その他から聞こえてくる「事態はそのうち好転していくだろう」という声に保証を与えるわけにはいかなかった。それどころか、「日本が接近しても英国の反応は結局はかんばしくないだろうという警戒心のために、せっかくの日本の善意も歪められる」[17]と警告した。一九五六年秋に、日本が待ちに待った英国使節の訪日が実現したのであるが、実はこれも失望を招いただけとなった。日本が、訪日使節にはランカスター公領大法官より高い地位の人物が選ばれてもいいはずであると考えて、この訪問を屈辱と受け取ったからである。長いこと待たされたあげくに、政治的発言力のない使節にたいして歓迎を強いられたのであるから、かえって厄介な問題を招いただけであった。

この使節ことセルカーク卿（*Lord* Selkirk）自身も、彼の訪日が目的を果たしていたのかどうか「確信がない」と、外相セルウィン・ロイド（Selwyn Lloyd）に告白している。そして、セルカーク卿は、デニングが本国政府にずっと働きかけてきたこと、すなわち、日本人は「当然英国政府内のかなりの要人が訪問するはずだと思っている」という点を強調した。さらに続けて、彼はロイドに次のように言った。「といっても、日本人が結局重視しているのは国力ないしは友好関係の確実な証けなのである」。しかし、「われわれには前者を生み出すことはできないし、後者に関しては、英国世論にその気があるかどうか疑問である[18]」。

デニングが直面した苦労を煎じつめれば、日本のガット加入を承認するのを本国の内閣が拒否したことに帰結する[8]。すなわち、最恵国条項［第三十五条］を内閣が否認したことによって、デニングが日英の通商関係改善にかけた望みは、その実現の基盤を失ってしまったのである。そして、日本の官僚たちがこの英国からの実に意図的な平手打ちの苦汁を忘れ去るには、十年以上かかるだろうと思われた。日本政府にとって特に痛手だったことは、西ヨーロッパおよび英連邦の国々が英国に従って同一の行動をとったことであった。セルカークはこの点について、こう指摘している。「この条項の否認はアジア民族にたいする一種の差別であると日本人は考えているし、差別意識を取り下げさせるためなら、彼らはどんなことでもやりかねないであろう。たとえ今日本にとってこのことによる不都合はなにもないということが事実だとしても、これが実は日本の威信の問題であることを考えれば、その事実には意味がない[19]」。ところで、一九五〇年代の日本の輸出競争への意欲を英国世論が恐れたのには十分な根拠があった。英国産業は、この十年間に、特に第三市場において、復興した日本の［そして、西ドイツの］工業製品に締め出され、国内的にも、戦後打ち出した輸入制限と保護政策は有名無実と化していたというのが実情だったからである。[20]結局、日本のガット加盟に待ったをかけたことは、ただ東京の英国大使館で働く外交官の仕事を意気の上がらないものにしただけで、実際の経済の動向を左右することにはならなかった。[9]

たしかに貿易問題に関してデニングには何の明るい見通しもなかった。あらゆる決定はロンドンの政府内の各省庁でなされ［あるいは決定は回避され］たのであり、それにたいしてデニングは手の出しようがなかった。他国との商業・金融上のつながりを向上させようとする英国の動きが、このように困難で、遅れがちであったことは、デニングに続く歴代駐日大使の頭痛の種になっていく。結局、日英通商条約が締結され、双方に残っていたしこりが徐々に消えはじめるのは、一九六二年のことである。しかしながら、日英両国の政治上のつながり全体をおおう雰囲気には、さらに厄介な要素がくすぶっていた。この中でのデニングの働きは大きかったが、その成果の是非は半々である。おそらく、戦前の日本での彼の仕事ぶりと、戦後の日本にたいする彼の不信感の両方を知っている日本人は、その大きな落差に困ったにちがいない。たとえば、外務大臣重光［葵］が、デニングの目には「世俗から超越していた」人物で、「もともと、少なくとも世の中の出来事にたいしては認識が十分でなく、有能な外交官ではない」[21]と映っていたとしても驚くに値しない。日英問題に関する討議事項をみずから準備して、それもかなり唐突に、外務省にその旨を説明した報告書から判断すると、日本の外交官に自分の意見を押しつけようとする彼の高圧的な態度がうかがえる。デニングの報告にあるように、もし重光が狼狽し怯《ひる》んだのなら、デニングの目に彼が先のように映ったのもむりはない。[22]時折ではあったがデニングには、十九世紀日本の条約港における威圧的外交姿勢といった趣があった。実際、一九五〇年代半ばには、特にスエズ問題での失敗以降、外交官が威張りちらすスタイルはもう通用しなくなっていたのだが、デニングの年次報告には、時として、侮ったり軽くあしらったりすることはもはやできないはずのれっきとした国家に関する報告書というより、むしろ、怠け者の生徒に関する学校の成績通知表といった雰囲気があった。[23]

とはいっても、デニング自身は常に公平であることを心掛けていた。それでも、本国政府からは、彼が期待していたほどの支持を受けていなかったのも事実である。そして、「日本人が、英国は交渉において予想以上に手強いことを知りながらも、対日友好ムードを何とか探し出そうと試みては、必ず失敗し失望している」(24)ことを認めなければならなかった。その結果、一九五五年の年次報告の中では、日英の関係は「予想されたほど悪化はしなかったが、現在のところ、一九五六年に好転するという可能性もないし、実際、日本のナショナリズム、特に経済上のナショナリズムのために、両国関係は悪化するかもしれない」(25)と報告するしかなかったのである。このように、考えていることをそのまま書くのが、この人の特徴だった。

デニングが最終的に東京を去ったのは、一九五七年五月一日である。その後、彼の後任から送られてきた公文書の中には、彼への言及はほんのわずかしかない。仕方なく引き受けたいくつかの講演を済ませると、彼はさっさと陽のあたる場所から姿を消してしまった。しかし、執筆を通して、あるいは、順番で回ってきた日本協会と王立中央アジア協会の会長として、東アジアの問題を追い続けることができたのは幸いであった。勲一等旭日章をはじめ多くの栄誉を受け、一九七七年一月に七十九歳で他界した。

（大山瑞代　訳）

[原注]

(1) サー・エスラー・デニングの経歴に関しては、次の文献に部分的に記述がある。
Philip Ziegler, *Mountbatten*, London, 1985.
Peter Dennis, *Troubled Days of Peace*, Manchester, 1987.
Christopher Thorne, *Allies of a Kind*, London, 1978.
Alan Bullock, *Ernest Bevin: Foreign Secretary*, London, 1983.
Roger Buckley, *Occupation Diplomacy: Britain, the United States, and Japan, 1945-1951*, Cambridge, 1982.
Peter Lowe, *The Origins of the Korean War*, London, 1986.
駐日大使時代に関しては、
R. Buckley, 'From San Francisco to Suez and beyond: Anglo-Japanese Relations, 1952-1960', in Warren Cohen and Akira Iriye (eds), *The Great*

Powers in East Asia, New York.

（2）「シンデレラ務め」という言葉は次の書名からとった。D. C. M. Platt, *The Cinderella Service: British Consuls since 1825*, London, 1971.
また、P. D. Coates, *The China Consuls: British Consular Officers, 1843–1943*, Hong Kong, 1988. はたぐいなき名著であるが、日本に関するものはまだない。

（3）Thorne, *Allies of a Kind*, p. 548n.

（4）R. Buckley, 'Responsibility without power: Britain and Indonesia, August 1945 to September 1946', in Ian Nish (ed.), *Indonesian Experience: The Role of Japan and Britain, 1943–1948*, London: LSE, 1979.
オーストラリアのマクマーン・ボール（Macmahon Ball）との不和が原因で、デニングは占領下日本への英国使節代表になるチャンスを逸した。ボールは「対日理事会[10]」の英連邦代表である。二人は対インドネシア政策をめぐって対立していた。

（5）Bullock, *Ernest Bevin*, p. 153.

（6）デニングのいわゆる専門家気質について、また、ベヴィンからの篤い信頼を得ていたことに関して、話をしてくれたヘニカー卿（Lord Henniker）に感謝する。

（7）モリスンから吉田あて公信、8 September 1951, in Morrison papers, FO 800/639.

（8）ランカスター公領大法官、セルカーク卿からセルウィン・ロイドあて文書、24 October 1956, FJ 1054/45A (FO 371/121048).

（9）この時期に関する日本の公文書関係資料が少しずつ公開されはじめている。日本が国際組織に加盟しようとして失敗に終わった経緯および英国の消極的な対応に関しては、一九八九年十月十六日付け『ジャパン・タイムズ』を参照のこと。

（10）デニングからイーデンあて公信、24 March 1953, FJ 1051/21 (FO 371/105374).

（11）デニングはすぐにこのような言い方をしてしまうのだった。同じ公信の中でこうも書いている。「日本人はたしかに見たところ感じがよくないし、東洋の多くの国の人びとに備わっている見掛けの魅力に欠けているが、私の体験では、われわれが相手にしなければならない他のアジアの人びとと比べて、よりすぐれているとまではいかなくとも、より劣っていることはない。日本人は、もし二度と全体主義体制下に向かうことがないなら、少なくとも他の東洋の国々と同じくらいには、みずから進んで引き受けた義務を尊重するはずである。それに、このみずから進んでということが、日本人にとっては非常に大切な条件なのである」。デニングからイーデンあて前掲公信。

（12）Ibid.

（13）Ibid.

（14）Ibid. デニングはいつもの無愛想な調子を大いに発揮して、こう記した。「過去二十五年間私の知るところでは、ダンピング、不正商法、搾取労働などを動員しなくても、日本の綿工業はランカシャーを追い越すのはもう目に見えている」。

(15) Ibid.

(16) 一九五五年十一月二十五日付け『デイリー・エクスプレス』に寄稿したブラドン（Braddon）の記事の見出しは「彼らは今に追いつくぞ！　日本人に要注意」となっている。昭和天皇の崩御と大葬〔一九八九年一月〕をめぐる論評にも、依然として似たような調子がうかがえた。

(17) デニングから外務省あての公信、18 April 1956 FJ 1052/3 (FO 371/121046). ここで彼は、日本から議員団が英国を訪問しても、英国は対日姿勢を変えなかったのではないかという日本人の疑念を、こうしてはっきりと裏付けたのである。

(18) セルカークからロイドあて公信、24 October 1956.

(19) Ibid. その他、CAB 128/29 (1955) and CAB 129/77 (1955). を参照。

(20) 貿易事情の悪化に関して論じている文献は、A. R. Prest and D. J. Coppock (eds), *The UK Economy: A Manual of Applied Economics*, London, 1974, ch. 3.

(21) デニングからW・D・アレンあて公信、25 January 1955, FJ 1051/4 (FO 371/11523).

(22) Ibid. デニングは提案しただけなのだが、「まるで威嚇しているように見えたのだろう。重光がそれはとても難しい問題ですと言ったので、私はすかさず、そんなに深刻に構えなくてもいいんだと言ってやった」。しかし、デニングの高飛車な言い方の後では、「私が何を言っても、実際、反応なしであった」。こんなことになったのも、デニングの高飛車な態度と、十分準備しないと気がすまない国の準備不足が原因だったのだろう〔「　」内はデニングの交信〕。

(23) デニングが、アメリカの極東外交政策にたいして向けた批判も、同様に手厳しかった。彼はダレス〔国務長官〕をはじめ合衆国の役人たちと少なからず意見を異にした。もっとも、駐日アメリカ大使アリスンとの関係はお互いに誠意を尽くしたものだった。

(24) デニングからセルウィン・ロイドあて「一九五五年度年次報告・日本」、FJ 1011/1 (FO 371/121030).

(25) Ibid.

[訳注]

［1］ Robert Anthony Eden, 1897–1977. チャーチルの挙国内閣において陸軍大臣、外務大臣を歴任。このとき外務大臣。一九四三年の改革とは領事部門を廃止したことをさす。

［2］ Louis Mountbatten, 1900–79. 英国の海軍大将。第二次大戦後期の東南アジア連合軍最高司令官（一九四三―四六）。インド総督（一九四七―四八）。一九七九年、IRA（アイルランド共和軍）により暗殺された。

［3］ スマトラ・ジャヴァ・セレベス・ボルネオ・ニューギ

ニア。

[4] Ernest Bevin, 1881-1951. 一九四〇—四五年、チャーチル連立内閣の労働大臣、一九四五年、アトリー内閣の外務大臣を歴任。

[5] Herbert Stanley Morrison, 1888-1965. 一九四五—五一年、アトリー労働党内閣副総理、一九五一年、外務大臣となる。

[6] アジア・アフリカ・ラテンアメリカなど第三世界の市場。

[7] Russell Braddon, 1921-. 作家。小説の出版やテレビのドキュメンタリー制作などを手がける。*The Naked Island* は一九五一年に出版。日本軍の捕虜として、シンガポールのチャンギ収容所で辛酸をなめたラッセル・ブラドンが、みずからの体験を基にして執筆したもの。同じく捕虜だったロナルド・サールが描いた収容所生活のスケッチが加えられ、日本軍の非人道的行為が一層鮮明に伝えられた。

[8] GATT 一九四七年調印、翌年発効された関税および貿易に関する一般協定。

[9] 日本のガット加盟は一九五五年九月。

[10] Allied Council for Japan 戦後の対日占領管理のために設置された極東委員会の出先機関として東京に置かれた。連合軍最高司令官マッカーサーに助言し、協議することを建て前としたが、実はマッカーサーにたいする意見番としての役割を担っていた。

(『英国と日本 架橋の人びと』(思文閣出版)より転載)

第18章

サー・ダニエル・ラッセルズ

駐日大使　一九五七—五九年

サー・ヒュー・コータッツィ
（日本協会名誉副会長、元駐日英国大使）

Sir Daniel Lascelles

サー・ダニエル・ラッセルズ（*Sir* Daniel Lascelles）の駐日大使発令は、それまで五年半のあいだ駐日大使を務めたサー・エスラー・デニングの場合とは非常に対照的な人事だった。デニングは領事部門の出身で日本語が堪能だった。ラッセルズは駐日大使を拝命するまで極東勤務の経験はなく、日本語、日本人、日本文化についてまったく知識がなかったので、大使在任中に知り合った日本人とうちとけた話のできる関係ができていたとは思えない。これにたいしてデニングは戦前において日本が支配していたアジア地域のいろいろな部署に勤務し、〔戦時中は〕連合軍東南アジア方面最高司令官マウントバッテン卿（*Lord* Louis Mountbatten）の政治顧問を務めたという並ぶもののない極東経験者であった。英国外務省はおそらく今度は別のタイプの大使に切り替えたくてこの人事となったのであろう。ラッセルズは東京に赴任して十八カ月足らずで召還された。

経歴と人柄

ラッセルズの家柄は抜群であった。(1) ラッセルズはオズボーンの海軍兵学校予科に入れられ、そこからダートマスの海軍兵学校本科に進んだ。それはおそらく海軍士官を目指してのことだったろう。しかし第一次世界大戦後の英国海軍の将来にあまり期待がもてなくなっていたことと、素質的に理論家肌であったことから、そのあとオックスフォード大学に進みベリオール学寮（Balliol）の学生になった。大学卒業後外交部門〔領事部門とともに行政部門の一つで現在は外務省として一本化されている〕に入省し、最初はパリに、ついでベルリン、それからテヘラン（そこでペルシャ語を習得）、ワルシャワ、モスクワ（ここで外務省ロシア語資格を取得）、オスロそしてベイルート（そこでアラビア語を習得）へと配転になった。それからテヘランに戻り、第二次世界大戦後は英国とギリシャの関係が非常に難しい時期に首都アテネに勤務した。一九四八年（昭和二十三）、四十六歳のときラッセルズはエチオピア大使を拝命し、首都アジスアベバでアムハラ語〔エチオピア公用語〕を勉強した。一九五三年（昭和二十八）にアフガニスタン大使に任命された。カブール〔アフガニスタンの首都〕では彼のペルシャ語の知識が生かされたことだろう。

外務省の記録や彼を知っていた人たちの評言によると彼はまれに見る外国語の達人だった。[2] おそらく外務省は彼なら日本語をすぐマスターできると思ったのだろう。しかし一九五七年（昭和三十二）の駐日大使発令のとき彼は五十五歳になっており、その歳になってからの日本語習得は容易なことではない。そのうえ、日本語は彼がそれまで学んできたいずれの外国語ともまったく類似性がない言語だった。彼は日本語をマスターできない自分に苛立ち、日本語に熟達していた部下をうらやましく思った。

ラッセルズは独身であり、一説によると彼は女嫌いであったようである。[3] そういう彼をデニングの後任の大使として抜擢するにあたって、外務省はおそらく戦後の日本は多分に男社会であり、女房や女性はあまり関係がないと判断したのだろう。もしそうだったとしたらその判断は間違っていた。そういう判断をした関係者は在外公館長の妻がいかに貴重な役割を果たしているか、赴任先の人びととの付き合いばかりでなく出先公館員の夫人たちや女性職員との関係においての在外公館長の妻の重要な役割が分かっていなかったということになる。

ラッセルズが駐日大使をしていたときの、ラルフ・セルビー[4] (Ralph Selby) の後任の総務・政治部長リーズ・メイオール[5] (Lees Mayall) 参事官は回顧録『琥珀の中のホタル[6]』(*Fireflies in Amber*) のなかでラッセルズについて次のようなことを書いている。

……［ラッセルズという人は］非常に魅力ある、知的な人で、偏見の強い人だった。彼には性格的な短所が無数にあった。一例を挙げると、彼は、他の社交的行事にはとても几帳面だったが、晩餐会の招待状だけは絶対に出欠の返事を出さなかった。……私が彼にある晩餐会招待状への返事をどうすればよいか聞いたところ、私にたいしてひどいプライバシーの侵害だと云わんばかりにあいまいな返事ではぐらかした。

ラッセルズの部下がみんながみんな彼の風変りな特色に気づいていたわけではなかった。招宴等で日本人客の話相手として接待を手伝わせるのに、部下として大使と遠い存在のジュニアな館員は招かなかったという。彼は自分のスタッフを扱うえでのユーモアのセンスをあまり持ち合わせていなかったようである[7]。

ラッセルズはもともと単独行動の好きな人で、友達ができにくかった。彼はフィッシングを楽しんだが、それ以上に一番好きだったのは地方の田舎道を長時間ぶらぶらあてどなく歩くことだった。彼は大使公用車のロールスロイスでよく地方の田園に出かけ、彼の好きなところにくると運転手に止まるよう命じて、そこに帰ってくるまで待てとか、先の地点に行って待っているようにと指示していた。またある部下の話によれば、彼はリュックサックを背負って行き当たりばったりに鈍行の三等列車で地方を旅していたということである。彼はこのようなぶらり旅が日本語を覚えるのによい機会だと考えていた。メイオールは次のように書いている。

あるとき、彼は私に「二週間の休暇をとる、しかし日本国外に出る訳ではない」、と云った。大使の次席のビル・ハーファム公使 (Bill Harpham のちのサー・ウィリアム・ハーファム) が賜暇で英国に帰国中だったので、このことは［参事官・総務政治部長の］私が大使館の責任者になることを意味した。しかし、大使は日本国内にいるのだから彼が責任者であり、私は代理大使（Chargé d'Affaires）として〔その発令がないので〕職務を代理できない。そこで私は、必要なときにご連絡がとれるように大使の留守中のご連絡先を教えていただけますか、と聞いた。彼は私の願いを生意気だととったが、いやいやながら宿泊予定先の大阪近くのホテルの名前を教えてくれた。彼が休暇に出かけてから数日後、あまり重大な用件ではなかったが彼に相談したいことがあったので、そのホテルに電話した。ところが彼はそのホテルに四日前の夜に一晩泊っただけで、翌朝、借りた自転車でホテルを出ていったきりで、「二週間たってもホテルにお帰りでない場合は、東京にスーツケースをお送りするようご依頼をいただいております」というホテルの話だった。二週間後に彼が休暇から大使館に帰ってきたとき、自分からはどこに行っていたとも言わなかったし、私も聞く気にはなれなかった。

メイオールの記述は他にもラッセルズのおかしな性格や行動にふれている。ラッセルズが離任して帰国する少し前のある朝、メイオールに握手を求め、そのあとで彼はメイオールに彼の手の感じがざわざわするとか何か気味の悪い感じはしなかったかと聞いた。メイオールがちょっと驚いてそんなことはありませんと答えたところ、彼はその日、天皇陛下にお別れの宮中午餐をいただくことになっており、自分の手に発疹か何かができていると、握手の相手方に不快な思いをさせることになるのでそれを心配したといった。宮中から帰ってきたラッセルズはメイオールに午餐で大失敗をやらかしたといい、意気消沈してしょげていた(8)。

ラッセルズが召還されるに至った事情は、英国公文書館に保管されている外務省文書には明らかにされていない。英国人社会の人びとから彼についての苦情が寄せられていたとも云われており(9)、彼が気に入られていたとか尊敬されていたようには見えない。また彼の妙な突拍子もない癖は大使館への訪問者がうんぬんするようになっただろうし、そうなればそんな話は本省に伝わっていたに違いない。大使館幹部も本省から説明を求められれば当然、大使として仕えていくうえでいろいろ支障のある(10)ことをはっきり指摘せざるをえなかったろう。あるとき、ラッセルズは文書のコンマの使い方について四頁もの覚書を大使館の総務・政治部に渡した。メイオールによれば、ラッセルズが帰国のため大使館を出立したのは、後任のモーランドが大使館に到着するわずか二十四時間前だったという。東京から召還されたとき五十七歳だったラッセルズにその後のポストは与えられなかった。紳士録（*Who's Who*）にも彼が退官してから死去するまでのことは一切出ていない。

一九五七年から五九年までの日英関係

ラッセルズが東京に着任したのは一九五七年（昭和三十二）九月であった。日本の藤山愛一郎外務大臣がその年の九月二十七日から十月一日まで英国を公式訪問しているが、ラッセルズが何故そのとき、藤山外相の英国政府との会談に同席できるように日本への出発延期を要請されなかったのか、非常に不思議である。そのときの藤山外相の英国側との会談では、日英双方に関心のあるきわめて広範な国際政治問題、すなわちソ連、中国、東南アジアとの関係、日本の国連安全保障理事会入りの問題が、そして経済通商分野では欧州共同市場、欧州自由貿易連合、海運政策、戦前から保有する英国の対日債権等の処理取り扱い、日本による英国設計原子炉の購入可能性〔この商談は成立し、一九六〇年（昭和三十五）、東海村に日本最初の商業用原子力発電所が完成した〕、さらにガット（ＧＡＴＴ）問題と英国の日本にたいするその三十五条援用問題が話し合われたようである。

大使館からラッセルズの署名入りで本省に送られた報告書は、印刷されて英国の諸省庁のほか在外公館に配布されたが、それらは殆どすべてラッセルズの部下の担当者の手によるものであったようである。その原稿はもうとっくにシュレッダー処理されてしまっているので、精査してどの部分がラッセルズ自身が書き入れた点かを判断することは出来ない。

報告書によると、ラッセルズが大使のときの日本の総理大臣・岸信介にたいする大使館側の評価はあまり高くなかったようである。大使館からの一九五七年十二月三十一日付けで本省に送られた報告書は、岸首相の第二回目の東南アジア訪問について次のようにコメントしているようである。これは、大使館の見解を要約しており、おそらくラッセルズ自身の見解をも反映していると思われる。[11]

岸首相はわれわれからみると到底好感のもてる人物ではない。[12] 彼は自分が有利になること、自分が得することしか目もくれないので、英国がらみのことには殆ど関心を示すことはなく、彼が英国政府について公に口にするのは、英国の［クリスマス島の］核実験のことだけである。[13]

不幸にしてラッセルズは、のちに駐英大使として転出した当時の大野勝己外務事務次官とそりが合わなかった。ラッセルズが一九五七年十二月三十日付けで当時の本省のオスカー・モーランド次官補［次の駐日大使］に送った書簡の中で、その日、日本のインドネシア向け船舶のことで大野次官と会談した際に、大野次官がある時点で「ひどく傲慢な態度に出た」ことを報告している。その日、「一時間前の連絡で」外務省の社交クラブに出頭して大野と面談するよう呼び出しを受けた。行ってみると、大野はその会談の席で「すでに二、三日前の日本の新聞に掲載されていたインドネシアと日本の船主協会との協定文を、頭が混乱していて何をいっているのか理解しにくいやり方で」読み上げた。ラッセルズが［不明な点を］大野に質問したところ、大野はそれが気に入らなかったらしく、「説明してやるために『わざわざ親切に呼び出してやったのに』大野にたいする恩義が分かっていない」、とラッセルズにたいしてひどくおかんむりだったようである。ラッセルズの前任のサー・エスラー・デニング大使は、大野を心から嫌っていた。大野もラッセルズにサー・エスラー・デニングのことをいう場合には［名前を云わないで］「あなたの忌まわしい前任者」と応酬していたという。

一九五七年度の年次報告書が本省に送られたのは翌一九五八年三月十一日だった。それはラッセルズが手を加えた様子のない、明らかに大使館員が手ぎわよく纏めた報告書だった。対米関係が日本にとって最重要課題であるとしたうえで、ソ連、中国、東南アジアとの関係も報告書のテーマになっている。日英関係については「この一年間、日英通商条約締結に向けての話し合いはほとんど進展はなかった」としている。英国の対日輸出は、一九五六年の二千二百万ポンドから一九五七年には二千八百万ポンドに増加している。

一九五八年に、大使館は日米安全保障条約改定交渉の進捗状況についてかなり詳しく報告した。大使館の総務・政治部が下書きし、ラッセルズが署名した一九五八年（昭和三十三）十一月七日の報告書のなかで、ラッセルズは次のように述べている（これはおそらく総務・政治部長リーズ・メイオール自身の見解であり、日本の国内政治の現場を追っていた彼の部下の意見ではなさそうである）。

私は次のような米国側の単純明快に割り切った論理に大いに共感を覚えます。

（1）　日本の社会主義者は西側の公然の敵である。

（2）　総評(14)は社会党の主な資金源である。

（3）　だから総評なんかくたばれ。

当時、総務・政治部に所属していたある大使館員によれば、〔日米安全保障条約改定交渉という〕多分その年の最も重要な日本の動きについての報告書にラッセルズ自身は何らの加筆もしなかったそうである。ラッセルズが東京の仲間である駐日米国大使とこの問題で議論した気配はまったくない。

一九五八年度の年次報告書の作成・提出も、ラッセルズが離任・帰国する少し前の一九五九年（昭和三十四）三月十二日と非常に遅れている。この報告書も上手に書かれてはいるが、中身が二十一段落もあり長すぎる。大使館内各部からの寄稿を寄せ集めたばかりで、総務・政治部長ないしその上席の公使は最小限度の編集校訂的な手直ししかしていないように見える。

一九五八年十一月の皇太子殿下の明仁親王〔現在の天皇〕と正田美智子様〔現在の皇后〕のご婚約〔の皇室会議の発表〕について、次のように記述されている。

日本の皇室は昔からいつの時代もときの国の主たる権力者と、結婚によって提携してきた。このたび皇室は製粉業の百万長者の娘との縁組を決定したので、それは本質的にこの伝統に則った形になった。（しかしながら英国公文書館の資料ではラッセルズが日本の皇室の方々と知り合う努力をしたようには見えない。）

この年次報告書は「日本政府は、国内の新聞がやや無神経に『訪問外交』と書き立てている海外訪問を綿密に展開した」とあり、日英関係については「前年より表面的にはよくなったが、相変わらず関係改善への熱意はみられず、特に記録すべき重要な動きはなかった。……英国が戦前から保有する対日債権等の処理取り扱いに関して、日本政府が英国側に受け入れられる条件の提示をいまだにしていないことが相変わらずわれわれをいらいらさせる唯一の重要案件となっている」と記している。

筆者はいろいろ努力してみたが、ラッセルズによる「第一印象」〔と題する着任直後の〕報告書も離任にあたっての最終報告書も見つけ出すことはできなかった。

結び

ラッセルズが駐日大使に任命された時期は、極東における英国の権益、影響力ともに衰退しているときであった。おそらく当時の英国大使としては直接的に日本側の態度を変えるためになし得ることはあまりなかったであろう。しかし、大使は日本の政治家や高級官僚とのコンタクトを展開したり、講演や報道関係者とのインタビューを通じて、英国側の見解をうまく日本側に伝える努力はできた筈であるし、そういう努力を払うべきであった。ラッセルズがそのような努力をした形跡はまったくみられない。

ラッセルズの駐日大使任命と召還に関する当時の英国外務省官房の資料が入手できないので、彼が何故赴任後そのように短期間で召還になったのかの理由については、憶測以上のことはできない。神経衰弱か何かでだめになったのか、それとも彼の行動にあまりにも奇癖があったので不祥事でも起こされるのが怖かったのか、あるいは単に大使として不適格で大使の仕事ができていないことが本省に明らかになったからであろうか。いずれであったかは証拠となる資料がない以上、われわれとしては英国政府が彼の任命が間違っていて、召還が正しい措置であると判断した、と推断するしかない。

ところで一九五九年に駐日大使に任命されたサー・オスカー・モーランドが、アジアのことに広く精通している〔外務省〕日本領事部門出身者の中でも最高の地位にあり、外務省きっての日本通であったのに、何故一九五七年の時点で〔ラッセルズの代わりに〕駐日大使に任命されなかったのかも明らかでない。おそらくその理由は、彼にはロンドンの本省でもっと経験を積ませるべきだと考えられたか、あるいはもしその年に駐日大使に任命した場合、六十歳の〔官吏〕定年退官年齢がくる一九六三年（昭和三十八）までとなると、大使在任期間が長すぎると判断されたのかも知れない。あるいは〔領事部門出身者からの大使抜擢人事は〕一八九五年（明治二十八）のサー・アーネスト・サトウ〔第八章〕の任命以来、日本領事部門出身者のサー・エスラー・デニング〔第十七章〕までなかったことから本省は外交部門のゼネラリスト起用という戦前の慣行に戻る時期だと考えたのかも知れない。〔当時は〕戦時中の「イーデン改革」により、ゼネラリストの外交部門は一時的に外務局（Foreign Service）と呼ばれていた。当時の外交部門の古手の間には、まだ〔地域専門の領事官を〕「ただの領事」と見下す俗物根性のようなものがあった。もしそういう理由だったら、何故外交部門出身者で日本でなくてもそれ以外のアジア勤務経験があるとか、あるいは少なくとも日本の対外政策の要である米国に在勤した人物を任命しないで、ラッセルズを任命したのだろうか。ひょっとしたらそれまでつらい任地を転々とさせてきたラッセルズに、最後に一段上のよいポストにつけてやろうという配慮が働いたのかも知れない。以上のいずれの事情もラッセルズを駐日大使に抜擢する根拠となすべきものではなかった。

（松村耕輔　訳）

〔原注〕

（1）ラッセルズは国王ジョージ五世の一人娘のメアリ王女（のちに第一皇女）と結婚したヘアウッド伯爵家（the Earl of Harewood）のファミリーネーム。一族のサー・フランク・ラッセルズは一八九五年から一九〇八年まで駐独大使を務めた。

（2）外務省記録によると、いくら外国語ができるといっても、ラッセルズほど多くの難しい言語をマスターした語学の達人は外務省内にあまりいなかった。

（3）原注（9）を参照のこと。

（4）ラルフ・セルビーの最後の官職はノルウェー大使。大英勲章ＣＭＧを受勲している。

(5) リーズ・メイオールはロンドンの外交団担当式部官長代理（Vice-Marshall）になった。大英勲章ＣＭＧおよびＫＣＶＯを受勲している。彼の最後の官職はベネズエラ大使だった。

(6) 一九八九年にソールズベリーのマイケル・ラッセル（出版社）より出版。

(7) カンタベリー大主教〔英国聖公会最高位の聖職〕の訪日が計画されていたとき、大使館員の一人が「大主教の訪日にたいして日本国民がどのような関心をもつかというのは、言ってみれば日本の神道の最高位の方の訪英にたいする英国民の関心がどうかというのと似たようなもんですよね」と気軽に口を滑らせたところ、ラッセルズ大使はそんな軽々に物事を論じるものではないと向きになって怒ったという。

(8) このときの宮中午餐で何があってそのあとどうなったかということについて、リーズ・メイオール（Lees Mayall）が『各界の英国人百人が体験した日本の戦後五十年』(*Japan Experiences: Fifty Years, One Hundred Views. Post-war Japan Through British Eyes, 1945–2000*, Japan Library, 2001, pages 574-575.)〔まだ邦訳は出版されてない〕のなかで紹介している。〔以下は訳者によるその大意〕。

　彼〔ラッセルズ大使〕がその日の午後宮中から大使館に帰ってきて私が再び呼ばれたので大使のところに行って「宮中午餐はいかがでしたか」とお聞きしたところ、大使は「何から何までさんざんだったよ」と云われた。大使によると大使は皇后陛下の右隣に陪席し、年配の女官が彼の左肩の後に控えて陛下との会話を通訳してくださった。日本人は〝l〟と〝r〟の発音の区別ができないので大使のことをAmbassador Lascellesと正しく発音してくれないで通常Ambassador Russelと呼んでいたので、大使もそのうちに自分からAmbassador Russelと呼ぶようにしていた〔アクセントが最初にくるので最後のlesは便宜上省略だったらしい〕。〔日本人に親しまれるために大使は更に一計を案じて〕多くの日本人が持ち歩いている名前入りの印鑑を所持していた。その印鑑にはDan Russel the Foxという文字と狐のマークが彫りこんであった。これはチョーサーの『カンタベリー物語』のなかの「尼僧付き僧の物語」(*The Nun's Priest's Tale in The Canterbury Tales by Geoffrey Chaucer*)に出てくる狐の名前からとったものである。大使は、この宮中午餐のとき所持していたその印鑑を持ち出して、そのいきさつを皇后陛下に申し上げた。チョーサー独特の語り口の披露にもなり、自分の正確な英語名と日本人にとって〝l〟と〝r〟の発音の区別がいかに難しいかのご説明にもなるので、これはいいと考えチョーサーの物語から始めた。ところがこの物語は長い長い物語であり狐の話に行き着くまで日本人に話して理解させるのは至難の業である。女官は陛下にご通訳申し上げるにも大使の話そのものを理解することが難しく、皇后陛下は何が何だかお分かりにならないご様子だった。女官は当然ご苦労なさっていたが、見ていた大使は、日本語で話される言葉は理解できたので、チンプンカンプンな話を耳にして女官以上に身にこたえた。

この宮中午餐には近く離任・離日する別の二つの国の大使が夫人同伴で招かれていた。午餐に先立っておこなわれた予行演習では、午餐が終わったあと全員起立し、両陛下がそれぞれのところにこられて一人ひとりに少しお話をされたあと、幕で仕切られている奥の臨時のお控えの間にご退場になり、招待客はそれを見届けたうえで退席することになっていた。ラッセルズ大使は一同のうち両陛下のお言葉を賜るのが一番最後の順番になっていた。大使はお言葉を賜りながら［お話の区切りの判断が難しかったのであろうか］少し開いた幕のなかへとずるずると入って行ってしまった。その途端、幕が完全に閉まり、中は天皇皇后両陛下と大使の三人のみになっていた。両陛下は招待客全員の退席を見届けられてからそこを通ってご退場になることになっていた［このころはまだ新宮殿は完成していなかったので宮中午餐は仮宮殿でおこなわれていたようである］。大使はすぐ間違いに気が付いたが幕の開いたところが見つからず困り果てていたところ、不面目にも侍従長に救出されて退場する羽目になった。大使館に帰ってきたとき大使は意気消沈しきっていた。［気を取り戻し身支度するのが遅くなり］結局大使が帰国のために大使館を出たのは後任のオスカー・モーランドが大使館に到着する二十四時間前になってしまった。

（9） 戦前に日本で生まれ、戦後の占領期に日本に来てずっと日本に住んでいるドロシー・ブリトン（レディ・バウチャー）（Dorothy Britton, later Lady Bouchier）は［東京のブリティッシュ・カウンシルの図書館長をしていたとき］勤務先からラッセルズ大使随行の一人としてブリテンの歌劇『ねじの回転』（Britten's *Turn of the Screw*）の観劇に行くように云われて同行したときの話を筆者にしてくれた。少しおかしなことであるが、一緒に行った［主な随行者の］ブリティッシュ・カウンシルの在日代表と副代表の二人が「あとは大使をたのむよ」と云い残して途中退場して出て行ってしまったという。彼女によると大使はチャーミングな人だったという。彼女は筆者に次のような話もしてくれた。「そのあとラッセルズ大使は私と私の母を欧州のとても洗練された大使ご夫妻のグループと一緒に素敵なディナー付きミュージカルに招待してくださいました。母と私は大使にすっかり魅了されて葉山の拙宅にご招待申し上げる日を心待ちにしておりましたが、そうしているうちに、まもなく大使はご帰国になりました。」

（10） 英国に帰国したラッセルズは、他の私有物と一緒に大使執務室の書棚に置き忘れた彼の召還に関する本省との往復書簡を取り寄せてくれるよう本省に申し出ている。

（11） 英国公文書館（ＰＲＯ）に保存されている文書にはラッセルズが岸首相と会見した記録は見当たらない。しかしパーティで会っているかも知れない。

（12） サー・エスラー・デニングは一九五七年四月十八日付

けの最終報告書の第六節で「岸の政治的洞察力が国内政治の駆け引きの読み以上のものであるかはまだ証明されてない」と記している。

(13) 英国のクリスマス島沖の核実験は日本において喧しい抗議を引き起こし、東京の英国大使館前で激しいデモがおこなわれ、デモ隊の数は一九五七年五月十七日には一万人を超えた(一九五七年の大使年次報告書第三節)。

(14) 総評は官公労を主体とする左翼労働連盟。

第19章

サー・オスカー・モーランド

駐日大使　一九五九―六三年

サー・ジョン・ホワイトヘッド

（日本協会名誉副会長、元駐日英国大使）

Sir Oscar Morland

サー・オスカー・モーランド（*Sir* Oscar Morland, 1904–80）はきわめて裕福な家に生まれた。父はかつて〔大手国際的監査法人・財務コンサルタント〕プライスウォーターハウスのシニアパートナーをしていた[1]。一家が住んでいたクロイドン〔ロンドン郊外〕にはモーランド家に因んだモーランド通りという通りがあった。しかしモーランド家はいわゆる新興富裕層で、その暮らしぶりは従来からの〔大土地所有者などの〕資産家の目には品格に欠けるように映っていた。モーランド家はクェーカー教徒であったので、オスカーはクェーカー系のレイトン・パーク校（Leighton Park）〔寄宿制名門校〕に入れられた。数学がよく出来たので、その成績によってケンブリッジ大学に進学、当時クェーカー系だったキングズ学寮（King's College）に入った。ケンブリッジ在学中に学寮付きのローマ・カトリック指導司祭、（モンシニョール）ロペス神父と知り合い、卒業前にカトリック教徒となり、それがその後の彼の生涯の大きな支えになった〔丸括弧内は高位聖職者の肩書き〕。彼は非常に熱心な信仰者として毎日ミサに出席した。

ケンブリッジを卒業すると、家業の監査法人関係に進まず、外交部門〔領事部門とともに行政部門の一つで現在は外務省として一本化されている〕に進もうとしたが、他の大勢と同様に彼も採用試験に失敗し、極東地域領事部門に入省して日本に配属された。モーランドは生来の勤勉に加え数学の素質があったので、日本語の習得がかなり高度なところまでいった。

大使令嬢と結婚

日本のあと満州に配属され、その後一九三一年（昭和六）にモーランドは再び東京の大使館勤務となり、当時のサー・フランシス・リンドリー大使（第十三章参照）の秘書官になった。リンドリー大使には四人の令嬢があり、二十代後半のモーランドがそのうちの一人にほれ込んだとしても不思議ではなかった。長女のアリス（Alice）は非常に社交的で、魅力と若々しい情熱にあふれていた。一方モーランドは性格的にどちらかというと堅苦しく、（リンドリー家サイドから見て）彼の経歴や家柄がいまひとつであったにもかかわらず、二人の関係は順調にいった。

順調にいったのは、モーランドに決断と粘り強さがあったからだ。彼の上司である将来の岳父は、二人の結婚に熱心でなかった。友人のスターリング・マクスウェル（Stirling Maxwell）への手紙に、リンドリーは次のように書いている。

娘のアリスがね、モーランドという私のところの領事部門の若いのと婚約しようとしてるんだよ。僕は喜ぶふりもできないんだよ。だって結婚すれば、殆ど一生〔英国から遠く離れた〕こちらのどこかの任地で、それも最も面白くない人たちと付き合って暮らすようになるんだからね。しかし、彼女ももう二十六だから覚悟の上だと思うよ。モーランドの親父はクェーカー教徒だ。……もし奴が途中で領事職を辞めることになっても、仕事のほうはちゃんとするだろうから、アリスを路頭に迷わせることはないだろう。彼は非常にいい人間だ。挙式は十月になるようだ。

この十月に「なるようだ」という言い方は、リンドリー大使は結婚行事の準備に一切タッチしないで、殆ど一切はモーランド自身がすることになったことを示唆している。モーランドは上司の娘を嫁にもらうだけのことではあったが、しかしそのためにはリンドリー家そしてリンドリー大使夫人の実家であるフレーザー（Fraser）家に受け入れてもらうようにしなければならず、これがなかなか大変なことであった。[1] リンドリー大使の喜びが沸かないのは、家格の不釣合いがはっきりしているだけでなく、娘と地理的に遠く離れて暮らさざるをえなくなるだろうという不安があったからのようである。

ともかく二人は結婚し、四人の有能な息子に恵まれ、息子たちはやがてそれぞれ外交官、銀行家、公認会計士、カトリック修道士になった。[2] アリスは家族の先頭に立っての一家の旗振り役だった。しかし、結婚当初の二人の生活はごく平凡だったようである。奉天〔中国遼寧省の省都・瀋陽の旧称〕に勤務していたとき、モーランドは停電中に趣味のチェロに没頭してガラスドアに強くぶつかり、腕の腱を切ってしまったことがある。夫婦ともブリッジがとても強かった。

戦争そして再び日本へ

一九四一年（昭和十六）に太平洋戦争が始まったとき、モーランドとその若い一家は東京滞在中だった。勃発と同時に〔敵国人として日本側により〕抑留され、翌年、被抑留者の交換船で帰国の途につき、ロレンソ＝マルケス〔モザンビークの首都マプートの旧称〕沖で英国船に乗り換えて帰国した。ロンドンに帰ったモーランドは情報省に出向になったが、ここは彼に合わなかった。そこで彼はブレッチリー〔Bletchley ミルトン・キーンズ近郊〕の軍の暗号研究所に配転になったが、そこでは数学の素養が役立てられたことだろう。戦争が終わるとすぐに、モーランドは当然の人事で日本に配転になり、戦後の占領初期の一年間そこ〔東京の連合軍英国渉外事務所〕に勤務した。そのころは外務省の職階で参事官（counsellor）になっていたが、東京では軍の階級をもたされていた。アリスは後年、主人はあのとき陸軍少将でしたと人にいっていたが、実際には参事官の位はそこまでは高くなかった。しかし、アリス自身は当時東京から大阪に行くのに占領軍客車〔一車両〕を専用に借り上げて少将夫人の面目をたもっていた。モーランドは一九四七年（昭和二十二）ロンドンの本省に戻り、経済関係部の部長になった。

一九五〇年（昭和二十五）、内閣府の次官[2]に昇進したが、上司である頑固なノーマン・ブルック内閣官房長官[3]と「そりが合わなくて」居心地が悪かった。三年近くそこで我慢したが、おそらく長官とうまくいってなかったせいで、今度は当時外務省内でジェッダ〔サウジアラビアの紅海側港市〕とともに最も不人気な二つの赴任先の一つとして知られていたジャカルタに駐インドネシア大使として飛ばされた。スカルノ政権下で独立間もないインドネシアは、かなりの混乱状態にあった。しかし、モーランド夫妻はインドネシア駐箚《ちゅうさつ》をフルに享受しようと心に決めた。インドネシア政府首脳との接触は可能ではあったが危険だった。あるときスカルノ大統領はモーランド大使からの午餐の招待を受け入れてくれたが、直前になって五十人の将校を帯同させると通告してきて、急なことで受け入れに慌てふためいた。思いがけない出会いも起きた。ある夜、モーランド夫妻が二人だけで静かに夕食をとっているとき、突然「夜の女」(lady of the night) が現われ、食堂の〔ドア兼用の〕フランス窓からそろりそろりと静かに入ったり出たりして、そのあとを顧客の男が追っていた。

やがてモーランドは三年間のジャカルタ勤務が終わり、再びロンドンの本省に戻り、アジア局長になった。それが終わると次はポーランド大使発令の話があり、ワルシャワ赴任前にポーランド語を勉強するようにとの指示があった。ところが運命のめぐり合わせというべきか、彼より〔外務省の〕序列が上の一人が突然心臓発作で倒れ、それにラッセルズ駐日大使〔第十八章参照〕が突然早期退官することになった。そこで急遽、外部の目では当然の人事であったかも知れないが、彼としては殆ど偶然のチャンスで最後のポストとなる駐日大使を発令され、東京に赴任した。

モーランドが妻のアリスと東京の大使館に到着したとき、正門前で以前に使っていた運転手がいきなり近寄ってきて、モーランドに向かって「あなたには私が必要ですよ」といった。彼は必要としなかったが、アリスが雇ってみることにした。もう一つの話として、夫妻が着任早々帝国ホテルでとった夕食のなかにとても気に入った料理が一品あり、同じ料理を大使公邸でも作ってもらうことを思い立った。すぐに公邸の料理長に正装して帝国ホテルに同じ料理を食べに行ってもらった。これは思いつきの早さ、そして、英国による料理偵察活動が早々におこなわれた一例である。

大使としての最初の〔日本の〕印象

一九五〇年代後半の英国外務省においては、在外公館の長として赴任すると、赴任当初の三カ月が過ぎた段階で赴任先国とその政府の印象について報告書を本省に提出させていた。一九五九年四月に日本に赴任したモーランドは、七月初めに「現代日本の印象」(Impressions of Present-Day Japan)と題する報告書を送っている。

モーランド大使にとって、日本はもう三十年以上前から行ったり帰ったりで長らく親しんできた国であり、戦後十四年が過ぎ、サンフランシスコ平和条約が締結されて七年が経過した日本について的確な詳しい見解をつづることは、おてのものだった。その報告書をみると、謙虚で、やや控え目の彼の性格が随所に表われているものの、自分自身の確信を持った見方を概ね強く打ち出している。彼は自分の云わんとしていることは十分よくわかっていたが、彼を取り巻く人たちの多くは日本のことをそんなにわかっていないし、日本を見る視野も彼ほど広くはなかった。この報告書は部下に提出させた原稿に手を加えた通常の報告書と違って、彼自身がみずから書いた報告書であったが、作成の段階で大使館内のスタッフ、在京の各国外交官、それに日本の大勢の友人、知人と十分に情報を吟味したうえで書いたことは疑いない。モーランドは寡黙で恥ずかしがりやの性格だったので、いくつかの他の国の大使のようにわざわざ外で日本語を使ってみせるというようなことはしなかったが、彼は日本語がまだ十分達者で読むことも話すことも自由にでき、日本の新聞をじっくり時間をかけて精読していた。彼は日本語の新聞、日本語の公文書を読みこなし、彼の回りで日本語で話されることは全部理解していた。それ故、話の途中で少しでも機会があるとすぐ〔相手にお構いなしに〕日本語に切り替えて「発信する」[4](send)人びとと比べても、日本語の能力に少しも遜色はなく、日本語で読んだり聞いたりすることを真剣に深く吟味していたことは間違いない。

健全な〔日本〕診断

モーランドは判断にとりわけ格別の念を入れる人であり、それが彼が執筆した時代を背景としたものという限界はあったけれども、彼の四年半の日本在任中の判断はいつも健全であり、その中に深い洞察が随所にみられた。当時は冷戦たけなわのときで、西側陣営自体が多くの深刻な事態に向き合っていた。ソ連の集中技術開発によって世界初の人工衛星「スプートニク」が出現したとき、ソ連の東欧（特にポーランドとハンガリー）にたいする締め付けが容赦なく強化され、中東ではイラク革命によりファイサル国王が追放されて西側陣営はますます窮地に立ち、レバノンとヨルダンの政権を下支えするために米英が軍隊を派遣するという事態になった（これらのことは、モーランドの東京赴任に先立つ二年間に起きていた）。更にモーランドの東京在任中の一九六〇年（昭和三十五）、ウィーンにおけるケネディ・フルシチョフ会談が不調に終わり、そのことは間接的に一九六一年のベルリンの壁の建設、一九六二年のキューバのミサイル危機を引き起こした。毛沢東率いる中国は何をしでかすかわからない非妥協的な国であり、中国の沿岸沖の台湾海峡ではしょっちゅう砲撃がおこなわれ、朝鮮戦争後の半島では三十八度線の休戦ラインで緊張が続いていた。インドネシアは軍事独裁政権の弾圧下にあり、英国とインドネシアの「対立」は、モーランドが駐日大使の任務を終えて帰国する一九六三年に起きた。同じころ、ソ連の太平洋艦隊増強の兆しがみえており、南北ベトナムの関係が険悪化しはじめ、米国は南ベトナム側にますます肩入れしていった（一九六三年までに五十万人の地上軍と「顧問団」を派遣）。

モーランドの「〔現代日本の〕印象」報告書の最初の数行は、気持ちを抑えて次のように書いている。

私は東京に住んでいたのが、一九二〇年代、一九三〇年代、および一九四一年は戦争勃発直後まで、そして戦後は米軍占領初期の数年間と、その期間があまりに長いので、最近の日本の事情については、十分な最新の情報・知見に基づかないで、安易に一般化した判断をしがちであり、それを避けるのは難しく思います。特に今度の戦争、敗北、占領によりもたらされた日本社会の変貌がどこまで及び、そして定着するかについて、それを過小視ないし限定的に見がちでありす——ちょっと見ただけでは私には日本はあまり変わっていないように見えるのです。

モーランド自身による手書きの草稿は最初から完璧に出来ていて、報告書として完成するまで殆ど修正されることはなかったが〔筆者は秘書官として現場で見ていた〕、この東京着任直後の報告書は、この控えめな書き出しのあと、すぐ本題に入り、モーランド自身の見解を明瞭に述べている。

私がみるところ、西側から日本に来たばかりの人びとは、日本の友人たちが彼らに話す、私の見解とは対極をなす話にのせられ、この二十年の間に、日本人の性格も政治制度も、そして外国にたいする態度も、すっかり恒久的な変化変貌をとげたと信じ込んでいるようです。これはまったくの間違った判断です。疑いもなく真実なことは、たしかに今回の戦争とその結果によって日本社会の正常な変化発展が速められた面がありますが、西側から持ち込んだ改革のなかには当初の目論見とは違う異常な方向に発展してしまったものもあり、後者の多くは日本の風土になじまず、今や姿を消しつつあります。

モーランドは次に、日本の戦後の変化変貌の流れに三種類あるとし、それぞれ「無作為に選んだ例」を挙げて説明している。第一は〔もともとその流れはあったが〕戦争により一段と早められた変革。女性の洋装化と女性の社会的地位向上がその一例であり、ともにがらりと大きな進歩を遂げている。第二は〔もともと日本にその流れはなく日本を変えるために〕外国から導入されて定着した変革。〔連合軍総司令部〕指令により、〔農地改革によって〕不在地主をなくしたことがその一例であり、それにより〔小作人が農地所有者になったことにより〕かなり保守的な考えの新しい農村住民が生まれ、農民はかなり潤うようになった。このようなことは「占領がなければ決して起こらなかった」ことである。第三は、〔日本改革のために〕外国から持ち込まれたが、その改革が育つ土壌が日本にないために消えてしまったか消えつつあるもの。財閥解体がその一例であり、これは「完全な失敗」であり、戦前の「財閥」は〔連合軍による〕解体後すぐに復活した、としている。

次にモーランドは、西洋の民主主義思想が日本では十分に吸収されてないのではないかと疑問を呈し、その一方で、占領が終わっても占領政策にたいする強い反動があまりなかったこと、ことに一九四六年のマッカーサー〔草案に基づく〕憲法にたいしてさえも、険悪な反民主主義の反動が起きていないことを指摘している。その理由として、「憲法の不備は概ね認められているものの、それをどう改正すべきかをめぐる国内政治の対立のほうが、押し付けられた憲法にたいする怒りより強烈であるからだ」と説明している。モーランドは日本の戦後の復興の成功要因として、幸運に恵まれたこと、日本人が戦前同様に勤勉であったこと、そして米国から施された知恵と慈悲の三つがうまく働いた結果であるとしている。

モーランドは、日本人のあいだに反米感情が非常に少ないことに深い感銘をうけている。また、日本人は米国人にたいしてなんら劣等感を感じていないとし、その理由として、日本人は米国人に比べはるかに成熟した伝統や文化、考え方をもっていると自負しており、これがあるために日本人は「米国の少々子供じみた、あるいは滅茶苦茶なやりかたにたいしても恨みをもたないで我慢できた」と分析している。

悲観的な〔日本の〕展望

モーランドは日本の戦後政治の見通しについて、次のような悲観的な見方をしている。

私は戦後の日本の政治は（現在のところ）戦前とあまり変わらない状態に戻りつつあるという感じがしてならない。一九三〇年代の日本の政治は、二つの政党ともその背後にある財閥（その後は軍部）に支配されていて、普通の日本の中間層の人びとは、政治家は金で動く人間として軽蔑し、政治がらみのことは避けて通るのがよいことだと思っていた。その結果が日本に惨禍をもたらすことになった。現在、名目上は二大政党制にはなっているが、野党の社会党が〔政権党の〕保守党を打倒する望みはまったくなく、その政権構想も政策も同様にまったく責任意識がない。一方、保守党の指導者は、閣僚も非主流派派閥の領袖《りょうしゅう》も、舞台裏の勢力、表に出てこない勢力によって支配されていないとは言えない、あるいは少なくともそういう勢力に強く影響されてないとはとても言いきれない状況にある。

モーランドは、彼が接する日本の友人たちが彼に、日本の政治は表に現われているほど悪くはないという話をしているとし、その理由として日本の若い世代が政治にもっと大きな関心をもつようになっていること、若い国会議員たちは「すでに国会の実りのない罵倒の応酬に我慢できなくなっている」こと、日本の教育改革のいい結果がまもなく出てくるということを挙げていることを紹介している。しかし報告書のなかでモーランドは、このような見方にたいしてきっぱりと懐疑的な判断を示しているが、その判断は正しかった。彼の第一回目の東京からの報告書は、その名人芸の、肝心な点だけを簡潔に述べるスタイルで書き上げた、純粋のプロの目でみた「日本診断」として群を抜いている。着任して三カ月しか経過していない時点に書かれたものであったが、その判断の妥当性は驚くほど時間の試練に堪えている。

モーランドの日本の外交政策に関する予測も、関係者に一考を促して止まない内容だった。この時期は英国が自分たちのことを、スエズ動乱[3]があったにもかかわらず、そして英国の影響力は低下しつつあったとはいえ、依然として世界の超大国であると自負していたときであり、そして日本は戦争とそれに続く占領の余波がまだ残っている時期であった。モーランドは、日本人は英国にたいして非常な親近感を抱いており、日本においては、英国を「力の消耗し切った国としてみる目にも歯止めがかかっている。……」とみていた。〔そのうえで次のようにも書いている。〕

しかし、日本人は敗戦によって一つの教訓を、すなわちもう二度と米国勢力を敵に回してはならないという教訓を徹底的に学んでいる。日本人のわれわれ英国にたいする友情は、その公言している親英感情がうそではないにしても、将来何か選択を迫られる難しい事態におちいったときには、日本が何がなんでもわれわれ英国にたいする友情を貫こうとするとは思われない。

モーランドは、日本は「外交の分野における自信を取り戻しつつあり、自分たちの果たすべき役割、特に国連の場において東側にたいする西側サイドの誠実な仲介人として、ことにアジア・アラブ世界の意見を解釈して西側に伝え、それも日本自身の有利になるように、双方の意見の相違の調停に当たる仲介人としての役割を見出そうとしている」と書いている。そして「日本は過去と同様、本能的にいずれ他国との緊密な同盟関係を嫌がるようになるだろう」と断定し、しかし「中国が国内基盤が固まり、ぐんと発展して日本の前に大きく立ちはだかるようになると仮定した場合、日本はどちらの陣営にもっと密接に付くべきかの選択を強いられることになろう」と書いている。〔当時と比べ〕両陣営ともその性格が変わってきたとしても、あれから四十四年経過した今日においても、モーランドのこの一般論的主張はまだ一考を促す点を含んでいる。

モーランドが最初の報告書で取り上げた以上のテーマは、彼のその後四年間の検討課題の中心になった。ところで、当時の外務事務次官サー・ポール・ゴア・ブース[5](*Sir* Paul Gore-Booth) は戦前の日本に在職していて戦争勃発により日本側に抑留された一人であったが、英国の外交政策に欠けている点があるとして次のように書いている。「われわれは国として、戦後の日本にたいする政策がひどく出遅れているように見える。……事実、大体において日本では、英国はたいしてもののかずに入っていない。われわれが当然値するほどには日本において重要視されていないのは確かだ」と。次官がこのことを書いたのは、一九五九年の十一月だった。しかし、この外務省トップの公式見解にもかかわらず、そしてわれわれは東南アジアにおける英国の権益の中心として香港とシンガポールに大きな権益を有しているにもかかわらず、英国の閣僚その他の政府要人は、その後の四年間、東西関係、脱植民地化（ことにアフリカ）、そして欧州経済共同体[4] (European Economic Community)

に加盟することに没頭していた。モーランド大使は一九六一年、秋にハロルド・マクミラン首相（Harold Macmillan）の訪日が日程に上っていたため、予定を早めて賜暇で帰国した。しかし、現職の英国首相の訪日は、一九七二年のエドワード・ヒース首相（Edward Heath）による日本を「再発見」する訪日が最初となった。そして一九八〇年代になってはじめて、日英双方が非常に実りある努力を真剣に積み重ね、通商、経済、政治、文化のあらゆる面で強固な二国間関係が築き上げられたのである。

日本「再発見」

日本在任中、モーランド大使はアリス夫人を伴って日本のあちこちを旅行し、日本がどう変わったかを見て回った。筆者は大使の秘書官として十日間の九州旅行に随行したことがある。このときは、ありがたいことに吉田茂元首相の令嬢である麻生和子さんがわれわれにずっと同行してくださった。彼女は、父上が一九三〇年代後半に駐英大使としてロンドンに赴任中も父上とご一緒だった。そのころすでにモーランド一家と知り合いになり、その関係で、日英が戦争状態に入り、大使館員とその家族が大使館構内に抑留されていた一九四二年の夏のある期間、麻生夫人はだれも予想できない、まったく例外的な計らいをやってのけて、モーランド一家を富士山に近い宮ノ下（箱根）にある別荘で過ごさせてくれた。それまで九カ月の間、一カ所に閉じ込められた抑留生活でうんざりしていたときだったので、宮ノ下での休養は一家にとってまさに干天の慈雨だった。これにより、一家は麻生家と一段と親しい間柄になった。和子さんは、ご主人が九州北部の、福岡の南に位置する飯塚に大きな会社を経営していたので、その地域の殆どの人びとと知り合いであっただけでなく、その地方の生き字引でもあり、旅をとても楽しくしてくれる案内役を務めてくれた。和子さんとアリス［大使夫人］はいつ果てるともない冗談を互いに飛ばし合い、陽気な笑い声が絶えなかった。それにつられて、いつもは無口で気難しい大使も笑いこけ、肉の厚くない顎を上下左右に振っていた。このときの旅行で二つだけ困ったことがあった。一つはガイド役の和子さんが行った先々で、英国大使なのだから料金がどんなに高かろうと、宿泊は最高級のホテルの最も豪華なスウィートルームにしなければと押し付けたことである。当時英国政府はまだ予算の非常に厳しいときだったので、これには参った。しかし、大使は少しぶつぶつ言っただけで一人で何とかしたが、代金の支払いがどうなったのかいまだに謎である。もう一つは旅行中、ある非常に暑かった日に、筆者が冷やしたビールを飲みすぎて体調を壊し寝込んでしまったことである。たとえ短期間とはいえ、秘書官である筆者のせいで大使一行の旅行日程を狂わせてしまうのはつらかった。しかし、それにより、異常事態のなかで大使夫妻が私のことを心配してくれ、大変な気を遣って優しく元気づけてくれる姿に接することができた。

大使夫妻は九州のあと四国と北海道を公式訪問し、筆者がまた随行した。旅行中ずっと大使は戦前の日本と比較していた。「道路はあまりよくなってないなぁ」〔当時大都市以外は舗装された道路はあまりなく、大都市でも道路はほうぼうでひどく傷んでいた〕と言ったかと思うと、「君、日本の子供たちがみんな靴をはいているのに気が付いたかい」と聞いた。私は気が付かなかった。それというのも、素足の日本人は、戦後いち早く過去の現象になってしまっていたようにみえていたからである。

中禅寺の夏

しかし、大使にとって夏の一番のお気に入りの行き先は、奥日光の中禅寺湖畔にある大使用の別荘だった。そこまで行くのに三時間から七時間かかった。最後の区間は舗装がされてない狭隘な、埃の舞い上がる、Z文字を連ねたような急カーブの多い山斜面の急坂〔いろは坂〕で、道中はじっと我慢とうんざりがっかりすることの連続だった。しかし別荘のある、回りを七千フィート級の山々に囲まれた標高四千フィートの中禅寺湖に着いたときは、大変だったドライブのことも、そして蒸し暑い東京のことも、一瞬にしてどこかへ吹っ飛んでしまった。それでも、この大変な道のりがもうそこで終わりというのではなく、そこから数百ヤード先の別荘までは道が出来ていないので、そこに車を止めて、それから先は荷物といっしょに特大の手漕ぎボートに乗り込み、別荘管理人が最後尾で一本のオールを漕ぎ、別荘まで運んでくれた。アリスは毎年夏、ゆうに十週間を、この美しい湖と山々の眺望に囲まれ、人里離れた別天地で過ごしていた。大使は大使館との間を行ったりきたりであったが、毎年夏のうちの少なくとも一カ月は、そこで過ごしていた。湖畔での生活と仕事はゆったりとしていた。しかし、大使はそこにいる間も職務中であった。馬鹿げたほど精巧にできているため実用的でない電話であったがその電話により、大使館との連絡はとれていた。電話は緊急の用事以外は使用しないことになっていた。大使は通常と変わらない量の書類に目を通し、大使館から出す文書の案文を決済し、書簡や報告書に署名していた。大使館から大使秘書官またはその他の館員が毎週、書類の入った箱をもって大使のところに届けることになっていたが、これは書類箱をもっていく者にとって、願ってもない余得の用事だった。表向きは大使が書類に目を通して署名が終わるまでのつかの間の待機ということだったが、一晩か二晩その別荘に泊めてもらっていた。

大使館員が書類箱を届けると、大使の家族の一員として思いやりのある暖かいもてなしを受けた。大使夫人はひざ掛けを編みながらいつもおしゃべりをしていたが、大使は静かにしていた。みんないっせいに毎日決まった時間に湖で泳いでいた。湖は深く、みんなが入るとすぐに黒ずんだ。しかし、大使が一番好きだったのは山歩きで、中禅寺は山歩きに理想的だった。大使は自分自身の体も、随行する人の体もいとうことなく、文字通り山々を駆け巡っていた。これは明らかに大使にとってのストレス発散法であり、随行する人にはそれぞれ体重が減らせるという思いがあった。訪問客の出入りもあった。あるとき、ピルチャー夫妻が娘のジュリアと一緒にマニラからやってきた。ピルチャーは当時フィリピン大使だった(第二十一章参照)。ピルチャー一家はすごく愉快な楽しい人たちだった。もっとも大部分はピルチャーのいつ果てるともわからない、底抜けに愉快な、そしてしばしば大使としての品格にそぐわない話の独演だった。

日本人の性格

モーランド大使は、東京の大使公邸(当時は事務所棟の大使室でなく大使公邸で執務していて、秘書官と個人秘書だけが隣室に控えていた)と中禅寺の別荘という二つの恵まれた場所から〔諸問題を〕見つめ、聞き、読み、そして沈思黙考していた。彼は世界的異変さえ起きなければ、池田首相が公約した日本のGDPを十年間に倍増させる計画〔所得倍増計画〕の達成はそう難しいことではないと思っていた。しかし、モーランドは日本人の国民性の中に活断層のようなものが見えているのを心配していた。〔次のように書いている。〕

日本人特有の国民性は今や自国を、戦前の二、三十年がそうであったように二つの互いに関連した危険にさらしている。一つは国民が惰性的に悪い政治に我慢し、各自が公の問題にかかわるのを嫌うという危険。もう一つは国民が少数ではあるが活動的なグループの行動を不本意ながら黙認するという危険である。

このことは、モーランド大使が東京からの報告書のなかで繰り返し触れているテーマであった。一九六二年を回顧する年次報告書は、大使の次のようなコメントで要約されている。「これといった出来事のない年であった。経済復興は著しいが、政治は相変わらずうまくいってない。……日本の議会制民主主義は有効に機能するようになるだろうか（大使はその基盤が深く定着していないとみていた）。それとも、それに代わるかなり民主的な制度が、ナショナリズムが復活してすべてを圧倒してしまうまえに、出来てくるだろうか？」。これらの問題は将来への問いであり、賢明にもモーランド大使はそれにたいしてなんら確定的な予断をくだそうとしなかった。しかし、彼が意識の根底にそういう懸念をもっていたこと、そしてそれらの問題について〔文書その他で〕絶えず言及していたことは、彼自身が戦前の日本においてじかに経験しただけでなく、つぶさに見た戦後の日本の政治形態、制度と日本社会の弱点であるとして、いつもこの点を彼が案じていたことを明確に示している。

最終報告書

東京での四年半の大使としての任期の終わりに、モーランドは一九六三年（昭和三十八）九月の最終報告書の中で「簡潔を優先するために、あえて独断的に書いた。……しかし、これらは私の個人的な見解にすぎず、多くの場合具体的証拠の裏づけはない」と断ったうえで自身の見解を述べている。ここにおいても彼は、着任当初の日本の印象〔の報告書〕と同様、しっかりした独自の意見をもつ注意深い観察者であり、自分自身のスタイルで、——明確であるが修辞的文飾を排して——、しかも一個の人間の、あるいは一つの大使館の見解などというのは、〔その妥当性、信憑性はおのずと〕不可避的に限られたもので限界があるという意識のもとに書いている。驚くほどのことではないが、彼の日本の印象は一九五九年の着任当初の印象とあまり変わっていない。非常に成熟した文明社会がすべてそうであったように、急激な環境の変化があったにもかかわらず、「日本人のもともとの性格はあまり変わっていない。将来も実質的には変わらないだろう」。……日本人は西洋のアイデアと技術を採り入れて役立ててきたが、「日本の目を見張る物質面の西洋化は、物の見方、考え方の西洋化をあまり伴っていない」。……それ故、「日本人の物の見方、考え方がだんだん西洋化し、あるいは西洋と同じ意味の民主化がなされるという前提に立ってわれわれの〔日本にたいする〕政策を打ち立てることは間違いだろう。日本は自分たち自身の東洋的な社会制度、文化、慣習といったものは〔西洋より〕優れていると現在も確信している」。

モーランドの見解は、「日本人は英国人に比べ、政治のイデオロギー的な意見ないし思い入れといったものはいっそう少ないが、英国人よりはるかに実用主義的な国民である。日本人は、われわれのヨーロッパ文明やキリスト教信仰の伝統に相当するところの、行動の倫理規範であり、国の政策をも左右するものを、まったく持ち合わせていない。日本の〔隣国〕中国とのつながりさえも、政治的というよりはむしろ文学〔古典〕や芸術〔古美術〕の世界でのつながりである。日本の戦後の米国との緊密な関係も、昨今の英国や自由世界への傾斜にしても、まったく自己利益に基づいている。西洋の民主主義の原理や方式といったものは、日本人にはまったく魅力がない」となっている。

日本の英国との関係について、モーランドはいわゆる「日英両国はともに輸出立国の島国であるという一般にいわれている陳腐な言いぐさ」に懐疑的であった。それでも「英国人の性格や生き方を賞賛する日本人の本能的性向は」、些細であるがわれわれのためになりうる。「過度にならないようにほどよく上手に利用すればいつでも英国の日本との二国間関係の潤滑油になるだろう」ということは認めている。

モーランドの最終報告書は、着任直後の最初の報告書と同様、論点を明確かつ簡潔に述べ、読む者に心地よいスタイルになっている。彼の分析と所見は、彼の異常なほどの控えめな性格にもかかわらず、全体的に非常に優れており、彼の提言はその当時を扱ったものとしてきわめて健全なものである。その時期、これらの点で彼ほど卓越した人は〔英国外務省内に〕ほかにあまりいなかったので、政府はその功を認めて、彼が退官したときに大英勲章GBEを授与したが、これは至極当然のことであり、なんら過度に寛大な措置ではなかった(6)。

モーランドにもう一段階上の勲章が授与されなかったのには、おそらく二つの理由があったろう。一つには、彼が外交部門の出身でなく領事部門の出身であったこと。当時、このような出身部門による差別は急速になくなりつつあり、事実、領事部門出身であっても実績を認めて最高の勲章を授与することが例外的におこなわれてはいた。そういう差別をしても何の利益もないのに、差別に喜びを見出す昔の慣行への思い入れのようなものが関係者の間に残っていたのだろう。もう一つは、モーランド自身の気質として、何かまだ丸くなりきれていないものがあったことだろう。モーランドはアナリストとしては最高であり、彼が書いた解説は非の打ちどころのないものだった。しかし、彼はとてつもなく内気で、非常に神経質な人だった。彼はいつも殆ど絶えることなくタバコを吸っていて、筆者の記憶に残っているのは、彼が書斎で下唇にタバコをくわえたまま、部下の一人と議論するのに勇気を振り絞っていた光景である。人と議論することは、彼にとって簡単ではなかった。気持ちを抑えて議論するのに努力を要した。非難叱責は彼にとってさらに倍も難しかった。しかも日常の会話さえも簡単ではないようだった。それだから、彼が〔報告書を書くのに〕あれだけの情報や人びとの意見を拾い上げられたということは、驚きである。彼がたびたび自分の家族にたいしてすらストレートな返答ができなかったとしても不思議ではない。五十歳代の後半になった大使が、三十も年下の秘書官の筆者にたいしても、ほとんど心のうちを打ち明けることがなかったとしても、まったく驚くにあたらない。

退官後、モーランド夫妻はヨークシャー州、ピカリング近郊のソーントン・ル・デイル（Thornton-le-dale near Pickering in Yorkshire）にザ・ハイ・ホール（The High Hall）と称する、どうみても簡素な北国風の家に移り住んだ。彼の七十歳になるまでの主な社会的な仕事は、リーズ地区病院（Leeds Regional Hospital）の理事職で、主として財務関係をみていた。しかし、彼は同時に趣味の山登りも結構楽しむことができたことだろう。彼は一九八〇年に七十六歳で亡くなった。寡婦になったアリスはかなり高齢まで長生きした。〔夫が亡くなったあと〕彼女はソーントン・ル・デイルからオールスフォード（Alresford）に引越し、最後はヨークシャー州に戻り、一番末の息子が修道士をしているアンプルフォース（Ampleforth）に移り住んでそこで亡くなった。

（松村耕輔　訳）

［原注］

（1）　リンドリー夫人（Lady Lindley）の実家はフレイザー家（Fraser）。〔フレイザー家は有名なスコットランドの名門。日本在任中に亡くなったフレイザー公使（第六章参照）も一族の出身。〕

（2）　内閣府（Cabinet Office）の次官（Under-Secretary）は外務省の局長（Assistant Under-Secretary）に相当した。

（3）　サー・ノーマン・クレイヴン・ブルック（Sir Norman Craven Brook）後の男爵ノーマン・ブルック卿、一九〇二―六七。当時は内閣官房長官（Cabinet Secretary）〔政府官吏として最高の地位〕、そのあとＢＢＣ（英国放送協会）会長を努めた。

（4）　この点について筆者のジョン・ホワイトヘッドは、編者に次のように説明した。「フランス語であれ、ドイツ語であれ、アラビア語であれ、日本語あるいはその他の言葉であれ、英語で話をしているときに、その必要がないのに、その機会が少しでもあるといきなり英語からその特定の外国語に切り替えて話を続けることが好きな人がいますし、そういう機会があっても英語のままで他の言語に切り替えない人もいます。後者の場合でも自然に切り替えを躊躇してしまう人もいればわざわざそうしない人もいます。オスカー・モーランドの場合、私は、彼はもともと恥ずかしがり屋でしたので、他の人に比べ日本語でべらべらしゃべることは少なかったのではないかと思います。しかし、そのことは彼が日本語で話されている話を理解する能力がなかったとか、日本語の力がなかったということではありません」。〔筆者は一九八六―九二年に駐日大使を務めた。〕

(5) ゴア・ブース（一九〇九―八四、後に男爵（Baron））の爵位を授けられ、ゴア・ブース卿（Lord Gore-Booth (baron), GCMG, KCVO）となった。

(6) GBEは大英勲章「Knight Grand Cross of the Order of the British Empire」の略。

(7) 編者のコメント「モーランドはGBEより上の聖マイケル・聖ジョージ勲章であるGCMG（Knight Grand Cross of the Order）が授けられるところであったかも知れない。GCMGは従来から英国外交官に授与される最高位の勲章であり、ごく少数ではあるが、更に枢密顧問（Privy Councillors）の地位、あるいは貴族（Peers）の爵位を授与された人もあった。しかしながら、上記のGBEとGCMGという二つの勲章の差異はおそらく仲間うちや専門家以外にはわからないであろう。

〔訳注〕

［1］ シニアパートナーは共同経営者の頂点に立つ総括責任者で、会社でいえば社長。世界一の産業資本主義国となった大英帝国は、産業革命が植民地を中心とする海外市場に依存する形で展開したこともあり、その世界進出は多くの会計士・財務コンサルタントの専門家集団を生み、会計士の社会的ステータスは非常に高い。モーランド家がこの分野で頭角を現わしていたころは、おそらく需要が高度化、急成長していたときであり、旧来の大土地所有型富裕層から見ればこうした知的ビジネス新興富裕層の生活スタイルは奇異に映っていたのかもしれない。

［2］ 長男（Martin）は英国外務省入省後、ビルマ語を学び一九八六年にビルマ大使を拝命、そのあと一九九〇年から四年間、在ジュネーブ国際機関英国政府代表部大使を務めた。公認会計士になった三男はプライスウォーターハウスのリエーゾン・パートナーとしてたびたび来日している。

［3］ スエズ動乱（第二次中東戦争）は一九五六年、エジプトのスエズ運河国有化に反発した英仏の二大国が、イスラエルと語らって〝弱小国〞エジプトに出兵、国際世論の憤激により撤兵を余儀なくされた事件で、これにより大国の威信が大きく傷ついた。

［4］ 欧州経済共同体は一九五八年にフランス、ドイツ、イタリア、オランダ、ベルギー、ルクセンブルクの六カ国により共同市場の創設を目指して結成され、英国はデンマーク、アイルランドとともに一九七三年に加盟を果たした。一九九三年にマーストリヒト条約により、欧州連合（EU）に衣替えし、二〇〇七年二月現在の加盟国は二十七カ国に増えている。うち十三カ国（英国は含まれていない）では通貨も共通化されている。

第20章

サー・フランシス・ランドール

駐日大使　一九六三―六七年

サー・ヒュー・コータッツィ
（日本協会名誉副会長、元駐日英国大使）

Sir Francis Rundall

フランシス・ランドール（Francis Rundall, 1908-87）、通称トニー・ランドールは、戦前の日本領事部門[1]出身のオスカー・モーランド大使の後任で、ランドール大使の後任は、英国最後の日本領事部門出身大使となったジョン・ピルチャーであった。ランドールは一九三〇年（昭和五）に英国外務省の領事部門に入省しアントワープやパナマなどに勤務したが、日本に勤務したことはなかった。日本に関する専門知識はなかったが、他の貴重で、豊富な知識・経験を駐日英国大使館において駆使した。政治、通商両分野の広範な経験を有するとともに、その組織運営管理能力はずば抜けていた。

ランドール大使のフルネームはFrancis Brian Anthony Rundallで、一九〇八年（明治四十一）に生まれ、マールバラ校（Marlborough）からケンブリッジ大学ピーターハウス学寮（Peterhouse）に進んだ。戦後は英国・ドイツ占領軍施政本部（Control Commission）に出向してドイツに勤務した。その後、外務省査察官を一時期務めたあと、一九五三年（昭和二十八）ニューヨーク総領事に任命された。そこでの主な仕事は対米輸出促進であった。一九五七年（昭和三十二）

駐イスラエル大使となり、そのあと一九五九年（昭和三十四）から一九六三年（昭和三十八）まで外務省（Foreign Office）が英連邦関係省（Commonwealth Relations Office）と合併するまで、官房長（次官補）として本省の運営にあたった。

ランドールは痩せ型で背が高く、眼鏡をかけていた。礼儀正しく、几帳面で、非常に良心的な人だった。与えられた任務に非常に生真面目な人であったが、部下に仕事をまかせるのもうまかった。それでいて決して責任逃れをすることはなく、部下の仕事の面倒をよくみて手助けを怠らなかった。彼も夫人のメリーもスタッフの士気を高く維持することに非常に気を使い（二人はいつもスタッフのことを「家族のメンバー」と言っていた）、大使館がスタッフにとっていつも楽しい職場であるようあらゆる努力を払っていた。ランドール大使夫妻は館員にたいして親切で思慮深く寛容であった。それでいて、引き締めてかからなくてはならないときは部下に安易に妥協せず、杜撰《ずさん》な仕事は認めなかった。

ランドール夫妻は日本語の習得に非常に努力したが、ごく簡単な言葉や単語を覚える以上には上達しなかった。それもおそらく、ぎこちない日本語だったと思う。夫妻はまた日本の事情を勉強し、日本的な考え方や行いを理解しようと真面目に努めたが、日本人の性格を十分理解することは困難だと率直に認めたのは、駐日英国大使としてランドールが初めてであった。

ランドール夫妻は訪問客を手厚くもてなし、日本人や在日外交団の面々との付き合いを広げていくために一生懸命に努力した。しかし、来客をもてなす上でのその良心的な努力は必ずしもうまくはいってなかった。大使館のスタッフは招宴などの席で招待客のもてなしを手伝うことになっているが、夫妻は招宴の始まるまえにどの招待客はどのソファーに誘導するなどと、前もって部下にこまかな指示を与え、ディナーのあと別室での歓談のときも、だれはどの招待客のお話相手をするかとこまかく指示していた。(1)

ランドールは東京在任中に胃をわずらった。おそらく大使としてすべての問題に誠実に几帳面に対処したことによる過度の緊張が原因だろう。胃のわずらいで彼は始終いらいらするようになった。助かったのは彼が本省の官房長のときから仕えたプリムローズ・ウィンチ

(Primrose Winch)という第一級の献身的な秘書がいてくれたことである。彼女は大使館員と大使との間を上手に効率よくとりもち、また、大使が静養のため中禅寺湖の大使の別荘や大使が私的に借り上げていた秋谷の海辺の別荘に行っている間も、大使の責任が果たせるよう、てきぱきと手際よく動いてくれた。中禅寺湖の大使の別荘は、館員にたいしてもときどき開放していた。ランドールはよく泳ぎとフィッシングを楽しんだ。一九六七年（昭和四十二）、思うようにくつろぐことができない駐日大使の職務に見切りをつけ、定年退官より一年早い五十九歳で引退することを決意した。

退官後、彼はさまざまな会社に関係した。そのうちの一つは英国電鉄車両株式会社（British Electric Traction, BET）で、彼はそこの採用部門と経営部門の顧問を務めた。[2]これらの仕事は大使職にくらべると責任がぐんと限られていたため、少しはのんびりすることができた。

東京着任

前任のモーランド大使夫妻は、一九六三年（昭和三十八）十月に離任して帰国し、ランドール大使夫妻は同年十二月、クリスマスの少し前に客船で日本に到着した。[3]横浜港では大使館幹部と、あとにその経験を大使が頼りにするようになった大使公邸執事のジミーさんが出迎えた。大使は一九六四年（昭和三十九）一月十六日、天皇陛下に信任状を奉呈した。あいにく大使館前の道路がその年の秋の東京オリンピック開催に向けて突貫工事中だったので、皇居からの皇室馬車のお迎えはなく、代わりに差し回された皇室用メルセデス・ベンツに乗って宮中に参内した。信任状奉呈式に参列した大使および随行大使館員の全員が、外交官正装（独特の服、帽子に着剣）であったことに日本側は感銘をうけたという。ランドールは、天皇陛下は前任のモーランド大使の信任状奉呈のときよりもうちとけておられたように思った。

その年の大使館からの年次報告書は公使のダドリー・チーク（Dudley Cheke）が草稿した。ランドールが着任した年の日本の状況説明の文書だった。それを読んだ本省のマリ・マクルホーズ次官補[4]（Murray MacLehose）は、それについて、「日本は政策的に動きのとれない慢性的な麻痺状態に陥っているようであり、国威高揚のために前進することに腐心しながらも、相手国の感情を害したり、日本側の商取引の機会を危険にさらすかもしれないことは一切しないという姿勢のようである」と述べたうえで、「英国の対日政策の眼目は、まず第一に日本が共産主義の中国の誘惑に打ち勝てるよう日本を経済的にも政治的にも西側にしっかり結び付けておくこと、第二には日本との貿易を拡大することだと思う」と論評した。[5] この報告書のなかで、チーク公使は議会制民主主義が日本にしっかり根付いたという兆候はあまりみられないこと、日本は深刻な国際収支赤字に悩んでおり、輸出を増やす必要があること、日英通商協定が一九六三年（昭和三十八）四月に批准されたこと、日本がOECD[2]にその年の七月に加盟したことを記している。

政治問題―インドネシアとマレーシアの対立

ランドールは日本着任直後に、大きな政治問題に直面した。すなわち、日本政府をしてインドネシア・マレーシア間の対立解消に有効な手をうたせるということである。当時、英国はスエズ以東にも軍隊を維持し、マレー半島、シンガポール、北ボルネオ、サラワクにたいして過去の植民地支配に基づく責任を負っていた。一九六三年十二月二十八日、ランドールは外務省の島重信事務次官[6]のところに呼び出しを受け、次のような趣旨の日本側の回答を口頭で伝達された。「日本政府はスカルノ大統領の主張のいくつかの点は決して許されるべきでないとする英国政府の見解にたいしてはまったく同感でありますが、問題解決のためには先方の熱を少し冷ます必要があり、日本としては飴と鞭の使い分けで対処するのがいいと考えます」。そのあと英国大使館は、外務省アジア局作成のインドネシア・マレーシア問題分析報告書を一冊受け取ったが、チーク公使はそれに「でたらめだらけ」というコメントを付けてロンドンの本省に送った。日本側の分析は非常に甘い希望的観測だったようである。

ランドールは一九六四年一月二十二日、池田勇人首相を表敬訪問した。その席で首相はランドールに「スカルノ大統領は現在、インドネシアのマレーシア、英国双方との関係改善を模索していると思います」と伝え、これにたいしてランドールは「われわれとしてはスカルノ大統領の方針にどこまで誠実性があるのか、納得のいく説明を必要とします」と答えた。

バトラー外相（R. A. Butler）の訪日を前にして英国大使館から一九六四年三月十二日付けでロンドンに送った日本と東南アジアに関する報告書のなかで、ランドールは「日本の外交には方向性も一貫性もない」と記し、「一九六三年九月のインドネシア・マレーシア間の対立が引き起こした事件は日本側に衝撃を与えている。この二国間紛争においては、日本の首相も世論もインドネシア寄りである」旨のことを述べている。ランドールのこういった見解は、大野勝己駐英大使が離任の挨拶にダグラス・ヒューム首相（*Sir* Alec Douglas-Home）を表敬訪問した際に手渡した池田首相から同首相にあてた信書によって確認された。その信書は「私はマレーシア紛争の激化を強く懸念しています。スカルノ大統領は国内的にジレンマで行き詰まっているようです。私としては大統領の顔が国内的にも立ち、しかもマレーシア側にも受け入れられるような提案を模索中です」という趣旨の内容だった。この案は駐インドネシア大使を務め、まもなく外務事務次官に任命されることになっていた黄田多喜夫氏が起草したもので、「黄田案」と呼ばれていた。[7]

その内容は「トゥンク[8]〔マレーシア首相〕側が五年以内にボルネオとサラワクの住民投票を実施するという一方的な宣言と引き替えに、スカルノが〔その方面に展開させている〕ゲリラを引き上げることに同意する」というものだった。

この案は一時棚上げされていたが、一九六四年四月二十一日にランドールが池田首相と会見した際に首相から改定された形で再提案された。この問題はバトラー外相が訪日して五月におこなわれた日英閣僚協議においても、重要議題の一つだった。日本側が問題解決に役立たない調停案を出しつづけたため、この問題はしばらくの間くすぶりつづけた。英国側は、黄田氏がスカルノ大統領と個人的に近い関係にあるとみていたし、また日本の警察が在日インドネシア人学生による駐日英国大使館前のデモのとき〔わざと〕取り締まりに手を抜いたとみていた。この問題は一九六五年（昭和四十）になっても二国間の摩擦の種だった。一九六五年五月二十一日付けの本省あて報告書[9]で、ランドールは、アジアにおける日本の将来の役割に関して、日本の政策にたいする次のような趣旨の批判的な見方をしている。

日本はアジアにおいて独立した役割を担いたいとしているが、それは自由世界の擁護者というよりは、西側とアフリカ・アジアの架け橋になりたいためである。……日本がもっと積極的な政治的動きに出るとすれば、それは歓迎されない調停策の打ち出しということになろう。……日本は西側とは政治的結びつきより経済的結びつきのほうをはるかに大事に思っていると思う。

東京オリンピック

おそらくランドールそして駐日英国大使館にとって、一九六四年（昭和三十九）の最重要イベントは、十月十日に開幕、同月二十四日に閉幕した東京オリンピックであった。オリンピック開催に向けての交通網整備、施設建設のために途方もない大工事が実施された。特に開催までの三年間、東京の道路は、地下鉄網、地下および高架の高速道路建設のために滅多切りにされていた。この巨大な社会資本投資は、池田首相の所得倍増計画達成において、そして日本が国際社会において政治的にも経済的にも卓越した地位を築き上げる上で大きな力になった。英国の印象について、当時の大使館オリンピック担当官ディック・エリングワース氏（Dick Ellingworth）が書いた「一九六四年の東京オリンピックにおける英国の役割」という一文が『各界の英国人百人が体験した日本の戦後五十年』（*Japan Experiences: Fifty Years, One Hundred Views. Post-war Japan Through British Eyes*）[10]のなかに収録されている。同じく同書に収録されている、ランドール大使が一九六八年（昭和四十三）四月にロンドンのジャパン・ソサイエティでおこなった講演録のなかで、大使はオリンピック観戦を楽しんだだけでなく、「英国選手団に競技で競うまでリラックスするチャンスを与えたいと考え」、開会前に九百人以上を招待して大使在任中の最大のパーティを催した話を披露している。

一九六四年の英国と日本

一九六四年の年次報告書のなかで、ランドールは佐藤栄作氏が池田勇人氏のあとをついで日本の首相に就任したことを記したあと、「依然として国内の政治的意見が分かれていることが、日本が国際問題にたいしてどっちつかずの態度しかとれない主な原因の一つである。……共産主義の中国にたいする政策が、おそらく日本の最重要課題であると思う」と書いている。そのあと大使館の最も重要な仕事になる貿易について、ランドールは「最近の英国の輸入制限措置が日本を失望させているが、英日間貿易の見通しは明るい」と書き留めている。また「英国の長期的な経済〔停滞〕見通しにたいして、日本側に不安感が根強い」ことも報告している。この件はランドールのいろいろな報告書にも頻繁に書かれており、彼はあらゆる機会をとらえて日本における英国のイメージをできるだけ明るくするように努力した。翌年の年次報告書には、「日本における英国のイメージは上向き始めている」と書いている。

日英貿易

一九六五年（昭和四十）の日本における英国の最も重要な行事は、その年の九月から十月にかけて東京・晴海で開催された英国博覧会であった。この博覧会は、基本的には英国の資本財消費財の対日輸出促進のための貿易見本市であったが、日本の閣僚の殆ど全員そして皇室からもご来場をいただき、総入場者数は延べ七十七万五千人以上に達した。ランドールは特に秩父宮妃殿下の大きなお力添えにたいして特別の謝意を表わしている。英国からはアレグザンドラ王女（*Her Royal Highness Princess* Alexandra of Kent）が訪日されて博覧会の開会を宣言された。王女はご夫君のアンガス・オーグルヴィ閣下（*The Honourable* Angus Ogilvy）がご一緒だった。王女の訪日は二度目で、初回の一九六一年の訪日は戦後初の英国王室からの公式訪問であったが、訪問した先々で人びとを魅了した。このたびの王女の訪日についてランドールは、王女もご夫君も「すべての重要な行事で会場を盛り立てる役を演じられ」、日本側はお二人の優雅さ、魅力に熱狂的に反応したと記している。

英国貿易委員会（Board of Trade）委員長のダグラス・ジェイ（Douglas Jay）もこの博覧会出席と日本側との貿易交渉のために訪日した。日本から帰国後、彼は当時の外務大臣マイケル・スチュアート（Michael

Stewart）あての私信で、ランドール夫妻が委員長夫妻の面倒をとてもよくみてくれたことを謝し、また大使が委員長の日本滞在時間が最大限に効率よく有効に使われるように行き届いた配慮をしてくれたこと、「大使の威厳ある指導と館員への暖かい思いやりのもとに、大使館員がとてもよい仕事をしている」と報告している。英国から訪日していた貿易省の担当者も、博覧会の成果に満足だった。英日貿易はこの年、約六千万ポンドでほぼ均衡状態に入った。(11)

ウィスキー・毛織物などの英国からの主な輸出品にたいして、日本側の輸入割当規制や無数の関税・非関税障壁は続けられていたが、ランドールはこの博覧会の成功を英国の対日輸出拡大につなげなければと強く思った。彼は前職が本省の官房長だったので、外務省予算の厳しさは十分承知している一方、外務省の仕事を見直すプラウデン報告書作成に深く関わっていたので、できることならこの際、駐日英国大使館の商務経済部職員を増員してもらおうと思った。そこで彼は本省にたいして、職員増員と独立事務所棟の建設を猛烈に働きかけて実現させた。事務所棟は大使館構内のテニスコートのあったところに建てられた二階建簡易建物で、商務経済部専用であった。この建物は地震の多い東京に配慮しての耐震構造にはなっていなかったが、それが出来たおかげで英国本土から非常に遠く離れた、参入の困難な日本市場の開拓のために、増加する一方の訪日ビジネス関係者の対応が可能になった。商務経済部は日本市場についての一般的な情報提供に加えて、英国製品の対日輸出促進のために、有望な商品の発掘などの積極的かつ具体的な役割を演じることが求められた。ランドール大使のリーダーシップのもとに、大使館は貿易省、特にそこの通商関係・輸出振興部や見本市部と、そしてまた英国輸出振興会（ＢＮＥＣ）アジア委員会と非常にいい連携関係ができていった。このアジア委員会の会長は、家庭用暖房器具メーカー・ヴァラー社会長のマイケル・モンタギュー（Michael Montague）だった。

商務経済部のもう一つの業務は、日本経済に関する月例報告書作成や金融関連問題の日本側との連絡（当時はまだイングランド銀行や英国大蔵省からの大使館への出向制度はなかった）のほかに、日本への輸出を希望するビジネス関係者からの日本の関税・非関税障壁がらみの問い合わせにたいして現地駐在員的な手助けをすることであった。

日本の官庁との協議も、商務経済部の大きな仕事の一つであった。英国製品にたいする日本の輸入割当枠を増枠してもらうために、毎年日本側と定期的に協議していた。一九六五年の協議は行き詰まって膠着状態となり、一九六六年と一九六七年においても交渉は難航した。日本側は連日夜遅くまで協議を引き伸ばし、大使館側出席者およびロンドンから対日交渉のために訪日した担当者をへとへとにさせる戦術に出て、最後の土壇場でほんのちょっぴり、しるしだけの譲歩をした。日本側は日英航空交渉においても似たような戦術をとっていた。

その他の問題で大きな時間を要したのは、日本の業者による英国デザインの盗用や、ハンカチなどの日本からのダンピング輸出だった。商務経済部は、また陶磁器とか釣り用具などの、日本からの安値攻勢が英国の当該産業に大きな打撃を与えているといわれる問題について、日本の輸出メーカーとの間で輸出自主規制についての協議を側面から手助けする役割も担った。

ランドール大使は商務経済部の業務を熱心に見守り、大使の助けが必要な場合はいつでも手を差し伸べて督励してくれたが、業務の重要度の優先順位の決定や処理の仕方については、商務経済参事官[12]に気持ちよく一任していた。

別の事例として、当時の英国下院議員ロバート・マクスウェル氏[13]（Robert Maxwell）の訪日に際しては大使は手を貸しすぎた。彼は傲慢で要求の強い、自分本位の下品な男だった。大使に届いたロンドン本省からの手紙には、彼は在外公館から要求どおりのお手伝いをしてもらって些かでも不満があれば、あとであれこれ担当大臣に苦情を言う男であるから気をつけるようにと書いてあった。訪日の目的は、彼が版権を取得していた英国のチャンバーズ百科事典の販売促進と彼の経営する出版社がらみの仕事であった。来日した彼は当時の佐藤栄作総理大臣に会わせてくれと要求した。大使は頼んでみましょうと言った。驚いたことに佐藤首相はマクスウェル氏に会うことに同意してくれ[14]、マクスウェル氏から首相へのチャンバーズ百科事典一セット[15]の贈呈も受けてくれた。大使はまた、彼のために大使公邸で「日本の書籍取扱い関係者を招いて」パーティを開いてやった。ランドール大使夫妻はマクスウェル氏に同行して、日本の洋書輸入大手で代表的な書店である丸善の司社長ご夫妻主催の和風夕食会にも出席した。[16]

文化交流関係

大使は、日英の文化交流に格段の努力をする必要があるとロンドンの本省に強く訴えている。一九六六年の年次報告書のなかで彼は、「日英関係は文化面で地味ながらもよく発展してきているが、日本からみた場合、英国はまだ地図の上に見当たらない（物の数に入っていない）。文化分野では、ブリティッシュ・カウンシルががんばっているものの、英国はフランス、ドイツそしてその他多くの国々に比べ日本で大きく出遅れている。何か大きなインパクトのある文化的な催事を企画実施する時期にきている」と述べている。残念なことに、大使も大使夫人も日本文化にたいする理解は深いところまではいってなかった。

政治的な関係

ランドールが大使として政治面で一番重点を置いたのは、日本の外務省との情報交換や状況分析のやりとりを充実させることであった。大使はまた、日英の閣僚級会議が緊密な二国間関係を発展させていくうえできわめて重要とみていたので、それを推進した。

大使は日本語ができなかったため、そして当時は日本の政治家も英語の話せる人は非常に少なかったので、日本の政治家との接触は主として日本語のできる館員に任さざるをえなかった。自民党ががっちり政権を握っており、相変わらず派閥政治が横行していた。社会党は党内が分裂していて、その反米路線は選挙民から非現実的とみられていた。

ランドールの日本所見

ランドール大使は一九六七年七月六日付けで最終報告書[17]を本省に送っている。この報告書は冒頭に、英国外務省の省内文書にある「英国が日本側とやりとりする場合、日本人の国民性に鑑み、異常なまでの細心の注意と如才ない対応が必要であることを、われわれは常に心に銘記しておくべきである」という、その結論部分の一節を引用している。この報告書で、ランドール大使は自身の日本にたいする所見を、前任のオスカー・モーランド大使による一九六三年の最終報告書のなかの所見やその更に前のエスラー・デニング大使による一九五七年の最終報告書のなかの所見とを比べて次のように述べている。

われわれ三人の歴代大使が最終報告書に示している見解は、大体において同じである。つまり過去百年間に日本人が遭遇したあらゆる出来事にもかかわらず、そしてこの前の戦争がもたらした未曾有の変化にもかかわらず、日本人の基本的な国民的性格はあまり変わっていないということ、そして彼らはいまも一種独特の民族であるということである。……日本人の外部世界とのやりとりは、強い「国民意識」、換言すれば日本人であるという独特の意識によって動かされている。［ここで言っているのは、日本人論すなわちわれわれの多くが苦労して取り組んできた日本人の独自性という神話のことである。］日本人は、彼らの価値観や生き方が諸民族のそれより優れていると確信している。この優越感は、特に西洋にたいしていささか矛盾する劣等感として現われ、日本人が外国人とやりとりする場合に、彼らをして居心地悪く不安定にしている。これは長い間外部世界から隔絶して内に引きこもってきたことから生じる、多分に潜在的な外国人嫌いの名残りである。

ランドールは、「この外国人嫌いは日本人が成し遂げた経済復興にたいする誇り、そして日本がまだ遅れている分野において何としても追いつかねばという気持ちに表われていると思う」としている。

ランドールはまた、日本人は利己主義によって強く動機付けられる国民であるとし、「その点において日本人が一種独特であるというよりも、一民族としての日本人は、自分たちの行動の倫理的側面をあまり気遣うことはなく、相手方が妥協できない物事を、自分たちだけが満足し自分たちだけが有利になるように相手側に受け入れさせる巧みな能力は、おそらく他のどの国よりも勝れている」と述べている。ランドールは、日本は経済分野で国際的義務を巧みに回避することがうまくなっていると判断している。日本側による表向きの譲歩が、巧妙な国内法の運用細則によって骨抜きにされ、またそのようなことが国際批判を浴びてできないときは「そと目には見えない」「行政指導」という伝家の宝刀を必ず出してくる。

ランドールの見解によれば「模範とすべきマナーは冷静な外観を装って本心を剝き出しにしないものだが、日本人は本心丸出しである」。また忠義心、勤勉といった日本人の特質を挙げるとともに、日本人は「軍国主義者でも平和主義者でもなく、世界一の実用主義者である」と断じている。

彼はまた「日本は世界の大国の一つになった」、そして「一人当たりの国民所得や一般の生活水準は西ヨーロッパの高水準の国に比べてまだかなり低いが、彼等は一刻も早く追いつこうと決意している」、「日本は現在、世界の超大国の地位を目指してその経済的影響力を徐々に計画的に伸ばしつつある」と述べている。それまで過去三年間、日本の外交政策には殆ど変化はなかったようである。「日本が国の経済力増強や輸出振興を推し進める一方において、世界のどの陣営にも属さず、どの陣営にたいする責任をも回避していることは、いずれ日本に味方を失わせ、ひいてはその輸出に悪影響を及ぼすことになるかも知れない」。「日本が概ね自由主義陣営に属しているのは、日本の国益の大部分がそちらの方向にあるからであるが、私は日本がイデオロギー的に何ら自由主義陣営寄りの立場を鮮明にしているとは思わない、むしろ、日本はソ連・中国を含む共産圏諸国との経済パイプラインを全開にしたままである」。「戦前の意味での国家主義的な様相はあまり見られない。日本は現在のところ、自由主義世界を守るために今より大きな役割を果たしそうにはないが、もし日本の基本的利益を守るために世界の大国レベルの軍事力が必要になれば、そうするだろうと思う」と述べている。

ランドールは結論として、次のように書いている。「英国の対日政策の基本は、西側陣営に留まることが日本の利益になることを、日本に示すことにある。英国の行使できる影響力は限られているが、われわれは過去において、ビジネス分野および軍事面での協力の実績があり、それにたいする恩義の気持ちを礎《いしずえ》にして今後を築くことができる。日本はまもなく世界第三位の工業国となり、そしておそらく海外市場におけるわれわれの最大の競争相手になろうとしている。海外市場において、わが国企業が日本と合弁を組むという方向もありうる」と。

ランドールは次のようなことも述べている。「この報告書ではこれまで日本人の性格の望ましくない点を中心に論じてきたが、これらの点は日本が外部世界と付き合って行くうえで最も重要な事柄ではないかと思う。日本人には、真実の友愛精神、礼儀正しさ、恩にたいする義理堅さなど愛すべき特性がたくさんある。日本は友邦国に忠実であった。もし彼らにわれわれを友邦国として受け入れるよう説得し、そして高いレベルでの人的なつながりが拡大拡充できれば、われわれの国力以上の影響を日本に及ぼすことができるであろう」と。

ランドールの最終報告書は、日本人の性格や日本の政策について特に深く立ち入った洞察こそしていないが、良心的で経験豊富な職業外交官による、日本の印象の要点をよくとらえた報告になっている。彼は着任前に日本の事情や日本文化の知識がなく、接触した日本人と心情的交流のあまりなかったことを考慮すればあっぱれである。ランドールは断固たる姿勢と細心の注意、そして思いやりの心をもって大使館を運営指導した。ランドールは、とりわけ日英貿易発展にたいして大きな貢献をしたことによって、長く記憶されるべき人物である。

（松村耕輔　訳）

［原注］

本文は英国公文書館に所蔵されている外務省および外務英国連邦省のファイル、および筆者がランドール大使直属の部下として一九六三年から一九六五年中ごろまで一等書記官・総務政治部長として、一九六六年中ごろから一九六七年中ごろに大使を引退するまで商務経済参事官として仕えた筆者自身の記憶をもとに書いたものである。

（1）　筆者は大使公邸でおこなわれたある晩餐会で日本の役所の人と話をしていたときのことを覚えている。ランドール大使から、一人だけみんなと離れてソファーにぽつんと掛けているフィンランド大使のところに行って話の相手をするよう目配せされた。行ってみると豚のようなずんぐりした男で、いかにも眠たそうで、邪魔しないでそのままうとうとさせてくれと思っているのがありありだった。

（2）筆者がランドールから直接聞いた話として、彼が顧問を務めたいくつかの会社でまともな人事査定がなされていないのに唖然としたそうである。

（3）『各界の英国人百人が体験した日本の戦後五十年』(*Japan Experiences: Fifty Years, One Hundred Views. Post-war Japan Through British Eyes, 1945–2000*, Japan Library, 2001, pages 579–582.) 参照のこと。〔このなかに一九六八年十月のジャパン・ソサイエティ『紀要』五十六号に掲載されているランドールが退官後の一九六八年四月二十八日にジャパン・ソサイエティでおこなった講演が紹介されている。そのうち訳者が一番興味深いと思ったのは、日本語ができないことのハンディを大使が、負けてなるものかと知恵を絞って、どのように乗り越えようとしたかの秘策である。要旨は以下のとおり。〕

「私ども夫婦は、一九六三年のクリスマス前夜に横浜に到着するまでの船旅でローマ字で書かれている本で日本語を少しでも覚えようと勉強しました。ところがこの本のローマ字は富士山をFUZIとしてあり日本について
からFUJIという綴りのほうが日本で聞く富士山の発音に近いことが分かりました。それから正しいローマ字の本で勉強しましたが、やはりローマ字で書いてあるとおりに発音しても日本人が話す日本語の発音とは違うことが分かりました。私は二カ月の日本語の集中レッスンを受けましたが、年がいっていることと仕事がいそがしいことで無理だと分かりました。年月を重ねるうちに少しは日本語を覚えましたが、日本語を読んだり講演をしたりするところまではいきませんでした。そこで私はイゴリッシュ（Igorish）の研究に乗り換えました〔日本人がEnglishと発音するとIgorishと聞こえるということから日本人が発音する間違った発音の英語の意味〕が、これがとても役に立ちました。非常に多くの日本人は英語をよく知っています。ただ英語を聞いたり話したりすることがないため、間違った発音の英語から抜けきれない人がいます。そこでイゴリッシュの研究が役立つのです。というのは、誰かがあなたにせっかくあなたの国の言葉で話してくれるのにその人のいうことを理解しないのは非常に失礼（'impolite'）だからです。そこで相手が何を云わんとしているかそのイゴリッシュが理解できないと困ったことになります。」

（4）のちに香港総督になり、爵位を授与されてマクルホーズ卿となった（Lord MacLehose of Beoch, KT, GBE, KCMG, KCVO, Governor of Hong Kong 1971–82.）。

（5）英国公文書館保存文書番号FO 371/176005 (FJ 1022)。

（6）のちに日本の駐英大使になった。

（7）ランドール大使からマクルホーズ香港総督への書簡、一九六四年三月二十六日付け。

（8）Tunku Abdul Rahman　ラーマン・マレーシア首相。

（9）外務省文書番号FO 371/181073。

（10）*Japan Experiences: Fifty Years, One Hundred*

Views. Post-war Japan Through British Eyes, Japan Library, 2001, pages 217-219.〔この本の邦訳はまだ出版されていないが、当該頁の訳者による要約は以下のとおり。〕

寄稿者：ディック・エリングワース〔東京オリンピック開催時のオリンピック担当英国大使館員〕およびフランシス・ランドール〔東京オリンピック開催時の駐日英国大使〕

ディック・エリングワース氏が最初に日本に赴任したのは一九五一年であった。一九六三年、二度目の日本赴任のときは広報担当の一等書記官であったが、同時にオリンピック担当（Olympic Attaché）になり翌一九六四年十月開催の東京オリンピックに参加する英国代表団一行の世話をすることになった。彼が二度目の赴任で日本に行く前の前任地のユーゴスラビアのベオグラードで一九六二年、第七回ヨーロッパ陸上選手権大会がおこなわれた。そこで彼は、そのような国際競技における現地英国大使館のかかわりについてある程度の知識があった。ただし、ヨーロッパ陸上選手権は陸上競技だけであったのにたいし、東京オリンピックではずっと大掛かりで数多くの競技が繰り広げられた。

ディック・エリングワース元一等書記官による寄稿の要約

「東京オリンピックには若干の政治的意味合いがありました。一九三六年のベルリン・オリンピックのあと一九四〇年に日本でオリンピックが開催されることになっていたのが、まもなく欧州に続いて太平洋で戦争が始まり、オリンピック開催は延期になっていました。敗戦後の日本は、戦争直後におこなわれた一九四八年のオリンピックはとても開催できる状況にありませんでした。一九五二年に日本との平和条約が発効し、その後の日本経済の発展をみた国際オリンピック委員会は一九六四年のオリンピックを日本で開催することに決定しました。この決定を日本政府は歓迎し、日本の国際的地位の向上を目指してオリンピックを成功させるためにあらゆる努力を払うことを決意しました。

私が一九六三年に東京に着任したころの東京はどこもここもいたるところで大工事が盛んにおこなわれていました。戦災からの復旧工事もまだ続いており、オリンピック競技場、水泳競技場はもちろんその他の施設もまだ出来ていませんでした。東京周辺の交通網もまだ整備されていませんでした。〔オリンピックの開会式が十月十日であったのにたいし、東海道新幹線の開通は十月一日、羽田空港・浜松町駅間のモノレール開通は九月十七日、日本最初の本格的高速道路である名神高速道路を国鉄バスが走ったのが十月五日というように、すべての完成が大会直前であった。〕この時期、東京は住むのにとても快適といえる都市ではありませんでした。道路という道路には地下鉄網建設の地下工事のため表面に鉄板がはりつめてあり、車は注意怠りなく徐行運転しなければなりませんでした。いたるところに破壊されたまま放置されている廃墟や廃棄物が散らばっており、大気汚染もひどい状況にありました。

私の大使館での立場は、日常的には広報担当一等書記官として広報参事官のジョン・フィゲス（のちのサー・ジョン・フィゲス）の部下であり、同時に英国オリンピック協会専務理事・サンディ・ダンカン氏にも仕えておりました。ダンカン専務理事は訪日する英国代表団の準備一切の責任者でした。ダンカン氏は日本に常時滞在しておりませんでしたので、ロンドンからしつこく用事を言いつけてくるとともに何度も日本に足を運びました。そうして開幕前の準備が万端ととのったところで、団長として英国選手団を率いて東京に到着しました。幸いにしてフィゲス参事官もダンカン団長も、私が二つの異なる任務をこなしていることの意味合いをよく理解してくれました。解決できない問題というのはありませんでしたが、時間と労力を両方に割かねばならず、とても大変な重労働でした。

東京オリンピック開幕前の私の主な仕事は、ダンカン氏と英国代表団に日本は必ずオリンピックをやり遂げられるということを納得させて安心させることでした。東京があまりに混沌としていたため、誰一人として準備が開幕までに間に合うとは信じていませんでした。彼らはまた、いくつかの競技が東京郊外でおこなわれるので言葉が通じないうえに十分な面倒をみてくれる人もいないことを非常に心配しておりました。そしてもっと一般的な心配として、代表団のなかに［英国全般に広がっていた、日本人は野蛮だという］戦争の悪い思い出のイメージが残っていました。しかも、それはアジアで初めて開催されるオリンピックであり、しかも日本は最初の開催地国・ギリシャのオリンピック委員会からも、近代オリンピックになってから国際オリンピック委員会本部が設置されているスイスからも、途方もなく遠く離れていることが不安をあおっていました。

これらの危惧や不安は一掃できましたが、それはひとえに財団法人オリンピック東京大会組織委員会の方々に外国からの選手団その他の訪日者の扱いに大きな配慮をしていただいたおかげであります。特に組織委員会の岩田幸彰渉外部長にこの方面で実にすばらしいお働きをしていただいたことをよく覚えております。ダンカン氏はこの岩田部長ととてもうまく連携してやっていました。日本の自衛隊員の方々は明治神宮近くの元米軍キャンプの跡地にできたオリンピック村の運営を任されていましたが、それら自衛隊員の方々も英国選手代表団にとても人気があり信頼されていました。私どもは、特に東京郊外でおこなわれる競技に出場する選手たちの競技場への往復に支障をきたさないようにするために「親切おじさん制度」（"Uncles"）［日本側の正式名称は「補助通訳」だったらしい］の設置に同意してもらうよう岩田部長を説得して受け入れていただきました。これらの親切おじさんは、みな日本在住の英国人民間人、主にシェル石油やドッドウェル商社などの企業幹部で構成されていました。この制度を含めて、在日英国人社会が東京オリンピックのために著しく寛大かつ献身的な貢献をしてくださいました。往時の水泳の名手であり、東京で歯科医院開業中のジョン・ベスフォード先生は何週間も医院を閉院して応援してくださいました。そして、先生の歯科医院勤務のチャーミングで有能な日本人女性の方々がオリンピック村のダンカン団長の事務所を取り仕切ってくださいました。サー・フランシス・ランドール英国大使の競技の応援も熱狂的でした。

私が英国大使館員のなかから最初のオリンピック担当官に任命された理由の一つは、それが政治的な問題が絡む仕事かもしれないと考えられたからでしょう。参加国数は史上最多の九十四カ国にのぼり、インドネシアと北朝鮮が、何人かの選手が出場資格を停止されたことから参加を拒否していなければ、参加国数は九十六カ国にのぼったはずでした。その二カ国のことはまったく政治的なことであり、私はその問題には一切かかわっておりませんでした。私のオリンピック担当としての仕事は主に英国がらみの管理的なもので、一般的には外交官的な仕事でした。この仕事の殆どは大会の準備段階の時期だけでした。というのは競技が始まったらすべてがスムーズに調子よくいったからです。日本にとってももちろん、あのすばらしい開会式典は大きな感動を呼びました。国立競技場の聖火台に点火した最終ランナーは、世界初の原爆が投下されたその日に、広島市の郊外で生まれた、十九歳の坂井義則さん〔早大生〕でした。新生日本が戦争の廃墟から立ち上がりつつあることを世界にシンボリックに示した瞬間でした。

メダル獲得数でこそ首位になれませんでしたが、英国の選手たちは、特に陸上競技において、非常によく健闘しました。私自身が特に覚えているのは、男子走り幅跳びと女子走り幅跳びでそれぞれ優勝したリン・デービス選手とメリー・ランド選手です。私はランド選手の快挙はよく思い出します。といいますのは、彼女が私が現在住んでおりますウェルズ（Wells）〔サマセット州〕の出身であり、そこのミルフィールド校の卒業生であるため、町の広場の舗装された歩道の表面に彼女が優勝した跳び幅が刻まれて彼女の偉業がたたえられているからであります。

英国選手がメダルを獲得するたびにロンドンの政府内にも大きな反響がありました。選手団には当時のハロルド・ウィルスン首相から二度も祝福の電報が届きました。詳しいことは英国オリンピック協会のためにダンカン専務理事が作成した報告書に出ておりますので、本稿では英国選手の偉業についてこまごまとは申し上げません。私の仕事上の貢献は選手の偉業とは殆ど関係なかったとしても、当時日本在住の英国人と同様に、私も選手のみなさんとお付き合いできたことを、そして彼らより幾分密接にお付き合いできたことを誇りに思いました。

英国選手団のすばらしい活躍はバッキンガム宮殿にも

当然知れ渡り、選手団が英国に帰国したら女王陛下がバッキンガム宮殿でお祝いのレセプションを開いてくださることになりました。英国オリンピック協会は、親切にも私を代表団の一人としてその招待者リストに加えてくださいました。そして、英国大使が私をそのレセプションに出席できるよう、代表団に同行して東京からロンドンに出張することを許可してくれました。というわけで、一九六四年という年は私にとって特に記憶に残る年でありました。東京オリンピックが終わったあと、日本と、英国をふくめ世界の他の国々とは、ぐんと打ち解けあうようになりました。私はこのようなことを生み出したプロセスにおいて、大きな組織の一個のちっぽけな歯車の役割を果たすことができたことを非常に感謝しております。」

東京オリンピックのときの駐日英国大使はサー・フランシス・ランドールであった。一九六八年四月のジャパン・ソサイエティにおける講演において、ランドール元大使はこのときの競技を次のように回顧している。

「私はかねがね一生に一度でもいいからオリンピックというものを実際に見てみたいものだと念願しておりましたので、家内と私は東京在任中にその競技がおこなわれて大変幸せでした。東京オリンピックは、計画、準備、運営ともにこれ以上のものはありえない史上空前の出来で、実にすばらしいものでした。日本は全世界に向かって、オリンピックはこのようにやるものだよとお手本をみせてくれました。あのようなすばらしいオリンピックはもう二度とないと確信しております。出場選手たちの競技を観戦するのは、大使の任務としてこれ以上の冥利に尽きるものはありませんでした。大使館の同僚たちも同じ思いだったでしょう。私の回りにいた三十カ国か四十カ国の大使連中が、あたりかまわず、とてつもない大声で声援を送っていた光景はほかのところでは到底目にすることはできません。われわれ関係者もほとんど選手に負けないくらい、喜び勇みそしてがんばったと思います。それどころか、われわれ自身がはしゃぎすぎて、競技の優勝者が決まるたびに立ち上がり、その国の大使に拍手を送りながら席と席の間に転がり落ちそうになりました。

東京オリンピックはまた私どもに、大使公邸の屋内収容限度ぎりぎりの、招待客九百人以上という空前規模の巨大パーティを催す機会も与えてくれました。わが国の選手団に競技前に少しくつろいでもらおうと考えて、開幕少しまえの適切な日を選んで催しました。みんなすっかりくつろいでくれました。あのパーティのことはよく覚えております。ある女性水泳選手は、初めて口にするマチーニ〔ジン、ベルモットなどで作るカクテル〕に酔うまいとソファーに横になってこらえていました。その一方で、ボクシングやヨット（The Royal Yacht Squadron）〔フライングダッチマン級で銀メダル受賞〕

の選手団は元気な声を張り上げて合唱をしていました。パーティは夕方六時から八時までとなっていましたが時刻をすぎても盛り上がったままで、私どもが十時十五分になって各部屋の明かりを全部消灯してやっとお開きとなり、みんなが引き上げていきました。私はあのパーティはわが国の選手団の競技の妨げでなく励ましになったと思いたいですよ。」

(11)　「英国週間」がおこなわれた一九六九年には、この数字は一億ポンドまで上昇している。

(12)　筆者がロンドンの本省に戻って一年にもなっていないときであったが、ランドール大使は筆者に、筆者よりずっと序列が上のコーリン・ハリス参事官の後任として商務・経済参事官として東京の英国大使館に戻るよう要請があった。

(13)　ロバート・マクスウェル（Captain Robert Maxwell, MC, 1923-91）はチェコスロバキア出身の元海軍大佐。下院議員（労働党）。各種出版社、デイリー・ミラー紙などからなるビジネスグループを築いたが、会社資金を不正流用してビジネスを拡大していったため運営に行き詰まり、最後はカナリー諸島沖で謎の死を遂げた。

(14)　筆者は、彼の依頼は不当であり、われわれの日本政府との貸し借りの恩義を使い切ってしまうのでこのようなことを日本側に頼むのは間違いであると思った。しかし、ランドール大使がロンドンとひと悶着するのを避けたいとする気持ちは理解した。

(15)　筆者はランドール大使とマクスウェル議員に同行して佐藤首相を表敬訪問した。このとき筆者は佐藤首相の顔に皮肉っぽい薄笑いを見てとった。首相はマクスウェルのことをごね得の政治家と思ったことだろう。

(16)　筆者は、マクスウェルはこの夕食会での態度が非常に悪く、司社長夫人にたいしてまるで芸者を相手にしているような振る舞いをしたということを聞いた。

(17)　外務・植民地関係省文書番号 FCO 21/258。

[訳注]

［1］　戦前の英国外務省は独立の行政部門であるゼネラリストの外交部門と特定国・地域専門職の領事部門とに分かれていた。

［2］　ＯＥＣＤ（経済協力開発機構）は先進工業諸国の国内的・対外的な経済政策を調整するための国際機関で、加盟は先進国の仲間入りを意味し、加盟国数は三十カ国（二〇〇七年二月現在）。

［3］　「過去におけるビジネス分野および軍事面の英国の日本にたいする協力」の内容について訳者が筆者に問い合わせたところ、おそらくランドール大使は、ビジネス分野では明治期の日本の産業近代化過程や戦後の日本の自動車産業勃興期などにおける協力、軍事面では主として日英同盟による協力、そのほか戦後の日本の自衛隊にたいする訓練支援なども念頭においていただろうという回答であった。

第21章

サー・ジョン・ピルチャー

駐日大使　一九六七―七二年

サー・ヒュー・コータッツィ

（日本協会名誉副会長、元駐日英国大使）

Sir John Arthur Pilcher

一九六七年（昭和四十二）から一九七二年（昭和四十七）まで駐日英国大使を務め、第二次世界大戦後の日英友好関係の復活に向けて努力したサー・ジョン・ピルチャー（*Sir* John Arthur Pilcher, 1912–90）は、退官後も日英両国の関係者や友人、知人の間で長く慕われた。

ピルチャーは背が低くずんぐりして、頭ははげかかっていた。機知に富み、豊富な話題で人を楽しませる人だった。彼はまた博識の人であり、語学が達者で教養豊かであった。そして謙虚で礼儀正しく人を手厚くもてなした。プロテスタントからカトリックに改宗した信仰心の厚い人だったが、寛容性に富み、彼と信条を同じくしない人に対しても思いやりがあった。彼は仏教に格別の関心をもち、日本文化には仏教や神道の思想が根底にあることをよく理解していた。彼は日本人の特異性の観察を楽しんだ人であり、彼の日本にたいする愛情は、日本在勤中に直面した不愉快や苛立ちによって色眼鏡に染まることは滅多になかった。彼のミドルネームはアーサー（Arthur）であったが、彼のファースト、ミドル、ラストネームの頭文字をとったＪＡＰは、日本では禁句であることを知っていたのでこの略語は使用しなかった。

ジョン・ピルチャーは一九一二年にクエッタ（Quetta　現在のパキスタン）に生まれた。英国陸軍工兵士官（Royal Engineer）の父親がそこの幕僚大学（Staff College）で教鞭をとっていた。彼はその地で中年を過ぎた音楽好きの両親の一人っ子として育った。彼が英国に来たのは一九二一年で、一家はバースのジョージ王朝様式建築の家に住み、両親は彼に音楽趣味を仕込み、将来は外国語の達人として身を立てさせたかった。そこで彼は、子供時代はよくフランスのノルマンディーの親戚の家に預けられ、またイタリアやオーストリアにも住んだことがある。その甲斐あって彼はまもなくフランス語、イタリア語、ドイツ語が達者になった。

学生生活はシュローズベリー〔のパブリックスクール〕から始まった。彼はそこの校風が野蛮だとして気に入らず辟易していたが、そのあと文化的な校風のケンブリッジ大学クレア学寮に進学できてほっとした。バースの古典建築に魅せられた彼は、最初は建築学を専攻したいと思っていたが、生活手段でなく趣味としての建築学を学んでも、その趣味を生かせるだけの金持ちのパトロンは見つからないのではと考え直した。そこで大学ではスペイン語を専攻することに決めるとともに、イタリア語も完全なものに仕上げようと思い立った。驚いたことに、彼のケンブリッジ時代の趣味はビーグル犬を使ったウサギ狩だったそうである。

彼がケンブリッジ大学で知り合った最初の日本人の一人が、日本の戦後初期の総理大臣・吉田茂の子息で、吉田健一という一風変わった人だった。もう一人が後に日本の大手商社・伊藤忠商事の会長になられた伊藤英吉氏で、後に親しい友人になった。この段階では、ピルチャーは日本という国が彼の人生にとってそんなに大きな関わりをもつことになるとは思いもしなかった。

進路を決める段階になったとき、彼は語学ができるので外務省の外交部門ないし領事部門に入省することを勧められた〔当時、外務省の機能はゼネラリストの外交部門と一種の国・地域専門職の領事部門に分かれていた〕。採用試験で経済科目を受け損ねてしまったが、日本領事部門に採用された。

最初の日本勤務

ピルチャーは後に親友になった同じ語学研修生のトム・ブロムリー（Tom Bromley）とともに海路で日本に向かい、一九三六年（昭和十一）二月に日本に着き、後に二・二六事件と呼ばれるようになった二月二十六日の青年将校の反乱を目撃した。客船は横浜港に直接入港しようとしなかったかあるいは入港できなかったため、カッターで遠浅の浜辺まで行き、そこから徒歩で上陸したことを、後に大使として日本に着任したとき京都のブリティッシュ・カウンシル（British Council）館長のピーター・マーティン（Peter Martin）に語っている。ピルチャーは一九八四年（昭和五十九）五月四日にオックスフォード大学日産日本問題研究所でおこなった「宗教に対する見方」（A Perspective on Religion）と題する講演で〔二・二六事件の関連で〕次のような話をしている。「青年将校たちが崇敬して止まない天皇陛下のお心を正しく理解し解釈できているのは自分たちだけであるという信念を行動に移したこの二・二六事件により、私は直ちに『日本人の宗教的信条とその時代時代の表現をどう考えたらよいか』という難問にぶつかりました。」

ピルチャーとブロムリーは、現在駐日英国大使館事務棟の一部になっている、最上階にあった「語学研修生用居室」に一緒に住んでいた。大使館の運転手の妻で数人の子持ちのメイドが、彼ら二人の一切の世話をしていた。ところが彼女がますます法外な支払いの請求書をよこすようになったので、あるとき二人は彼女に抗議した。すると彼女はそれに猛烈に腹を立てて、二人が出ていったあと、その部屋の鍵を全部廊下の向い側にあるトイレの男性小用便器に投げ入れたまま出て行ってしまった。このことについて、ピルチャーが駐日大使として東京に着任したとき、戦前から大使邸に勤務して執事になっていたジミーさんが、〔若かった大使が〕あのとき三階の窓から部屋に入ろうとして外から雨水管をよじ登っていたのを見ましたよ、と彼に話したそうである。

ピルチャーは大使館ではサー・ロバート・クライヴ大使〔第十四章〕の秘書官としての仕事を与えられた。彼の目に映ったクライヴは、段々耳が遠くなっている勿体ぶった老獪おやじという感じだった。クライヴはフランス大使館の陸軍武官夫人との浮気が取りざたされていた。ピルチャーによると、クライヴ夫人が夫に嫌がらせをしようとして大使の書斎に生きている小鳥が入っている鳥籠をたくさん置いた。腹が立った大使は小鳥目掛けてしょっちゅう本を投げつけていたという。

ピルチャーは最初は日本がどうしても好きになれなかった。しかし、彼の日本にたいする興味は、当時大使館の商務参事官で高名な日本学者のジョージ・サンソム(George Sansom)と、その妻で絶えず彼の味方になってくれたキャサリン(Katharine)から、いろいろと教えられるうちにだんだんと高められていった。ピルチャーはまた、当時大使館の総務・政治部長で、のちに著名なイタリア大使になったアシュリー・クラーク(Ashley Clarke)とも非常に親しい仲になった。クラークとはよく一緒にアマチュア演劇をやり、デュエットを組んだ。そのうちにピルチャーの日本文明にたいする関心が高まるにつれて自分自身のヨーロッパ文明の根源に立ちかえり、カトリック教義の啓示を受けるようになった。

〔クライヴ大使のあとに〕ロバート・クレイギー大使〔第十五章参照〕が赴任してきてから、一時日本からの転出を願い出ようと思っていたピルチャーは、気の落ち着くことのない大使館業務から離れて京都に勉強に行かせてもらいたいと大使館当局と交渉し、受け入れてもらった。

ピルチャーは「奈良と京都のすばらしい寺院仏閣の美に徹底的に打ちのめされた」。

(京都の著名な禅寺の一つである相国寺の)或る禅僧のもとで、私は日本語を勉強した。この禅僧は日本の当局から当時流行の神道国体護持思想を私に吹き込むよう、ときおり指示を受けていた。鈴木大拙先生からは禅思想を啓発された。その結果、私は日本人の生き方の背後には神道と仏教の二重の指導原理があり、そして市民生活の面では儒教の影響もあるというふうに理解しようと思った。

ピルチャーは南禅寺近くの小庭つきの小さな日本家屋を借りて住んだ。一九八四年五月四日にオックスフォード大学日産日本問題研究所でおこなった講演で、二年間の京都生活を振り返り、「明治維新後〔神仏分離により〕仏教的要素を払拭した両部神道《りょうぶしんとう》の保有する敷地内に住んでいました。家の裏手には滝があり、滝の下はそこに立って滝に向かって拝礼するのに立派な場所でした。ですから私は朝から晩まで神道がどこにいても常に存在していることを感じることができました」と話している。

ピルチャーは庭の手入れをするのが好きだった。和食と洋食の両方が出来るコックと、オハルさんという彼の面倒をとてもよくみてくれる女中を雇うことができた。彼は〔日本語をフランス語風に翻案した〕タタミゼ(tatamisé)、すなわち日本人以上に日本的になった。自転車を購入して京都中の名刹、名園を回った。ゴルフもブリッジもやらなかったので、日本文化の吸収に全力投入できた。彼は日本語のいろいろな言い方に魅せられた。ことに難解で仰々しい京都弁の言い回しを覚えるのを楽しみ、日本人の知人たちはそれを聞いて面白がった。

ピルチャーの日本美術への興味は、京都在住の有名な陶芸家で民芸運動指導者の河井寛次郎との友好を深めることによって高まって行った。河井とピルチャーの遠縁に当たる英国の陶芸家バーナード・リーチ（Bernard Leach）を介して、彼はおなじく民芸運動の創始者である柳宗悦と浜田庄司の知遇を得た。

ピルチャーが頻繁に会った日本人学者の一人が寿岳文章《じゅがくぶんしょう》教授であった。寿岳教授は当時、ダンテ『神曲』の「地獄篇」と「天国篇」(Dante's Inferno and Paradiso)を日本語に翻訳中であり、またウィリアム・ブレイク(William Blake)にも大きな関心をもっていた。ピルチャーはダンテの長い文章も〔ラテン語で〕暗誦できるほどだったので、教授の翻訳のお役に立つことができた。

寿岳教授のお嬢さんは子供の時分、学校から帰るとよくピルチャーが座布団の上にあぐらをかいて座っているのを見かけたと語っている。彼は教授の家によく行っては食事をご馳走になり、教授夫人の手料理や簡素な日本食を満喫した。お嬢さんは彼がいつも緑っぽいスーツに茶色のソフトハット姿で京都をあちこち回っていたとも語っている。

日本では軍国主義がだんだん台頭してきていたが、教授宅は言論の自由と平和主義の避難所であった。寿岳教授は皇室とご縁のある家柄であり、おそらくそのせいで彼が教授宅を訪れても、当時在日欧米人の挙動に非常に目を光らせていた警察や憲兵隊に邪魔されることはなかった。しかし、そのほかの日本人の友人は当局による電話の盗聴を恐れて、徐々に彼が訪れるのを好まなくなった。彼のほうでも日本人の友人を訪問するときは、相手に迷惑がかかるのを避けるため、乗って行った自転車をその家から離れた通りの横丁に留めるなどしていた。

教授のお嬢さんはまたピルチャーがユーモアのセンスがあり、物まねが上手だったことも覚えていた。例えば、日本の神道の神主の物まねをするときは、神主の歩き方そっくりに歩いて見せた。また彼が暑い夏の盛りに教授宅を訪問したときは、すぐ真っ裸になって冷水浴となり、そのあと彼用に用意してあった浴衣を着てベランダに腰掛け、夕涼みを楽しんでいた。

〔戦争が終わると〕ピルチャーは寿岳家が生活に困っているのではないかと心配して連絡をとった。一九四八年、極東出張の旅に出かけたとき、当時日本国内を旅行することは非常に困難であったが、なんとか京都の教授一家を訪問することができた。彼が一九六七年に駐日大使として日本に赴任してからも寿岳家を訪ねて行き、教授夫人は再会をとても喜んでくれた。夫人によると、彼はユーモアのセンスを含め昔とちっとも変っておらず、京都弁も忘れていなかった。

ポンソンビ・フェーン[1]

ピルチャーはポンソンビ・フェーン一家とはサマセット州のヨーヴィル近郊のブリムトン・デヴァシィにあるフェーン家の広大な屋敷（Brympton d'Evercy near Yeovil）で知り合っていた。そして京都に居を構えるようになったポンソンビ・フェーン（Richard Arthur Brabazon Ponsonby-Fane）と旧交を温めた。彼は一風変わった男で、いつも羽織袴に虫食いのひどいぼろぼろになっているウールのマフラーを巻いていた。そのマフラーは貞明皇太后（昭和天皇の御母上）が彼のために特別に編んでくださった記念のものだった。京都でポンソンビはピルチャーに彼が感じ入っている神道の魅力を盛んに吹き込んだ。熱心な英国国教徒のポンソンビは、京都郊外の上鴨で日本の神道を研究する賢人であると同時に、クリケットを愛好するサマセットの大地主のだんなでもあるという二重の生活を送っていた。

〔ピルチャーが大使時代、東京ブリティッシュ・カウンシル館長のピーター・マーティン（Peter Martin）は、ポンソンビのお葬式についてピルチャーが語った様子を記憶している。それはまことに奇妙奇天烈なお葬式だった。ポンソンビの妹が訪日して列席したが、ピルチャーによると、この妹というのが英国の地方大地主の気ままな娘丸出しで、お葬式に来ているというのに、京都滞在中ずっとあっけらかんとして無頓着に振舞っていた。彼女が初めて兄のポンソンビの家に入ってきたとき、椅子が見当たらなかったので床の間にどしんと体を投げ出したまま、いきなりそこの優美な古美術の飾り皿に手を伸ばして、その上のバナナを手でむいて食べ始めた。

しばらくしてから、ポンソンビの甥と姪が彼の家財の後始末にやってきて、京都の銀行に彼名義の巨額の預金があるのを発見した。彼等はそれを英国に送金しようとしたができなかった。そこで全部円札の現金で引き出したところで、姪が急に「私は妊娠していて細心の注意を要する体なので、入院のため米国行きの日本郵船の船に急いで運んでください」と申し立てた。そうして、もちろん大使館員ピルチャー黙認の下で、中に円札をぎっしり詰め込んだマットの上に彼女を寝かせて担架でまんまと船まで運んでもらった。船が日本を出航して米国の領海に入った途端、彼女は妊娠を装っていた状態から突然奇跡的に元通りに回復したようにふるまい、船内パーサーに頼んでそれらの円札を全部一挙にドル札に交換してもらった。

青島

すべて楽しいことはいつかは終わりがある。一九三九年（昭和十四）、ピルチャーは青島《チンタオ》〔中国山東省の港市〕の英国総領事館への転勤を命ぜられた、最初は六カ月間だけということであったが、結局一年以上そこに勤務することになった。彼の仕事は、総領事館（そこは通常は同僚の中国領事部員が勤務していた）と当時青島に居留中の英国人を困らせていた日本軍当局との連絡であった。ピルチャーは青島勤務が楽しくなかった。総領事はいつも総領事館構内から一歩も外に出ないで、外部にたいして強い姿勢を堅持していたが、ピルチャーはこの上司の総領事と性が合わなかった。ピルチャーは上海に到着した日、英国人女性が人力車の中国人車夫を足蹴りにしているのを目撃してぞっとした。また中国に居留する平均的英国人が当時知っている中国語は、召使に出て行けと告げる言葉だけなのを発見してショックをうけた。日本国天皇のご真影への脱帽に反対していた青島の英国人は、礼節の大切さが分かっていなかった。ピルチャーは総領事や英国人居留者から、彼が日本びいきであるといつも責められていた。一方、京都で日本の最もよいものを見てきたピルチャーは、青島にきて祖国を離れた日本人のひどい最悪の事態を見せつけられた。ピルチャーは青島在勤中の一九四〇年、ドイツ人神父の司式でカトリックに入信した。

ロンドン、ローマ、ロンドン

一九四一年（昭和十六）、日本との戦争が始まるまえにピルチャーはロンドンに転勤になった。彼はマニラ、米国経由で帰国した。米国からは船で帰国することになっていたが、運よくリスボン行きの飛行艇の座席が手に入った。彼はそこに乗り合わせていたイタリア問題の権威のノーマン・ダグラス（Norman Douglas）と知り合った。リスボンから海路ブリストルに到着したところ、そこの税関吏がピルチャーが所持していた日本語文字の住所録に嫌疑をかけ、彼の英国への入国を許可しなかった。税関が外務省に照会して問題ないことが分かり、やっと入国できた。しかしながら、ピルチャーの荷物が積んであった船は米国を出航後、英国に向かう途中で撃沈され、荷物は帰ってこなかった。

その後、ピルチャーはロンドンで、退役陸軍将校の娘でアイルランド系カトリック信者のデリア（Delia Margaret Taylor）と知り合った。彼女の家は地方の大土地所有者で、一家は乗馬、ウサギ狩り、銃猟、フィッシングという地方大地主の典型的な娯楽に興じていたが、ピルチャーはそれらの娯楽には付き合わなかった。そんな理由から一家にはピルチャーはデリアの結婚相手としてふさわしくないと思われていた。そこで婦人農耕部隊〔land girl for the war　男手がなくなった戦時中の農村で編成〕の隊員になっていたデリアは、実家を出てピルチャーと密かに結婚した。

ピルチャーが外務省の情報課に勤務していたとき、デリアは芸術振興会の前身である音楽・芸術振興会に就職した。ピルチャーの情報課での仕事は、〔戦時中の敵性外国語である〕日本語など難しい言語の速成特訓のために、ロンドン大学東洋アフリカ学部（ＳＯＡＳ）に陸海空の三軍から抜擢派遣されてきている若者たちにたいし、外国事情を説明するなどして励ますことだった。猛烈な特訓がおこなわれていたのでストレスでダウンする学生もいた。当時その特訓を受けていた筆者はストレスで参るということはなかったが、一九四三年暮れにピルチャーが学部でしてくれた講話をいつも思い出す。あのときの彼独特のユーモアたっぷりの語り口で、フロアに身を投げ出しての熱心な歌舞伎役者の演技には、みんなが魅了されすっかり元気を取り戻した。

戦後の数年間

ピルチャー一家はチェルシーに居を構えた。戦後の最初の間は、勤め先の外務省情報部の仕事はぐんと減ったので、ほとんど毎日お昼の食事に帰宅し家で昼寝ができた。そんなある日、外務省から突然電話がかかってきた。電話に出てみると、外務省の彼の部屋の天井がどかんと落ち、その中に彼がいないために、心配で自宅に電話をしたということだった。筆者は一九四八年にカールトンハウステラス（Carlton House Terrace）にあった外務省分室に彼を訪ねた。

用件はロナルド・ドーア（Ronald Dore）〔のちにロンドン大学教授になった〕と筆者が連名でロンドンの『ザ・タイムズ』に出した、外国書籍の日本への輸出をマッカーサー総司令部が禁じているのはけしからんという投書のことで相談するためだった。同じ年に、ピルチャーは広報担当一等書記官としてローマの英国大使館に転勤になった。かれはイタリア語がよく出来るうえに外向的開放的性格であったので、うってつけの仕事だった。当然一家はイタリア滞在を大いに満喫した。

一九五一年(昭和二十六)、ピルチャーは参事官に昇格し、外務省本省の日本・太平洋地域課長になり、その年にサンフランシスコで調印された日本との平和条約の批准(発効は翌年四月)を事務方として担当した。この頃は日英関係にとって非常に厳しい時期であった。旧日本軍による英国人戦争捕虜虐待の問題だけでなく、過酷な労働条件下で製造されたと申し立てられていた廉価な日本製繊維製品や日用品の不公正な輸入品にたいする脅威が、英国全土に広がっていた。ピルチャーは日本にたいしてもっと客観的な見方をするよう英国の政府要人・閣僚に最大限働きかけたが、これはかなり難しかった。ピルチャーは、アントニー・イーデン外相〔Anthony Eden のちに首相になった〕のところへ対日政策のどんな具申をもっていっても、「俺は日本人が嫌いだ。AE(アントニー・イーデン)」と判子で押したように突き返される、とよく周囲に嘆いていた〔外相は一人息子をビルマ戦線の日本軍との戦闘で亡くしていた〕。

当時筆者は東京の英国大使館の二等書記官として、〔日本との平和条約発効前に朝鮮戦争にかかわる〕日本駐留国連軍の地位に関する行政協定を締結するため、日本政府との交渉に非常に長い時間を費やしていた。この協定は、対日平和条約が発効するまで、占領軍当局によって諸施設を提供されていた国連軍が朝鮮で作戦行動をとるための基地に適用されるものとして必要であった。[2] ロンドンの本省は〔われわれが東京でこの交渉でどんなに苦労しているかちっとも分かっていなかったので〕「米国の傘の下で」国連軍が日本に継続駐留できるように折衝せよと、ますます非現実的な訓令をよこすようになった。そんなある日、筆者は「米国の傘の下で死んだ馬の尻を叩くなどという無駄なことはもう諦めるべきです」と不注意にも隠喩を使った返電を書いて送信してしまった。この返電に本省関係者は爆笑し、本省の日本・太平洋地域課長のピルチャーから、筆者の「死んだ馬」に輪をかけて隠喩をいっぱいに使った手書き四枚の私信が上司のデ・ラ・メア総務・政治部長(Arthur de la Mare)あてに届いた。残念ながらこの手紙は今は残っていない。[3]

マドリード、マニラ、ロンドン、ウィーン

ピルチャーの次のポストはマドリードの英国大使館付きの公使で、大使は最初がジョック・バルフォア（Jock Balfour）、その次はアイヴォ・マリット（Ivo Mallet）という気難しい好感のもてない人だった。ピルチャー夫妻は五年間のマドリード滞在を満喫した。当時はまだフランコ大統領が現職の時代であり、外国からのけ者扱いをされていたときだったので、英国から閣僚の訪問は一人もなかった。ピルチャーはあるとき、後に彼が駐日大使になったとき外務大臣になった、当時野党の労働党下院議員ジョージ・ブラウン（George Brown）の〔スペイン訪問中の〕世話をすることになった。そのときピルチャーは、独裁政権が夏の間執務していたサン・セバスチャン〔地中海に面した高級リゾート都市〕の大使館事務所長だった。ジョージ・ブラウンはフランコ総統の謁見を要求した。総統の謁見は訪問者が労働党議員という「社会主義者」でなくても、誰であっても非常に難しいことだったが、ピルチャーはたまたまフランコ総統担当の神父（聴罪司祭）を知っていたので、そのつてを利用してジョージ・ブラウンのフランコ総統謁見の手はずを整えることができた。ピルチャーはブラウンに当日の謁見前にいろいろと事前説明をしておいたほうがよいと考え、ブラウン夫妻を有名な海鮮料理レストランの昼食に誘ったところ、ブラウンは「野党の社会党議員には古びた海鮮料理レストランで十分だろうよ」と皮肉った。ピルチャーはそのレストランは高級料理店で値段も高いことを説明していた。ブラウンがレストランに到着したときは酔っ払っていたが、ピルチャーは謁見前になんとか酔いを醒まさせることができ、謁見はうまくいった。

マドリードの次はマニラの大使だった。マニラには一九四一年に行ったのが最初だったが、赴任先として「極東で最低のところ」だと思っていた。しかし、どこに飛ばされようと行った先を好きになってやろうと心に決めていた夫妻は、フィリピンを満喫した。夫妻は〔大使館付き〕空軍武官の専用機デハヴィランド（De Havilland Dove）でフィリピン中を回り、フィリピン人およびフィリピン文化が好きになった。夫妻はスペイン語が達

者であるばかりでなくカトリック信者だったので、それもものをいった。夫妻は来客をとても手厚くもてなした。ピルチャーはパーティを成功させる秘訣はフィリピン人、英国人、外交官、ゲイ〔などいろんな人の〕のごった混ぜ（a mixture of 'Flips and Brits, Dips and shits'）だというフレーズを作り仲間うちにそっと耳打ちしていた。（もちろんこのフレーズはその後駐日大使になったときには当然日本向きに作り変えた。）

ピルチャーはマニラからロンドンに帰って情報・文化担当次官補になった。このポストは彼にうってつけの仕事だったはずであるが、何をするにも予算が乏しく、これといったまともなことができなくて挫折感を味わった。対外文化関係が特にそうだった。そこで彼はバチカンに公使としての転出を願い出たが、ローマ教皇庁のこのポストにはカトリック信者はつけないと言われた。その代わりに彼は一九六五年、オーストリア大使に任命された。当時の事務次官ハロルド・キャチア（Harold Caccia）はそれまで誰を任命してもウィーン勤務をエンジョイしないことにうんざりしていて、ピルチャーのように赴任先の人びとの中によく溶け込んで任地生活をエンジョイする能力がある人をそこに送りたかったからである。そのうえ、ピルチャーはオーストリア系のドイツ語ができた。ピルチャー夫妻にとって再び本領を発揮する出番が回ってきた。夫妻にとってはウィーンの人びとの社会やその上流気取り的なところも愉快で楽しかった。そして二人とも音楽には目がなく心酔した。しかし一九六七年、病気のため予定より早く退任するランドール大使（第二十章参照）の後任として、駐日大使への昇任がまもなく発令されるという知らせがあった。ピルチャー夫妻は夏のモーツアルト音楽祭（Salzburg Festival）が終わるまで出立をうまく延ばすことができた。

駐日大使

ピルチャー夫妻は一九六七年（昭和四十二）十月に東京に着任し、一九七二年（昭和四十七）夏に外務省を退官するまで駐日大使を務めた。それまでヨーロッパ文化にどっぷり漬かってきたピルチャーは、日本に帰れてとても楽しかった。夫妻はすぐに東京の社交界に刺激を与えた。二人は幅広い人びとをもてなし、そして文化への関心、とりわけ音楽への傾注ぶりで知られるようになった。二人はとりわけ日本の皇族、そのなかでも特に秩父宮妃殿下と、それから在京外交官仲間と親しい関係を築いていった。二人の交際範囲は日本の知識人、芸術家、陶芸家、聖職者など非常に多岐にわたり、通常の外交官の〔乗る人は代わっても同じ景色のところを忙しなく回るだけの〕回転木馬的な職務交際の域を遥かに越えていた。

夫妻はあらゆる機会をとらえて日本各地を回った。特に大使の大好きな京都には何度も行き、よく都ホテルに泊まっていた。ピーター・マーティンによると、ピルチャーは〔婉曲な言い回しの〕仮定法動詞の多い古い時代の凝った日本語を使ってホテルのメードさんたちに話しかけて面白がっていたが、メードさんたちにはよく分からなかったという。

ピルチャーは打ち解けた性格であるうえに、日本人と日本文化が大好きだったので、英国の日本との関係に新しい次元を切り開いた。ピルチャー以前の駐日大使が日本との関係の改善にあまり努力しなかったというと語弊があるが、一般的に言って彼らにはピルチャーのような人間的暖かさはなかった。彼は英国の政府要人・閣僚が日本に関心をもつよういろいろ努力し、また英国内の対日理解の改善を促進した。

ピルチャーは駐日大使として必要なことは何でもした。彼は自分の仕事をエンジョイしかつ誠実に任務を遂行した。しかし彼はワーカホリック〔仕事中毒の人〕ではなかった。彼は大使館の業務のなかで商務関係や経済がらみの仕事がますます重要になってくることをよく理解していた。本人が認めていたように、彼自身は商取引や経済関係のことはよく分かっていなかった（ピルチャーは戦前の外務省採用試験のときに経済科目を欠席して落としてしまったが、入省してからもその穴埋めは出来ていなかったようである。「東京における英国週間」事務局長ベン・ソーン（Ben Thorne）はピルチャーがある日、彼に「経済って何だね」とからかって聞いたという）。それでも当時、筆者は商務経済参事官として彼の部下であったが、ピルチャーはわれわれの仕事をいつもよくサポートしてくれた。またよくからかわれた。われわれは当時英国から次々と洪水のごとく訪日してくる貿易使節団の世話をしていたが、それらの使節団のことを「コータッツィの行商人、干渉屋ご一行様」といって筆者をよくからかった〔使節団の各団員はよく大使館の業務にあれこれと干渉していた〕。しかし使節団一行のため大使公邸で日本についてのブリーフィング〔説明など〕をおこなうのはとても好んでいた。使節団の面々は日本語がいかに複雑な言語であり、日本文化がいかに深遠であるかについての大使の説明にすっかり魅了されていた。使節団が訪日すると、筆者は大使館構内の官舎で一行のために歓迎レセプションを開くことになっていたが、その直前にピルチャー大使を大使公邸に表敬訪問することになっていた。その表敬訪問のときにこの念の入ったブリーフィングがおこなわれ、大使はそのお得意の演技を含めちっとも端折ろうとしなかった（おそらくそれはできなかっただろう）ので、一行の到着が遅くなった。あるとき、あまりに長く待たされるので、私は日本側の招待客がとっくに着いて待っておられますよ、と催促するために大使に電話した。受話器をとった大使は相手が筆者だとすぐに気がつき、一言も言わないでそのまま受話器を下ろしてブリーフィングを続けた。結局、そのうちに筆者は使節団一行の日程表作成の段階で、大使のブリーフィングは表敬とは別の時間に設定するようにした。

ピルチャーはいつも対日輸出に関してわれわれの日本側にたいする陳情、抗議を支援してくれた。あるとき筆者は、日本側との金融協議のため訪日した無口で気難しい英国大蔵省のレイモンド・ベル局長（Raymond Bell）のために、大使公邸で日本側関係者との昼食会を催してもらった。われわれ同様、大使もこの局長を気難しく思った。大使は同席していた日本側の並外れて教養豊かな大蔵事務次官と日本文化の話に花が咲いたこともあって、昼食会はうまく行った。大使は日本側招待客が引き上げたあと、ベル局長のほうを向いて、気軽な口調で「このコータッツィ参事官がね、今日の午後これから僕をビスケットの対日輸出問題で日本の農林省に行かせるところなんですよ」と言った。大使はビスケットのような些細な問題に一国の大使がかかわるべきでないと、ビスケットという言葉に語気を強めてそういった。これにたいし無口な局長は、「大使、貴方はそのためにお給料をいただいているのじゃありませんか」と言ってのけた。そのとき筆者は大使が激怒するのではないかと心配した。

われわれの対日輸出促進の努力は、ついに一九六九年（昭和四十四）秋の「東京における英国週間」開催へと進んでいった。東京中の百貨店が英国週間のあいだ一斉に英国商品を扱うことに同意してくれた。東京・九段の日本武道館では大英国展、そのとなりの国立科学技術館では英国の科学展、医療機器展を開催した。大使は企画段階のはじめのころだけはそのような大掛かりなキャンペーンに懐疑的だったが、やがて文化と抱き合わせの売り込みキャンペーンの目指している意図を十分把握してからは、熱を入れるようになり、英国週間の成功に向けて精力的に活躍してくれるようになった。大使は多くのプロジェクト企画会議のそれぞれに参加を申し出た。

「東京における英国週間」事務局長ベン・ソーンによると、あるとき一連の企画会議の一つが大使公邸の書斎で午前九時からおこなわれることになっているのに、その企画のためにロンドンから訪日してきた貿易産業省の広報課長アーサー・サヴィッジ（Arthur Savage）がまだそこに来ていなかった。やがて遅刻して到着した課長が二日酔いしているのは誰の目にも明らかだった。大使はすぐに執事に黒ずんだ飲み物をグラスに注いでもってこさせた。それはピルチャーの得意の万能薬（Fernet Branca）だった。課長はこのむかつくような味の薬をぐいと飲まされ、なんとか飲み込んだかと思うとすかさずトイレに走った。

日本における英国週間

「日本における英国週間」のために英国から多数の賓客が訪日した。マーガレット王女（*Princess* Margaret）はご夫君のスノードン卿（*Lord* Snowdon）とご一緒に訪日して開会を宣言し、つづいて各英国展会場を回っていただいた。もてなし上手の大使夫妻は歓迎に余念がなかったものの、王女一行の何日もの公邸滞在で気の休まるときはなかったであろう。あるとき、大使夫妻は一向に寝室にお引き上げにならない王女のために、大使公邸で夜の舞踏会を催した。その舞踏会を含め王女一行の訪日はすべてうまく行った。当時〔王位継承順位九番目の〕ウィリアム王子（*Prince* William of Gloucester）

が外交官として駐日英国大使館に派遣されてきた。大使は王子を筆者の部下として商務部に配属した。商務部の仕事は王子の得意ではなかったので、筆者は王子をその従姉にあたるマーガレット王女の日本滞在中の日程作成を担当してもらった。ところがこれがまた問題から問題を引き起こし、筆者は王室の名声に配慮した問題解決をするうえで、たびたび大使に助けを求めざるをえなかった。

英国週間の英国からのもう一人の賓客は、ロンドン市長（*Lord* Mayor of London）だった。すごく尊大な御仁だった。独特の荘重な儀礼服をまとった彼は、実際の市長としての管轄範囲はロンドンの一平方マイルに過ぎないのに、少なくとも東京都知事と対等だと思っていた。ある日、大使公邸の夜会の席で自分の右側に立つ大使を見て、市長は「君、僕の右側には女王様以外にだれも立ってはならないのだよ」といった。大使はこの男の横柄な言いぐさにカチンときて、すかさず「こちらはその女王様です」と、語気を強めて言い返した。確かに大使は任国における女王の代理人であるから、その点は間違っていなかった。

英国週間は一九六九年（昭和四十四）十月二十八日に終了し、すぐあとに大使は大使館からロンドンの本省あての報告書に署名した。草稿立案にかなりの時間がかかったこの報告書の題名は、なんと「銀座の陽気な女房たち：日本における女性の地位」（The Merry Wives of Ginza: Women's status in Japan）だった。[4] その最初のページで大使は報告書の草稿は大使館のジョン・モーリー参事官（John Morley）によるものとして彼に謝意を表しているが、報告書を読むと紛れもなく大使自身が執筆した形跡がありありである。報告書は次のような文章で始まっている。「日本は外国人にとって目を見張るものがいっぱいあるかのように映る。最も実態と違った印象を与えているものの一つが、日本の女性である」。そのあと、日本の男性はセックスが下手であるとし、「生まれつきその才能が備わっていないため、日本の男性は、和合の場に臨んだとき、相手による欣喜満腔の反応をうまく引き出すといわれている、あの間髪を入れない当意即妙の自然な躍動ができないのだろう、といったら日本の男性を誹謗したことになるだろうか」と書いている。また日本の女の子たちについて、「自分をセクシーに見せようと張り切ってはいるものの、ローディーン〔名門女子私立校〕の芸の未熟な生徒がサロメを演じているようなぎこちなさがある」と述べている。最後は次のように締めくくっている。

銀座の陽気な女房たち（those wives of Ginza）は本当に楽しいのだろうか。彼女たちはまだ「もののあわれ」とか「無常」という感じは強くもっている。しかし、それでも彼女たちはすくなくとも、ピアズ・プラウマン（Piers Plowman）の「思いやりなき貞潔は地獄につながれるべし」という言葉には例外なく同感だと思う。[5]

ピルチャーが在任中に面倒をみなければならなかった沢山の英国からの訪日者のなかに当時の外務大臣ジョージ・ブラウン夫妻がいた。彼らが日本に到着した日曜の夕刻、大使から筆者に電話があり、筆者夫婦に歓迎の夕食に来て手伝うよう要請があったとき、ブラウンと言う人は前述のスペインのサンセバスチアンでのピルチャーとの愉快なエピソードにもかかわらず、非常に気難しい人ではないかと筆者は直感した。到着したときすでに彼は上機嫌ではなかった（飲みすぎていたようだった）。彼は理屈っぽい、すぐに喧嘩腰になるタイプの人だった。しばらくして彼に対処するには、恐れず勇敢に立ち向かい、決していじめられっぱなしのままにしておいてはいけないということが分かった。

われわれ関係者のみんなを魅了した訪日者は、ハロルド・マクミラン（Harold Macmillan）〔元首相、マクミラン出版社社主〕だった。大使館幹部は大使邸に呼ばれて約一時間、氏のお話を拝聴した。とても話し上手な人だった。一九二三年（大正十二）の関東大震災のとき、マクミラン社は取引先の丸善にたいして寛大な措置をとり、書籍代金の支払いを大幅に延期してやった話も披露した。[6] 丸善側はまたこのときの寛大な措置をよく覚えていて、訪日中のマクミラン氏をとても丁重にもてなした。ピルチャー大使が気に入ったもう一人の訪日客は、アーノルド・トインビー（Arnold Toynbee）だった。大使は博士の昭和天皇謁見に同行した。そのとき博士と天皇との会話がはずみ、予定の時間をかなり越えてしまったという。

一九七〇年（昭和四十五）の大阪万博は大使在任中のもう一つの大きな行事だった。大使は戦前からの知り合いのジョン・フィゲス氏（John Figgess）を大阪万博の英国政府代表として推薦した。二人はとても仲がよく、多くの文化的趣味が一致していた。ところが不幸にして、大使と大阪総領事ロバート・ジョン（Robert John）との関係はうまく行ってなかった。総領事は人の神経を逆なですることを平気で言ったりしたりするような人だった。おまけに彼は京都の偉大な歴史的文化的意義を認めない人だった！

大阪万博開催期間中の最も重要な訪日者は、チャールズ皇太子（*Prince of Wales*）だった。そのとき皇太子はケンブリッジ大学の最終学年にご在学中の若者であり、皇太子として初の公式海外ご訪問であった。ピルチャー大使は皇太子を京都のお気に入りの名所旧跡にご案内し、日本の仏教や文化について説明して回った。皇太子はそのときの京都見学にとても大きな感銘をうけられ、案内したピルチャーのことを敬愛の念をもってよく覚えておられた。

昭和天皇のご訪英

ピルチャーの駐日大使としてのハイライトは、一九七一年秋の昭和天皇・皇后両陛下の国賓としてのご訪英であった。天皇は七十歳になられたばかりであったが、ご歩行もお話も年老いた人のそれであり、会話するのは難しかった。戦争中に日本軍にひどい虐待を受けた旧英国兵捕虜による反日感情が非常に根強いときであったため、広く英国民一般が天皇ご訪英を大歓迎するムードはなく、陛下がご訪英中に国立キュー植物園で記念植樹された樹木が、ご訪英に抗議するグループの手によって根こそぎ引き抜かれるという事件があった（あとで新たな樹木を植え直した）。[7] 一九九八年（平成十）五月の平成の明仁天皇のご訪英のときには、このような卑劣きわまる不謹慎な事件は何もなかった。昭和天皇はガーター勲章が正式に復権したことをたいそうお喜びになった。[8] また英国学士院から名誉フェローの称号を贈られたこともお喜びになった。ピルチャーには陛下の随員の一人として日本側から旭日大綬章が授与された。

この昭和天皇のご訪英に先立って、ピルチャー大使は一九七一年（昭和四十六）三月三日付けで「日本国天皇は人か神か」と題する報告書をロンドンの本省に送った。[9]彼はこの問題について次のように書いている。

公式には天皇は人間であるが、実際には、キリスト教（あるいはイスラム教）でいう超自然的な神と混同してはならないが、その神性は以前と同じように続いている。天皇は皇祖を祭る伊勢神宮に参拝して皇祖と心を通わせられる。また天皇は日本で一番参拝者の多い明治神宮に参拝され、神として奉祀されている御祖父にお祈りを捧げられる。また天皇は御自ら宮中の数知れない祭祀その他の神事を執りおこなっておられる。これらは伝統的な秘儀として奉仕者以外は誰も拝することができない。天皇は過去と現在の紐帯であり、（途中養子継承があったとしても）古代から連綿と繋がる日本歴史の断たれざる絆である。……このようにして天皇は日本民族の純良性、通弊性の両方の象徴である。天皇は国民をして忠誠心、滅私奉公の目覚しい行為に奮い立たせる元になっていると同時に、他国民から隔てさせ他国から忌み嫌わせている民族的、文化的、宗教的排他性の要《かなめ》にもなっている。日本国民は自分たち以外のどんな価値観をいささかも認めようとせず、自分たちの国以外の世界の神の存在、世界の上にある神の存在にたいする意識もなく、彼らがこれと思ってする努力、営みは、それが正しいとか、完璧であるとかいうことは、それに近いことであれ、おおよそということしかありえないことも理解していない。日本人は世界の中で不可思議このうえない変わった民族である。[10]

大使はこの報告書を次のような言葉で締めくくっている。「日本人は朝ご飯前にあり得ないことを信じることにたいして白の女王よりも資質がある。[11]」彼等はあいまいなことを本気になってよろこび楽しむ国民である。ヒレアー・ベロック（Hilaire Belloc）〔フランス生まれの英国詩人〕の詩の繰り返し句は特に日本人のために作られたものかも知れない。

「そうとも決して決して疑うまいぞ、

誰一人として信じていないことを。」

ピルチャーのユーモアのセンスは決して消えてなくなることはなかった。彼はまたすごく頓知があり、当意即妙の受け応えの天才であった。われわれ直接彼に接した者のなかで、彼の機知に富む話をずうっと覚えているものは数少ないが、彼が大使のときに大使館の総務・政治部長だったブライアン・ヒッチ（Brian Hitch）は一つ覚えている。あるとき大使が公用車のロールスロイスで空港に香港総督を迎えに行き、公邸に連れてくる途中のことである。永田町の国会議事堂に差し掛かったとき、総督が「あれは何ですか」と聞いたので、大使は「国会（Ｄｉｅｔ）です」と答えた。すると総督は食事療法（ｄｉｅｔ）の意味とかん違いしたようでけげんな顔をしていた。大使はすかさず「Diet of Wormsですよ」と言い直した〔Diet of Wormsはマルティン・ルターが裁判にかけられたことで有名なドイツの国会。大使は英語のうじ虫にかけてうじ虫どもが集まっていろいろ言い合う場所というニュアンスをもたせた。総督の勘違いはおそらく英国の国会はDietでなくParliamentと呼ばれているためだったらしい〕。

ピルチャーはいやに取り澄ましている人たちをぎょっとさせるのが好きで、茶目っ気盛りの小学生気質のようなものが多分にあった。彼は自分の苗字のピルチャーをオナラが留まるお茶、すなわち屁留茶（ペ・ル・チャ）と漢字で書いて面白がっていた。朝早く出かけるときは「燕のオナラです」（sparrow fart）と周囲に挨拶して出かけていた〔彼はツバメの目覚めの合図はオナラだと思っていたようである〕。彼はまた一九七一年秋に昭和天皇がご訪英されたとき、ロンドン動物園で「パンダはなぜ交尾しなかったのですか」との陛下のご下問にたいし、園長が「陛下、オスが穴を間違えたのですよ」と答えたというエピソードもよく披露していた。

ピルチャーの茶目っ気な性格は、日光の中禅寺湖畔にある大使の別荘での招待客とのスクラブル（単語作りゲーム）でも発揮されていたらしい。招待客の一人の大使館付き海軍武官ジミー・エイブラハム（Jimmy Abraham）は、大使がゲームに勝とうとして、ずうずうしく相手の切り札を相手の肩越しに盗み見していたといっていた。

ピルチャーは「沈黙は金なり」ということは決して信じていなかった。〔日本学者〕カーメン・ブラッカー(Carmen Blacker)によると、あるとき大使の招待で中禅寺湖畔の別荘で週末を過ごすために、ジョーン・マーティン(Joan Martin)と一緒に大使の車で東京の大使邸を午前四時半に出発したが、夕暮れまでずうっと一方的に延々といろいろと面白い話の披露の連続だったという。特に戦前の京都で付き合っていたポンソンビ・フェーンが、使い古してぼろぼろになっている長い、長いマフラーを昼も夜も身につけていた話はおはこでそのときも披露したという。

ピルチャーは一九七二年(昭和四十七)六月の英国大使館恒例の女王誕生日祝賀会のあとまで日本に滞在し、極東試験飛行のために飛来した超音速ジェット旅客機コンコルドで麗々しく花道を飾る帰国の途についた。(結局コンコルドは大西洋横断以外には就航しなかった。)

ピルチャーは定年退官を迎える少し前の一九七二年(昭和四十七)四月四日付けで「日本の基本的部分と変わりつつある風潮、一九六七—七二」と題する〔日本〕総括の最終報告書を書いた。報告書の冒頭でピルチャーは先ず神道について、つづいて儒教の日本にたいする影響について論述している。それから「軍国主義が日本人を変形させたが、戦後の占領によってそれが是正された。経済が日本の新しい秩序の基礎になっている。しかし、経済的成功が貿易相手国との間に大きな問題をもたらすという天罰を自ら招いてしまっている。新しい現実主義により日本は輸出の急増を抑え、秩序あるマーケティングを展開していく必要性の認識を余儀なくされている。新しい現実主義はまた社会的支出の増大の必要性を認めさせている」といったことが書かれている。報告書の最後を「……日本にたいしてわれわれは福祉国家としてのわれわれの経験を生かしてもらうようどしどし申し出るべきである」と結んでいる。大使はその後一九七〇年代の英国の労働党政権の福祉政策の間違いや行き過ぎまでは見通していなかったが、大使が日本人にたいし、もっとリラックスし、あくせくしないでゆったりと暮らし、快適な生活環境の充実をもっと重視するよう呼びかけた点はまったく間違っていなかった。

次に日本の外交問題について、同報告書のなかで大使は東南アジアにおいて日本にたいする「醜い日本人」というイメージがあるのを指摘する一方、日本においては中国にたいする興味・関心が過度に高まっていると述べている。そしてなによりもまず、日本はもっと国際化する必要があるとしている。

本報告書のなかから二、三の鍵になる文句を引用するとたとえば次のようなものがある。「日本人であることは彼らにとってそのこと自体が過去において一つの信仰であったし、現在もそうである」。『『私の国は正しいかそれとも間違っているか』ということが、日本人の考え方の基本になっている」。「日本的な言い方では、正しいというのは日本に利益をもたらすということであり、間違っているというのはその逆で日本の不利益になるということである。軍部は間違っていたことを自ら証明した」。「おそらく日本は、これまで他のどの国も達成出来なかった、共産主義の計画経済と資本主義の競争社会の中間（極東の人びとはこのような中庸の社会を求めている）を見出すことに成功した」。「昔の日本人の美学はもうほとんど消えてなくなっており、それに代わる新しい価値観はまだ生まれていない。かつてずっと日本で非常に支配的だった風雅な心・優雅な心といったものはもう殆どなくなっている」。しかし、最後に大使は希望のもてる点を一つ挙げてこの報告書を締めくくっている。「戦前の日本人は自分たちの欠点に気づかず知らぬが仏であったが、現在の日本人はそれらが分かるようになり、直そうと努力する」。

退官後のこと

ピルチャーは退官してからシティ〔ロンドンの金融中心街〕のいくつかの役職に就き、そのお陰で日本、南米その他広く世界を旅行することができた。彼はとりわけ京都に友人や仕事関係の人を案内して、お気に入りのテーマについて機知をまじえながらとくとくと博学を披露するのを好んだ。それでいて彼は少しもうぬぼれや尊大なところがなかった。ただただみんなに楽しんでもらいたいという一心だった。彼は〔英国外務省在職中〕赴任した先の国で関係する社会のために良心的に職務を遂行した。ロンドンの日本協会（Japan Society）の一期三年の理事長職を二期六年間務め、その間、日英相互理解の促進に役立つことは何でもやってのけた。日本協会で講演を二回おこなっているが、残念なことに二回とも原稿なしでおこなったため、協会の紀要（Proceedings）に収録されていない。紀要に出ているのは英国から日本を訪れる人たちの参考に書いた「保存、東洋と西洋」（Conservation, East and West）と題する寄稿文だけである（Japan Society Proceedings No. 115, March 1990）。この記事の味わいは「われわれはみなラ・ロシュフコー〔La Rochefoucauld 処世訓の箴言《しんげん》集を著わしたフランスの作家〕の、『模倣の唯一の言い訳はオリジナルの弱点を暴くことである』という格言を教えられて育ったのではないかと思う」という冒頭の一節に表わされている。この記事の最後は、彼が日本からの建築研究者一行をサックステッド〔Thaxted サセックスの古い町、中世の建築物で有名〕に案内したときの話として、次のような一節で結ばれている。「一行の英国建築にたいする唯一のコメントは、英国人は主として外観を重視して、中に何があるかということには比較的に関心がない。日本人は内側から外を見る傾向がある、というものだった。読者も彼らの見方には一理あると思われることだろう。[12]」

残念なことに、ピルチャーは回顧録といったものを一切残さなかった。彼自身は、自分がしてきたことや考えたことに興味をもつ人は、誰もいないだろうと思っていた。筆者はこの小伝において、少なくともこの点は彼が間違っていたことを証明できたと思う。ピルチャーは晩年にパーキンソン病に罹って心臓発作で倒れ、一九九〇年（平成二）に亡くなった。そのとき、日本と彼の仲間は、非常に善良で魅力的な、そして思いやりがあり周りを楽しくしてくれる友人を失った。

（松村耕輔　訳）

［原注］

筆者はジョン・ピルチャーについての貴重な情報を賜ったデリア夫人、およびその他の友人知人に感謝する。また〔ピルチャーが東京在任中に駐日英国大使館からロンドンの本省に送られた〕報告書のいくつかを「文書作成後三十年間非公開」の規定の期間が経過するまえに筆者に閲覧させていただき、そしてさらに本稿への引用を許可していただいた英国外務省に謝意を表する。

[訳注]

［1］ 英国の香港総督秘書官だったポンソンビ・フェーン（一八七八―一九三七）は、一九一九年（大正八）に来日し、最初は東京の成蹊学園で英語教師をしていた。そのあと京都に移り住み、日本の皇室や神道を研究した。日常生活でも日本文化を愛し、紋付、袴、白足袋という和服の生活を好み、自らを漢字名で「本尊美利茶道」（Richard Ponsonby）と名乗っていた。加茂御祖神社（下鴨神社）の歴史や境内の建築物などを紹介した「加茂御祖神社御記」その他の英訳がある。成蹊学園では月給を辞退しずっと無給だったという。

［2］ 朝鮮戦争が始まると日本は国連軍の基地になっていた。英国が協定締結を急いだのは、一九五二年（昭和二十七）四月二十八日に日本との平和条約が発効すると、占領軍としての地位がなくなるからだった。日本は米国との間に、平和条約調印と同時に日米安保条約を締結しており、その条約を実施するための日米行政協定により、米軍は日本に引き続き駐留できることになっていた。しかし米国以外の軍隊が国連軍として日本に継続駐留するためには別個の行政協定が必要であった。

［3］ 英国外務省内の文書では、上品な英語の文章（散文）の場合と同様、隠喩は避けることになっていた。

［4］ シェークスピアの『ウィンザーの陽気な女房たち』（*The Merry Wives of Windsor*）をもじった題名でここでは主として、当時その賑わいが全国的な注目を集めていた東京・銀座のバーの女性のことを念頭においていたと思われる。

［5］ 原文は「Chastity without charity shall be chained in hell」。十四世紀後半に書かれたウィリアム・ラングラントの Piers Plowman「農夫ピアズの夢（幻想）」からの引用。この引用文については、貞潔を重要視して貞潔のうえに更に最も重要な「人への思いやり」がないと徳として完全でないという解釈と、「人への思いやり」に比べれば貞潔はさほど重要なことではないとする解釈の二通りがあるようである。ここでは後者の解釈に基づいているようである。

［6］ 大野勝己元駐英大使（元外務次官）は、著書『霞が関外交』（日本経済新聞社）のなかで「長い伝統をもち文明開化に少なからぬ貢献をした洋書の老舗・丸善は、大正十二年の関東大震災の時、おびただしい洋書のストックを烏有《うゆう》に帰して困却していた。このとき古くからの取引関係を持っているマクミラン出版社は救援の手を差し伸べ、長期の信用貸しを申し出て、ドンドン洋書を供給して丸善の震災からの立ち直りに力を添えたという美談を、私は耳にしている。丸善の信頼性を称賛する言葉を、マクミラン氏の口から親しく聞いたこともある」と書いている。

［7］ 旧日本軍による戦争捕虜虐待にたいする海外の世論は、日本国内の想像を遥かに超えるもので、特に英国では厳しかった。訳者は、戦後日本の復興期に、ロンドン

駐在員として厳しい反日感情、乏しい予算の制約に耐えながら、日本製品の市場開拓に必死に奔走された某大手商社役員の方から、「なかなかとれなかった、これはと思う注文がやっととれたと思うと、すぐあとで、申し訳ないけど話はなかったことにしてくれ、という断りの電話が入るのが常でした。どんなに悔しい思いをしたか分かりません。私どもだけでなく他社の方々も同じでした」というお話を伺ったことがある。

被害者の元捕虜による生々しい残酷非道極まる話が家族から友人、知人へと伝わるうちに、元捕虜による自らの悲惨な体験を綴ったベストセラー小説やメディアが世論に火をつけ、日本排斥ムードが全国的に広がっていったのだろう。ビジネス面への影響は経済環境の変化とともに徐々になくなっていったが、一九八九年（昭和六十四）、昭和天皇ご崩御のあと、そのまえの陛下のご病状悪化のニュースが海外に流れ始めてから再び高まっていた国内世論を背景に、BBCテレビが二回の特別討論番組を放映した。一回目は昭和天皇に敵意を抱く元捕虜代表の二人が、二回目は一般人を含めた論者が出演し、両番組とも討論の相手は、サー・ヒュー・コータッツィ元駐日英国大使ただ一人だった。元大使が昭和天皇に戦争責任なしとする自説を曲げなかったので、討論は大激論になり、最後は怒鳴りあいの喧嘩に終わっている（出典：ヒュー・コータッツィ著、松村耕輔訳『日英の間で　ヒュー・コータッツィ回顧録』日本経済新聞社、一九九八年）。

この番組の録画（当時はまだ衛星放送はおこなわれていなかった）をご覧になったもう一人の元商社マンの方からその直後に「ロンドン支店から送ってきたビデオを社長以下主だった役員が集まってみました。当時を思い出してみんな泣きました」というお話が訳者にあり、元大使によろしくということだった。

しかしながら、その一方で、一九九八年四月二十九日の英紙『ザ・タイムズ』に別の元日本軍捕虜による次のような投書が掲載されている（Letters to the Editor: *Sir Samuel Falle, Japan's Former POWs, The Times*, 29th April, 1998）。

編集長殿

元日本軍の捕虜として、旧敵となぜ和解することに関心を抱いているのかを説明申し上げます。私の乗り組んでいた駆逐艦エンカウンターと巡洋艦エクセター、それに米国の駆逐艦ホープは、一九四二年三月一日に圧倒的な日本軍部隊のために撃沈されました。日本軍は救助に長時間を費やしてできる限り多くの生存者を救助してくれました。エンカウンターの乗員仲間と私の三〇〇名以上の者は、重油にまみれ海中で二四時間を過ごし、衰弱しきっておりましたが、日本の駆逐艦の艦上に上がると、びっくりするような歓迎を受けました。日本の水兵たちは体に付いた重油をふき取り、われわれに衣服、籐イス、温かいミルク、缶詰牛肉、乾パンを提供してくれました。艦長が艦橋から降りてきて私たちに英語で、こう語りかけました。「諸君は勇敢に戦った。今は日本帝国海軍の名誉あるお客様だ。私はイギリス海軍を尊敬している。」そして、艦長はこの言葉を守り私たちが「いかずち」に乗艦していた二四時間、これ以上ないほどの待遇を受けました。」（参考：今泉康昭「戦後の日英軍事交流」平間洋一、イアン・ガウ、波多野澄雄編『日英交流史　一六〇〇―二〇〇〇』第三巻、東京大学出版会、二〇〇一年、三四一頁）。後述の自叙伝（*My Lucky Life*, page 60）によると、上記艦長のこのときの挨拶は「ただし、諸君の国の政府は日本に戦争を仕掛けるという非常に馬鹿げたことを仕出かしてしまった。」という言葉で締めくくられている。同じく、後述の『敵兵を救助せよ！』によると、そのあとそれらの「敵兵」は全員、いかずちの属する艦隊司令官の命令により日本軍が抑留していたオランダ病院船に引き渡されたが、同駆逐艦は乗組員二百二十名の小型艦であるのにたいし、救助者数は更に増えて四百数十名に達したので甲板は立錐の余地もないほどになり、戦闘能力はすでになくなっていたという。

投稿者のサー・サミュエル・フォール（Sir Samuel Falle）はジャワ沖海戦で撃沈された駆逐艦の砲術士官。日本軍に救助されて復員後、英国外務省に入省して最後はスウェーデン大使になった。救助されたときの体験談を一九八七年一月発行の米国海軍協会紀要（*United States Naval Institute Proceedings*, January 1987）に「騎士道精神（Chivalry）」と題して発表している。捕虜にたいする唯一の命令は、連合軍側潜水艦の攻撃を避けるため、支給のタバコを夜間甲板上で吸わないこと、だけであったという。

旧日本軍人に虐待された戦友に囲まれ、日本憎し一色の風潮のなかで、例外的に示された武士道精神を披露することは、かなり勇気のいることであったろう。この体験談が英国本国でなく同盟国の雑誌に発表されたこと、しかも本国の新聞への投稿はその十一年もあとであったことに、「事情」の厳しさが感じられる。当時この戦闘海域では日本船舶にたいして連合軍による無制限潜水艦攻撃命令が出ており、友軍の救出であったとしても大きな危険を伴うため二の足を踏む状況であった。同海域では同じ日に日本の輸送船が撃沈されている。

味方でもとても真似の出来ない大英断で自分たちを救ってくれた艦長の工藤俊作中佐にたいする恩が忘れられなくて、フォール氏は戦後その消息を探し続け、一九八七年（昭和六十二）になって中佐がその八年前に他界したことを知る。そして平成十五年に心臓病を病む八十五歳の老体を引きずりながら「人生のしめくくり」として来日している。その七年前に自叙伝（*My Lucky Life*, The Book Guild Ltd, 1996）を上梓して、巻頭で家族の名前のあとに「本書は元帝国海軍中佐工藤俊作に捧げる」と銘記している。詳しい話はフォール氏に直接会って取材した惠隆之介氏の著書『敵兵を救助せよ！』（草思社、二〇〇六年）のなかで紹介している。

この美談は、とてつもなく高い志をもった現場最高責任者の大英断によるものであるが、六千人のユダヤ人亡命者の命を救った杉原千畝氏の場合と同じく、口外できない事柄であり、いずれの美談も、先方から教えてもらわない限り、一般の日本人は永久に知り得なかった話である。工藤俊作中佐は明治三十四年、山形県に生まれ、米沢興譲館中学校から海軍兵学校へ進んでいる。

『敵兵を救助せよ!』には、キリスト教を邪教視するこの中学の大先輩（事件当時中学四年生）が、ミッション・スクールの米沢英和女学校で英語とバイブルを教えるために派遣されてきていた女性宣教師（missionary）に投石して片目を失明させた事件が紹介されている。事件のあった一八九四年（明治二十七）四月といえば、一八七一年（明治四）の岩倉使節団以来の明治政府最大の宿願であったいわゆる不平等条約撤廃に向けて〔今のような国際機関は発達していなかったので〕列強リーダーの英国に的を絞って英国との日英通商航海条約〔この条約により治外法権撤廃が実現した〕締結交渉を推し進めてきて、やっと事件の三カ月後の同年七月に調印というところまでこぎつけていた。当時、治外法権撤廃を焦眉の急としていた具体的事情の一つとして、一八九二年（明治二十五）十一月、日本がフランスに発注していた水雷艇がフランスから日本に回送中、愛媛県沖で英国商船に衝突されて沈没し、七十四名もの日本人乗組員が死亡するという大事件があった。英国横浜領事裁判所での第一審のあと、上海の英国高等領事裁判所は翌年、日本側の責任を認める判決を下した。日本政府は英国の最高裁である英国貴族院に上告し、同貴族院は英国商船側に一部責任を認定したものの、遺族への補償金は必ずしも十分でなかった。このため治外法権（領事裁判制度）にたいする日本国内の反発が高まっていた（出典：井上勇一「不平等条約から同盟へ　一八六七―一九〇二年の日英関係」木畑洋一、イアン・ニッシュ、細谷千博編『日英交流史　一六〇〇―二〇〇〇』第一巻、東京大学出版会、二〇〇〇年）。英国との法権回復交渉はそのとき始まったことではなく、ずっと以前から話し合われていたが、上記条約調印の三年前の一八九一年（明治二十四）、来日中のロシア皇太子を沿道警備中の日本の警官が傷つけ、内務大臣、外務大臣がそろって引責辞任するという事件（大津事件）により〔未開国に裁判は任されない、一点豪華な鹿鳴館舞踏会なんぞでごまかされたら大変なことになるという道理もとおり〕中断されたという苦い経験があり、上記女性宣教師傷害事件のあったその時期は内閣が最も緊張していたときであり、政府勅任の山形県知事が慌てたのも無理はない。知事はこの女性の入院先に日参して謝罪するとともに、自ら陣頭指揮をとって犯人逮捕に乗り出した。

ところが、この女性は「たとえ一眼を失っても千人を啓蒙できれば本望です。」と主張し「捜査打ち切り」を願い出て周囲を驚かせ、米沢市民のみならず山形県民を感動させたという。高学歴の知識人であるこの女性はその条約締結の意味合いを当然、十分熟知しており、それによって日本の近代化が大きく前進することを心から願っていたに違いない。ニュースが伝わるなか、犯人の大先輩が良心の呵責に堪えきれず自首して出てきて事件は一件落着する。

そのあとこの先輩は海軍兵学校に進み、その後、終生この女性に師事したという。夏目漱石が着任するまで旧制熊本第五高等学校で教鞭をとり、その後、日本のハンセン病救済に一生を捧げ、国レベルの抜本的対策へと導いたハンナ・リデル女史（出典：ジュリア・ボイド著『ハンナ・リデル』日本経済新聞社、一九九五年）、ケンブリッジ大学を最優等で卒業した才媛で、戦争直前までの四十年間を、単身、熊本の阿蘇で幼稚園児教育に捧げたメイ・フリース女史（元駐日オーストラリア大使、元外務大臣サー・ゴードン・フリースは女史の甥。出典：富田巌編著『心のルネサンス：メイ・フリース女史の功績と人間愛』トライ社、二〇〇六年）もそうであったが、当時ミッショナリー（missionary）として日本に派遣されてきていた女性は、宣教師という訳語になっているが、実態は聖職者でなく、高学歴の良家の子女が「未開地の啓蒙」という使命感に燃えて一種の奉仕活動に従事するために来日しており〔今からはとても想像できない不思議な一時期であった〕、なかにはソロモン海域で搭乗機〔艦載機〕を撃墜され米軍捕虜となった経験をもつ元海軍将校の直木賞作家・豊田穣の伝記小説『あふれる愛』（講談社、一九九二年）に描かれている、英国貴族で大富豪の一人娘コーンウォール・リー女史のように、旅費を含め全額自己負担で来日し、莫大な私財を投じながら社会に見捨てられた人びとへの奉仕活動で一生を終えた人もいた。

事件を起こした中学の先輩は海兵卒業後しばらくして、わざわざ英国に渡って洗礼を受けたという。海兵卒の高級将校といえば大変な知的エリートであり、あの時代に洗礼を受けるということは将来の処遇にも影響する一大決心であったろう。おそらくこの女性の人と成りに接して、上記二女史がそうであったように、祖国のためにとか、所属する組織のためにとかいう観念は毛頭なく、豊田穣がくしくも上記伝記小説のあとがきで主人公の生き様と対比させている西郷隆盛風に云えば、ただあるのは「天対自分自身」のみという心境がこの先輩を動かしたとしか考えられない。同じ海軍の同郷の先輩、後輩の間柄であればその消息は時々刻々と工藤中佐に伝わっていたに違いない。中佐の頭のなかには、上記『敵兵を救助せよ！』に名前の出ている海兵在学時の英国人恩師リー教授、その妹テレサとともに、大先輩を百八十度転回させたこのかぼそい女性のことがその片隅に残っていたのかも知れない。

［8］　ガーター勲章は英国の勲章のなかで最も古く最高位の勲章。昭和のはじめに英国国王のご名代として訪日したグロスター公により昭和天皇に奉呈されたが、戦争勃発により奉呈先リストから外されていた。（ガーター勲章については「A・B・ミットフォード著、長岡祥三訳『英国貴族の見た明治日本』新人物往来社」に詳しい。）

［9］　戦前、西欧に紹介されていた天皇像の一例として、ピルチャーの大先輩の一人、ミットフォード（後のリーズ

デイル卿）はパークス公使（第四章参照）の明治天皇謁見を通訳したときの印象を著書『英国外交官の見た明治維新』（*Memories by Lord Redesdale* 長岡祥三訳、講談社学術文庫）のなかで次のように書いている。「われわれは、何世紀もの間、その祖先が、国民にとって神に近い存在でありつづけた君主の前に立っていた。今や突然に神殿のヴェールが引き裂かれ、神を守るためであれば無数の臣民が喜んで命を捨てる覚悟をしているほどの神の子が、雲の上から降りてきて人間の子と同じ席についたのである。それだけでなく、彼はその尊い顔を人目にさらし、『外夷』と親交をむすんだのである。これが当時の日本人の心に映じた率直な事実であった。」

[10] ピルチャーは、日本人のたとえば所属会社の社長にたいする従順な態度も、天皇崇拝を源流とする忠誠心、滅私奉公の表れとみており、上からの命令は無批判に受け入れ、その行動は一種の宗教的信念に基づいているとみていたようである。最後の文章は一見何をいっているか分からない、日本人だけでなく誰であっても、努力するときは、それが一〇〇パーセント正しいことであり完璧であると自信をもってするのが普通であろう。訳者はこの章の著者に問い合わせてみたが、「おそらくそれは、日本人は人智を超えた領域のあることの意識が欠けていることを意味しているのではないだろうか」という回答だった。「視野が狭く、実用重視で現実主義的な日本人」と「（よい意味でも悪い意味でも、十字軍や南米征服につながる、しかしナイチンゲールやシュバイツァーにもつながる）世界に広めるべき絶対的普遍的形而上学的な真理＝天を信ずる西洋キリスト教世界の人々」との対比が問題になっているのだろう。この方面については、滞日五十年、日本文化の真髄に精通し、『和魂洋才』（講談社）などの著書もある比較文学者ヨゼフ・ロゲンドルフ教授のように、日本人は自分の力の及ばぬ世界への意識が欠けているのでなく、無常観という慎み深い大きな世界観があり、何もかも本当に解決できるとは思わない、和を損ねてまでも理屈を通さないという社会的行動はその現象の表われの一つであると指摘している人もいる。

[11] 原文は "the Japanese ... have a greater aptitude than the White Queen for believing impossible things, even before breakfast". ルイス・キャロルの『ふしぎの国のアリス』の続編『鏡の国のアリス』("*Through the looking-glass, and what Alice found there*" by Lewis Carroll) の第五章「毛糸と水」のなかの白の女王の発言の一節「……わたしがおまえさんの年ごろには、毎日三十分も練習したものですよ。そうよ、日によっては朝ごはん前に、かっきり六つもありそうもないことを信じたくらいなものだった。」（生野幸吉訳）からの引用。

[12] 「内側から外を見る」という日本からの訪問者一行の発言は、一例として伝統的な日本家屋の客間や居間が庭園に面しているのを念頭においたものだろう。日本語の「家庭」という語も関連がある。また更に「借景」という日本庭園の概念も念頭にあったのかも知れない。

付録 I

英国艦隊の鹿児島砲撃
サー・L・キューパー提督とニール中佐

サー・ヒュー・コータッツィ
（日本協会名誉副会長、元駐日英国大使）

Admiral Sir L. Kuper

サー・オーガスタス・レオポルド・キューパー提督(1)（*Admiral Sir* Augustus Leopold Kuper, 1809-85）は、先祖がドイツ人であった。一八二三年、英国海軍に入り、一八四一年に昇進して大佐となり、第一次対清戦争中〔アヘン戦争、一八四〇―二〕、広東占領へと展開する作戦に従軍した。一八四二年、バース勲位最下級の勲爵士に叙され、一八六一年、海軍少将にすすみ、翌一八六二年、サー・ジェームズ・ホープ提督（*Admiral Sir* James Hope）の後任として英国の東インド・清国艦隊司令官となった。一八六四年には、瀬戸内海と下関海峡の封鎖解除作戦に出動した英国艦隊を指揮する。同年、「鹿児島砲撃の功労を認められて」バース二等勲爵士に叙され、やがてバース一等勲位を授けられて海軍大将に昇進した。

前置き

実際の鹿児島遠征が実施されたのは一八六三年（文久三）八月になってからであるが、日本駐箚英国代理公使ニール中佐（*Lt Colonel* Edward St John Neale）

は、同年四月、「薩摩侯」すなわち薩摩の大名あてに書簡をしたため、一八六二年九月十四日（文久二年八月二十一日）、横浜に近い東海道沿いの生麦村で、藩主の父の薩摩の大立者・島津久光の大名行列中、その家来の襲撃を受け、イギリス商人リチャードスン（Charles Lennox Richardson）が斬殺され、おなじくウッドソープ・クラーク（Woodthorpe Clarke）とウィリアム・マーシャル（William Marshall）が重傷を負ったことにたいし、英国はその賠償を要求すると言明した。ニールは事件の詳細を述べた後、「英国政府ならびに国民は、当然のことながらこの事件に強い義憤を禁じえなかった」と言っている。彼は即座に報復の軍事行動を起こさないよう忍耐し、殺害犯人の逮捕と処罰を大君の政府にゆだねた。しかし、幕府の「命令と宣言」は薩摩当局によって無視された。容疑者は捕捉されず、なんら賠償もおこなわれなかった。ニールは幕府にたいして、薩摩の家来らにイギリス国民をむごたらしく斬殺させたことへの謝罪と、相当な罰金とを要求しつづけた。英国政府もまた、その襲撃事件の主犯を即刻裁判にかけ、少なくとも一人以上の英国海軍士官の立会いのもとに極刑を執行すること、および殺害された男の遺族や、かろうじて死を免れた者たちへ分配すべき英貨二万五千ポンドの支払いを、直接薩摩侯に要求する決定を下した。これらの論拠に立って、ニールはつづけて言明する、もし薩摩がこの要求に応じない場合、「当海域に碇泊する英国艦隊の提督は、要求した損害賠償の支払いと犯人の処刑を実行させるために、彼が適切と判断するような膺懲手段を講じるであろう」と。この通牒は鹿児島に派遣する英国軍艦の艦長が伝達する予定であった。しかし、実際にそれを薩摩側に手交したのは、一八六三年八月十一日（文久三年七月六日）、英国艦隊が鹿児島に来航し、書簡の日付を同年八月一日に改めた後である。

キューパー提督指揮下の艦隊が鹿児島へ向けて発進する前に、ニール[2]は英国の意図を幕府に伝えた。彼はすぐさま計画を延期するよう書面で要請された。この書面につづいて幕府の副大臣〔若年寄有馬道純〕が来訪したが、彼はそれ以上英国の計画に容喙することもなく、その代わりに、幕府は高官を乗せた蒸気船を英国艦隊に随行させるつもりだ、とニールに言った。しかし、その船影はついに現われなかった。[3]

鹿児島での折衝

一八六三年八月六日、横浜を出航した英国艦隊の構成は、ユーリアラス号（フリゲート型三本マスト帆装の木造快速スクリュー艦、砲三十五門）をはじめ、パール号（コルベット型三本マスト帆装・一段砲装の木造スクリュー艦、砲二十一門）、パーシュース号（スループ型木造帆装の小型快速スクリュー砲艦、砲六門）、アーガス号（スループ型木造帆装の外輪砲艦、砲六門）、コケット号（木造帆装のスクリュー砲艦、砲四門）、レースホース号（木造帆装のスクリュー砲艦、砲三門）、ハヴォック号（木造帆装のスクリュー砲艦、砲二門）である。キューパー提督の旗艦ユーリアラス号に搭乗したニールは、ほとんど全部の公使館員を引率した。彼らの日本語の技量が多少なりとも役立つものと期待され、実際にそのとおりの働きをしたのである。彼らは各艦に分乗していた。(4)

艦隊は微速気・帆走で航海し、鹿児島湾口に到着したのは八月十一日であった。投錨地点の海域はかなりの水深があった。翌日早朝、二人の役人を乗せた櫓舟が旗艦の舷側に近づいて、艦隊来航の目的に関してさまざまな質問をした。それから数時間後、艦隊は湾内を遡航して「鹿児島の町の砲台沖に碇泊した」。その時、もう一隻の舟が漕ぎ寄せられ、ニールがさきに告知した藩主あて書状のことを尋ねたので、提督の来航とニール自身が搭乗している旨を通告する追加の書面を添付し、前述の藩主あて通牒を手渡した。これらの文書は早速持ち帰られ、やがて数時間後にやって来た薩摩藩士は、いま殿様は鹿児島ではなく、「およそ五十マイル〔約八十キロメートル〕はなれた別邸に逗留中である」とニールに告げ、「外国人接待用の建物」が特別な会談をおこなうために準備されているので、ぜひキューパー提督とニールに上陸していただきたいと要請した。「この申し出を受諾することには大いに懸念すべき点が明らかとなったが、藩士らは両者の討議をすべて書面でおこなうのは不可能だと言い張った」。キューパーとニールは、鹿児島まで来航した唯一の用件は、すでに手渡した書状に十分に述べていると言って、上陸を拒否した。「藩士らはすこぶる落胆した様子で去った」。キューパーとニールは、もし薩摩の要求に応じたならば、「計画的に相手を裏切るような殺戮事件」が突発したことは確かだと思った。

八月十三日、一人の「高官」を含む薩摩藩士数名が、旗艦の舷側に訪れた。彼らには数隻の櫓舟に分乗したおびただしい人数の大小を差した従者ら(5)が随行していた。長時間の談判がおこなわれた。彼らは「高官」を艦内で応待するようニールの承諾を促し、さらに少なくとも四十人の従者を高官に同伴させる許可を要求した。提督はこれを受け入れたのだが、同時に海兵護衛隊に命じ、各自の銃に銃剣を装着して舷門に整列させた。薩摩藩士らが艦上に登ってきた時、彼らは銃剣をかまえた海兵隊員の中を一列に立ち並ぶ状態になった。つづいて高官が甲板上にあがり、ニールと付添いの提督に迎えられた。「彼はこの上なく緊張し、心をとり乱していた。一言も口がきけなかった」。その時、従者の一人が、高官は主君の代理を委任され、ニールの書状にたいする返書を持参しているが、「いくつかの重大な問題をつけ加えなければならない」と言った。しかし、会談が始まるや否や、一隻の櫓舟が旗をふりながら旗艦に近づいて来て、高官あての伝言をつたえた。すると高官は、藩当局の返書に誤りがあったので、早急に訂正しなければならなくなったと言って、そそくさと旗艦から立ち去ってしまった。

その間、沿岸の砲台には絶えず兵員が配置され、射程距離内に英国軍艦を捕え、とりわけ旗艦ユーリアラス号に照準を合わせていた。提督は「一部はまだ射程範囲に入っているが、極端に水深のある湾内のどこか投錨できる水域へ」艦隊を移動させることにした。

ニールがおどろいたことには、その日の夕方遅くなって、さきの高官が再度旗艦を訪れ、藩当局の返書を届けたのであった。薩摩侯の大臣〔家老〕川上但馬《たじま》の署名がある返書は、「人命ほど神聖なものはないので、他人を殺害した者はこれを逮捕し、死刑をもって断罪するのは当然である」と、迎合的な書き出しで冒頭を飾っていた。薩摩藩は生麦村の殺害犯人の身柄を拘束することに努力を払った。しかし、「現今日本の大名間には政治的紛争が絶えず、そのような犯人をかくまって保護する大名さえあるために、犯人の逮捕ができなかったのだ」と。イギリス人殺傷は島津久光の命令によるものではない。やがて犯人らを探索し、審問の結果有罪との判決が下されたならば、彼らは当然処罰を受けるので、処刑立会いの要請を英国海軍司令官あてに通知するだろう。さらに薩摩の返書は、地方の各藩庁が江戸幕府に従属することに言及した上で、まわりくどくこのように言う、「諸外国と締結した条約には、外国人遊歩の場合に一定の限界を設定していることについて多少仄聞しているが、われわれは外国人が公道往来の邪魔をしてもよいと認可する規定に関しては、なんら承知していない」と。

その次の段落に書かれた返書の文章は、外国の状況にまったく無知であることを露呈するばかりでなく、ニールを激昂させずにはおかなかった。「この国でおこなわれているように大勢の家臣をひき連れて通行中、もし貴国でその通行を邪魔するような場面に出くわしたならば、そのように慣例を無視したり踏みにじったりする者を、貴国では「道路脇に押し出すとか打擲《ちょうちゃく》するとかして」折檻しないだろうか。万一そのような規制がおろそかにされたならば、もはや大名行列をおこなうことはできないだろう」。江戸の幕府に「その権能が欠如していること」は、「そのような問題に関して」「遠い昔から存在するこの国の慣習法を「外国人との」条約に挿入し損なったことに表われている」。「この重要な問題を解決するために」、江戸幕府と英国政府の高官が「貴下の面前でこれを討議し、どちらが正しいかを判定する必要がある。上記の問題を審議後に決着をみた段階で、賠償金を取り決めることになるだろう。貴下の艦隊が当地に来航することに関して、われわれは大君からの如何なる命令も、また蒸気船による通報も受け取っていない」。返書はまた、「わが藩政府は何事も江戸幕府の指令に基づいてこれを執り行なう」、と言明していた。

その返書の英訳文を見た時、ニールは「まったく不十分だ」と思った。ニールも提督も、薩摩側の応待の仕方に強い疑念をいだいた。薩摩藩士らが旗艦の奪取を試みるのではないかとも考えた。疑いもなく提督は、無駄な論争をくりかえして作戦行動を延々と遅らせることに不本意であった。したがって、ニールは提督にたいし、「英国艦隊が重大な決意をもってこの投錨地まで来航した理由を薩摩侯に知らしめるために、貴下が効果的かつ最適と考えるような膺懲手段を、相手方の砲撃に呼応して報復的に実施するか、またはその他の方法で開始するよう」要請したのである。(6)

艦隊の軍事行動

一八六三年八月十七日、ニールの要請に応えて艦隊は軍事行動を起こした、とキューパーは記録する。(7) 彼はただちに命令を発した。軍艦パール号艦長ボーラス(*Captain* Borlase)は、一部僚艦とともに鹿児島北方の入江に向かい、そこに繋留中の薩摩藩所有の汽船三隻(8)を拿捕した上、それらを艦隊碇泊地まで曳航せよ、と。ボーラスは「可能なかぎり不必要な流血や、あるいは積極的な交戦を回避しなければならない」。この任務を、「ボーラス艦長は慎重に、かつ全精神を傾注して遂行し」、三隻の汽船はそれぞれ英国軍艦三隻の舷側にしっかりと繋がれ、午前中に碇泊地へ到着した。しかしながら、その日の正午、薩摩の砲台がいっせいに火を吹き、弾丸や炸裂弾を発射しはじめた。「ユニオン・ジャックの名誉にかけて、生麦での目にあまる暴行に懲罰を加えるため」、艦隊も大砲を撃ち返したが、舷側に繋いだままの捕獲船に作戦行動を妨げられたので、キューパーはそれらの汽船に火を放って破壊するように命じた。〔ニールあてに書き留めたキューパーの記録はつづく。〕

ご承知のように、それから艦隊は鹿児島の各砲台と戦火を交えながら、最北端の砲台〔祇園洲砲台〕を皮切りに、全局面にわたってユーリアラス号(9)を先頭とした一列戦闘隊形を組んですすみ、最後に最南端の、海上に細長く突き出た岬の砲台〔砂揚場砲台〕を攻撃した。(10) その後、艦隊の安全を確保するために、碇泊地選定の指示を下す必要があると考えた。疾強風《ゲール》の兆候を示していた空模様は、今やはなはだしく険悪な様相を帯びてきた。しかも、夜の暗闇が迫っていた。それで戦闘中止の信号をあげ、艦隊は桜島寄りの碇泊地にもどった。

われわれがどの程度まで敵の砲台に損害を与えたか、はっきりと確認することはできなかった。しかし、標的範囲地点の拿捕船から燃えさかる巨大な火災を考慮すれば、その効果は甚大なものであったにちがいない。対岸の各砲台は、台座から大砲が転落したり、何度も木端微塵に吹き飛んだりした。さまざまな弾薬庫が爆発したことは、わが軍が用いた炸裂弾の破壊力の大きさを証明する。途方もなく広大な兵器庫か、または兵器工場をはじめ、大砲鋳造工場、藩主が所有する五隻の大型琉球船、さらにはさきに述べた三隻の蒸気船に加えて、城下町の半ばは火災に包まれて完全に焼滅した。ひと晩中、台風が激しく吹き荒れた。燃えさかる火災は暴風が盛んになるにつれて勢いを増し、湾内の暗い海面全域に照り映えた。

翌日の午後、強風が止んだ。キューパーは小舟数艘が繋留された入江の上の丘に砲台の構築作業をする日本人の姿を見て、より安全な碇泊地へ艦隊を移動させる決定を下した。艦隊は錨をあげ、鹿児島の砲台とのあいだを蒸気を吐きながら一列になってすすみ、桜島の南方に投錨した。機会をとらえて桜島の砲台や、すでに破壊したと考えられた藩主の屋敷にも砲撃を加えた。城下町の火災はまだ燃え盛っていた。[11] 彼が見たところ、「全市街はいまや一塊の廃墟と化した」。

ニールがこれまでの軍事作戦の規模に満足の意を表明したので、キューパーは船体の部分的な修理が完了し航行が可能になり次第、艦隊を帰還させる提案をした。彼がニールにあてた公式文書のこの最後の文言は、キューパーの艦隊が薩摩の砲撃によって相当の損害と死傷者を出したことを示唆する。

コリン・ホワイト（Colin White）が書いた「海軍国の力：一八六三―四年の日英戦争」（'The Long Arm of Seapower: The Anglo-Japanese War of 1863-64'）と題する論文は、その大部分がキューパーの海軍省あて公信書に基づいた鹿児島砲撃の記述と同時に、一八六四年の下関砲撃についても言及している。[12] 鹿児島砲撃における英国側の死傷者は、そのように少数の艦船が参加した小規模な作戦の割りには、並はずれて多かった。「最終一覧表によれば、戦死者十一名、負傷者五十二名、そのうち二名は後に傷がもとで死亡した」。旗艦ユーリアラス号も被害を受けたが、幸運にもキューパーは損耗兵の中に入らなかった。しかし、ユーリアラス号の「ジョン・ジョスリング艦長（*Captain* John Josling）とエドワード・ウィルモット中佐（*Commander* Edward Wilmot）[13] は、艦橋でキューパーのうしろに立っていたところを砲弾に当たって死んだのだ。さらにまた、一発の炸裂弾が正甲板の第三番砲座に命中し、七名が即死、十二名が負傷した。もう一発の炸裂弾は右舷に吊るした救命ボートを打ち砕き、その鋭利な破片をあたり一帯に散乱させて、二名の生命を奪い、四名に重傷を負わせた。最後に、そしておそらく乗組員の士気に最悪の影響を与えたのは、前部露天甲板に据えつけた後装式アームストロング砲[14]の後尾砲身が爆発し、そのために砲手全員が甲板上に叩きつけられ、ひどい脳震盪を起こしたことだ」。他の軍艦もまた損害を受けた。レースホース号の蒸気機関が故障を起こし、「強風にあおられて浅瀬に乗りあげ、〝北部保塁〟から至近弾を浴びる危機に瀕したのである。幸運にも、その保塁はもっと大型の軍艦の集中砲火をうけて甚大な被害をこうむり、ほとんど鳴りをひそめていたのだが、それでもコケット号と一緒に僚艦の救援にかけつけたアーガス号は、メーンマストを撃ち抜かれ、ついに午後六時前にそれを失ってしまった。こうして、レースホース号は浅瀬から引き離されたのである」。完全に損害を免れたのはハヴォック号だけであった。コリン・ホワイトによれば、

戦術面でも、その戦争はまた多くの批判にさらされた。英国艦隊は不意を衝かれたのだが、それはさきの三日間における緊張感の高まりを考えれば、弁明の余地がないのである。明らかにキューパーはなんら適切な臨戦態勢を整えていなかった。なぜならば、彼の艦隊は艦長らの先任順位にしたがって、あわてて作戦配置についたにすぎなかったから。その結果、戦力の劣る小型艦が戦列の後尾につくことになり、なにか事故が発生した場合、レースホース号の事例のように大きな危険にさらされただろう。艦隊はまた、あまりにも敵の砲台に接近しすぎた。

コリン・ホワイトがさらに批判したのは、艦隊が戦闘隊形を組み終え、作戦開始の信号を確実に送るのに、ほぼ二時間もかかったという事実である。「そのように危機的な局面で、それほど長時間にわたって待機したことは許しがたい」。

「キューパーはほとんど失敗の憂き目に会いそうになったことを知っていた。彼は大勢の人命を失ったことに、とりわけジョスリングとウィルモットが落命したことに、強い衝撃を受けた」。「鹿児島の砲台は永久に使用

不能に陥ったわけではなく、砲手らが戦死したために一時的に沈黙したにすぎなかった」。このことから彼は、「艦砲射撃は陸戦隊の支援を受けねばならぬ」という重要な教訓を学び、一八六四年の下関攻撃中、それを肝《きも》に銘じていたのである[15]。

サトウ[16](Ernest Mason Satow 公使館日本語通訳生)とウィリス[17](William Willis 公使館付き医官)は、ともに鹿児島砲撃について写実的な記録を残した。戦争を描写した版画形式の絵が『イラストレイテッド・ロンドン・ニューズ』[18](*The Illustrated London News*)に掲載された。サトウは拿捕した蒸気船サー・ジョージ・グレー号〔日本名青鷹丸〕からユーリアラス号に移された二名の捕虜について言及している。彼らは明治時代に有名になった薩摩藩士で、一人は実業家として名をなした五代友厚、もう一人は後に寺島宗則の名で知られ、駐英公使や外務大臣を歴任した。サトウは、ニールとキューパーとのあいだに「仲違いが生じた」のを察知していた。「ニールはあまりにも作戦の指揮に容喙《ようかい》すぎた。問題を提督の手に委ねたからには、きっぱりと沈黙を守るのが礼儀というものだ。しかし、せっかちな性格であったために、ニールはそうすることができなかったのだろう」。

日本人の見方

英国艦隊の鹿児島砲撃の際、薩摩藩士として参戦した奥田という海軍中佐の、日本人の観点からみた従軍記事[19]は、さらにいくつかの興味深い事実や評言を与えてくれる。一八六三年八月十一日、鹿児島に警報が発せられるや、「あらかじめ手配されたとおり」各砲台要員は配置につき、弾薬の支給があった。薩摩藩の本営が置かれたのは西田村の千眼寺である。指揮官は小松帯刀《たてわき》〔家老〕と藩主の側役大久保〔一蔵、のち利通と称す〕、上級幕僚に折田平八〔軍役奉行〕、伊地知正治〔軍賦役〕、大山綱良〔島津家茶職〕ら。薩摩防衛軍に参加し、のちの明治時代に名をなした藩士らの中に、伊東四郎左衛門〔祐《すけ》亨《ゆき》〕、東郷平八郎がいて、後年ふたりとも日本の海軍連合艦隊司令長官となった。西郷隆盛〔吉之助〕の名がみえないのは、まだ沖永良部島に流罪中であったからだ。砲台は大砲八十七門からなっていた。キューパー提督の旗艦に派遣された薩摩藩の使者は、「軍事顧問」と称される折田平八と伊地知正治であった。

奥田海軍中佐の記述によれば、薩摩の使者らは島津侯が英国の要求を容認するはずがないと承知していたが、「主君の意向を知らぬふりをして、藩主は現在霧島温泉に逗留中であり、連絡をとるには数日かかるので、残念ながら貴下［ニール］の要望に添うことができない」と言った。「藩主は英国の要求を不当かつ理不尽なものとみなし、受諾するよりはむしろ一戦を交えるほうを選んだ。そして、公使［すなわちニール］や他の高官にくりかえし上陸するよう懇請したが、薩摩人が気性の荒いことを知る公使は、談判によって問題は解決されないとみて、慎重に艦内にとどまっていた」。薩摩藩士らは「士気高揚し、血気にはやって……」このような戦略を決定した。

決死隊として、向こう見ずの藩士七十三名[20]がめいめい商人に扮装して伝馬船に乗り込み、売り物に見せかけた鶏卵や野菜を積んで出かけることになった。隊員らは七分隊にわかれ、各分隊ごとに一艘の伝馬船に乗り、それぞれ英国軍艦各一隻の舷側に横づけにする。やがて全員が軍艦の甲板上に登ったところを見はからい、あらかじめ打ち合わせた信号が発射されたならば、みな一斉に抜刀してイギリス士官や水兵を斬り殺す手はずであった。

その直後、沿岸の砲台は火門をひらくことになる。このように陸上の堡塁と艦上の決死隊とが協力して戦えば、英国軍艦は捕獲されるだろう。

英国艦隊の各軍艦は、旗艦ユーリアラス号は別として、「伝馬船で乗りつけた商人らを疑い」、彼らが艦上にあがるのを拒否した。「ユーリアラス号は少人数だけを甲板上に登らせたが、これらの者は厳重に監視され、まったく手出しをすることができなかった」。

奥田中佐によれば、「藩主は激情に駆られた藩士らの方から無鉄砲に交戦することを禁じ、指図があるまで戦端を開いてはならぬと命じた」。ついに命令が発せられるや、最初に天保山台場が火蓋を切った。「先制攻撃をかけたのは英国艦隊でなく、日本側であった。さすがに艦隊は動転した様子にみえたが、そのような状況下でよく奮戦した。雲行きはますます怪しくなり、濃霧が立ちこめ、暗い海に波頭が走った」。突然、パーシュース号が砲撃されて大混乱を呈し、「錨鎖を放って海中に錨を捨て、あわてて僚艦と一緒に戦列に復帰した。日本の侍らはみな、そのパーシュース号の体裁を見て、腹をかかえて笑った」。

奥田中佐は戦争を回顧してこのように言う。

天保山台場自体にも多くの砲弾が当たった。台場の大砲はほとんど全部が発射不能となった。砲手らは地面に体を伏せていたが、雨あられと飛んでくる敵の砲弾から逃れるためではなく、座礁したレースホース号の水兵らが上陸して台場を襲ってくると考え、身を隠したまま不意に飛び出してイギリス兵を斬り倒すつもりであった。

しかし、まったく上陸作戦はおこなわれず、レースホース号は僚艦に曳航されて危機を脱した。

奥田中佐は断言する、「薩摩軍の死傷者は、戦死者一名、負傷者六名であった。[21] 英国側は夢想だにしない敗北を喫した。彼らが敗れたのは、一部は艦隊の機動作戦を困難にした暴風のせいであったかもしれぬが、しかし、その原因はまた薩摩の侍が勇猛果敢に戦ったことにある」[22]と。

ロンドンの反応

鹿児島砲撃と城下町の壊滅的被害に関する報道がロンドンに達した時、英国艦隊の攻撃は議会で厳しく非難された。サトウ[23]が言及したところによれば、「提督は官報『ロンドン・ガゼット』（*The London Gazette*）に掲載した報告文の中で、鹿児島の城下町が灰燼に帰したことを自分の手柄にしているが、至極当然のことながら、ブライト氏[24]（*Mr* Bright）は下院でこの苛酷きわまりない不必要な砲撃に注意を喚起したのである。これにたいして、提督がふたたびペンをとったのか、あるいはニール大佐が書いたのか、いずれにせよ大火災は偶然に発生したとの釈明がなされた。しかし、砲台との交戦が終わってからも、パーシュース号が市街にロケット弾を発射しつづけた事実があったにもかかわらず、実際の出来事をそのように述べたことは正しいと思えない。それはまた、砲撃中に百万ポンド相当額の資産を破壊したと報じる公信書の文面の、あの満足気な調子とも矛盾する」。グレース・フォックス（Grace Fox）の記録[25]によれば、ニールは鹿児島の城下町が破壊されたことに遺憾の意を表明し、女王はまた議会の開院式の演説で、薩摩を無理やり屈伏させるのに必要不可欠な膺懲手段を行使したために、城下町の大半が偶発的に焼滅したことにたいして悔恨の言葉を述べたが、キューパーがとった作戦行動は下院で激しい論争を巻き起こした。一八五九年から六五年までメイドストン［ケント州の州都］選出の下院議員チャールズ・バクストン（Charles Buxton）は、「本院は、キューパー提督が彼に課せられた責務を取り違えたことにしているとは言え、文明国間に普及する戦争の慣例に反して鹿児島の町を炎上せしめたことを遺憾に思う。戦争の慣例を遵守することは、わが国の義務であり政策でもある」という動議を提出した。「バクストン議員は、七隻の英国軍艦が人口十八万人の都市へ広範囲にわたって炸裂弾を発射し、その結果、婦女子や老齢虚弱な人たちがこうむった痛ましい被害を涙ながらに演説した。また、英国の対日政策について、ながながと非難すべき点をあげた」と、グレース・フォックスは言う。

しかしながら、他の議員たち[26]は、「イギリス人が殺戮されたことを不問に付すわけにはいかない。日本が英国を正当に待遇するように仕向けるには、英国が暴虐行為にたいする補償を取りたてる力があることを証明しなければならないのだ」と主張した。ラッセルが外務大臣であった時の首相パーマストンは、「内閣全体は……ラッセルが発した訓令と、キューパーがその訓令を果たしたことを是認した。城下町が破壊されたのは、暴風下におこなった日本の砲台との激しい戦闘に付随して起こったものだ。すでに遺憾の意は表明されている」と、調停するように発言した。討議の終わりに、動議は撤回された。しかし、季刊誌『クォータリー・レヴュー』[27]（*The Quarterly Review*）は、「弱小国にたいする英国の外交政策」にきわめて批判的であった。「大体のところ、それは高圧的で、要求ばかりが多く、あらゆる権利を極限まで押し通そうとする。そして、まさにその権利があるかどうか疑わしい場合でも、冷笑するかのように武力で事を左右する。そのような基本方針を遂行するにあたって、外交儀礼は無視され、その方針が行使される相手の感情や名誉を傷つけることは考慮されない。それどころか、むしろこれ見よがしの傲慢な言動をもって当たるのだ」。この問題は、パーマストン政権下の武力による威嚇外交に辛辣な批判の目を向けたリチャード・コブデン(Richard Cobden)[28]も取りあげて言う、「根拠の不確かな情報に義憤を起こして、世間の主義・主張を抹殺する」と。ニールは誤解を修正しようとして、下院で披瀝される一八六四年三月十四日付けの書簡の中で、鹿児島の人口は決して四万人を越えることはなく、その町の住民は英国艦隊の攻撃以前に避難していた、と弁明した。[29]ニールはその後、薩摩藩が自発的に賠償金を支払ったことに注目し［下記を参照］、「女王陛下の出先機関の官吏は、きわめて密接な利害関係のある人たちからも十分に評価されるほどの配慮と節度を示した」と、確信したのである。

戦争の結果

一八六三年十二月九日、ニール[30]を横浜に訪ねてきた薩摩藩の使者［正使岩下方平《みちひら》、副使重野安繹《やすつぐ》］は、それとなく言った、「薩摩が払おうとする賠償金は、……手持金の観点から考慮されなければならない。その全額弁済は今後おこなわれるであろう、と。……彼らが数時間をかけてねばり強く主張した支払いの障害や難点を、私は徹底的にはねつけたのだが、使者らは上機嫌なほど一つずつ取り下げたのである。やがて賠償金は公使館に運び込まれ、十万ドルの貨幣が約束どおり手渡された。その金額は当座の為替相場で英貨二万五千ポンド相当額である」。貨幣が計算されているあいだ、ニールは「リチャードスン殺害犯人の探索を継続し、逮捕した場合に処刑するという誓約書[31]を使者から受け取った」。その書状には「立会い証人として幕府の役人二名［外国奉行支配調役鵜飼弥一、御徒目付斉藤謹吾］の連署があった。それから、薩摩の代理人は、英国で軍艦一隻の購入を仲介する契約書を書いてほしいと私に言った。これには本質的になんら反対する理由はなかった。……それで私は、簡単な契約の概要を書いて渡したのである……」。そのようなことがあって、ニールは「ついに自分に与えられた訓令を達成した報告をすることができる」と考えた。「さまざまな難局を乗り越えて、部分的にしろ一時的にしろ、日本との貿易関係が停滞するのを避けようとした不断の努力が成就した今、胸にこみあげてくる満足感は押さえようもなかった」。

薩摩の使者が辞去すると間もなく、ニールは「今後ともますます親善関係の発展を期待する」との言葉を添えた、幕府老中からのお祝いの信書を受け取った。彼らの言葉がどの程度まで信用できるか疑問であったが、彼にとっては、「ある範囲内の陸軍の軍隊がすぐ近くに駐屯することになったし、それに横浜沖に碇泊する艦隊は、あらゆる不当な暴力行為の危険から居留民社会を十分に防衛していた」。

結語

グレース・フォックス[32]は、補償問題に関してニールに発せられた訓令は、ラッセルと外務省が独自に作成したものではない、と述べている。

ヴィクトリア女王自身は、日本との戦争が英国側の作戦行動から起こることを十分に承知して、「日本政府に支払い能力がないような補償要求の考えを明らかにする前に、内閣全体の意見を確かめること」に固執した。最終的に意見の一致をみたのは、オルコック[33]の進言や当時の海軍大臣サマセット公（*the Duke of* Somerset）の見解を聴取した後であったようだ。すなわち、英国は外国人に敵対的な大名を、とりわけリチャードスンの殺害犯人が所属する薩摩侯に制裁を加えなければならない。薩摩の港湾は封鎖すべきであり、その城下町を砲撃することもありうるだろう。こうすれば、日英貿易全体になんら支障をきたすことなく、薩摩侯とその領民は財政困難に陥るだろう。日本の中央政府が弱体で、英国に賠償金を支払うことができない場合、大名自身が犯罪行為の報いを受けねばならぬことを知らしめるのは、英国の責任である、と。内閣は、「日本の国民にたいし、しかしあらゆる情勢を考慮すれば、日本の国家にたいしてさえも、それがなんら敵意を有するものではないことを示し」、薩摩に攻撃を集中する短期作戦を実施すればよい、と勧告したのである。

したがって、首相としてのパーマストンは、彼が外務大臣であった時期よりも一層控え目にならざるをえなかった。英国の「砲艦外交」は今日では受け入れられないだろうが、しかし当時は、国際連合はなく、日本の幕府も公共秩序の維持や外国居留民の安全を保証することができなかったので、ヴィクトリア朝時代の世論は強硬手段をとるよう要求したのだろう。しかし、鹿児島砲撃は生麦事件相応の規模で実施されたとみなされただろうか。

　キューパーは薩摩にたいする軍事作戦を指揮した方法で非難を免れない。英国艦隊は多大な人命の損失と船体の破損をこうむった(34)。鹿児島はある程度艦砲射撃によって破壊されたが「強風が吹き荒れたため、ユーリアラス号は大きく揺れたので、大砲はしばしば低めに発射された」。しかし、薩摩側の死傷者はわずかであった。彼らはみずから勝利を収めたと称したが、英国と敵対するよりも親善関係を結んだほうが有益であることを、ただちに理解した。したがって、薩英戦争は英国と薩摩の友好関係がはじまる契機となった。

　奥田海軍中佐の記述が明らかにしたように、ニールが薩摩側のもくろんだ計略を疑ってかかったのは正しい判断であった。彼は概して自制心が強く、その断固たる決意はついに報われたのである。

（中須賀哲朗　訳）

[原注]

　主たる参考文献の公信書は、国立公文書館収蔵の、議会提出用に刊行された一般対日外交文書 FO 46である。海軍図書館がその所蔵する古文書類から適切な資料をご教示下さったことに、私は御礼申しあげる。

（1）DNB entry by John Knox Laughton.

（2）Neale to Lord Russell, 26 August 1863.

（3）英国艦隊横浜出航当日の一八六三年八月六日、幕府は英薩間の調停を図るために緊急会議をひらき、薩摩藩の江戸詰め家老喜入《きいり》摂津《せっつ》と一緒に大勢の役人（〔外国奉行支配調役〕淵辺徳蔵、〔勘定格通弁御用〕立石得十郎、〔定役〕横山敬一、〔同心肝煎〕篠原連十郎）を派遣することに決定した。八月八日、彼らは幕府の軍艦に搭乗して品川沖を出発した。しかし、途中で台風にみまわれ、鹿児島湾に入った時にはすでに砲撃戦は終わり、英国艦隊は去った後であった。

（4）さらに、清水卯三郎〔武蔵国埼玉郡羽生村出身の商人」が日本語通訳として雇われ、旗艦ユーリアラス号に乗っていた。

(5) 生麦村でリチャードスンの殺害にかかわった奈良原喜左衛門と海江田信義は、英国軍艦捕獲の意図をもって藩士四十人の斬込み隊を編成した。貴族的な容貌の町田六郎左衛門を返書交付係の高官役とし、弁説の達者な江夏《こうか》喜蔵《よしぞう》を談判係に指名、剣術にすぐれた志岐《しき》藤九郎はキューパー提督を刺殺することになっていた。旗艦に登る予定以外の決死隊員は、軍艦の乗組員らに果物や野菜を売る商人に扮して他の軍艦の舷側に向かった。

(6) Neale to Vice-Admiral Kuper, 14 August 1863.

(7) Vice-Admiral Kuper to Neale on HMS *Euryalus* in the bay of Kagoshima, 17 August 1863. 横浜帰還後の一八六三年八月二十二日付けで海軍省に送ったキューパーの公信書は、同年十一月七日の『イラストレイテッド・ロンドン・ニューズ』の四八二ページに掲載された。この公信書で、彼は艦隊の鹿児島到着について次のように述べた。「鹿児島湾に関して正確な情報を得ることができず、汽船ファイアリィ・クロス号で一度当地へ来たことのある日本人の船頭を水先案内人として雇っただけであったので、細心の注意を払って接近する必要があった。しかしながら、艦隊が湾内を遡航するにつれて、その水深が極端に深いことが大きな難題となった。城下町まで六マイルか七マイル〔約十一・三キロ〕まで来た時には日も暮れ、ほぼ二時間ばかり、碇泊地を探し求めて手探りの状態で進まざるをえなかった。ついに西岸の、七ツ島という所〔城下南東約十キロ〕の近くに碇泊地を見つけたが、それらは海岸沿いの取るに足りない七個の岩にすぎなかった」。翌八月十二日午前七時、キューパーはふたたび錨をあげて前進した。

(8) これらの蒸気船三隻は、イングランド号（七百五十九トン）、サー・ジョージ・グレー号（四百九十二トン）、コンテスト号（三百五十トン）〔日本名白鳳丸、青鷹丸、天祐丸〕であった。

(9) 一八六三年八月二十二日、彼は横浜から海軍省に発送した公信書（段落十二）に書いた。「激しい雨を伴って吹き荒れる強風の中で、鹿児島の全砲台が、射程距離内の唯一の軍艦ユーリアラス号を標的に突然火蓋を切った。しかし、多数の弾丸や炸裂弾は艦上を飛び越えたり、艦の周囲に落ちたりし、二、三の帆綱を切断しただけで被害はなかった」。もちろん、後になって、ユーリアラス号からは多数の死傷者が出た。

(10) 前記日付けの公信書に、キューパーは、「私は砲台に向かって前進し、最北端の砲台に砲火を浴びせて相当の効果をあげた。それから、全航程にわたって直射距離内を微速前進した。私が期待したほど各艦の後尾が密接な戦闘隊形に揃わなかったのは、おそらく悪条件の天候のせいであった。その結果、ユーリアラス号は数カ所からの砲台の、すこぶる激烈かつ正確な一斉砲撃にさらされ、やや重大な損害をこうむった」と書いた。

(11) 前記日付けの公信書に、燃えあがった城下町の大火災は「最初の砲撃から四十八時間後に艦隊が撤退する時まで、衰えることなく燃えつづけた」と、キューパーは報じた。

(12) In *Seapower Ashore, 200 Years of Royal Navy operations on Land*, edited by Captain Peter Hore RN, Chatham Publishing, 2001.

(13) ジョスリン艦長とウィルモット中佐の版画印刷の肖像が、一八六三年十一月十四日の『イラストレイテッド・ロンドン・ニューズ』別冊付録五〇一頁に掲載された。

(14) アームストロング砲が鹿児島砲撃で十分にその機能を発揮しなかったことは、砲術士官の報告からみても明らかである。

(15) Ernest Satow, *A Diplomat in Japan*, London, 1921, page 89.「うわさによれば、ニール大佐は、提督が兵士数名を上陸させ、戦勝記念物として二、三の大砲を持ち去るのではないかと気を揉んでいたが、彼は一兵たりとも上陸させなかった。キューパーは旗艦の艦長と副長が戦死したことで気力喪失していたそうだ」。

(16) Ernest Satow, *A Diplomat in Japan*, London, 1921, Chapter VIII, pp. 84-94.

(17) Hugh Cortazzi, *Dr Willis in Japan, British Medical Pioneer, 1862-1877*, London, 1985, pages 34-41.

(18) キューパーが横浜から海軍省あてに発送した一八六三年八月二十二日付け公信書は、同年十一月七日の『イラストレイテッド・ロンドン・ニューズ』の四八一、四八二ページに、通信員の短い解説をつけて掲載された。

(19) 奥田海軍中佐著「一八六三年八月の英国艦隊による鹿児島砲撃」は、それが掲載された一九〇八年六月発行の『水交社記事』から、デボンポート〔オーストラリア南方タスマニア島の港市〕の英国海軍大尉ニール・ジェイムズ (Neill James) が一九三七年に翻訳し、今はロンドンの海軍図書館に収蔵されている。

(20) 脚注には、「公爵大山巌元師もまたこの隊の中にいた——訳者」と書いている。

(21) 武田八洲満著『生麦一条』(中央公論社、一九七五年)によれば、薩摩の死者は税所《さいしょ》清吉以下八名に達し、負傷者は川上龍衛以下六名であった。チャールズ・ワーグマン (Charles Wirgman) は、一八六四年二月二十日発行の『イラストレイテッド・ロンドン・ニューズ』に載った一八六三年十二月十一日付けの記事に、薩摩の死傷者は約千五百人に達した、と報じている。たぶん薩摩当局は、彼らが勝利を収めたとの主張を強化するために、公表する死傷者数を故意に低く抑えたのだろう。

(22) 奥田中佐の記述によれば、開戦が差し迫った八月十四日、薩摩藩主島津忠義は、「一つの航路に水雷三個の投下」を命じた。英国艦隊にとっては幸運にも、別の航路を通ったので、水雷の爆発から免れることができた。

(23) Satow, *A Diplomat in Japan*, page 89.

(24) ジョン・ブライト (John Bright, 1811-89) は、英国の自由党急進派の政治家・雄弁家であった。

(25) Grace Fox, *Britain and Japan 1858-1883*, Oxford, 1969, pages 117-119.

(26) 彼は下院議員で、すぐにもキューパーの弁護をする

「同僚提督」であった。「議論が白熱すると〝くそっ〟と言い、議事進行違反を注意されるや、〝めったに水兵どもの口からは漏れ聞くことはないのだ〟というような言葉を用いて弁解し、ずいぶんと感興を呼んだ」。これはサー・ウィリアム・クロウズ（Sir Wm Laird Clowes）著『英国海軍——古代からヴィクトリア朝末までの歴史』（*The Royal Navy: A History from the Earliest Times to the Death of Queen Victoria*, Volume VII, London, 1903, page 200.）に引用された。

(27) *Quarterly Review*, lxv, April 1864, pages 499–500.

(28) リチャード・コブデン（Richard Cobden, 1804–65）は、「自由貿易の伝道者」といわれた経済学者・政治家であった。

(29) 十二月九日にニールを訪ねた薩摩藩の代理人らが公使館員に語ったところによると、「艦隊が望見されるや……薩摩侯は城下町に避難を命じたので、住民らに被害はなかった。われわれが鹿児島へもどってみれば、城下町はほとんどもとの状態に復興しているだろう」という。

(30) Neale to Russell, 17 December 1863.

(31) この「誓約書」は決して要求したものではなかった。しかし、それはその時に期待しうる最良のものであったから、賢明にも彼はもとの要求を押しつけないことにした。リチャードスン殺害犯人を逮捕する約束は、実際、英国側の歓心を買う策略にすぎなかった。リチャードスン殺害にかかわった奈良原喜左衛門と海江田信義は、英国軍艦捕獲の計画を主導した。奈良原は倒幕運動に積極的な役割を演じて一八六五年に死去したが、海江田は一八六八年の明治維新後、元老院議官や勅選の貴族院議員となった。ニールと和平会談をおこなった薩摩藩の代理人は岩下方平《みちひら》（一八二七—一九〇〇）、重野安繹《やすつぐ》（一八二七—一九一〇）。また、この会談に立会った幕府の代理人は、鵜飼弥一と斉藤謹吾であった。薩摩藩は賠償金を幕府から借り受けて英国に支払ったのである。

(32) Grace Fox, *Britain and Japan*, p. 102.

(33) 駐日公使ラザフォード・オルコックは、その当時、賜暇帰国中であった。

(34) 「旗艦の操舵手ウィリアム・ヘネシー・パーカー（William Hennessey Parker）は、ときどき砲台から四百ヤード〔約三百六十六メートル〕の範囲に艦を進めながら、すばらしい判断力をもってかじを取った。しかし、キューパーは絶えず彼にはっぱをかけた、『もっと近寄れ、パーカー、もっと近寄れ！』と。交戦中に海が荒れたために、甲板は波に洗われた」。この引用文は、注(26)の『英国海軍——古代からヴィクトリア朝末までの歴史』第七巻、二〇〇頁からである。

付録 II

陸海軍の下関作戦

サー・ヒュー・コータッツィ
（日本協会名誉副会長、元駐日英国大使）

Source: *The Illustrated London News,* Dec. 24, 1864

サー・A・キューパー海軍中将は、一八六四年（元治一）九月十五日、下関海峡上の旗艦ユーリアラス号から戦争報告をおこなった。(1) 恐るべき軍事力となった四カ国連合艦隊の構成は次のとおりである。

英国（全艦木造）：ユーリアラス号（フリゲート型スクリュー艦、砲三十五門）、ターター号（コルベット型スクリュー艦、八インチ砲十四門、四十ポンド砲四門）、コンカラー号（二流のスクリュー戦艦、砲四十門）、バロッサ号（コルベット型スクリュー艦、砲二十一門）、レパード号（フリゲート型外輪艦、砲十八門）、アーガス号（スループ型外輪砲艦、砲六門）、パーシュース号（スループ型スクリュー砲艦、砲六門）、上海から大きな石炭船を曳航してきた同艦は豊後水道入口で艦隊に合流した。コケット号（スクリュー砲艦、砲四門）、同艦は長崎から艦隊に参加した。バウンサー号（スクリュー砲艦、砲二門）、それに英国海兵隊一個大隊である。

フランス：セミラミス号（フリゲート型スクリュー艦、砲三十五門、ジョーレス少将の旗艦）、デュプレクス号（コルベット型スクリュー艦、砲十門）、タンクレード号（スクリュー通報艦、砲四門）。
オランダ：メタレン・クルイス号（コルベット型スクリュー艦、砲十六門、先任将校艦）、ジャンビ号（コルベット型スクリュー艦、砲十六門）、アムステルダム号（コルベット型外輪艦、砲八門）、メデューサ号（コルベット型スクリュー艦、砲十八門）。
合衆国：ターキャング号（アメリカの傭船(2)。合衆国のコルベット型艦ジェームズタウン号の将校、乗組員、砲一門を搭載）。

艦隊は瀬戸内海の姫島〔九州国東《くにさき》半島沖〕に集結後、下関海峡の入口〔早鞆瀬戸《はやとものせと》〕に向かって進み、九月四日午後、沿岸砲台の射程範囲外に投錨した。キューパー中将とジョーレス少将は、「砲台の位置〔1〕を偵察した上、潮加減がよくなり次第」、翌日から作戦を開始することに合意した。各艦にたいし戦闘配置につけとの信号が発せられたのは、五日午後二時であった。

これが完了すると早速、ユーリアラス号の艦首砲門が火蓋を切り、戦端がひらかれた。日本側の砲台もすばやくこれに応じ、轟音をとどろかせて激しく撃ち返してきた。午後四時半頃、四番砲台と五番砲台は明らかに撃ち方が不活発となり、やがてまったく鳴りをひそめた。午後五時半までに、六番砲台と七、八番砲台も沈黙してしまった。すでに陸戦隊を上陸させるにはあまりに日が傾きすぎていたが、パーシュース号とオランダのコルベット型艦メデューサ号は五番砲台に接近し、信号も送れないほどの暗闇の中を、一隊の兵士が両艦から果敢に上陸を試みた後、その砲台のほとんどすべての大砲の火門に大釘を打ち込み、それらを使用不能にした。彼らにはいかなる犠牲者もなく、全員無事に帰艦した。

下関砲台攻撃において、連合艦隊は手際よく共同作戦を展開したようにみえる。英国海軍ヘイズ大佐（*Captain* Hayes）指揮下の、ターター号(3)、デュプレクス号、メタレン・クルイス号、バロッサ号、ジャンビ号、それにレパード号からなる前衛艦隊は、三番から九番までの砲台に艦砲射撃を集中した。両旗艦ユーリアラス号とセミラミス号も、その攻撃を援護した。「キングストン中佐（*Commander* Kingston）が指揮する小艦隊は、パーシュース号、メデューサ号、タンクレード号、それにバウンサー号をもって構成し、側面にある砲台の占領を命じられた」。はじめのうちは待機させられていたアーガス号とアムステルダム号も、後には「ひそかに接近して攻撃せよ」との指示を受けた。英国海兵隊一個大隊を載せていたため「自由にかじを切ることのできなかった戦艦コンカラー号は、その装備するアームストロング砲が射程距離内に砲台を捕捉できるまで前進するよう命じられた。この作戦中、コンカラー号は二度海底に推積する砂嘴《さし》に乗りあげたが、自力で離礁することができた。船体の損傷はまったくなかった。アメリカの傭船ターキャング号も、搭載した唯一のパロット砲を数発撃ち、大いに貢献した」。[4]

九月六日、夜明けに「八番砲台が前衛艦隊に向けて砲撃を再開し、多少の損害をターター号とデュプレクス号に与えた」。しかし、同砲台は「まもなく沈黙させられた」。ユーリアラス号とコンカラー号の海兵隊軽装歩兵〔一大隊約九百三十名〕をはじめ、水兵一大隊〔四百名〕、その他の英国軍艦所属の海兵隊〔砲兵一中隊、工兵一分隊〕、フランス〔海兵隊水兵〕三百五十名、オランダ〔海兵隊水兵〕二百名、〔およびアメリカ海兵隊五十名、総数約二千名弱〕が、艦載ボートに分乗し、対岸へと向かって行った。キューパーはその作戦の模様を詳しく述べる。

上陸作戦はなんら事故なくおこなわれた。……そして、主要な砲台を襲撃してこれを占領せよと私自身が発した指令のもとに、軍隊は前進し、わずかな反撃に遭遇しただけで作戦は完了した。大砲はすべて台座から落とすか、または大釘を火門に打ち込むかして使用不能にし、砲架や砲座を焼きはらい、弾薬庫は爆発して吹き飛んだ。はなはだ起伏が多く、見通しが悪い土地柄からみて、沿岸のどの要塞も一晩中占領しておくことは得策でないと判断し、午後四時、私は全軍に帰艦を命じた。

不幸なことに、これで交戦が終了したわけではなかった。フランスとオランダの分遣隊がすでにボートに乗り込んだ後になって、まだ五番砲台に残っていた海軍砲兵隊が不意に攻撃を受けたのである。

攻撃をしかけてきたのは、砲台裏手の谷間に集結した強力な日本兵の集団であった。この時、サザー陸軍大佐（*Colonel* Suther）指揮下の海兵大隊がやって来て、ただちに共同の大攻撃態勢を編成した。頑丈な砦柵で囲まれた陣営に後退した敵軍は、その陣屋で短時間ながら猛烈な抵抗を試みた後、ついに退却した。あとには数挺の小銃が残るだけであった。……帰還命令を受けた全部隊は、潮流が激しかったにもかかわらず、事故もなく各自の軍艦にもどった。その潮流は、当海域でおこなう作戦に重大な支障を来すかにみえた。

この交戦で、英国軍はかなりの死傷者が出た。(5)

パーシュース号は上陸作戦の援護射撃中、「強い潮流の渦巻に押し流されて浅瀬に乗りあげ、脱出しようと全力を尽くしたが船体は頑として動かず」、九月七日の真夜中になって「ずいぶんと重い装備類を陸揚げした時、ようやく外輪蒸気艦アーガス号に曳かれて離礁したのであった」。

一番から八番までの砲台は、いまや完全に連合艦隊が占領し、九月七日、工兵隊が上陸して分捕った大砲を軍艦に積み込んだ。翌八日、キューパーはジョーレス提督と一緒にコケット号へ司令官旗を移し、ターター号、メタレン・クルイス号、ジャンビ号、デュプレクス号の四艦を伴い、九番・十番砲台をめがけて砲火を浴びせた。しかし、陸上からの対抗砲火の応酬はなく、工兵隊が上陸して砲台を破壊し、それらの大砲を船積みした。連合艦隊が捕獲した大砲は、「さまざまな大きさのものが全部で六十二門であった」。

作戦終了後、キューパーは「みずから海峡全域の調査をしてみて、長州藩領に残った砲台は一カ所もなく、これで下関海峡通航の全障害は除去されたと考え」、至極満足したと書いている。

キューパー提督は長州侯〔毛利敬親《たかちか》、一八一九―七一〕との折衝を禁じられていたが、侯の使者〔講和談判正使高杉普作ら〕との会談に関する報告に藩主の信書を添え、海軍省あての公信書を書き終える。彼の文面には得意満面たる調子がみなぎっていた。

長州侯の信書がきわめて満足のいく論調であり、そしてそれが謙虚な表現であるのをみれば、ジョーレス提督と私の考えでは、軍事的観点からみた輝かしい成功や長州侯に与えた大規模な損害は別として、「政治的な意味で重要な強みを持つ」彼の権力や威信が、たぶんこの海峡に碇泊した連合艦隊によって大きく左右されると推定するだけの妥当な根拠を示している。

彼が書き送った公信書で、キューパー提督は指揮下にある艦隊の多数の士官・水兵が勇敢に戦ったと述べ、またオルコックが彼のもとに派遣したラウダー（John Frederic Lowder 公使館日本語通訳生）とサトウ[6]（Ernest Mason Satow 公使館日本語通訳生）の働きぶりに感謝の念を表明した。彼はまた連合艦隊の先任士官らに深甚な謝意を書き留めたが、とりわけ「ジョーレス少将がこの作戦の準備段階から実戦の展開中にかけて示した熱心な協力と真心のこもった援助」を称揚している。

オルコックは、しかるべき時に作戦が成功したことを外務省に報告し、さらなる論評を加えることもなく、次のとおり長州侯が誓約した、と述べた。[7]

一、船舶はすべて「自由に海峡を航行し、友好的な処遇を受け、必要ならば石炭の船積みや食糧の購入を認められること」。

二、砲台の修復または再装備をおこなわず、新砲台を構築しないこと。

三、「下関の町《ママ》は外国船舶に砲撃を加えた。それ故に、当然破壊されるべきところを、艦隊は砲撃を差し控えた。したがって、その代償金を支払うこと。さらに長州侯は、艦隊の遠征費用全額の弁済を約束した」。

オルコックは下関砲撃の死傷者を公式に伝達されなかったが、彼が外務省に報じたところによれば、英国艦隊の戦死者八名、負傷者五十一名。一方、フランス・オランダの死傷者数は戦死者四名、行方不明一名、負傷者五名であった。

下関戦争の余波

キューパーら海軍指揮官は、大坂近海ではいかなる艦隊の示威行動もしてはならぬと、横浜の外国代表らからはっきりと命じられていた。それにもかかわらず、一八六四年九月三十日、キューパーは海上のユーリアラス号でこのような報告を海軍省あてに書いている。[8]「ジョーレス少将と私自身は、攘夷派大名らが彼らの領土付近の航行を妨害する場合の対抗準備を整えた上で、全艦隊が瀬戸内海を通航してみるのが望ましいと考え、艦隊はその航路をとって前進した。二、三の砲台の近辺を通ったが、どこでも敵対的徴候はまったくみられなかった。[9]やがて艦隊は兵庫［現在の神戸］と大坂沖に達し、今月二十七日、紀伊水道を経て瀬戸内海を後にした」。淡路島付近以外では、艦隊の航行に大して問題も起きなかった。「そこでは二つの潮流がぶつかり合い、海底に数多くのまるい塚状の泥砂が盛りあがっていたので、細心の注意を払って水深測量をしなければならぬところである」。不運にも、戦艦コンカラー号はおよそ二十四時間も座礁し、レパード号とアーガス号の二艦が曳航綱を引っ張って離礁させねばならなかった。

キューパーは長州の協約違反を防ぐために、英国軍艦バロッサ号と、フランス軍艦タンクレード号、およびオランダ軍艦ジャンビ号を、十月五日まで下関海峡に残した、と付言している。

まとめとして

たしかにキューパーは、オルコックから受けた訓令を曲げて解釈した。彼は長州当局と折衝を始めることにも、また大坂近海で艦隊の偉容を誇示したりすることにもなっていなかった。彼は訓令違反を犯したわけだが、そうするのは当然であっただろう。あの瀬戸内海の油断ならない海域を航行中、艦隊はなんら攻撃されることがなかった。鹿児島や下関の砲撃戦において、少なくとも一時的にせよ英国軍艦の中に座礁するものがあり、もっと正確に日本の沿岸海域の水深測量をしなければならぬことが分かった。

海軍史家のコリン・ホワイト[10]（Colin White）は、下関海峡防衛の砲台は「日本最強の防御陣地の一つをなしていたが」、いくつかの重大な弱点があったことを指摘した。

下関海峡の両側は高く険しい山になっているが、それらの山頂には一つも砲台が構築されていなかった。

——その高所からは、砲身を下方に向けて、どの艦船にも砲撃することができたのである。逆に、砲台が築かれたのは海岸線に近い低地であったので、砲撃対象の艦船とほぼ同じ高さになった。さらに悪いことには、多くの砲台が断崖の下に設置されていたから、敵が発射した砲弾は断崖壁面の固い岩盤に当たって、砲手らのまん中に跳ねかえったり、あるいは破裂したりして、致命的な岩石の破片を飛び散らせた。その次に、各砲台は正面の敵に集中砲火を浴びせることができたけれども、どの砲台も味方を支援するために側面に向けて砲撃できるように設計されていなかった。そのために〔四カ国連合艦隊は〕各砲台を一カ所ずつ撃破することができたのである。最後に、これがもっとも重要なことだったが、海峡の南側に領地を持った豊前〔旧国名、今の福岡県東部、一部は大分県北部〕の大名〔小倉藩主小笠原忠忱《ただよし》〕が、長州侯の戦争に一切加勢しなかったことだ。これによって連合艦隊は九州側の沿岸から離れないですみ、海峡の両岸から交叉的に飛来する砲弾と戦う必要がなかったのである。

さらにホワイトは言う、「下関砲撃作戦のどの大きな特色、すなわち千ヤード〔約九百十五メートル〕におよぶ射程距離とか、艦隊の特殊な舷側砲撃とか、さらには強力な陸戦部隊など、どれをとってもキューパーがいかによく鹿児島の教訓を心得ていたかを物語る」。海図にない浅瀬で座礁したコンカラー号は、「それまで腹立ちまぎれに大砲を撃ち込んだ最後の旧式木造戦艦であった」。日本側砲台からの射撃は、「鹿児島の場合と同様にすさまじく、しかも寸分の狂いもなかった。連合艦隊のすべての艦船は、途方もなく長い射程距離であったにもかかわらず、たびたび被弾した。たとえばバロッサ号の場合、後甲板だけで六発命中したが、一人も死んだり怪我をした者はいなかった。一方、キューパーが艦隊を用意周到な戦闘隊形に布陣したために、日本の砲塁《るい》は有無を言わせぬ十字砲火にさらされたが、彼らが攻撃態勢のまま砲台を死守した態度は、敵側の連合艦隊将兵からも讃嘆の声があがったほどである」。

ホワイトは読者に思い起こさせた。すなわち、「下関砲撃が旧式〝巡洋艦〟（まだ全艦木造で鋼鉄製はない）、たとえばフリゲート型艦〔三本マスト快速帆走軍艦〕

や、コルベット型艦〔一段砲装の三本マスト帆走軍艦〕や、スループ型艦〔二〜三本マストの小型快速帆走砲艦〕からなる全艦隊が、戦争に参加した最後の機会の一つであり、それらの半ば外燃機関で推進し、半ば帆走の艦船が、いかにその性能を発揮して戦ったかを見るのは、はなはだ興味をそそられる。アームストロング砲〔一八六一年英国海軍が採用した後装式施条砲〕は、その使用開始当時の故障によって多くの調査を迫られ、結局、この新式後装砲は二十年間使用中止となった」。さらにホワイトは言及し、「軍艦の性能もあまりすぐれていなかった。鹿児島へ航行中、艦隊は蒸気の推進力で航海するよりも、帆走するほうがまとまって航行しやすいことが判明した」と言う。レースホース号[11]の機関は、鹿児島で動きが止まり、一方パーシュース号は、下関の速い潮流を乗り切ることができなかった。日本周辺のように海図の貧弱な海域を、外燃機関と帆を併用して走る木造軍艦の航行問題は、一八六八年九月（明治一年七月）、宗谷岬沖で英国軍艦ラトラー号が遭難したことで明らかとなった。

ホワイトの考えでは、下関戦争の主たる興味は「上陸部隊と連携した艦隊の古典的戦法」にあった。「一九一六年のダーダネルス海峡〔エーゲ海とマルラマ海を結び、第一次大戦中に海上作戦の舞台となった海峡〕で同様の戦法がとられたならば、一体どのようなことになっただろうか」と、彼は言っている。

（中須賀哲朗　訳）

［原注］

私は海軍図書館がこの小論に引用したさまざまな著作に私の注意を喚起し、さらに下関砲撃に参加した英国軍艦に関する資料をお寄せ下さったことに感謝する。

（1）Kuper to the Secretary to the Admiralty, 15 September 1864 expanding on his brief report of 10 August.

（2）「アメリカ人は派遣できる適当な軍艦が現場にいなかったが、連合艦隊への参加を切望して、米国コルベット艦ジェイムズタウン号の士官一名、水兵若干名、大砲一門を、傭船契約をした汽船ターキャング号に載せて送り出した」。*The Royal Navy: A History from the Earliest Times to the Death of Queen Victoria* by Sir Wm Laird Clowes, Vol. VII, 1903, London.

（3）英国軍艦ターター号のヘイズ艦長は、一八六四年九月九日付けのキューパーあて報告書に、「フランス軍艦デュプレクス号に装備した施条砲の見事な操作と正確な射撃には大いに助けられた」と書いた。デュプレクス号は、ターター号をめがけて撃ちつづける敵の各砲台にたいして、徹底的に対抗砲撃をおこない、その艦長に最高の栄誉をもたらすような奮闘ぶりを示した。

（4） 喫水が深い巨艦のコンカラー号は厄介物であることが判った。

（5） この公信書は、どれほど激烈な戦闘がおこなわれたかを、はっきりと書いていない。九月六日の午後、海軍砲兵隊と海兵隊が陸上で交戦中、『英国海軍――古代からヴィクトリア朝末までの歴史』を引用すれば、「数々の勇猛果敢な奮戦がみられ、三個ものヴィクトリア十字勲章〔軍人にたいする最高勲章〕が授与された。そのうちの一個が与えられたのは、ユーリアラス号の士官候補生ダンカン・ゴードン（Midshipman Duncan Gordon）であった。「前衛歩兵中隊旗の旗手を勤めた彼は、おびただしく飛来する銃弾に向かって全軍の先頭に立ち、大胆不敵にも軍旗を高くかかげて進んだ。戦友の軍旗護衛曹長らは被弾して倒れ、一人は即死、もう一人はひどい重傷を負った。彼は上官の命令によって、ようやく前進するのを引き留められた。彼が持っていた軍旗は、六度、マスケット銃弾に打ち抜かれた」。

（6） J・H・アレグザンダー艦長（Captain J. H. Alexander）は、一八六四年九月十日付けのキューパーあて報告書で海兵隊の上陸作戦について報じ、「横浜英国公使館のサトウ氏（Mr Satow, Ernest Mason）は、必要があれば通訳を勤めるために、常に激しい砲火の中を私に随行した」と書いた。

（7） Alcock to Russell from Yokohama, 28 September 1864, received in London on 24 November.

（8） Kuper to the Secretary of the Admiralty 30 September 1864 'at Sea off the entrance to the Gulf of Yeddo [sic]'.

（9） コリン・ホワイト（Colin White）の記述によれば、「艦隊は多くの村落の沖合いに碇泊したが、キューパーは何人《なんぴと》たりとも上陸してはならぬと厳命した。しかしながら、間もなく、どの軍艦も物見高い見物人や商売熱心な物売りでいっぱいの小舟にとりかこまれた」という。

（10） 'The Long Arm of Seapower: The Anglo-Japanese War of 1863-64' in *Seapower Ashore, 200 Years of Royal Navy Operations on Land*, edited by Captain Peter Hore, RN, Chatham Publishing, 2001.

（11） 一八六四年に中国沿岸沖で難破した。

[訳注]

［1］ 長州藩が構築した砲台は、北東の長府側から城山・関見・角石・茶屋・洲崎・駕建場・杉谷・壇ノ浦・御裳川・八軒屋・亀山・専念寺・永福寺の各砲台がつらなり、さらに南西の彦島には、大瀬戸に面して、弟子村・山床の二砲台があった。

訳者あとがき

本書はロンドンの The Japan Society の発行した *British Envoys in Japan, 1859–1972*, Global Oriental 2004 の翻訳である。編集はサー・ヒュー・コータッツィが主として行い、イアン・ニッシュ、ピーター・ロウ、J・E・ホアの三氏がこれを援助した。翻訳に当たっては、イアン・ニッシュ編の *Britain & Japan: Biographical Portraits*, 1994（邦訳『英国と日本―日英交流人物列伝』博文館新社、二〇〇二年）と同じく、日英文化交流研究会がこれに当たることとし、強力なメンバーが二人加わることになった。その一人、松村耕輔氏は末尾記載の略歴の通り一九六三年以降長年にわたり英国大使館に勤務、コータッツィ駐日大使とは親しい仲であった。もう一人の中須賀哲朗氏は幕末維新時代の日本についてのコータッツィ元駐日大使の著書を何冊も翻訳しておられるベテランである。

本書は元々第一部から第四部に至るまでの二十六章に、付録五章と索引を加えた三百五十一頁におよぶ大作であるが、一冊の本としては大部に過ぎるので、大使・公使以外の外交官を取り扱った第四部と付録の三～五章は割愛した。

また本書には既刊書から転載した部分がある。第十一章と第十七章はコータッツィ、ダニエルズ編の大山瑞代訳の『英国と日本―架橋の人びと』思文閣出版、一九九八年（*Britain & Japan: Themes and Personalities*, 1991）から転載したものであり、第四章、第九章、第十五章、第十六章は前掲の『英国と日本―日英交流人物列伝』からの転載である。これらの文章を本書に転載するに当たって、それぞれの出版社と訳者に了解を頂き、その章の末尾に註書きを加えた。

戦前の駐日英国使節と言えば、初代オルコック、日本に十八年もいたパークス、日本学者のサトウ、日英同盟のときのマクドナルドなどが頭に浮かぶが、それ以外については馴染みが薄い傾向にあった。しかし本書のように歴代の大使・公使を年代順に並べてみると、幕末から最近に至るまでの日英間の政治、経済、文化等の交流の過程がよく分かる。親日家あり、そうでもない者もあり、それぞれの個性が表れていて誠に興味深い。第一部から三部までの各部の冒頭に序文が付いているので、それを通読すると幕末以来百十余年の日本と英国の関係の変遷がよく理解できる。本書が日英間相互の理解と親善をなお一層深める役に立てば誠に幸いである。

本書の刊行に当たって、東京倶楽部およびグレイトブリテン・ササカワ財団から快く助成金を頂いたことに深く感謝の意を表したい。また駐日英国大使サー・グレアム・フライから「日本語版刊行に寄せて」の文章を賜ったことについて、深甚な謝意を述べる次第である。また出版社の㈱文眞堂の企画部長前野隆氏と同営業部長前野眞司氏に大変お世話になったことを厚くお礼申し上げたい。

日英文化交流研究会代表　長岡　祥三

かつてイギリス国立公文書館収蔵の、議会用に印刷された一般対日外交文書（General Correspondence: Japan, F.O.46.）と共に、イギリス外務省内部資料の「駐日英国特命全権公使との往復書簡」（Correspondence with Her Majesty's Envoy Extraodinary and Minister Plenipotentiary in Japan. Confidential Print, F.O.410.）の主要部分を読んだことがある。もとより私は歴史の学究ではない。しかし、今日のように発達した通信機器は望むべくもなく、あらゆる急送公文書（despatch）を二カ月以上もかけて本国に送らねばならなかった当時、重要案件の処理とか一つの事件の解決をめぐる報告書には、どうしても本省の政策決定者が理解できるように詳細な経緯や背景説明を書き加えなければならない。しかも開港初期には、日本に駐箚した外交代表らですら、任地の歴史はもとより政治構造も社会組織の実態もまだ十分に把握していない時代であった。したがって、彼らの報告書の文章には緊迫した臨場感が漂い、期せずして得難い記録文学となったのである。
本書各章の原著者たちは、そのような外交文書をはじめ各種の一級資料を駆使し、国際的条件と国内的条件が複雑にからみあう中で、歴史の流れに作用し作用されつつ生きた駐日外交代表それぞれの姿を描出して余すところがない。その翻訳を通して少しでも日英文化の交流に寄与できたならば、訳者にとって望外の幸いである。

共訳者　中須賀　哲朗

本書の出版と時を同じくして日本の歴代駐英大使列伝（Japan Society Series *Japanese Envoys in Britain 1862-1964: A Century of Diplomatic Exchange*, Compiled and Edited by Ian Nish, Global Oriental 2007）が英国で出版され、日英の大使列伝が出そろった。世界的にも例のないことであろう。ただし前者が大英帝国から極東の島国・日本に派遣された外務省一筋の職業外交官であったのに対し、後者は、大英帝国が日本の近代化のモデルであるとともに、対英外交が日本外交の主軸であった時代的背景もあり、後に首相（二名）、主要閣僚（八名）その他の要職に就いて国民を啓蒙、国をリードした錚々たる多彩な人物がきら星の如く名を連ねている。初代駐英公使・寺島宗則（別称松木弘安、後の外相）は本書付録「鹿児島砲撃」（四三一頁）にもあるとおり、薩英戦争のときの捕虜であった。生麦事件を契機に期せずして英国が急速に日本の開国・近代化に大きくかかわる展開になったが、そのとき現場に急行して手当てをした英国公使館付き医師W・ウィリスは後に因縁の鹿児島で英国医学を講じた。それから先の一つのエピソードとして、その門下生の一人、海軍軍医・高木兼寛（宮崎市出身）が世界の俊秀の集まるロンドンの名門医大を抜群の成績（首席）で卒業、帰国直後に（政府が不平等条約改正に躍起になっていたこともあり）外務大臣名で列強の在日公使宛に「公使閣下、館員、ご家族で高木に診てもらうことをご希望の向きは当方に申し出られたし」という旨の異例の通達が出されていることも、また彼が英語力抜群、ダンスの名手として鹿鳴館のスター的存在であったこともあまり知られていない。鹿鳴館との関係は彼が留学から帰って二年目の明治十五年に海軍の同志とともに東京のど真ん中に開設した貧窮の大衆のための慈善（無料）病院に皇后陛下のご理解を頂き、格式ある病院に発展させる上で大いに役立った（慈恵医大はその病院に付属する形になっていた）。また留学先の病院の指導的地位にあったナイチンゲールに啓発されて日本初の看護婦養成学校を創立しているほか、恐ろしい風土病であった脚気の予防・治療法の確立に成功した高木はビタミンの先駆者として名を成し、昭和三十四年に南極の岬の一つが英国南極研究所により高木岬（Takaki Promontory）と命名され、その名は世界地図に永久に刻まれている。このあたりは英国の学者の世界の懐の深さを感じさせる。末尾ながら、訳出にあたりご指導、ご協力を賜った各方面の方々に心からの感謝を捧げる次第である。

共訳者　松村　耕輔

（付記）原文中の（　）、［　］はそのまま使い、‘ ’は「　」、“ ”は『　』と直した。訳者の説明の場合は〔　〕を使用した。注釈については、原注の場合は（　）、訳注の場合は［　］を使った。

外国人人名索引

〈A〉

Abdul Rahman, Tunku　ラーマン……387, 396
Abraham, Jimmy　エイブラハム……421
Acheson, Dean　アチスン……328
Adams, *Sir* Francis Ottiwell　アダムズ……138, 146, 147
Agbi, S. Olu　アグビィ……298
Alcock, *Sir* Rutherford　オルコック……v, 4, 8, 14〜39, 40, 42, 54, 55, 64〜72, 74, 84, 85, 444, 448, 453, 454
Alexander, *Captain* J. H.　アレグザンダー艦長……457
Alexandra of Kent, *Her Royal Highness Princess*　アレグザンドラ王女……389
Allen, W. D.　アレン……351
Allison, John Moore　アリスン……351
Alston, Beilby　オールストン……200, 206, 207, 215
Arabi, *Colonel*　アラービー大佐……192
Ashton-Gwatkin　アシュトン・グウォトキン……280
Asquith, Herbert Henry　アスキス……208
Aston, William George　アストン……8, 10, 12, 107, 116, 118, 162
Attlee, Clement Richard　アトリー……324, 352

〈B〉

Baldwin, Stanley, *1st Earl* B. of Bewdley　ボールドウィン……302
Baelz, *Dr* Erwin von　ベルツ博士……132
Balfour, Arthur James, *1st Earl* of　バルフォア……215, 234, 412
Ball, Macmahon　ボール……350
Barileff, *Captain*　バリレフ艦長……25, 28, 38
Bassett, R.　バセット……268
Beasley, *Prof.* William Gerald　ビーズリー教授……10, 11, 72, 86, 95, 97, 100, 162
Bell, Philip　ベル……268
Bell, Raymond　ベル……415
Bellecourt, Gustave Duchesne de　ベルクール……46
Belloc, Hilaire　ベロック……420
Bennett, Gill　ベネット……273, 279
Berger, Gordon Mark　バーガー……162
Best, Antony　ベスト……169, 173, 174, 282

Bevin, Ernest ベヴィン…311, 328, 329, 331, 332, 337, 338, 342, 345, 350, 352
Bickersteth, *Bishop* ビカステス主教 ……133
Bingham, *Captain* ビンガム艦長……43
Binyon, Robert Laurence ビニョン ……248, 254
Bird, Isabella Lucy バード……74, 96, 98, 164
Bismarck, Otto Eduard Leopold ビスマルク ……214
Black, John Reddie ブラック……91, 100
Blacker, *Dr* Carmen ブラッカー博士 ……135, 299, 422
Blake, William ブレイク ……406
Blakiston, *Cap.* Thomas Wright ブラキストン大尉 ……160, 164
Blakiston, *Mrs* ブラキストン夫人 ……160
Blunden, Edmund ブランデン ……335
Boissonade, Gustave Emile ボアソナード ……164
Borlase, *Captain* ボーラス ……436
Borrodaile, *Mrs* Margaret ボロデール夫人……45
Boulay, *Cap.* Noel du ブーレイ陸軍大尉 ……141
Braddon, Russell ブラドン ……346, 351, 352
Brailey, Nigel ブレイリー ……118, 161, 162
Brandt, Max August Scipio von ブラント ……80, 99
Bright, John ブライト ……441, 447
Britton, Dorothy, (*Lady* Bouchier) ブリトン（レディ・バウチャー） ……363
Bromley, Tom ブロムリー ……404
Brook, *Sir* Norman Craven ブルック ……368, 381
Broughton, *Captain* William Robert ブロートン ……2
Brown, George ブラウン ……412, 418
Bruce, *Sir* Frederick ブルース……40
Brunton, Richard Henry ブラントン ……89, 97, 100
Buchanan, *Sir* George William ブキャナン ……256
Buckley, Roger, W. バックリー ……310, 337, 349, 350
Buller, *Admiral* Alexander ブラー提督 ……152, 165
Bullock, Alan ブロック ……342, 349, 350
Bunsen, Maurice William Ernest de バンスン ……132
Butler, R. A. バトラー ……387
Buxton, Charles バクストン ……442

〈C〉

Caccia, Harold キャチア ……413
Cadogan, *Sir* Alexander カドガン ……275, 288, 289
Cambridge, *2nd Duke* of ケンブリッジ公爵 ……180, 193
Camus, J. J. Henri カミュー……55
Carew, *Mrs* Edith カリュー夫人 ……157, 165
Carew, Walter Raymond Hallowell カリュー ……165

Carroll, Lewis キャロル ……………………………………430
Cecil, *1st Viscount* Edgar Algernon Robert
セシル卿…………………215, 258〜260, 263, 269
Chamberlain, *Sir* Joseph Austin チェンバリン…197, 229, 231, 233, 234, 235, 246, 250, 254, 302
Chamberlain, Arthur Neville チェンバリン …………………264, 272, 288, 302
Chamberlain, Basil Hall チェンバリン ……12, 76, 81, 97, 98, 99, 158, 160
Chamberlain, Joseph チェンバリン ……………………………………302
Charles, *Prince* of Wales チャールズ皇太子 …………………………419
Chatfield, *Admiral Sir* Ernle チャトフィールド ……………………276, 280
Cheke, Dudley チーク ……………………………………………385
Churchill, Winston チャーチル …………230, 296, 300, 302, 351, 352
Clarendon, George-William-Frederick Villiers, *4th Earl* of
クラレンドン卿 …………………………83, 85
Clarke, Ashley クラーク ………………………………………405
Clarke, Woodthorpe クラーク……………………………………45, 432
Claudel, Paul Louis Charles クローデル ………………………………245, 253
Clive, *Sir* Robert クライヴ………169, 173, 271〜282, 284, 298, 404
Clive, *Mrs* クライヴ夫人 …………………………………405
Clowes, *Sir* William Laird クロウズ ………………………………………448
Clutton, George クラトン ……………………………335, 336, 338
Coates, P. D. コーツ ……………………………………190, 350
Cobden, Richard コブデン ………………………………443, 448
Cohen, Warren コーイン ……………………………………349
Conder, Josiah コンダー …………………………132, 135, 159
Connaught, *Duchess* of コノート妃殿下 ……………………………130
Connaught, Arthur William Patrick Albert, *Duke* of
コノート公アーサー殿下…11, 130, 183, 187, 236
Coppock, D. J. コポック ……………………………………351
Cortazzi, *Sir* Hugh コータッツィ…10, 11, 35, 36, 58〜60, 62, 96, 97, 134〜136, 162, 164, 191, 194, 267, 269, 299, 310, 312, 315, 316, 426, 447
Cox, Melville コックス …………………………175, 293, 305
Craigie, *Commander* クレイギー中佐……………………………27
Craigie, *Sir* Robert クレイギー …169, 174, 271, 278, 279, 283〜306, 405
Crampton, *Sir* John クランプトン……………………………………24
Cromer, Evelyn Baring, *1st Earl* of クローマー卿 ……………………176, 177, 192
Crowe, *Sir* E. クロウ …………………………………………235
Crump, *Corporal* クランプ伍長…………………………………43
Curzon, George Nathaniel, *1st Marquess* of Kedleston
カーズン卿 …………211, 224, 225, 231, 234, 235

〈D〉

d'Anethan, *Baron* Albert　ダヌタン公使 ……158, 184, 193
d'Anethan, *Baroness*　ダヌタン男爵夫人 ……146, 147, 158
Daniels, *Dr* Gordon　ダニエルズ博士 …10, 88, 90, 91, 94, 97, 98, 100, 104, 117, 135, 136, 162, 299
Dawson, Geoffrey　ドースン ……268
Delboe, Simon　デルボー ……2
Dening, *Sir* Esler　デニング……116, 308～312, 314～316, 323, 327, 337, 338, 340～351, 353, 354, 358, 361, 363, 393
Dening, Walter　デニング ……316
Denison, Henry W.　デニスン ……159
Dennis, Peter　デニス ……349
Dewey, Thomas Edmund　デューイ ……324
Dickins, Frederick Victor　ディキンズ …10, 76, 77, 81, 83, 92, 96～99, 117, 146, 154, 159, 163
Dickinson, F. R.　ディキンスン ……214, 215
Disraeli, Benjamin, *1st Earl* of Beaconsfield　ディズレーリ ……195
Doeff, *Opperhoofd* Hendrik　ドゥーフ ……2
Dönhoff, Otto *Graf* von　デンホフ ……113
Dore, Ronald　ドーア ……410
Douglas, Norman　ダグラス ……409
Douglas-Home, *Sir* Alexander Frederik　ダグラス・ヒューム ……315, 387
Dowell, *Captain*　ダウエル艦長……68
Dower, J. W.　ダワー ……317, 338
Drake, *Captain* of SS Normanton　ドレイク船長 ……105
Drouyn de Lhuys, Edouard　ドルアン・ド・リュイ……72
Dufferin and Ava, Frederick Temple Hamilton-Temple-Blackwood, *1st Marquess* of　ダファリン卿 ……220, 235
Dulles, John Foster　ダレス ……266, 330, 315, 331, 336, 351

〈E〉

Eden, Robert Anthony, *Earl* of Avon　イーデン……173, 266, 280～282, 284, 298～300, 302, 311, 341, 345, 350, 351, 411
Edward Ⅶ　エドワード七世 ……183
Edwardes, Arthur　エドワーズ ……277
Eisenhower, *Pres.* Dwight　アイゼンハウアー ……266
Elgin, James Bruce, *8th Earl* of and *12th Earl* of Kincardine　エルギン卿……4, 38, 74, 98, 101

Eliot, *Sir* Charles　エリオット………168〜170, 172, 173, 210〜212, 219〜236, 238, 246, 249
Eliza, Adelaide Harriet　エライザ…………………………………………59
Elizabeth II, *Queen*　エリザベス女王 ……………………………279
Ellingworth, Richard　エリングワース ……………………388, 397
Eulenburg, Friedrich Albert　オイレンブルク……………………………21
Evatt, Herbert　エヴァット …………………………………325
Evrard, *Père* Felix　エヴラール …………………………………160

〈F〉

Falle, *Sir* Samuel　フォール ………………………………………427
Feaver, G.　フィーヴァー ……………………………………191
Figgess, *Sir* John　フィゲス ……………………337, 397, 398, 419
Finn, R. Dallas　フィン ……………………………………135, 337
Fisher, John Arbuthnot, *1st Baron* of Kilverstone
フィッシャー ……………………………183, 193
Fleming, Peter　フレミング ……………………285, 286, 298, 302
Forbes, W. Cameron　フォーブス …………………………………257
Fox, Grace Estelle　フォックス …10, 74, 81, 86, 88, 89, 96〜98, 442, 444, 448
Franco, Francisco　フランコ ………………………………………314
Franks, *Sir* Oliver　フランクス ………………………………336, 339
Fraser, Hugh　フレイザー …6,9,116,120〜134,138,139,146,381
Fraser, *Mrs* Mary Crawford　フレイザー夫人………………9, 11, 120, 122, 134
Fraser, John A.　フレイザー ……………………………………128

〈G〉

Gascoigne, Alvary Douglas Frederick　ギャスコイン …………308〜310, 315, 320〜339
Gaslee, Stephen　ギャスリー ………………………………………249
Geddes, *Sir* Auckland　ゲディス …………………………………211
George V　ジョージ五世 ………186, 188, 244, 265, 277, 279
George VI　ジョージ六世 …………………………………278
Gilbert, M.　ギルバート ……………………………………191
Gloucester, *Prince* Henry William Frederick Albert, *Duke* of
グロスター公爵 ……………………………244
Gooch, G. P.　グーチ ………………………………………191
Gordon, *General* Charles　ゴードン将軍 …………………………121
Gordon, *Midshipman* Duncan　ゴードン ……………………………457
Gore-Booth, *Sir* Paul (*Baron*)　ゴア・ブース ………………………374, 382
Goshkevich, *Consul* Iosif Antonovich　ゴスケヴィチ領事……………………11, 19, 36
Granville, George Leveson-Gower, *2nd Earl* of
グランヴィル伯爵 ……………………………111

Green, W. R. Connor　グリーン ……263
Greene, *Sir* William Conyngham　グリーン……168, 169, 195～215, 222, 235, 237
Greene, Richard John　グリーン ……195
Greene, Richard Wilson　グリーン ……195
Grew, Joseph Clark　グルー ……257, 261, 265, 268, 295, 300, 306
Grey, Edward, *1st Viscount* Grey of Fallodon　グレイ……186, 193, 199～204, 206, 211, 212, 214
Griffis, William Elliot　グリフィス ……85, 97, 100
Griffiths, Ernest Alfred　グリフィス ……163
Gubbins, John Harrington　ガビンズ ……8, 12, 116, 119, 123, 127, 128, 131, 135, 145, 150, 159, 171
Gutschmid, *Freiherr* von　グートシュミット ……156
Gwynne, H. A.　グイン ……277

〈H〉

Haggard, *Sir* Henry Rider　ハガード ……159
Haggard, Mary　ハガード ……158
Haigh, Anthony　ヘイグ ……299
Halifax, Edward Frederik Lindley Wood, *1st Earl* of　ハリファックス ……298, 299
Hammond, Edmund　ハモンド……27
Hancock, Keith　ハンコック ……213
Harding, Warren Gamaliel　ハーディング ……210, 211
Harpham, Bill　ハーファム ……355
Harris, Colin　ハリス ……401
Harris, Townsend　ハリス……3, 4, 21
Hart, Robert　ハート ……127
Hawley, Frank　ホーリー ……325
Hayes, *Captain*　ヘイズ海軍大佐 ……450, 456
Heath, Edward　ヒース ……375
Henderson, Arthur　ヘンダスン ……235, 246, 254
Hennessy, *Sir* John Pope　ヘネシー……93
Heusken, Hendrik C. J.　ヒュースケン……21
Hicks-Beach, *Sir* Michael　ヒックス・ビーチ ……197
Hitch, Brian　ヒッチ ……421
Hitler, Adolf　ヒトラー ……288, 302
Hoare, *Dr* James　ホア博士 ……135, 163, 170
Hoare, J. E.　ホア ……10, 35, 117, 118, 147, 163, 174, 250, 267
Hoare, *Sir* Samuel　ホア ……266
Hobsbawm, Eric　ホブスボーム ……250
Hodges, *Colonel*　ホッジス陸軍大佐……40
Hodgson, Pemberton　ホジスン……19
Hohler, T. H.　ホーラー ……190, 191

Holleben, *Baron* von ホルレーベン男爵 …………………110, 113, 114
Hope, *Admiral Sir* James ホープ提督…………………26, 28, 29, 44, 60, 431
Hore, *Captain* Peter ホア海軍大佐 …………………………447, 457
Hornbeck, Stanley Kuhl ホーンベック …………………………289, 303
House, Edward Howard ハウス ………………………………92, 93, 101
Howe, R. ハウ ………………………………………………299
Hull, Cordell ハル ………………………………………………305

〈J〉

James, D. Clayton ジェイムズ ……………………………………337
James, Neill ジェイムズ ……………………………………447
Jansen, M. B. ジャンセン ……………………………………214
Jaurès, *Rear Admiral* ジョーレス少将………………449, 450, 452〜454
Jay, Douglas ジェイ ………………………………………389
John, Robert ジョン ………………………………………419
Johnson, Louis ジョンスン ……………………………………328
Jones, Hazel J. ジョーンズ ……………10, 11, 88, 89, 97, 98, 100
Jordan, *Sir* John ジョーダン …………191, 200, 206, 207, 211, 215
Josling, *Captain* John ジョスリング艦長 …………………437, 438, 447

〈K〉

Karakhan, Lev Mikhailovich カラハン ……………………………………253
Kennan, George F. ケナン ……………………………323, 324, 337
Kennedy, John Fitzgerald ケネディ ……………………………………370
Kennedy, *Capt.* Malcolm ケネディ(元語学将校) ……………234, 268, 277
Kerr, *Sir* A. Clark カー ………………………………………298
Keswick, William ケズィック ……………………………16, 35
Khitrovo, Mikhail ヒトロヴォ ……………………142, 143, 146
Khrushchov, Nikita Sergeevich フルシチョフ …………………………370
Kimberley, John Wodehouse, *1st Earl* of
キンバリー ……………………149, 150, 152, 156
Kingston, *Commander* キングストン海軍中佐 ……………………450
Kirkwood, William M. カークウッド ……………………159, 160, 164
Kitchener, *General* Horatio Herbert キッチナー将軍 ……………………188, 194
Knatchbull-Hugessen, *Sir* Hughe Montgomery
ナッチブル・ヒューギスン …………………280
Kornicki, Peter F. コーニッキー ………………………………162
Kruger, Stephanus Johannes Paulus クリューガー……………………196〜198, 212
Kuper, *Admiral Sir* Augustus Leopold
キューパー提督…9, 46, 47, 50, 51, 54, 64, 66, 68, 69, 72, 431, 449

〈L〉

Lampson, Miles Wedderburn, *1st Baron* of Killearn
ランプスン ………………236, 245, 246, 252, 257
Lane-Poole, S. レーン・プール ………………………………146
Langland, William ラングラント ………………………………425
Langley, *Sir* Walter ラングリー ……………………208, 209, 214, 215
Lansdowne, Henry Charles Keith Petty-Fitzmaurice, *5th Marquess* of
ランズダウン卿 ……………………180, 182, 192
Large, *Rev.* T. A. ラージ師 ………………………………………130
Lascelles, *Sir* Daniel ラッセルズ……308, 309, 311, 312, 353〜363, 368
Laughton, John Knox ロートン ………………………………………445
Lay, H. N. レイ………………………………………………89
Leach, Bernard リーチ ………………………………………406
Lebra, Takie Sugiyama レブラ ………………………………………251
Leith-Ross, *Sir* Frederick リース・ロス ……………………173, 175, 275
Lensen, George Alexander レンセン……………………11, 36, 162〜164, 191
Leyden, *Graf* von ライデン ………………………………………159
Lindley, *Sir* Francis Oswald リンドリー…169〜171, 173, 175, 235, 239, 255〜270, 271, 312, 366, 367
Lindley, *Lady* リンドリー夫人 ………………………………381
Little, *Admiral Sir* Charles リトル ………………………………………276
Lloyd, Selwyn ロイド …………………………315, 347, 350, 351
Lloyd George, David ロイド・ジョージ ………………………208, 211
Longford, Joseph Henry ロングフォード ………………104, 112, 118, 140
Lopez, *Monsignor* ロペス神父 ………………………………………365
Lothian, *Marquess* of ロージアン卿 ………………275, 289, 299, 303
Lowder, John Frederic ラウダー ………………………………………453
Lowe, Peter ロウ ……………vi, 213〜215, 298, 337, 338, 349
Lowther, Gerard Augustus ラウザー …………………143, 144, 146, 150, 159
Lytton, Victor Alexander George Robert, *2nd Earl* of
リットン卿 ………………………………261, 269

〈M〉

MacArthur, *General* Douglas マッカーサー ……308, 315〜318, 320〜338, 372
MacDonald, *Sir* Claude Maxwell マクドナルド ……147, 148, 161, 168〜170, 173, 176〜194, 199, 212, 214
MacDonald, *Lady* Ethel マクドナルド夫人 ………177, 182, 184, 188, 214
MacDonald, James Ramsay マクドナルド …………………………234, 264
MacDonald, John マクドナルド…………………………………83
MacLehose, Murray, *Baron* of Beoch マクルホーズ …………………………385, 396
Macmillan, Harold マクミラン ………………………………375, 418

Mallet, Ivo マリット ……412
Mare, Arthur de la メア ……411
Margaret, *Princess* マーガレット王女 ……416, 417
Marshall, William マーシャル……45, 432
Martin, Joan マーティン ……422
Martin, Peter マーティン ……404, 408, 414
Matthews, Freeman マシューズ ……336
Maxwell, *Captain* Robert マクスウェル海軍大佐 ……391, 401
Maxwell, Stirling マクスウェル ……366
Mayall, Lees メイオール……355〜357, 359, 362
Michie, Alexander ミッチー……35
Milner, *Sir* Alfred ミルナー……168, 196〜198, 212
Mitford, Algernon Bertram Freeman-M., *1st Baron* Redesdale
ミットフォード…6, 9, 11, 18, 77〜79, 83, 86, 99, 104, 162, 429
Monroe, James モンロー ……281
Montague, Michael モンタギュー ……390
Morland, Martin モーランド ……268, 382
Morland, *Sir* Oscar モーランド… 308, 309, 312〜315, 357, 358, 360, 363, 365〜383, 393
Morland, *Lady* Alice モーランド夫人 ……375
Morley, John, *Viscount* Morley of Blackburn
モーリー ……183, 193, 417
Morrison, George S. モリスン……37, 342, 350
Morrison, Herbert Stanley モリスン ……352
Moss, Michael モス……17
Mountbatten, Louis, *1st Earl* M. of Burma
マウントバッテン卿 ……310, 316, 341, 351, 353
Muraviyov, Nikolai Nikolaevich ムラヴィヨフ……20
Mussolini, Benito ムッソリーニ ……302
Myburgh, Francis Gerhard マイバーグ……29

〈N〉

Napier, William John George ネイピア ……132, 136, 138
Neale, Adelaide Harriet Eliza ニール……59
Neale, Daniel ニール……40
Neale, Henry St John Dudley ニール ……41, 58
Neale, *Lt Colonel* Edward St John ニール陸軍中佐 ……8, 9, 35, 38〜64, 66, 67, 431
Neale, *Mrs* Adelaide ニール夫人 ……41, 59
Neale, William Buchanan ニール……59
Neale, William Trevor ニール……59
Nevins, *Prof.* Allan ネヴィンズ教授 ……266
Nicolson, *Sir* Arthur ニコルスン ……201

Nish, Ian H. ニッシュ……vi, 10, 117, 118, 135, 162, 163, 173, 175, 191, 192, 213〜215, 233, 250, 251, 267, 279, 350
Norcock, *Captain* RN ノーコック海軍大佐 ……………………………140

〈O〉

O'Conor, *Sir* Nicholas オコナー ……………………………………152
Ogilvy, *The Honourable* Angus オーグルヴィ ………………………………389
Oliphant, Laurence オリファント…………………11, 27〜29, 36〜38
Orde, Charles オード …………………………………………278
Outrey, Maxime ウトレー…………………………………………88

〈P〉

Paget, *Sir* Ralph Spencer パジェット …………132, 136, 139, 140, 146, 150
Palmer, H. S. パーマー ……………………………………………111
Palmerston, Henry John Temple, *3rd Viscount* パーマストン卿………………7, 57, 442, 443, 445
Parker, William Hennessey パーカー ……………………………………………448
Parkes, *Sir* Harry Smith パークス …4, 8, 9, 14, 69, 73〜95, 102, 103, 107, 114, 117, 136, 138, 150, 430
Parkes, *Lady* Frances パークス夫人 ………………………………75, 76
Parlett, *Sir* Harold パーレット ……………………………………233
Perry, *Commodore* Matthew Calbraith ペリー提督 ……………………………………3
Piggott, *Major-General* Francis Stewart Gilderoy ピゴット少将…135, 191, 192, 220, 233, 238, 239, 250, 252, 268, 277, 278, 290, 299, 304, 305
Piggott, *Sir* Francis Taylor ピゴット ……………………………………………129
Pilcher, *Sir* John Arthur ピルチャー …… v, 308, 309, 314, 315, 377, 383, 402〜430
Pilcher, *Lady* Delia ピルチャー夫人 ………………………………424
Platt, D. C. M. プラット ……………………………………………350
Plowman, Piers プラウマン ……………………………………418
Plunkett *the Hon.* Louisa プランケット ……………………………………195
Plunkett, *Sir* Francis Richard プランケット……………………9, 102〜119, 138
Poel, J. van der ポール ……………………………………………213
Polsbroek, Dirk de Graeff van ポルスブルック ……………………………69, 82
Ponsonby-Fane, Richard Arthur Brabazon ポンソンビ・フェーン ……………407, 422, 425
Poole, S. Lane プール ……………………………………76, 96, 117
Porter, Alexander Pope ポーター…………………………………………90, 100
Pottinger, *Sir* Henry ポティンジャー…………………………………………74
Powell, *Major* Henry Clarinbold パウエル陸軍少佐…………………………………59

Prest, A. R. プレスト ……351
Preston, Thomas プレストン ……233
Pruyn, Robert Hewson プリューイン……69

〈Q〉

Quin, *Captain* クイン ……2

〈R〉

Raffles, *Sir* Thomas Stamford ラッフルズ ……2
Ranger, Terence レインジャー ……250
Reading, Rufus Daniel Isaacs, *1st Marquess* of
レディング ……259, 260
Redman, H. Vere レッドマン ……326, 335
Reed, *Sir* Edward James リード……93, 101
Reitz, F. W. レイツ ……198
Ribbentrop, Joachim von リッベントロップ ……284, 301
Richardson, Charles Lennox リチャードスン ……45, 47, 60, 64, 432, 444
Rickett, John リケット ……140, 147
Robinson, *Sir* Hercules ロビンスン……29, 196
Rochefoucauld, La ロシュフコー ……424
Roches, Léon ロッシュ……69, 79, 80, 87, 99
Roosevelt, Franklin Delano ローズヴェルト ……289
Rosebery, Archibald Philip Primrose, *5th Earl* of
ローズベリー卿 ……113, 138, 142, 197
Rumbold, *Sir* Horace ラムボールド ……184, 187, 207, 215, 268
Rundall, *Sir* Francis ランドール …308, 309, 313〜315, 383〜401, 413
Russell, John, *1st Earl* ラッセル卿 ……21, 28, 29, 31, 35, 47, 52, 53, 57, 65〜68, 70〜72, 85, 442, 444
Ruxton, Ian C. ラックストン……10, 117, 118, 161, 162

〈S〉

Salisbury, Robert Arthur Talbot Gascoyne-Cecil, *3rd Marquess* of
ソールズベリー卿 ……103, 150, 152〜155, 161, 177, 178, 180, 181, 192, 196, 197, 200
Sanderson, *Sir* Thomas Henry サンダースン ……117, 150
Sansom, *Sir* George Bailey サンソム…170, 172, 173, 175, 184, 191, 193, 232, 237, 246, 252, 263, 264, 266, 274, 277, 278, 289, 290, 299, 303, 332, 333, 338, 405
Sansom, *Lady* Katharine サンソム夫人 …235, 251, 264, 266, 268, 269, 405
Satow, *Sir* Ernest Mason サトウ …6, 8〜12, 37, 38, 55, 56, 61, 62, 78〜83, 86, 87, 92, 95〜97, 99, 100, 115, 116, 118,

136, 144, 145, 147〜165, 170, 178, 179, 192, 249, 361, 439, 441, 447, 453, 457
Savage, Arthur　サヴィッジ……416
Schonberger, H. B.　ショーンバーガー……337
Scott, Robert　スコット……331, 338
Sebald, William　シーボルト……321, 336
Selby, Ralph　セルビー……355, 361
Selkirk, Nigel Douglas-Hamilton, *10th Earl* of
セルカーク卿……347, 350, 351
Shaw, Patrick　ショー……325
Siebold, Alexander Georg Gustav von
ジーボルト……61, 82, 83, 99
Simon, John Allsebrook, *1st Viscount* of
サイモン卿……259, 260, 280, 292, 299, 305
Simpson, B. Lenox　シンプスン……184
Smith, Dennis　スミス……173, 234
Smith, I. R.　スミス……213
Smuts, Jan Christiaan　スマッツ……197, 198, 213
Snowdon, Antony Armstrong-Jones, *Earl* of
スノードン卿……416
Somerset, E. A. Seymour, *12th Duke* of
サマセット公爵……444
Spee, von　シュペー……203
Stanley, Edward G. G. Smith, *14th Earl* of Derby
スタンリー卿……58, 85
Stevenson, Robert Louis　スティーヴンスン……198
Stewart, Michael　スチュアート……389
Stimson, Henry L.　スティムスン……260
Stirling, *Sir* James　スターリング……3
Stirling-Maxwell, *Sir* John　スターリング・マクスウェル……175, 268
Stone, William H.　ストーン……159
Stopford, *Lady* Lily Frances　ストップフォード……196
Strang, *Sir* William　ストラング……335, 336, 338, 339
Sukarno, *President*　スカルノ……368, 386, 387
Suther, *Colonel*　サザー陸軍大佐……452
Sweet, Charles　スイート……43

〈T〉

Tevis, May, *Lady* Plunkett　テヴィス（プランケット夫人）……103
Taylor　テイラー陸軍軍医……141
Taylor, Delia Margaret　テイラー……409, 410
Temperley, *Dr* H. W. V.　テンパリー……162, 191
Thorne, Ben　ソーン……350, 414, 416

Thorne, Christopher G. ソーン……268, 349
Thornton, *Sir* Edward ソーントン……137
Tilley, *Sir* John ティリー……169, 236～254
Tomlinson, F. S. トムリンスン……323, 337, 338
Toynbee, Arnold トインビー……418
Trench, Power Henry Le Poer トレンチ……6, 9, 116, 137～147
Trotter, Ann トロッター……273, 279, 281
Truman, *President* Harry S. トルーマン大統領……308, 320～323, 330, 332
Tyrrell, *Sir* William ティレル……211

〈V〉

Vansittart, *Sir* Robert Gilbert ヴァンシッタート……275, 280, 299
Vergilius, Maro Publius ヴェルギリュウス……165
Victoria, *Queen* Alexandrina ヴィクトリア女王……104, 124, 151, 444
Vyse, *Captain* Francis Howard ヴァイス陸軍大尉……43, 45, 47

〈W〉

Wade, *Sir* Thomas Francis ウェイド……91, 101, 122, 127
Walton, Joseph ウォルトン……165
Watson, Robert Grant ワトスン……138, 147
Watt, D. C. ワット……298
Weale, Putnam ウィール……184, 193
Webb, Sidney James, *Baron* Passfield ウェッブ……186, 194
Webb, *Lady* Beatrice ウェッブ夫人……186, 194
Wellsley, *Sir* Victor ウェルズリー……211, 230, 235, 279
Wet, *Sir* Jacobus de ヴェット……196
White, Colin ホワイト……437, 438, 454～457
Whitehead, *Sir* John ホワイトヘッド……312, 381
Whittington-Egan, Molly ホイッティントン・イーガン……165
Wigram, *Sir* Clive ウィグラム……274, 275, 280
Wilkinson, *Sir* Hiram Shaw ウィルキンスン……140, 147, 164
William of Gloucester, *Prince* ウィリアム王子……416
Williams, H. S. ウィリアムズ……163
Willis, *Dr* William ウィリス…18, 36, 37, 56, 59, 60, 74～76, 78～80, 83, 98, 162, 439
Wilmot, *Commander* Edward ウィルモット海軍中佐……437, 438, 447
Wilson, Harold ウィルスン……314, 399
Wilson, Thomas Woodrow ウィルスン……205
Winch, Primrose ウィンチ……384
Winchester, Charles Alexander ウィンチェスター……38, 42, 59
Winchester, *Mrs* ウィンチェスター夫人……59
Wirgman, Charles ワーグマン……447

Wit, J. K. de ヴィット……20, 22, 43
Wray, *Major* レイ陸軍少佐……68

〈Z〉

Ziegler, Philip ジーグラー ……349

邦人人名索引

（中国・韓国人も含む）

〈き〉

〈く〉

〈こ〉

〈さ〉

〈し〉

〈す〉

〈せ〉

〈そ〉

〈た〉

〈ち〉

〈つ〉

〈て〉

〈と〉

〈な〉

〈に〉

〈の〉

〈は〉

〈ひ〉

〈ふ〉

〈へ〉

〈ほ〉

〈ま〉

〈み〉

〈む〉

〈め〉

〈も〉

〈や〉

〈よ〉

〈り〉

日英文化交流研究会翻訳者略歴（順不同）

長岡　祥三

一九四七年　東京大学経済学部卒業。
一九四七年～一九八五年　明治製糖㈱勤務。
その後、明治期の日本を紹介した英語文献の研究、翻訳に従事。
日本英学史学会、日英協会、日本アジア協会、霞会館に所属。
主な翻訳書　A・B・ミットフォード『英国外交官の見た幕末維新』新人物往来社、講談社。E・M・サトウ『アーネスト・サトウ公使日記』（全二巻）新人物往来社。吉田雪子『ジョージ六世戴冠式と秩父宮』新人物往来社。M・E・ダヌタン『ベルギー公使夫人の明治日記』中央公論社。I・ラックストン『アーネスト・サトウの生涯』雄松堂出版。

松村　耕輔

一九六一年　上智大学卒業。
一九六三年～一九九五年　駐日英国大使館に勤務、在職中の一九八一年に大英勲章MBE受章。
日英協会会員。
主な翻訳書　サー・ヒュー・コータッツィ『続東の島国　西の島国』中央公論社。サー・ヒュー・コータッツィ『日英の間で』日本経済新聞社。

中須賀　哲朗

一九五五年　早稲田大学第一文学部英文学科卒業。
同年東京神田の錦城高校教諭となり、一九九七年校長に就任。
二〇〇一年　校長を辞任し、現在同学校法人理事。
主な翻訳書　L・オリファント、W・ウィリス『英国公使館員の維新戦争見聞記』校倉書房。サー・ヒュー・コータッツィ『ある英人医師の幕末維新―W・ウィリスの生涯』中央公論社。サー・ヒュー・コータッツィ『ある英国外交官の明治維新―ミットフォードの回想』中央公論社。サー・ヒュー・コータッツィ『維新の港の英人たち』中央公論社。

大山　瑞代

一九六六年　東京大学文学部英米文学課程卒業。
一九六六年～一九七四年　都立高校英語教師。
一九七八年～一九八一年　英国在住。
一九八一年～一九八四年　ドイツ在住。
一九八八年～一九九二年　英国在住。
現在、鶴見大学講師。
共編著　『条約改正と英国人ジャーナリスト』思文閣出版。
翻訳書　サー・ヒュー・コータッツィ編『英国と日本―架橋の人びと』思文閣出版。W・ウィリス書簡集『幕末維新を駆け抜けた英国人医師』創泉堂出版。

奥山　義次

一九二二年　渡英してロンドンに在住。
一九二五年～一九三〇年　Gaveney House School にて学ぶ。
一九三〇年　帰国。
一九四四年　慶応大学文学部英文学科卒業。
一九四五年　日本通信社入社。
一九四六年　神奈川新聞社嘱託。
一九四八年～一九五七年　蛇の目ミシン工業貿易部長。
一九五七年～一九六四年　ヤシカカメラ常務。
一九六四年～一九八八年　ニッポロ、テキソンジャパン、白井を設立。社長となる。
日英協会、Foreign Correspondents Club of Japan に所属。
著　書　『海外貿易実務』。
翻訳書　Atomic Bomb Injuries（原爆症）築地書館。

橋本　かほる

一九六八年　上智大学文学部英文科卒業。
一九九六年～一九九七年　バース大学（大学院）修士。
現在、千葉商科大学非常勤講師。
日英協会、日本英学史学会、英米文化学会に所属。
翻訳書（共訳）『バード日本紀行』雄松堂出版。

歴代の駐日英国大使
1859－1972

二〇〇七年七月二十五日　第一刷発行

検印省略

編著者　サー・ヒュー・コータッツィ
訳　者　日英文化交流研究会
発行者　前野眞太郎
〒162-0041　東京都新宿区早稲田鶴巻町五三三
発行所　株式会社　文眞堂
電　話　〇三－三二〇二－八四八〇
FAX　〇三－三二〇三－二六三八
振　替　〇〇一二〇－二－九六四三七
印刷　モリモト印刷
製本　イマキ製本所

http://www.bunshin-do.co.jp

定価はカバー裏に表示してあります
ISBN978-4-8309-4587-8　C3021